近現代日本とエホバの証人

その歴史的展開

山口瑞穂

法藏館

近現代日本とエホバの証人——その歴史的展開＊目次

第二章　灯台社の時代——一九二六年から一九四七年——……73

近現代日本とエホバの証人

――その歴史的展開――

序章　外来のキリスト教系新宗教の分析視座

一　問題の所在

本書の目的は、未だ学術的な検討がなされていない日本におけるエホバの証人の歴史的な展開を、宗教運動論・教団組織論といった宗教社会学的な視点から検討し、海外発祥のキリスト教系新宗教研究に新たな知見と研究の視点を提示することである。

エホバの証人は、世界全体に八〇〇万人以上の信者を有するキリスト教系の新宗教であり、二〇一九年時点での日本の信者数は二一万人にのぼる[1]。宗教団体の公称信者数については名義のみの会員や世帯全員が信者として計上されるケースなど、宗教集団によって多様であるが、エホバの証人の場合は、毎月一定程度の時間を布教活動に費やした者が信者としてカウントされている。他の新宗教運動の公称信者数と比して多いとはいえないものの、この二一万人が、活動中の信者数であることは過少評価できない。宗教的な源泉は再臨派にあり、間近に迫ったキリストの再来を待望し、その時期を聖書の記述から導き出し、人びとに流布する宗教運動として、一八八〇年代初頭のアメリカ合衆国において創設された。創設者はチャールズ・T・ラッセル（一八五二〜一九一六）であり、現在の世界本部はニューヨーク州ウォーウィックにある。教団が依拠する宗教的テキストは『新世界訳聖書』であるが、その解釈は、定期的に開催される集まりや『ものみの塔』誌をはじめとする教団刊行物によってのみ得ることができるとされており、翻訳された世界共通の刊行物が二四〇の国や地域において配布されている[2]。信者たちにおける主要な宗教的実践は、「証言」「奉仕」と称される戸別訪問を通じた布教活動である[3]。戸別訪問による布教活動をおこなう宗教運動は、日本の他の新宗教の中にもあるが、エホバの証人の特徴は、離島・僻地を含めて組織的に全戸をくまなく軒並み訪問し、一対一の「家庭聖書研究」(近年の用語では「聖書レッスン」)を勧めて廻る点である。[4] 現在の日本支部は神奈川県海老名市に置かれており、日本宣教が開始された一九二六年から九〇年以上が経過している。

日本の新宗教研究におけるエホバの証人は、「外来のキリスト教系新宗教」に分類されており、[5] きわめて包括的かつ客観的には、「海外発祥」「宗教的な源泉がキリスト教」「新宗教」という側面をもつ宗教運動である。そのいずれの側面においても、また日本宣教史のどの時代においても、入信者の獲得という点ではマイナス要素の多い宗教運動であった。そのため本書の記述は、エホバの証人がいかに魅力的な救済財を掲げ日本人に受容されたかという視点ではなく、入信者の獲得が難しい中、どのように布教活動を展開してきたのかという視点に立って、進めていくことになる。

本来、エホバの証人の救済観は日本人にはわかりづらく、人びとを惹きつける要素は少ない。それとは対照的に日本発祥の新宗教には、彼岸にではなく現世における生命開花を肯定する「生命主義的救済観」が根底にあり、バリエーションは多岐にわたりつつも、各時代の民衆を惹きつけてきたといわれている。[6] 日本国内の新宗教にみられる現世利益や社会改良主義的な宗教活動は、そうした救済観によって肯定されるものであり、心や社会のあり方を宗教によって改善しようとする心直しや世直しは、現世における救済を肯定する生命主義的救済観を反映したものであった。このような日本人特有の救済観を基盤にもたないという点で、エホバの証人は日本人には訴求力が乏しく異質な宗教運動なのである。

そのエホバの証人を特徴付ける要素の一つに、終末論的な救済観があるが、エホバの証人における終末論は、日本国内で展開した他の終末思想的な宗教運動とも異なっていた。たとえば、中田重治のホーリネス教会、内村鑑三の無教会運動（一九一八年から一九一九年五月までの短い期間であったが）など、キリスト再臨待望運動における終末思想はよく知られている〔池上 二〇〇六、赤江 二〇一三〕。ホーリネス教会の再臨待望論の高まりが、第一次世界大戦後の不況の長期化や社会的格差の露呈という時代状況を背景にしていたように、これらの宗教運動は、日本国内の社会状況の中で、人びとのメンタリティに呼応する形で隆盛をみた宗教運動であった。そもそも、伝統的な教派を含めキリスト教に宗教的な源泉をもつ宗教運動には、程度の差こそあれ、終末論的な救済観が根底にあるが、少なくとも再臨待望運動のようにラディカルな宗教思想は、社会における閉塞感や危機意識の高まりといった時代状況と適合してこそ求心性が生まれる。しかし後述するように、アメリカ発祥のエホバの証人は、日本の時代状況における必然性とは無関係に、世界宣教の展開という教団内的な課題に大きく規定され、布教活動を展開してきた。

なお、キリスト教の系譜をひかない宗教運動の中にも、終末思想的な救済を説くものはあった。例を挙げると、世界の立替え・立直しを予言し、戦前に二度の弾圧（一九二一年、一九三五年）を受けた大本や、戦後、国立戒壇の建立を目指していた頃の創価学会などである。大本は、戦前の近代化過程でその恩恵にあずかることなく、むしろ近代化の矛盾を引き受けざるを得なかった民衆の中から教祖が誕生し、帰依者を惹きつけた〔安丸 二〇一三、川村 二〇一七〕。また敗戦後の創価学会は、戦後の混乱や経済的な困窮の中にある人びとに受容され、運動が活発化した〔西山 一九七五a、中野 二〇一〇〕。歴史的な必然性にくわえ、立替え・立直しや国立戒壇論における終末思想は、前述の生命主義的救済観の表出の一つでもあり、社会志向性の強い宗教思想であったのも特徴である。これに対し、エホバの証人の救済観は社会志向性がきわめて薄い。その救済観は現世における問題解決を喧伝するものであるが、そこには心や社会に対する働きかけを通じた救済の余地はない。そのため現世利益的な要素なしに、徹底して神の介入による解決を待つ救済観なのである。

このようにエホバの証人は、キリスト教・新宗教、いずれの面からみても宗教思想という点では求心性に乏しく、それにもかかわらず、日本の社会状況への妥協や譲歩を通じた適応を想定していない。これにくわえて、実践面という点でみても日本においては異質な点が多い。エホバの証人は、地域の祭りや儀式、先祖祭祀を目的とした墓参りや法事への不参加など、日本の習俗とも相容れない要素が多いために、親族関係や地域社会においては軋轢も生じやすいのである。

こうした特徴も関係し、エホバの証人に対する日本の社会や宗教界からの批判は多い。よく知られているところでは、輸血拒否の問題が挙げられる。一九八五年に信者を親にもつ一〇歳の児童が交通事故に遭って亡くなった際、この教団特有の輸血拒否の信条が批判的な意味で注目を集め、周知の存在となった〔大泉　一九八八・一九九五〕。それ以降、幼児や子どもに対する体罰の問題、政治・社会への無関心な態度、二世信者が直面する問題、非信者の家族（多くは夫の立場）が経験する家庭内の葛藤などを指摘する批判的なルポルタージュが多数出版されている〔いのうえ　一九八八、柿田　一九九五、米本　二〇〇四、林　二〇〇七〕。当時から三〇年以上が経過し、事件の詳細を知らない人が多い現在も、エホバの証人といえば輸血拒否を連想する人が多いだろう。

また、非信者の家族の苦悩に呼応する形で、牧師を中心とする宗教者からの問題指摘もなされてきた。正統とされる使徒信条をもつ国内のキリスト教界は、エホバの証人の聖書の翻訳、聖書解釈の適用法、信者たちへの教化のあり方を問題視している〔内藤 一九八六、千代崎 一九八六、ウッド 一九九七、中澤 二〇〇〇〕[7]。

これらは教団の周辺からの問題指摘であるが、とりわけ近年では、信者の親をもつ「二世」の脱会者など、より当事者性の強い立場から著された手記の刊行も相次いでいる〔秋本 一九九八、大下 二〇〇五、佐藤 二〇一三、坂根 二〇一六、いしい 二〇一七、たもさん 二〇一八、たぬきち 二〇二二〕。こうした手記の著者たちは、一般社会では理解や共感を得ることが難しい脱会者特有の心情や経験、社会適応の難しさを綴っており、その内容は、教団批判や親子問題として一括りにすることのできない切実な問題をわれわれの社会に提起するものでもある。

このように、様々な立場からの批判や一般社会との摩擦、そして救済財のわかりづらさなど、エホバの証人は、本来的には日本ではきわめて入信者を獲得しにくい要素の多い宗教運動である。しかし、今日までの間に二一万人にのぼる信者数を維持してきた。日本におけるエホバの証人は、どのように今日の教勢を築いたのか。これが本書において検討する第一の問いである。

本書の立場性

ここで、本書ならびに筆者の立場性についても明確にしておきたい。エホバの証人は日本社会に一定程度定着し、後の章でも述べるように、学校における格技拒否の問題などを通じ、信者個人の信条については尊重すべきものとして認知されている。その一方で、ジャーナリストによるルポルタージュや脱会者による手記が示す通り、エホバの証人には、既成宗教／新宗教、正統／異端といった宗教的な摩擦や対立に収斂し得ない具体的な問題指摘も多く、評価の分かれる教団である。

しかし、続く「先行研究の整理」の項でも確認するように、そもそもエホバの証人については、この日本でどのようにしてここまでの教勢を築いてきたのか、通史的な研究自体が未だなされていない。エホバの証人はマスメディアへの露出も少ないが、社会から批判されやすい問題については、記者や医療関係者に向けてキャンペーンをおこない、最終的には法制度を活用することで問題解決を図り、合理的かつ効率的に批判を回避してきた[8]。つまり、日本社会において人びとに違和感を抱かせがちな摩擦が多数生じつつも、エホバの証人に対する評価が批判ばかりではない（すなわち、評価が分かれる）現在の状況は、教団によるメディアなどへの働きかけや交渉によって獲得されたものでもある。筆者は、こうした評価をめぐる教団側と社会との相互作用自体も宗教運動論的な視点から対象化し、実証的に検討し、脱構築する必要があると考えている[9]。

そのため、本書は多数のルポルタージュによって指摘される具体的な社会問題解決への貢献など、実践的な課題への直接的な応答を志向する研究ではなく[10]、あくまで宗教運動論的な問題設定と課題に取り組むものである。

ただし近年の宗教調査論においては、「内在的理解」を前提とする従来の研究視座における限界が指摘されている[11]。「相手の懐にとびこんでフィールドワークを行えば対象が何であるか理解できるという素朴な実証主義」、そして、第三者的・中立的なポジショナリティを想定した従来の研究には、疑問が投じられているのである〔櫻井　二〇〇六：二二一頁・同　二〇一四：四九〜五五頁〕。これには、一九九〇年代にオウム真理教が引き起こした一連の問題が大きく影響しており、一九九五年の地下鉄サリン事件は、それまで自明視されていた学問的前提が崩される「ターニングポイント」となる出来事であった〔伊藤　二〇〇四：二七六頁〕。櫻井義秀が指摘する「素朴な実証主義」においては、調査対象の教団が提供する情報や教団内における参与観察に依拠した研究調査が前提であったが、オウム真理教のケースのように、教団側が研究者を「広告塔」として利用する事例が生じ、教団側の規範的な物語を重視しがちな従来の研究手法が批判されるようになったのである。櫻井はこうした調査上の課題や困難さを克服する方策として、教団側には調査協力を依頼せず、裁判記録や教団外部からの批判的な資料、脱会者の体験談も積極的に取り入れる「外堀からの調査」を提言している〔櫻井　二〇〇六：二一〇～二二二頁〕。(12)

むろんエホバの証人は、調査への協力という点では閉鎖的な教団ではなく、ヨーロッパでは教団の調査協力をベースとした著作も多い(13)。これだけをみると、比較的柔和かつ好意的でオープンな宗教団体と映るのも事実ではある。しかし、教団内へのアクセスが許容されていることと、率直な回答や情報を得ることとは別問題であり、前者が後者を保証するわけではない。むしろ、教団側からの調査協力に依拠することで、率直な回答、換言すると、教団側からみて不都合な回答や教団批判的な回答を得ること、そしてそれらを公表することを断念しなければならないケースも生じうる。櫻井の指摘する調査の困難さと、素朴な実証主義の問題は、まさにこの点に集約されると考えられるのである。

じつは、一九九〇年代後半以降、日本のエホバの証人の信者数は停滞しており、その背景には離脱者の増加という現象が顕著にみられるのだが、こうした現象をめぐる調査協力を教団や教団内の当事者に求めたところで、実証性と妥当性の高い回答を得ることは難しい[14]。教団側の調査協力により、信者数の増加や入信については説得性のある回答が得られるかもしれないが、離脱者の増加という現象が説明できないという点で限界がある。近年の離脱者増加という現象も含め、通史的な検討を目指す本書においては、櫻井のいう「外堀からの調査」が、調査研究における妥当性と実証性をより高める方法であると考える。

ただし、「外堀からの調査」には限界もある。とりわけ、宗教集団から離脱した当事者への聞き取りデータの実証性をどう捉えるかという点でそれがいえる。「外堀からの調査」論における当事者のナラティブは、その創造性と被拘束性を前提としている。具体的にいうと、信者の場合は信仰者としての自己を「理想的自己」とし、その上で求道や救済の自己物語が創造されるのに対し、脱会者の場合は告発者としての自己を「理想的自己」とした上で、被害者の物語がそれぞれ創造される〔櫻井 二〇一四：五四頁〕。いずれの内容も、救済やアイデンティティをめぐる本質的な問題であるだけに、相対化することのできないリアリティをもって、すなわち個人の実存と不可分の事実として語られるのだが、自己の救済ないし教団への告発という相容れないフレームから構築されるストーリーには、当然ながら矛盾が生じうる[15]。これにくわえ、渡邉学は、脱会者による信者生活や脱会に関するナラティブには時間的な変遷が生じるケースもあることを指摘している〔渡邉 二〇〇三：七頁〕。

こうした問題を考える際、井上順孝の「出会い型調査」の視点は示唆に富む〔井上 一九九二〕。井上は、宗教研究における質的調査が、インフォーマントと研究者のパーソナルな「向かいあい」や「対決」であり、研究者自身がどのような宗教観・人間観・社会観をもって調査に臨むかが調査研究に影響するという〔同前：一五〇・一六五・一六六頁〕。また、研究者自身もインフォーマントから影響を受けるのであり、自らの宗教観や社会観が何の影響も受けず、いわば「無傷」で帰還」する調査に、井上はやや懐疑的である〔同前：一六九頁〕。調査が「出会い」となり、それを通じて相互に影響を及ぼし合うことを引き受ける「出会い型調査」においては、インフォーマントが異なれば、調査結果に差異が生じる可能性もある。この視点を「外堀からの調査」に敷衍すると、聞き取りデータの実証性の問題は、信者／脱会者という当事者性に起因する差異ではなく、研究者とインフォーマントの関係性の問題として捉え直すこともできるだろう。

また、渡邉学の指摘する信者生活に関する評価の時間的な変遷〔渡邉　二〇〇三：七頁〕については、たしかにそのようなケースもある。しかし、信者生活が長かった者の場合はこの限りではない。長い信者生活においては、喜びも含め、様々な感情や評価が交錯するのは当然のことであり、全ての局面が一貫して否定的に語られるとは限らない。脱会者によるナラティヴの変遷は、必ずしも時間的な差異によるもの（ゆえに客観的なデータとしては使用できない情報）なのではなく、信者生活に併存する諸側面とみることもできるのではないだろうか。研究者による聞き取り調査という行為自体も、ナラティヴの創造への関与にほかならなず〔櫻井　二〇一四：六四頁〕、調査対象者の属性以上に、研究する側にも研究者としての「当事者性」に自覚的であることが求められる点に留意したい〔大谷　二〇〇四：一七頁〕。そのため本書は、脱会者による情報が聞き手との関係性において語られた回顧的な語りであるという限定性を引き受けた上で、その情報に積極的な意義を見出し、これに依拠した検討をおこなう[16]。そして、「外堀からの調査」を採用する本書が、教団擁護的な立場に立つものではないことも断っておく必要があるだろう。

以上が本書および筆者の立場性である。本書の論述に限定した立場性として、エホバの証人という宗教運動に対し、あくまで宗教運動論・教団組織論的な問題設定から検討をおこなうが、教団側の規範的なストーリーの無批判な踏襲には注意することを前提とし、教団擁護的な研究ではないという点、この宗教運動をめぐる社会問題の解決などの実践的な課題に直接応答しうる研究ではないということを確認した。

先行研究の整理

次に、日本におけるエホバの証人の歴史展開をめぐる具体的な検討に先立ち、関連する先行研究を整理する。まず、「灯台社」という名称で展開された戦前の運動については、社会思想史的な視点から研究がなされている。それらはキリスト者による戦時下抵抗や、転向研究における非転向に着目した研究であり、佐々木敏二・稲垣真美・笠原芳光・鶴見俊輔・高阪薫らによって検討がなされてきた〔佐々木　一九六八、稲垣　一九七二、笠原　一九七三、鶴見　一九七五b、高阪　一九七八〕。こうした研究が一九六〇年代終盤から一九七〇年代前半におこなわれた背景には、キリスト教界の動向の影響がある。一九六七年に、日本基督教団が戦争責任を認める声明を発表するなど[17]、キリスト教の戦争協力について議論する機運が高まりをみせる中、国家権力に妥協しなかった数少ない事例として灯台社とその代表者である明石順三（一八八九～一九六五）たちの活動が掘り起こされ、評価されたのである。

また灯台社の布教活動は、日本統治下の植民地においても展開されていた。植民地朝鮮における灯台社の展開を検討した趙景達の論考〔趙　二〇〇八〕は、戦時下抵抗や転向問題の研究に比して、ポストコロニアルな視点に立つ研究である。ひとくちに灯台社の運動といっても、植民地朝鮮と日本では受容のあり方や抵抗の意味付けに差異があり、植民地朝鮮では終末論的な救済観という要素が大きな誘因となっていたことが指摘された。

戦後の運動に関する宗教社会学的な研究においては、ブライアン・ウィルソンによる一九七〇年代中盤までの発展要因に関する研究、兼子一による布教の場における言説実践の内在的理解についての検討、猪瀬優理による世代間における信仰の継承（継承されなかったケースとしての脱会問題）、「カルト」問題との関連からの検討、渡邉学による入信・脱会やその遍歴における回心の過程の検討がなされている〔ウィルソン　一九七八、兼子　一九九九、猪瀬　二〇〇二・二〇〇九、渡邉　二〇〇九〕。

いずれも有益かつ実証性の高い研究となっているが、各時代の各テーマに応じた事例研究であり、発展要因・言説実践・信仰の継承・宗教の社会問題化・宗教的な回心といったテーマ自体は、日本発祥の新宗教運動の研究動向を反映したものでもある。宗教的源泉や発祥の起源を日本にもたないエホバの証人はそもそもどのような運動であり、何を目指して活動をおこなってきたのか、その通史的な研究はなされておらず、エホバの証人の研究は未だ断片的なものにとどまっていた。

以上が日本におけるエホバの証人の先行研究であるが、冒頭で述べたように、エホバの証人は日本の新宗教研究では「外来のキリスト教系新宗教」に分類されているため、以下では国内のキリスト教研究の動向も確認しておきたい。

一五四九年のイエズス会宣教師の渡来にさかのぼる日本のキリスト教研究について、網羅的かつ深く言及することはできないが、実証的な研究や通史的な研究に焦点を絞った上で大きく分類すると、①伝統的な教派の研究、②民衆におけるキリスト教受容、③日本独自のキリスト教の展開、④海外発祥の新宗教と韓国系キリスト教会の研究が挙げられる。

まず①の伝統的な教派の研究は、明治期の旧士族に始まるプロテスタントの教派形成に関する研究である。「信仰受難史」としてではなく、日本におけるキリスト教を「日本人として内在的に問い直す」研究である〔大濱 一九七九：一頁〕。ごく代表的なものを挙げると、隅谷三喜男、武田清子、海老沢有道・大内三郎、森岡清美、土肥昭夫、大濱徹也、磯岡哲也らによる研究がある[18]〔隅谷 一九五〇・一九八三、武田 一九六七・一九七六、海老沢・大内 一九七〇、森岡 一九七〇・二〇〇五、土肥 一九七五・一九八〇、大濱 一九七九、磯岡 一九八三・一九九九〕。

このうち森岡の宗教社会学的な研究は、キリスト教の受容・定着過程における先祖祭祀の影響を明らかにしたものである。それにより、本来的には個人を入信単位とするキリスト教も、明治時代の日本においては「家の宗教」とならなければ定着できず、キリスト教の受容・定着を阻む最も大きな要素は、仏壇や神棚を拠点とする家の神信仰であることが明らかにされた[19]。この研究結果は、西山茂・孝本貢・磯岡らによって追検証されており〔西山 一九七五b、孝本 一九七八、磯岡 一九八三・一九九九〕、高度経済成長期以降の都市化による在来宗教（家の神信仰）の変化、明治期ほど厳格さをもたなくなったキリスト教（外来宗教）の変化なども踏まえ、宗教運動や時代の差異に応じた再考の余地があると、磯岡は提言している〔磯岡 一九九九〕。

次に②の民衆におけるキリスト教受容は、教派的関心ではなくキリスト教を受容する民衆の視点に立ったキリスト教研究である。日本や沖縄・奄美などの島々におけるキリスト教は、教派ごとに海外や本土から宣教師が派遣され展開してきたが、彼ら宣教師の伝えようとしたものは、抑圧された民衆が、日常生活や苦難の経験を通じて求め、培ったキリスト教信仰と必ずしも同じではなかった。②に該当する先行研究は、それまでの教団・教派研究における「「一国伝道史」的歴史叙述」と、それを支える「地方伝道史観」を問い直す研究となっている〔一色　二〇一八：一三・一九八頁〕。沖縄におけるキリスト教受容や中田重治（一八七〇～一九三九）に始まる初期のホーリネスに関する池上良正の研究〔池上　一九九一・二〇〇六〕、そして奄美大島や沖縄で展開された「南島キリスト教」や「民衆キリスト教」に関する安齋伸や一色哲の研究成果がある〔安齋　一九八四、一色　二〇一八〕。[20]

さらに③の日本独自のキリスト教の展開は、内村鑑三（一八六一～一九三〇）の無教会に代表されるような「キリスト教知識人」が探求した日本独自のキリスト教に関する研究である。①の伝統的な教派に比して、キリスト教の求道における日本的な独自性、言い換えると「土着志向」の強い宗教運動に関する研究である〔マリンズ　二〇〇五：四二頁〕。無教会に関するカルロ・カルダローラの宗教社会学的な研究は、フィールドワークを取り入れた挑戦的な実証的研究である〔カルダローラ　一九七八〕。また内村鑑三については、鈴木範久による『内村鑑三日録』（全一二巻）がある。[21]さらに、無教会にくわえ、松村介石（一八五九～一九三九）の道会、川合信水（一八六七～一九六二）の基督心宗教団など、日本人が創設したキリスト教を網羅的に検討したマーク・R・マリンズ〔マリンズ　二〇〇五〕の体系的な研究もある。[22]とりわけ近年は、赤江達也による宗教社会学的な研究によって、従来の無教会研究における近代主義的な側面や歴史性に対する問い直しがおこなわれている〔赤江　二〇一三・二〇一七〕。[23]赤江の研究は、従来の研究において無教会の精神性や純粋さ、反ナショナリズム的な要素が注目されてきた歴史的背景を脱構築し、制度上の教会をもたない紙上の教会＝メディア宗教という新たな視点からこの宗教運動の歴史展開を再構成した研究となっている。

そして④の海外発祥の新宗教と韓国系キリスト教会の研究においては、各時代に応じたテーマの多様化が特徴といえる。たとえば、末日聖徒イエス・キリスト教会（通称モルモン教）、エホバの証人、サイエントロジーなどを、アメリカ発祥のキリスト教（一教派）として検討した生駒孝彰の論考がある〔生駒　一九八一〕。エホバの証人についてはすでに述べた通りであるが、このほかに、末日聖徒イエス・キリスト教会に関する研究として、竹村一男による地理学的な視点からの地域的な受容研究〔竹村　二〇〇〇〕、杉山幸子による宗教心理学的な回心研究〔杉山　二〇〇四〕、そして、日本での布教初期（明治中期）から戦前の歴史展開に関する杉内寛幸の論考〔杉内　二〇一五・二〇一六〕が挙げられる。

とりわけ近年は、日本に多数流入している韓国発祥のキリスト教の展開が注目されている。李元範・櫻井義秀編著による文献〔李・櫻井　二〇一一〕は、韓国で展開する日本の新宗教と韓国発祥のキリスト教に関するまとまった研究成果であるが、「韓流」ブームの活用〔李　二〇一一〕、布教を通じたホームレス救済の試み〔白波瀬　二〇一一〕、聖神中央教会で生じたハラスメントの問題〔櫻井　二〇一一〕など、多様なテーマの事例検討がなされている。これ以外に、韓国系キリスト教会を在日コリアンのエスニシティと世代という視点で分析した荻翔一の論考もある〔荻　二〇一六〕。さらに、宗教の社会問題化という点では、世界基督教統一神霊協会（世界平和統一家庭連合、通称統一教会）の日本における霊感商法などを批判的に検討した、櫻井義秀と中西尋子による重厚な研究書があり、宗教研究のあり方に対する問題提起にもなっている〔櫻井・中西二〇一〇〕。

国内における従来のキリスト教研究を概観すると、本書で検討するエホバの証人は、日本の近代化という視座や社会史との関連では論じにくい宗教運動であり、伝統的な教派からは異端視されてきた宗教運動でもあった（①）。特定地域において抑圧された民衆を担い手とした自律的な宗教運動ではなく（②）、日本の知識人が求道・創設した宗教でもなかった（③）。つまり、①～③のどの分野においても、周縁的な位置に存在していたのである。

また、エホバの証人の教勢が伸張した時期は高度経済成長期以降であり、ほかの新宗教運動に遅れて活発化した宗教運動である。④のグローバル化や宗教の社会問題化は、①～③に比して、関連性もありそうな領域である。しかし、そもそも社会志向性がきわめて低いエホバの証人は、政界への参入やボランティアなどによる社会へのエンゲージをしないのと同様に、宗教テロのような周囲への危害や、霊感商法のような社会全体の注目を集める問題化もみられなかった。つまり、これまでのところ、日本におけるエホバの証人は、いずれの研究領域においても敢えて研究対象とする意義や必然性が薄く、捉えどころがわかりづらい宗教運動であったことも影響し、歴史的な展開の検討はおこなわれてこなかった。そしてその間にも、多数の批判的なルポルタージュの存在が示す通り、評価の分かれる教団でありながらも、確実に教勢を伸ばしていたのである。

なお、プロテスタントの教派に関する通史的な研究には分厚い蓄積があるが、これに比して、カトリック教会や正教会に関する通史的な研究は多くはない〔星野　二〇〇九：三五七頁〕。「キリスト教の歴史」ではなく、「キリスト教に対するまなざしの歴史」の検討余地を指摘する星野靖二によると、プロテスタント・キリスト教史は近代化を推進するエートスとしてのプロテスタンティズムとの関係から検討されてきた。そのため、近代化という視座によっては、「すくい上げられてこなかった残余」が未だ多くあるという〔同前：三七四・三七七頁〕。エホバの証人は日本の近代化に遅れて流入した宗教運動でありながら、戦前の灯台社における兵役拒否は、キリスト教史や社会思想史の分野で理想的なキリスト者のあり方として注目された。その背景には、星野のいう「キリスト教に対するまなざしの歴史」の影響もあったと思われる。

このように、国内の研究動向との関連でみると、エホバの証人は、新宗教研究・キリスト教研究のいずれにおいても周縁に位置し、研究対象としてはとりこぼされてきた宗教運動であった。戦前の兵役拒否が戦後に着目され評価されたが、その一方で、歴史的・宗教的な全体像が把握されないまま、各テーマごとの事例検討にとどまっていたことには、日本国内の研究動向も大きく影響していた。

最後に、エホバの証人に関する海外〔英語圏〕の研究動向についても確認しておこう。海外におけるエホバの証人の研究は近年活発になりつつあり、その成果の一つとして、ジョージ・D・クリサイディスによって二〇一九年に刊行された歴史事典 *Historical Dictionary of Jehovah's Witnesses*〔Chryssides 2019a〕が挙げられる。同書には、教団創設以来からの歴史や信条、用語解説などが体系的に整理されており、巻末には、この教団に関連する文献・論文・ウェブサイトなどのリストが掲載されている。文献リストは系統立てて分類されており、教団発行の刊行物、入門書的な学術書、ホロコースト関連、元信者による批判書、それ以外の批判書、そして学術論文・文献に大別される。

まず、教団批判的な著作には、教義上の問題点を指摘するキリスト教界や反カルト運動・反新宗教運動による批判書（二二冊）、そして脱会した元信者による著作（二四冊）がある。批判書については、パンフレットが一九一〇年、元信者による批判的な手記が一九五九年と、早くから刊行されている〔Gray 1910、Schnell 1959〕[24]。

また、ホロコーストとエホバの証人に関連した論考も蓄積されている。冷戦終結（一九八九年）とEU発足（一九九三年）後、ホロコーストに関する体験談や記憶の継承がヨーロッパ全体の課題として新たに議論され始め[25]、ナチスドイツによって迫害されたのはユダヤ人だけではなかったことが知られるようになった。この時代状況を背景に、政治的中立を標榜するエホバの証人が、抑圧された宗教実践者の事例として新たに掘り起こされ、提示されることとなったのである[26]。こうした論考は一九九〇年代から二〇〇〇年代前半にかけて多くみられ（一一件中七件）、ホロコースト研究者による著作〔Reynaud and Sybvie 2001〕、当事者の体験談〔Liebster 2003〕などが刊行されている。

そして、エホバの証人の歴史展開を扱った学術的な研究も着実に蓄積されている。まとまった成果としては、前述の歴史事典〔Chryssides 2019a〕のほかに、一九七〇年代までのイギリス・アメリカにおける発展〔Beckford 1975〕、教団内におけるフィールドワークや参与観察に基づくエスノグラフィー〔Holden 2002〕、旧共産圏（ロシア）における展開〔Baran 2014〕、ヨーロッパにおける展開〔Besier and Katarzyna 2018〕、エホバの証人の歴史展開と世俗的な全体社会の関係〔Knox 2018〕などが、それぞれ検討・刊行されている[27]。いずれも分厚い記述による手堅い研究となっている。

なお、日本のエホバの証人について検討した論考もある。その一つは、ナチスドイツと類似した宗教弾圧の事例として戦前の灯台社を検討したファ・R・キャロリンの論考〔Wha 2002〕、もう一つはインターネットの影響という問題関心から、宗教の事例として一九九〇年代の生長の家とエホバの証人を比較したキエンレ・ペトラとシュテムラー・ビアギッテの論考である〔Kienle and Staemmler 2003〕。いずれも各時代に注目を集めたテーマに関する事例検討であり、詳細かつ実証的な記述がなされている。

このように、英語圏におけるエホバの証人の研究動向を *Historical Dictionary of Jehovah's Witnesses* の文献リストを中心に概観すると、日本の先行研究との大きな差異として、学術的な研究書よりも批判的な著作が早くから多数刊行されていた点、次いで、ホロコーストとの関連から肯定的・擁護的に語られてきたという点が挙げられる。教団批判的な著作、それに対する反作用としての教団側による教団史や教団擁護的な著作、そして学術的な論考という大きな流れは、日本と比べてキリスト教の影響が大きいヨーロッパの社会的・歴史的な背景を緩やかに反映したものでもある。[28]じつのところ、本書で検討する日本のエホバの証人は、教団内ではかなり目立った活動を展開してきたのであるが、時代状況や社会的・宗教的な環境の異なる日本での展開については、海外においてもほとんど知られていない。

こうした先行研究の課題に応答すべく、本書においては、未だおこなわれていない日本のエホバの証人の歴史展開を検討するが、それは単に日本やヨーロッパにおける研究史の空白を埋めるだけではなく、日本の新宗教研究、外来の新宗教研究、そしてキリスト教系新宗教研究の各領域に新たな視界を開くことを目指すものでもある。従来、宗教運動論的な研究においては、高度経済成長やジェンダー規範、各時代の時代精神など、マクロな社会状況と当該宗教運動との関係を中心に検討が進められてきた。たとえば西山茂は、特定の宗教運動や宗教現象がもてはやされる各時代特有の「時代精神」（時代のスピリッツ）の影響を指摘している〔西山 一九九五：七九頁〕。これ自体はきわめて重要な視点なのであるが、マクロな社会状況と宗教運動の関係に注目する場合、その宗教の教義・信条や実践と特定の時代状況がいかに適合的であったのか、が重視される。しかし、日本におけるエホバの証人の展開には、近代化の過程や時代精神といった社会状況には還元できない要素も多い。筆者のこれまでの検討によると、入信する側の背景以上に布教する側の事情に注目する必要があり、ここに時代状況やジェンダー規範、高齢化や人口減少などには還元できないエホバの証人の特殊性があると考えられる〔山口 二〇一七・二〇一九〕。そのため本書の検討においては、世界本部の布教戦略というメゾ的な要素に軸足を置くことで、日本のエホバの証人の特質を、より鮮明にしたいと思う。

なお、前述の通り、エホバの証人の歴史展開はマクロな社会状況に還元することはできないが、本書は社会状況との関連という視点を完全に捨象するものではない。また、エホバの証人の展開過程を世界本部の布教戦略に還元できると主張するものでもない。またその一方で、一国史的・救済史的、さらにいうと、教団（世界本部）サイドによる規範的な教団史とは異なる通史的な検討を目指す必要があるとも考えている。その検討においては、日本のエホバの証人からみた世界本部という要素を対象化する必要がある。

すでに本書の第一の問いとして、「一見するときわめて信者を獲得しにくいはずの日本で、エホバの証人はどのように今日の教勢を築いたのか」という問題設定をした。では、世界本部による布教戦略が、日本人信者たちをどう動かし、それはどのように教勢に影響したのだろうか。これが第一の問いを具体的に検討するための第二の問いである。この問いを検討するにあたり、次節では本書の分析視座と分析枠組を設定する。

二　分析視座と分析枠組

〈本部志向〉という分析視座

日本におけるエホバの証人をどのような分析視座から検討すべきか、まずはその教団類型論的な特徴を確認しておこう。すでにエホバの証人については、「革命主義的セクト」として定義するブライアン・ウィルソンの教団類型論がある〔ウィルソン　一九九二〕。これは、世俗的な社会に対する当該宗教運動の応答の方法に注目したものであるが、欧米におけるこのタイポロジーを日本で適用することには、やや問題がある。たしかに、ウィルソンの議論は教団側が自認する信条に即した分類という点では妥当であり、他教団との対比におけるエホバの証人全体の特徴をある程度捉えてはいる。しかし、世界本部や教団内の国別の差異が曖昧になりやすい(29)。日本における歴史展開の解明を目指す本書の検討においては、他教団との区別だけでなく、エホバの証人の教団本部、各国、各時代、それぞれの区別にも注意を払いたい。

すでに日本の新宗教研究においては、日本発祥の新宗教運動の教団類型論・宗教運動論を対象とした研究の蓄積がある。その中でも、寺田喜朗と塚田穂高は、「テクスト教団」「霊能教団」と、それぞれの下位類型による教団類型論を提示している〔寺田・塚田　二〇〇七・二〇一六〕。これは、教義・信条面を重視する宗教運動と、浄霊や手かざしのような術的な面を重視する宗教運動とを架橋する教団類型論である。その前提となっているのは、運動の初期発達段階には強い凝集性や高度の集合興奮がみられるとする森岡清美の「教団ライフサイクル論」〔森岡　一九八一〕に代表される議論と、宗教集団の始まりを浮動的な群衆の集合体とする對馬路人の「集団アイデンティティの成熟過程」〔對馬　一九八七〕に代表される議論である。これらの教団発達の理論の差異は、一見すると齟齬や矛盾のように映るが、「テクスト教団」「霊能教団」は、西山茂の「信の宗教」「術の宗教」〔西山　一九八八〕という包括的な教団類型論に立脚しつつ、従来の教団類型論と宗教運動論の統合と架橋を図る教団類型論となっている。

本書の検討はこうした議論に直接的に接続するものではないが、「カタログ的」な分類にとどまることなく、「何のための類型か」という目的意識を明確にもつ点において、寺田と塚田の論考から示唆を受けたところは大きい[30]〔寺田・塚田　二〇〇七：三頁〕。しかし、エホバの証人は海外の宗教的・社会的な環境と論理の中で教義内容を体系化させ、組織的な発達を遂げた後に日本へ流入してきた宗教運動であり、日本の新宗教とは発展の論理も異なる。とりわけ、日本人信者にとっての外部環境において、海外の世界本部が大きな位置を占め、その組織原理が運動のダイナミズムに大きく影響する宗教運動については、それを検討する分析視座についても新たに設定する必要があるだろう。

世界本部という要素や組織原理の対象化にあたり、本書ではマーク・R・マリンズの現地志向（Native-Oriented）／外国志向（Foreign-Oriented）という視点を手がかりにしたい〔マリンズ　二〇〇五：四〇～四二頁＝Mullins 1998: p.27〕。マリンズの議論は、日本の様々なキリスト教運動に

自己規定 （正統性の主張）	土着化の程度 土着的　　　　非土着的 ←――――――――→ 自助自立・自己統制・自己拡大	
	現地志向的	外国志向的
独占主義的 （セクト的）	イエス之御霊教会	モルモン教 エホバの証人 バプテスト国際宣教団
多元主義的 （教派的）	無教会運動 基督心宗教団 道会 原始福音	日本基督教団 ローマ・カトリック教会 聖公会 ルーテル教会 バプテスト教会 長老派教会 改革派教会

図1　土着化の類型論〔マリンズ　2005：41頁〕

ついて広く論じ、比較を試みたものである。彼によると、日本におけるキリスト教の主たる起源は、「西洋から移植された教会や教派」と「日本人指導者が創設した既成組織に属さないキリスト教運動」の二つである〔マリンズ 二〇〇五：一七頁〕。また、日本のキリスト教は「外国志向」か「現地志向」に偏る傾向があり、現地志向的な宗教運動は、外国志向的な宗教運動よりも土着的な傾向が強い。さらに、外国志向／現地志向いずれの宗教運動も、その自己規定（正統性の主張）によって、「独占主義的」（セクト的）、「多元主義的」（教派的）の二タイプにそれぞれ再分類されている。その意図は、正統・異端をめぐる神学的な基準よりも「当事者自身による状況定義を重視」するためだ、とマリンズは述べる〔同前：四一頁〕。こうして日本におけるキリスト教運動は、四タイプに分類される（**図1**）。それぞれ、現地志向的で正統性に関する自己規定が独占主義的な宗教運動

（イエス之御霊教会）、現地志向的で自己規定が多元主義的な宗教運動（無教会運動、基督心宗教団、道会、原始福音）、外国志向的で自己規定が独占主義的な宗教運動（モルモン教、エホバの証人、バプテスト国際宣教団）、外国志向的で自己規定が多元主義的な宗教運動（日本基督教団、ローマ・カトリック教会、聖公会、ルーテル教会、バプテスト教会、長老派教会、改革派教会）である。

マリンズの関心は、外国志向の宗教運動にではなく、日本人が創始した日本独自のキリスト教に、つまり、より土着的な宗教運動の方に置かれていた。たとえば松村介石の道会は、儒教的理解や自己修養によって伝統的なキリスト教を克服し、より高次な宗教的真理を追究する宗教運動であり、それは「儒教版キリスト教」ともいうべきものであった〔同前：一〇二頁〕。こうした土着的なキリスト教運動を「現地志向」的な宗教運動とすることで、神学的には異端・シンクレティズムと評価されがちな日本独自のキリスト教を、キリスト教運動全体の中に位置付けたのがマリンズの研究である。

このような問題関心ゆえに、「外国志向」に分類される各宗教運動の差異に深く立ち入った議論はなされていない。マリンズのいう各宗教運動の正統性の主張、図1における「自己規定」は、当該宗教運動独自の救済観や教義信条の内容に依拠しているが、この区分は、現地志向的（土着志向）な宗教運動の差異の比較の際には重要な区分である。その一方、外国志向的な宗教運動については、正統性に関する自己規定が海外の教派や教団本部による正統性の主張であるケースもあり、その場合、日本で活動する宗教集団による自己規定とはいえない。マリンズによると、外国志向的なキリスト教の大きな特徴は、「移植された宗教組織」であり、神学的理解や教会の行政組織が、概して「西洋教会を範としている」点にあるという〔同前：四二頁〕。しかし、宗教には少なくとも教義・信条面、実践面、組織面といった要素があり、海外の教派や教団本部のいかなる要素において外国志向的なのかについては、分類の余地も残る。

たとえば前節でふれたように、明治期のわが国におけるプロテスタントの教派形成の過程では、「先祖祭祀」の問題が大きな課題となり、本来入信の単位を個人とするキリスト教も「家の宗教」とならない限り定着をなし得なかったことが明らかにされた（森岡　一九七二）。森岡清美によるこの議論においては、キリスト教の「本質的中核部分」を「超越神の観念」とした上で、超越神の観念が家の神信仰（先祖祭祀）によって変化しなかったかどうかが、キリスト教の受容と定着を見極める際のポイントとなっていた（同前：五三頁、西山　一九七五b：五三頁）。これらは日本の在来宗教とキリスト教の文化内容、つまり超越神の観念に関する教義・信条面に着目した議論である。しかし、じつのところ、教義・信条における変化の有無に注目した場合、戦後日本におけるエホバの証人はシンクレティズム的な変化はしておらず、伝統的な教派と同様、教派形成を達成したという理解も成り立つ(31)。つまり、教義・信条と当該社会との関係に着目するだけでは、日本におけるエホバの証人の教団類型論的な特徴は明らかにならない。その教義・信条は、あくまで発祥国アメリカの世界本部の教義・信条であり、自己規定だからである。

詳しくは第一章で述べるが、エホバの証人における教義・信条や実践は、個人や支部が独自に追究できるものではないとされており、世界本部に先んじた解釈や究明は容認されない。この点で、世界本部という組織が重要な位置を占める宗教運動なのである。日本社会では異質性の高さが目立つエホバの証人の教義・信条であるが、その運用の度合いやホスト国日本における適応の範囲を規定する要素には、日本社会との関係ではなく、世界本部との関係を含める必要がある。

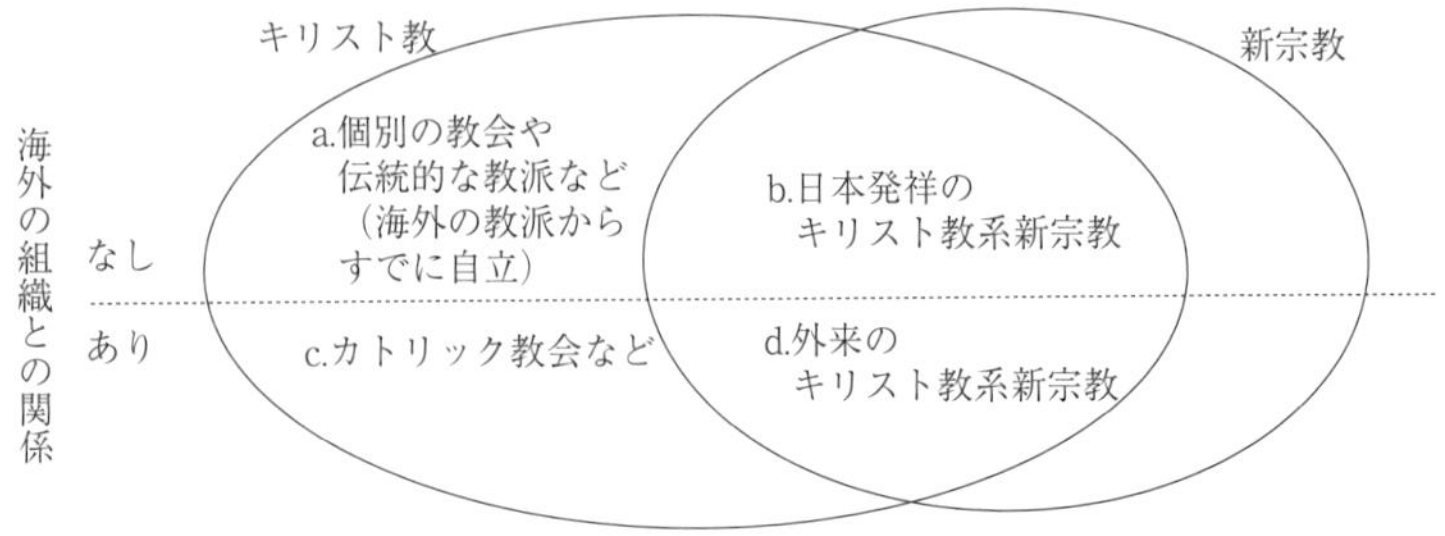

図２　日本におけるキリスト教を源泉とする宗教運動の位置関係

しかし、これまで事例検討にとどまってきたエホバの証人の研究においては、世界本部との関係という要素は後景化したままであった。改めて、日本で展開するキリスト教系の宗教運動の位置関係を、海外の組織との関係性に着目して整理すると図２のようになる。なお、この図２には、伝統的な宗教運動と新宗教のあいだに新たな境界線を引き直す意図はない。あくまで海外の組織との関係性の有無を整理するために、宗教的な源泉や発祥地などの来歴により、理念型的に分類したものである。

ａの宗教運動は、伝来当初は海外組織とのつながりが色濃くあったが、すでに教派的な自立を果たした伝統的な教派や個別の教会などである。一方、ｂの宗教運動は、マリンズの「土着化の類型論」においては現地志向的な運動に分類されているイエス之御霊教会、基督心宗教団、道会、原始福音などが該当する。ただし無教会運動は、現地志向的ではあるが『新宗教事典』〔井上ほか編　一九九〇〕の定義では新宗教には含まれておらず、強いていえばｂ寄りのａといったほうが妥当かもしれない[32]。これらとは対照的なのがｃであり、ローマ・カトリック教会が教皇庁と不可分の関係にあるように、海外の組織との関係が持続しているキリスト教である。そしてｄは、宗教的な源泉がキリスト教にある海外発祥の新宗教運動である。(33) マリンズの「土着化の類型論」において外国志向的な運動に分類されている末日聖徒イエス・キリスト教会、エホバの証人などのアメリカ発祥の宗教運動のほかに、韓国発祥の世界平和統一家庭連合（通称統一教会）なども、dに含まれるだろう。

海外の組織との関係性に沿って整理すると、bは日本人が創設したキリスト教運動であるため、そもそも海外の組織との関係を考察する必要がない。aの伝統的な教派は、海外のキリスト教における教派主義的な影響を受けつつ成立しており、この点でマリンズが関心を寄せた日本発祥の宗教運動（b）とは対照的である。しかし発展の方向性としては、海外の教派からの教派的な独立を目指してきたのも事実であり、この点で、cのカトリック教会やdの外来のキリスト教系新宗教に比して日本国内における自律性の高い宗教運動でもある。cのカトリック教会は、海外の組織との関係性が継続している点のみに注目すると、伝統的な教派よりも、むしろdの海外発祥のキリスト教系新宗教宗と類似している可能性がある。ただしそれは、組織構造のみに注目した場合の類似性である。cとdの各宗教運動においては、教義・信条や実践の内容もさることながら、ホスト国での自律性をどの程度許容するかという点で、各宗教運動ごとに差異があるだろう。

このように、海外の組織という要素が考察の対象となる可能性のある宗教運動（c・d）を取り出してみた。少なくとも日本におけるエホバの証人の展開においては、宗教的な真理（教義・信条や実践）の独自的な追究よりも、発祥国アメリカの世界本部との関係が大きな位置を占めている。そのため本書では、組織面における外国志向を〈本部志向〉とすることで新たな区分を設け、教義・信条や実践面における外国志向的な宗教運動と区別して考えてみたい。本書における議論は、〈本部志向〉の定義を、「海外に本部などの組織をもつ宗教集団における本部／支部間の恭順的な関係性」とした上で進める。エホバの証人における本部／支部間の恭順的な関係性とは、世界本部が各国の支部や信者たちに忠節や服従を要求し、これを請けた各国の支部や信者たちも、世界本部の方針に自発的に応答することを最善とするような関係性である。エホバの証人に関するこれまでの教団類型論的な定義と〈本部志向〉の差異は、世俗社会への応答〔ウィルソン 一九九一〕、宗教的源泉や発祥国の差異〔石井 一九九〇b、田島 一九九〇〕、そして教義信条の変化（文化変容）〔森岡 二〇〇五、西山 一九七五b〕や土着化〔マリンズ 二〇〇五〕といった視点では主題化することができない世界本部との関係性を分析の俎上に載せ、対象化している点にある。〈本部志向〉の検討の余地があるのは、図2におけるcとdの宗教運動である。

念のために付言しておくと、本書はこれらの宗教運動における海外の組織との関係が一様であると主張したいわけではない。むしろ、本部／支部の恭順的な関係性の強弱にくわえ、教祖や聖地をはじめとして、海外の組織の何が重視されるかという点では多様性があることが予想される。研究の方向性としては、こうした差異に応じて各宗教運動を定義するという方法もあるかもしれないが、本書では、各宗教運動の〈本部志向〉の比較、〈本部志向〉ではない宗教運動との比較など、比較の可能性が拓かれていることを示すにとどめ、エホバの証人をまずは念頭に置いて定義した(34)。

〈本部志向〉の四類型

以下では、エホバの証人の運動展開における〈本部志向〉の影響を考察するための具体的な分析枠組を設定する。詳しくは第一章で述べるが、エホバの証人における世界本部の権威は宗教的に意味付けられたものであり、本部／支部の関係性は、協働的・水平的な意味においてではなくヒエラルキカルな意味において強固なものである。また、聖地や教祖に吸い寄せられるような意味において世界本部が帰依を集めているわけではない。世界本部が各国支部に宗教的な意味付けをもって忠節や従順さを要求し、各国の支部がそれに自発的に応答する形で成立する恭順的な関係である。少なくとも、世界本部の要求とそれに対する支部レベルの応答がかみ合っていなければ〈本部志向〉は成立しない。そのため、〈本部志向〉の成立度を知る一つめの分析軸として、支部レベルにおける〈本部志向〉の成／否を設定する。その成／否を判別する指標となるのは、分派などによる支部レベルの離脱、世界本部の方針に対する反発や批判の有無などである。

ここで判断の対象となるのは、あくまで世界本部と日本支部の関係である。そのため、国内の信者たちへの配慮や教勢拡大という点で順機能的な選択であったとしても、日本支部独自の方針が採用されている場合は支部レベルにおける〈本部志向〉は不成立となる。また、この分析軸はあくまで支部単位の展開を検討するものであり、世界本部に対する日本人指導者の応答を検討対象としている。そのため日本人指導者がいない状況での支部レベルの〈本部志向〉についても、不成立とする。

しかし仮に支部レベルの〈本部志向〉が成立したとして、必ずしも個々の信者たちが世界本部や日本支部に恭順的であるとは限らず、支部レベルの〈本部志向〉と個人レベルの〈本部志向〉は区別して考える必要がある。そのため〈本部志向〉の二つめの分析軸として、個人レベルにおける〈本部志向〉の集合的な成／否を設定したい。むろん、個々の信者が世界本部そのものや指示内容をどのように認知しているかといった内面の問題を見極めることは難しい。しかし、行動面ならば客観的に確認することができる。とりわけエホバの証人の場合は、信者たちが布教活動に参加しているか否かを信者数によってある程度は知ることが可能である。冒頭でも述べたように、エホバの証人は一カ月あたりに一定時間を布教活動に費やさなければ信者としてカウントされないからである[35]。また本書の第一章以降で検討するように、エホバの証人の布教活動は、信者側から自然発生的に生じた創発的な活動ではなく、世界本部が教団創設以来打ち出してきた方針である。新聞・ラジオ・テレビなどのメディアに依存せず、著名人を広告塔とすることもなく、全戸訪問を主要な布教活動とするこの教団において、新たな入信者の存在は何らかの布教活動がおこなわれたことを示すものでもある。布教活動がおこなわれたからといって必ずしも入信者が得られるわけではないが、信者数の増加は新たな入信者がいたことを示すものであり、入信者がいたことは少なくとも布教活動がおこなわれた結果とみなすことができるのである。くわえて入信者数が総信者数に反映されており信者数が増加しているということは、運動から離脱する者が少ないことの表れでもある。つまりここからは、ある程度まとまった数の信者たちが世界本部の指示に従っていることを読み取ることができるのである。

このように、宗教運動としてのエホバの証人を分析する際には、個人レベルにおける〈本部志向〉の集合的な成／否を見分ける手がかりを、信者数に求めることが有効であるといえよう。エホバの証人における信者数の増加は、世界本部が指示する布教活動と、離脱者の少なさによって初めて成立するものであるため、信者数の増加をもって個人レベルにおける〈本部志向〉が集合的に成立している場合の指標としたい。

これとは逆に、個人レベルにおける〈本部志向〉が集合的には成立していない状況とは、入信者数が総信者数に反映されていないケースを指す。多少なりとも入信者があるにもかかわらず信者数が停滞したり減少したりするケースは、運動から離脱する者や布教活動に参加しない者が増加していることの表れでもある。なぜならばエホバの証人の信者数の数え方は、一定時間以上の布教活動を報告している者をもって信者とみなすものだからである。入信者数が総信者数増加として反映されているケースにおいては、自発的か不承不承かに関わりなく、少なくとも行動面では大半の信者が世界本部の指示に従っている状態といえる。これとは対照的に信者数が総信者数に反映されていないということは、客観的に観察可能な行動においても世界本部の指示に従わない者（または従うことができない者）が相当数存在することの表れといえよう。そのため本書の検討においては、信者数の停滞や減少をもって個人レベルにおける〈本部志向〉が集合的には成立していない状態の指標としたい。

以上の〈本部志向〉をめぐる二つの分析軸を図示したものが図3である。

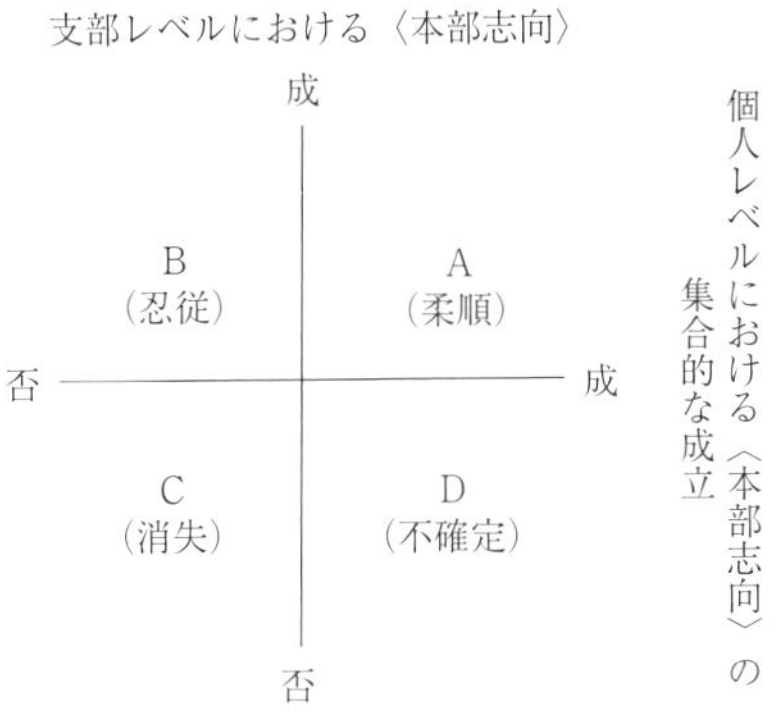

図3　エホバの証人における〈本部志向〉の四類型

A象限は、日本支部の指導者が世界本部の方針を最優先課題として追従しており、支部レベルでの〈本部志向〉が成立し、なおかつ個人レベルにおける〈本部志向〉も集合的に成立しているケースである。新たな入信者がそれなりにあり、離脱者は少なく、入信者数が総信者数に反映されている。つまり、信者たちの大半が布教活動をおこない、運動を継続している状態である。A象限の〈本部志向〉は、「柔順」の状態ということができるだろう。なお、「柔順」という語にはエホバの証人に特有の意味が付されている。この点については後段で述べることにしたい。

B象限は、支部レベルでの〈本部志向〉が成立している点ではA象限と共通点があるが、入信者数が総信者数に反映されていないケースである。これは、毎月の布教活動の報告がない者や、運動から離脱する者が増加し、個人レベルにおける〈本部志向〉の集合的な成立が揺らいでいる状態を指す。支部レベルと個人レベルの〈本部志向〉に、いわば捻れが生じている状態ということもできるだろう。B象限の〈本部志向〉は、「忍従」の状態である。

C象限は、日本人指導者の不在や、世界本部の方針に反発がなされたり応答がなされていなかったりと、支部レベルにおける〈本部志向〉が成立していない上に、新たな入信者が得られない場合や離脱者が増加している状態を指す。個人レベルにおける〈本部志向〉も集合的には成立しにくくなっているC象限の〈本部志向〉は、「消失」の状態である。

D象限は、支部レベルにおける〈本部志向〉が不成立でありながら、教勢は拡大しているケースである。日本人指導者が不在の状況や、支部の指導者が世界本部の指導方針に応答していない状況である一方、新たな入信者の数が総信者数に反映されており、個人レベルの〈本部志向〉は集合的に成立している状態を指す。D象限の〈本部志向〉は、「不確定」の状態である。

世界本部にとって最も望ましいのはA象限「柔順」であり、教勢拡大という点では、最も効率的に運動が展開されている状態である。一方、世界本部からみて望ましくない状態はC象限「消失」である。D象限「不確定」は、支部の指導者次第でA象限にもC象限にもなりうる状態であり、支部レベルにおける〈本部志向〉が成立すれば、A象限「柔順」となり、反対に支部レベルにおける〈本部志向〉が成立しない場合はC象限「消失」となる。また、D象限「不確定」は、教勢拡大という点ではB象限「忍従」よりも理想的な状態のようにもみえるが、世界本部からみるとB象限の状況がより望ましい。B象限は支部単位の分派が生じる可能性がD象限よりも低いからである。ただし個々の信者生活という点では、B象限のほうが苦悩は多いかもしれない。

なお、本書の検討におけるA象限とB象限をそれぞれ「柔順」「忍従」――いずれも「従うこと」に関連した語――とした理由として、エホバの証人における「服従」の位置付けを挙げることができる。一般的には否定的なニュアンスを伴うこともある「服従」であるが、エホバの証人においては称賛されるべき態度であり、肯定的な評価が付されている（第一章で詳述）。とりわけ「柔順」（Submissiveness）は、「上位者や法、また物事の何らかの取り決めに進んで服従し、譲歩し、服すること」とされ、教団サイドの見解では、教団内の指導者に服する際の望ましい態度を指す［ものみの塔聖書冊子協会　一九九四：一二一五頁］。また一般的には、制度や組織という要素がしばしば否定的に捉えられ、脱組織がより進歩的な状態と理解されるのとは対照的に、エホバの証人においては組織が重要な位置を占めている。プロテスタントの伝統的な教派が日本における教派的な独立を目指してきたのとは対照的に、エホバの証人においては「独立」という語に否定的な評価が伴うことも多い。両者において目指されるベクトルが、そもそも異なるのである。そのため、「柔順」「忍従」という語は、「服従」に関するエホバの証人特有の評価を踏まえ、その特異性をより鮮明にするために選択した。

日本における歴史展開については、図4のように、四つの時期区分を設けて検討をおこなう。

時期区分		教勢の状態	支部の運営形態
Ⅰ	1926年～1947年 灯台社の時代	伸張後、戦時下における国家権力による弾圧で活動停止	世界本部から派遣された日本人信者
Ⅱ	1948年～1970年代半ばまで 日本支部の形成期	着実に伸張 数十人→２万人強	世界本部が派遣した外国人宣教者
Ⅲ	1970年代半ば～1990年代半ばまで 伸張期	急成長 ２万人強→22万人強	日本人信者による運営
Ⅳ	1990年代半ば以降 停滞期	停滞 22万人強→21万人強	日本人信者による運営

図４　日本におけるエホバの証人の時期区分

時期区分の設定には様々な基準があるかとは思うが、ここで示すのは、世界本部との関係のありように着目した限りでの時期区分である。第Ⅰ期は「灯台社」という名称で活動がおこなわれていた時代であり、日本宣教が開始された、戦前の一九二六年から終戦間もない一九四七年までの期間である。その後、世界本部が新たに派遣した宣教者によって布教活動がおこなわれ、日本人信者に日本支部の運営が委ねられる一九七〇年代半ばまでを第Ⅱ期、日本人信者による支部運営によって右肩上がりの教勢拡大をした一九九〇年代半ばまでを第Ⅲ期、一九九〇年代半ばから現在までを第Ⅳ期とする。

本書の検討においては、日本のエホバの証人が〈本部志向〉の各象限のどの位置に分類される状態だったかを跡付けることにより、エホバの証人の質的な差異を明らかにしたい。その際、〈本部志向〉の成否や信者数増減の背景には、各時期区分における日本のエホバの証人がどのような要素が関係していたかにも目配りしながら検討を進めていく。

最後に、本書の構成について述べておきたい。

まず第一章では、エホバの証人の救済観や教団史的な背景から、筆者のいう〈本部志向〉がこの教団の特徴となった経緯を確認し、現在のエホバの証人における組織構造や組織観を明らかにする。

第二章では、第Ⅰ期となる戦前の灯台社の活動と、灯台社が終焉を迎えることとなった要因を検討する。また、灯台社や支部の代表者である明石順三が、戦後のキリスト教界やエホバの証人の教団史においてどのように評価されているのかについても明らかにする。

第三章では、第Ⅱ期の活動に注目し、戦後に世界本部から派遣された宣教者たちの活動と、日本支部の運営が日本人信者に任される一九七〇年代半ばまでの展開を検討する。日本での布教活動と日本人信者の育成において宣教者に求められた特質や日本人信者の応答を確認し、世界本部が何をもって日本支部の運営を日本人信者に任せることとなったのかを考察する。

第四章では、日本人指導者と日本人信者によって展開された第Ⅲ期の活動を検討する。一九七〇年代半ば以降の日本の教勢は右肩上がりに伸張し、世界全体のエホバの証人の中でも目立った存在となる。その経過において、輸血拒否問題のような一般的には教勢停滞の契機ともなりうる課題が、日本支部や信者たちにどのように認知され、どのような方法で対応がなされたのかについても明らかにする。

第五章では、第Ⅳ期の状況に着目し、一九九〇年代半ば以降における教勢の停滞について考察する。とりわけ、離脱者の増加という新たな現象は、世代間における信仰の継承の問題とも映るが、第Ⅲ期までの活動における潜在的な離脱者が顕在化した結果である可能性について検討する。

結章においては、全体の検討を通じて、日本におけるエホバの証人の〈本部志向〉がどのように成立し、何によって支えられ、運動の展開にどう影響を及ぼしてきたのかを考察し、結論付ける。

資料編においては、日本のエホバの証人の特徴を知るための手がかりとして、エホバの証人の世界総計ならびに一九六八年時点の信者数が一〇〇〇人以上だった国の信者数・開拓者数・入信者数の推移をグラフ化したものを収録した。

このように、本書は世界本部の布教戦略や世界本部と日本支部の関係性というメゾレベルな視点に立つものである。しかし、必要に応じて社会状況に言及したり、社会状況とエホバの証人の教説の不適合性に言及したりする点では、マクロな視点の全てを捨象するものではない。検討においては、教団刊行物のほかに、教団外の批判的な資料も積極的に採用している。

また前述したように、個人レベルの〈本部志向〉については、その集合的な成否を、教勢を手がかりにして検討するが、世界本部と日本支部の指導や方針が個々の信者にどのように受容されていたかについては、四名の脱会者を対象としたインタビューの内容によって補い、宗教運動のリアリティに迫った。そのため、インタビュー調査には、教団史における比較的大きな節目（たとえば予言の教義が変更された頃など）に教団内にいた人に協力をお願いした。なお、脱会は感情の動揺を伴うきわめて大きな人生の転機であるため、脱会後間もない人ではなく、ある程度の年数が経過し、比較的落ち着いた生活状態にある人からお話を伺っている。

註

（1）二〇一九年時点の日本の信者数は、二一万二四三八名である（エホバの証人公式サイト、https://wol.jw.org/ja/wol/d/r7/lp-j/1102019612、二〇二〇年五月三一日アクセス）。なお、同ウェブサイトによると、世界全体の信者数（平均伝道者数）は八四七万一〇〇八名である。

（2）同前。

（3）近年は街頭でディスプレイした雑誌の傍に立つ「スタンド奉仕」と称される活動も取り入れられている。

（4）日本発祥の新宗教の布教活動においては、街頭での呼びかけや戸別訪問のほかに、新聞・雑誌・テレビコマーシャル・ラジオ・ビデオ・マンガなど、多様なメディアが活用されてきた。とりわけ未信者との接触方法においては、病気などで苦しんでいる人に積極的に働きかけ、教化対象の絞り込みがなされたり、親族・友人・知人など、既存のネットワークが活用され、口コミで広まったりすることも多い〔石井　一九九〇a、中牧　一九九〇〕。一方、エホバの証人においては、既存のネットワークを活用した布教活動は「非公式の証言」と称されており、布教活動のメインは、あくまで組織的な全戸訪問に置かれている。エホバの証人において全戸訪問が重視される理由については、第一章で述べる。

（5）日本で展開する新宗教運動に関する情報と研究が網羅的に掲載されている『新宗教事典』によると、エホバの証人は「外来の新宗教」の「アメリカ系」に分離されている〔石井　一九九〇b、田島　一九九〇〕。外来の新宗教は、日本で展開する海外発祥の新宗教を指すが、キリスト教に宗教的源泉をもつ外来の新宗教には、アメリカ発祥のエホバの証人、サイエントロジー、セブンスデー・アドベンティスト教団、末日聖徒イエス・キリスト教会（通称モルモン教）、そして韓国発祥の純福音教会、世界基督教統一神霊協会（二〇一五年に世界平和統一家庭連合と改称、通称統一教会）などがある。

（6）「生命主義的救済観」は、對馬路人・西山茂・島薗進・白水寛子が、日本の新宗教に特有かつ共通する救済観として指摘した概念である〔對馬・西山・島薗・白水　一九七九〕。その際、検討対象とされた日本の新宗教は、黒住教、天理教、金光教、大本、パーフェクト・リバティ（ＰＬ）教団、霊友会、生長の家、創価学会、世界救世教、立正佼成会、天照皇大神宮教である。

既成宗教の（仏教的）救済観は、内面的・超越的・現世否定的であるが、新宗教の現世利益は、物質的・人間中心的・現世肯定的とみられ、とりたてて救済観などないと考えられてきた〔同前：九三頁〕。しかし、對馬たちによると、農民出身者によって創設された日本の新宗教には、豊穣や繁殖（＝生命力の観念）など、民衆の宗教意識や民俗宗教を掬いとり秩序立てた日本特有の救済観（生命主義的救済観）がある。この救済観は、現世における生命開花を肯定するため現世利益と矛盾しない〔同前：一〇四頁〕。また葬祭という点では、彼岸の救済を標榜する既成宗教（仏教）との分業が可能であり、競合することもなかった〔同前〕。同論考において、日本の新宗教における社会改良主義は、現世肯定的な生命主義的救済観が、時代・社会の変化に応じて変容したものと捉えられている〔同前：一〇六・一〇七頁〕。なお、對馬たちがエホバの証人を「終末論的根本主義」という「新しい救済観の出現」であると指摘するように〔同前：一〇七頁〕、アメリカ発祥のキリスト教系新宗教であるエホバの証人は、創設の背景や宗教的な伝統からして日本の新宗教と異なっており、根本的に異質な救済観を標榜する宗教運動だといえる（第一章で詳述）。

（7）このうち、内藤正俊と千代崎秀雄の著作は批判書的な内容〔内藤　一九八六、千代崎　一九八六〕、ウィリアム・ウッドの著作は「カルト」批判や脱会支援といった実践的な内容〔ウッド　一九九七〕、中澤啓介の著作は神学的な視点からエホバの証人の救済観の歴史的な背景をクリティカルに解説した内容となっている〔中澤　二〇〇〇〕。

（8）たとえば学校の授業における格技の拒否や医療における輸血拒否の問題は、信者による訴訟によってエホバの証人に有利な裁判結果を得ることで解決されてきた。そのプロセスにおいては、批判的なマスメディアに対する個別の応答がなされないことが多い（第四章で詳述）。

（9）近年は、エホバの証人・統一教会（世界平和統一家庭連合）・幸福の科学などの、新宗教運動における子ども世代の葛藤や脱会後の社会適応に関する問題が、スピリチュアル・アビューズや宗教の「2世問題」として注視されている〔藤田　二〇一七、鈴木　二〇一八〕。

(10)　社会問題化する宗教を「カルト」問題として検討する研究視座もあり、筆者はこうした研究自体には否定的ではないが、本書は、反「カルト」運動という実践的な視座に立つものではないことも付言しておく。なお「カルト」という語は、チャーチ／セクト／カルトなどの教団類型論上の伝統的な用語であったが、近年はこれとは別に、宗教の社会問題化といった構築的な意味で使用されることもある〔南山宗教文化研究所編　二〇〇二、櫻井　二〇〇六・二〇一四、弓山　二〇一六、塚田　二〇一七〕。後者の意味での「カルト」化は、既成のキリスト教会においても生じうる〔ウッド　二〇一五〕。また求道する側の問題にも目配りし、「カルト」問題を真理や正しさへの依存と捉える瓜生崇の論考もある〔瓜生　二〇二〇〕。近年の報道においては、特定の宗教団体を「カルト」と名指す行為が慎重になされる傾向があるが、そこには表現の自由だけでなく、信教の自由、宗教団体による違法行為の有無や訴訟リスクなど、法的な問題が伴うことも関係している〔山口・滝本・紀藤　二〇一五：一〇七～一一〇頁〕。「カルト」問題については様々な立場性が錯綜しているが、その意図は必ずしも特定の宗教集団に対する好奇・侮蔑・攻撃ではないことは確かである。

(11)　内在的理解は、「当事者の内面に即して経験の意味や世界観を共感的・内在的に理解する視座やアプローチ」であり、一九四五年から一九七〇年代半ばまでの機能的アプローチの後、一九七〇年代半ばから一九九〇年代半ばに現れた視座である〔大谷　二〇二〇：四八頁〕。

(12)　日本における宗教関連の雑誌・新聞記事を収集・公開している公益財団法人国際宗教研究所「宗教情報リサーチセンター」（ＲＩＲＣ）は、アンケートに回答のあった三四六件の教団データベースを公開している。このうちエホバの証人の回答（二〇一四年時点）は、「研究上の目的が明らかである場合の資料・情報の公開」の項目が「可」となっており、公開条件の欄には、公式ウェブサイトや支部事務所の見学可能な時間帯なども記載されている（http://www.rirc.or.jp/xoops/modules/xxxxx05/detail.php?id=23、二〇二〇年八月二一日アクセス）。

（13）*Historical Dictionary of Jehovah's Witnesses*〔Chryssides 2019a〕においては、教団批判的な論考とそうでない研究が明確に区別されており、後者には、世界本部や当該国支部の協力を得たものが多い。

（14）すでに、一九七〇年代半ばまでの発展要因については、ブライアン・ウィルソンによる先行研究がある。日本支部の協力と紹介による信者たちの回答には、教団用語を顕著に反映した回答も散見される。たとえば、「エホバの証人に引きつけられた」魅力として、「組織の団結力に感動し、よく訓練された兵士たちを見ている気になった」とする回答などである〔ウィルソン　一九七八：五八頁〕。

（15）なお、櫻井によると、自己物語が創造される際、信者／脱会者の認識のフレームや規範的なナラティブの再生産に関わるコミュニティはそれぞれ、信者においては教団、脱会者においては反カルト運動である〔櫻井　二〇一四：五三・五四頁〕。櫻井の「外堀からの調査」は「カルト」問題という問題設定において提言されたため、こうしたフレームが想定されている〔櫻井　二〇〇六：二二・二三頁〕。管見の限りではあるが、日本のエホバの証人における脱会者の場合、脱会者のナラティブに関わるコミュニティは必ずしも反カルト運動とは限らない。しかし、それを差し引いても、信者／脱会者のどちらをインフォーマントとするのかという点において、第三者的・中立的な立場や折衷的な調査方法が想定しづらいものであることは確かであり、「外堀からの調査」は、「カルト」問題以外のテーマにおいても援用可能な調査方法であると考える。

（16）宗教研究におけるフィールドワークやライフヒストリー研究などの質的研究については、井上順孝〔井上　一九九二〕のほかに、樫尾直樹や川又俊則の論考、川又・寺田喜朗・武井順介編著による文献がある〔樫尾　一九九三、川又　一九九七、川又・寺田・武井　二〇〇六〕。

（17）日本基督教団は、一九六六年一〇月の第一四回教団総会において、戦前における諸教派の教会の統合（日本基督教団の成立）が、宗教団体への戦争協力を意図した当時の日本政府の要請に妥協する形で成立したことを認め、翌年にその告白が公表された〔鈴木　二〇一七：三五六～三五八頁〕。

（18）なお、①については、②～④との区別を図るためかなり広い意味で教派研究としたが、①に分類したそれぞれの研究においては、教派との距離の取り方に相違があることも付言しておく。また、これらの先行研究には、①の宗教運動だけでなく、②〜④のキリスト教運動に多かれ少なかれ言及しているものもある。たとえば、無教会や内村鑑三に関する言及は多く〔海老沢・大内　一九七〇、土肥　一九八〇、隅谷　一九八三〕、明石順三と灯台社については、「ファシズム期と戦時下のキリスト教者の思想と行動」として、無教会キリスト教の矢内原忠雄やホーリネス（きよめ教会）とともに取り上げられている〔土肥　一九八〇：四〇〇〜四〇三頁〕。

(19)　森岡が調査対象とした教派は長老制教派の日本キリスト一致教会、会衆制教派の日本組合教会、メソジスト監督制教派の日本美以教会である。また地域社会のキリスト教として調査したのは、安中キリスト教会（群馬県）、島村キリスト教会（同県）、日下部キリスト教会（山梨県）であり、その論考の初出は島村キリスト教会に関するもの〔森岡　一九五三〕である。森岡の日本村落におけるキリスト教の研究は、西山茂によって「家の宗教」と「祖先信仰」に関する命題に要約された〔西山　一九七五b〕。

(20)　一色のいう「民衆キリスト教」の特徴は、南島（喜界島・奄美大島・徳之島・沖縄島・宮古島・石垣島）で経験された搾取・差別・抑圧の共通性や共時性が生み出したキリスト教受容のあり方にある〔一色　二〇一八：一三頁〕。

(21)　ここで全巻を取り上げることはしないが、2巻・3巻はいわゆる「一高不敬事件」で知られる内村の転機、6巻では無教会キリスト教の雑誌『聖書之研究』の創刊、10巻では再臨運動について、それぞれの史料に基づく詳細な記述がなされている〔鈴木　一九九三a・一九九三b・一九九四b・一九九七a〕。

(22)　マリンズの研究で検討された事例は、無教会（一九〇一年創設）、道会（一九〇七年創設）、基督心宗教団（一九二七年創設）のほかに、村井屯二《じゅん》（一八九七〜一九七〇）のイエス之御霊教会（一九四一年創設）、手島郁郎（一九一〇〜一九七三）の原始福音・キリストの幕屋（一九四八年創設）であり、これらの宗教運動と海外由来の教派との対比がおこなわれている〔マリンズ　二〇〇五：四一頁〕。

(23)　たとえば、無教会信徒の関根正雄による著作〔関根　一九四九〕のほかに、内田芳明〔内田　一九七二〕、渋谷浩〔渋谷　一九七四〕による論考など。

(24) なお、ドイツで重要な役割を担った元信者であるシュネル・W・Jによる著作〔Schnell 1959〕の初版は一九五六年であるが、二〇〇一年にも再版されている。これ以外に、元信者の手記としては、世界本部中枢の内実や意思決定のプロセスを知る数少ない当事者であるレイモンド・フランズの著作〔Franz 2002〕が最も著名であり、一九八三年初出の本書は、二〇〇一年に邦訳もされている。また、除名された元信者であると同時に歴史学者でもあるジェームズ・M・ペントンによる著作も、比較的よく知られている〔Penton 2015〕。

(25) ヨーロッパにおけるホロコーストの認識については、柴田政子の論考〔柴田　二〇一六〕を参照した。それによると、とくに東西冷戦終結（一九八九年）とEU発足（一九九三年）以降、ホロコーストへの関与を「ヨーロッパ全体の歴史として捉える動き」＝「記憶のコスモポリタン化」という新たな歴史観が登場し、人権との関連や犠牲者への謝罪という文脈から、ホロコーストは、ドイツ一国ではなくヨーロッパ全体の課題として語られ始めた〔同前：四七頁〕。

(26) 教団側の記述によると、約一万二〇〇〇人の信者が投獄され、このうち数百名が処刑された〔ものみの塔聖書冊子協会　二〇〇六：三二頁〕。

(27) とりわけ二〇一〇年代以降には議論が活発におこなわれており、イギリスにおける歴史展開〔Chryssides 2019b〕も検討されている。二〇一六年四月には、ベルギーのアントワープで"The Jehovah's Witnesses in scholarly perspective: What is new in the scientific study of the movement?"と題する学術的な検討会（於、Antwerp FVG）も開催された。

(28) ゾーイ・ノックスは、教団の提示する教団史は個々の国における教団発展の記述であるとした上で、これまでのエホバの証人に関する通史的な研究が、迫害の歴史という限定的な視点に立った被抑圧者としての記述に終始しがちであり、それらが教団側の提供する資料に依拠していること、既存の研究は教団寄りか教団批判に大別され、歴史展開に関するより広い文脈からの検討がおこなわれていないこと、を指摘している〔Knox 2018 : p.13〕。

(29) ウィルソンのセクト論は、エルンスト・トレルチのチャーチ／ゼクテ／ミスティシズムといったヨーロッパ発祥の教団類型論〔トレルチ　一九八一〕を、キリスト教以外の宗教運動にも適用すべく批判的に再定義したものである。トレルチは宗教の歴史的発展に着目してセクトを論じたが、ウィルソンは、セクトにおける対チャーチ的な側面ではなく対世俗的な評価や対応の差異に注目し、セクトを計七タイプに再分類した。エホバの証人が分類されている「革命主義的セクト」は、神の介入による世俗社会の清算に唯一の解決策を求めるセクトである〔ウィルソン　一九九一：三六～四三頁〕。このタイポロジーは、世界本部が提示するエホバの証人全体の救済観や教義信条の特徴を捉えているが、背景の異なる各国の差異が自明視されるという問題が残る。なお、ウィルソンのセクト論については、日本の新宗教が「呪術型」（奇蹟派）と「改革型」（改革主義者）の二タイプに回収されてしまうという点で、欧米以外の宗教現象に適用する際の限界も指摘されている〔對馬・西山・島薗・白水　一九七九：一一〇頁〕。

(30) 類型間移行による宗教集団の把握という点では、三木英の「権威志向型組織」「自律志向型ネットワーク」「自律志向型組織」「権威志向型ネットワーク」も示唆に富んでいる〔三木　二〇一四〕。三木は、従来の教団類型論は「権威志向型組織」への展開を「終点」とする宗教運動の検討に偏りがちであったとし、宗教への所属の自覚がないスピリチュアル・セミナーやスピリチュアリティ情報消費者群（三木のいう「宗教的無党派層」）を分析対象に含めうる展開モデルを提示している〔同前：八三頁〕。

(31) 筆者は、修士論文「日本におけるエホバの証人の研究――外来の新宗教の土着化の視点から」〔山口二〇一三〕において、森岡清美の分析枠組〔森岡　一九七二・二〇〇五〕を援用した検討をおこなった。森岡は、キリスト教の土着化を「広義」と「狭義」に分けており、広義の土着化とは、森岡のいう「キリスト教の本質的中核部分」を変容させることなく教派を形成し、教派レベルでの世代的再生産が可能な段階に達しているものを指す。そして狭義の土着化は、この広義の土着化を果たした上で、「他の社会体系との関係」が「容認・拒否」のうち容認的で友好なものを指し、明治期に日本に伝播したプロテスタントの教派は狭義の土着化を達成している〔森岡　一九七二：五二～五六頁〕。これを敷衍すると、エホバの証人は広義の土着化を達成しているが、教団外の社会体系との関係では日本社会に馴染んでおらず、狭義の土着化は達成していない。日本社会との拒否的な関係と狭義の土着化の非成立、これが伝統的な教派との差異となる。しかし本書では、「他の社会体系との関係」、つまり日本社会との関係のあり方自体が世界本部に規定されている点を描出するために、さらに正鵠を射た分析視座に立つことを目指す。

（32）マリンズのいう現地志向的なキリスト教のうち、イエス之御霊教会、基督心宗教団、道会、原始福音は、『新宗教事典』〔井上ほか編　一九九〇〕の「団体一覧」に掲載されているが、無教会は新宗教には含まれていないため、本書もこの分類にしたがった。同事典の定義する「新宗教」とは、「一、宗教であること、二、成立宗教であること、三、既成宗教からの独立、四、民衆を主たる担い手とすること」となっており、このうち「民衆の宗教運動」に限定して捉える理解がとくに有力であるため、無教会は新宗教ではないというのが、一九九〇年時点での島薗進の見解である〔島薗　一九九〇〕。

（33）一九九〇年刊行の『新宗教事典』におけるエホバの証人は、「外来の新宗教　アメリカ系」〔石井　一九九〇b〕、「外来の新宗教」〔田島　一九九〇〕などに分類されていることから、宗教的源泉と発祥地（日本／海外）に即して図示したのが図2である。

（34）筆者が〈本部志向〉という分析視座の構想を始めたのは修士論文〔山口　二〇一三〕であり、その初出は二〇一四年刊行の拙論〔山口　二〇一四〕である。なお、宗教運動の構成要素を、（a）教義・信条、（b）実践、（c）組織機構に分類し、cの組織面における外国志向を〈本部志向〉とした場合、aとbにおける外国志向はそれぞれ何志向なのかという疑問が生じるかもしれない。しかし本書においてその定義はしない。宗教運動に関する従来の研究が、aとbのどちらを追求する宗教運動なのか（救済観の内容や求道のありようの差異）に注目してきたのに対し、本研究の目的は、従来のaかbかという研究視点では見落とされてきた組織原理の影響を、より鮮明にすることにあるからである。教義・信条や実践における外国志向（a・b）と組織における外国志向（c）を明確に分節すること、そして後者の運動に特有の論理を明らかにすることが、筆者のいう〈本部志向〉の意図するところである。

（35）　健康面などの事情によって戸別訪問の布教活動ができない場合には、電話や手紙などによる布教活動に費やした時間を報告することが求められる。

第一章　エホバの証人の救済観と組織観

本章では、エホバの証人の世界本部が提示する救済観と組織構造を概観し、そもそも信者たちがどのような世界観において布教活動を展開してきたのかを確認する。また、筆者のいう〈本部志向〉という特徴の教団史的な背景を明らかにする。

なお、本章の記述において依拠するのは、教団刊行の教団史である *Jehovah's Witnesses in the Divine Purpose*〔Watch Tower Bible Tract Society of Pennsylvania 1959〕、『エホバの証人――神の王国をふれ告げる人々』〔ものみの塔聖書冊子協会　一九九三b〕、序章で紹介した歴史事典 *Historical Dictionary of Jehovah's Witnesses*〔Chryssides 2019a〕、そしてレイモンド・フランズ（一九二二～二〇一〇）の著作『良心の危機――「エホバの証人」組織中枢での葛藤』〔フランズ　二〇〇二〕である。フランズは一九八一年に除名処分を受けた人物であるため、その情報は櫻井義秀のいう「外堀」に位置付けられる〔櫻井　二〇〇六：二二頁〕。しかし、エホバの証人の中でも「統治体」と称される核心的な組織中枢の一員という経歴をもつフランズの著作は、教団内の意思決定に関する率直な情報の開示という点で貴重な内容を含むため、本書においては積極的に参照する。

一　エホバの証人における終末論と社会志向性

千年王国論における位置付け

エホバの証人の救済観は、終末論に分類されるものである。キリスト教における終末論は、「キリストの再臨、最後の審判、万人の復活」をめぐるキリスト教神学であり、キリスト教思想史においては、聖書の記述に依拠した世界史という点で重要なテーマとなる〔大木　一九八八：六五七頁〕。キリストの再臨や千年王国到来の時期を論点とする千年王国論は歴史的に変遷を遂げてきた。

千年王国論は、キリストの再臨と千年王国樹立の順序の差異に応じて大きく三つに分類することができ、前千年王国論のほかに、後千年王国論、無千年王国論がある。「前千年王国論」は、キリスト再臨の後に千年王国が訪れるとするものであり、「後千年王国論」は、千年王国の後にキリストが再臨すると考える立場である。前千年王国論と後千年王国論の差異は、前者に依拠する運動は、より急進的で革命的な変化を志向するのに対し、後者に依拠する運動がより漸進的で穏健な社会変化を志向する点にある〔田村　一九九〇a：一〇～一二頁〕。また、既存の社会の改良可能性については、前者より後者の方が楽観的であり、社会改良志向的である。これらの千年王国論に対し、「無千年王国論」は、千年王国がすでに教会の中に成立しているとする立場であり、千年王国そのものを排除する考え方である。五世紀初頭に神学者のアウグスティヌスが提唱した思想であり、ローマ・カトリック教会に代表される救済観である〔同前〕。これら三タイプのうち、エホバの証人の救済観は、前千年王国論に分類される。

千年王国論に関する基本的な解説として知られているノーマン・コーンの研究によると、千年王国論的な宗教運動の救済観には以下のような特徴があるとされている。すなわち、（イ）信者たちが共同体として享受するものという意味で共同体的、（ロ）彼岸の天国においてではなく、この地上において実現されるという意味で現世的、（ハ）間もなく忽然と現れるという意味で緊迫的、（ニ）地上の生活を完全に変えてしまうので、新しい制度は単なる現状の改善ではなく完壁そのものとなるという意味で絶対的、（ホ）超自然的力によって、あるいはその力を借りて完成されるという意味で奇跡的である〔コーン　一九七八：四頁〕。その特徴をきわめて簡潔に要約すると、共同体的（集団的）・現世的・緊迫的・絶対的・奇跡的となる。これらの特徴は、現在においてもエホバの証人の救済観をよく捉えている。エホバの証人の教説によると、キリストはすでに再臨しており、既存の社会体制は滅びゆく「古い体制」であり、人類の諸問題は、近い将来に神（エホバ）の介入（ハルマゲドン）によって解決される。ここで注目すべき点は、エホバの証人のいうハルマゲドンは、決してメタファーなどではなく、全地球規模で生じる現実的な裁きを指している点である。それは、人間が引き起こす核戦争や自然災害を象徴するものではないと同時に、無差別なものではないことが強調されている〔ものみの塔聖書冊子協会　一九八五ｂ〕。そしてハルマゲドンを生き残った者は、地上に回復された楽園で永遠に生きるとされている。

近い将来におけるハルマゲドンへの期待や、その語によって惹起されるイメージがきわめてラディカルであるのも確かだが、エホバの証人においては、自教団による革命や社会転覆は想定されていない。あくまでエホバ神（超越的な存在）の介入による超自然的で根本的な問題解決が目指されているのであり、既存の社会における苦悩の解消や社会改良は想定されていない。このように、エホバの証人における救済観は、現世的・急進的である点と社会志向性の低さが、特徴となっている。

千年王国論を含む終末論は、世界的に、また日本においても、危機的な社会状況の際に人びとを惹きつけ、ある種の「ブーム」を到来させてきた。エホバの証人の発祥国であるアメリカにおいて千年王国論が隆盛した背景には、一八二〇年代から一八三〇年代のイギリスにおける「予言研究ブーム」に関連した刊行物が、アメリカで再販、紹介されたことにあり〔田村 一九九〇b：二七三〜二七五頁〕、そのイギリスにおける予言研究ブームは、フランス革命の時代にフランスで生じた予言研究ブームに影響を受けたものであった。いずれもカトリック教会やローマ法王を反キリスト（キリストの敵）と解釈するもので、カトリック教会やカトリック的な要素への反発、そして社会的な混乱と呼応し合いながら、千年王国の切迫を論じる予言への期待が高まった。

フランス・イギリスに続きアメリカに訪れた予言研究ブームは、後述するウィリアム・ミラーの予言が期待はずれとなった後もしばらく続いたが、そのブームも一八九〇年代から衰退し始める[1]〔同前：二八〇・二八一頁〕。しかしラッセルに始まるエホバの証人の予言は、この衰退期以降にも次々と展開されることになるのである。[2]

チャールズ・T・ラッセルが教団を創設するまで

本節冒頭でふれた通り、エホバの証人はキリストの再臨（再来）を待望する再臨派の流れをくむ宗教運動であるが、創設者のチャールズ・T・ラッセルは、信仰に篤い両親と同じ長老派に当初所属していた。一八五二年、ペンシルベニア州アレゲーニー（現在のピッツバーグ）に生まれたラッセルは、九歳の頃に母親を亡くしているが、煉獄の存在を認める長老派の教義を受け入れることができず、宗教的な求道の後、一八六九年（一七歳の頃）に再臨派の教理に出会う〔ものみの塔聖書冊子協会 一九九三b：四二・四三頁、Chryssides 2019a: pp. 2, 3〕。当時の居所であったアレゲーニーで聖書研究会に通うようになったラッセルは、ジョージ・ストーズ（一七九六〜一八七九）、ジョージ・W・ステットソン（一八一四〜一八七九）、ジョナス・ウェンデル（一八一五

～一八七三）といった人たちから大きな影響を受けている。彼らの共通点は、三位一体・煉獄・魂の不滅といったキリスト教のメインストリームの教理を否定する立場に立っていた点である。ストーズは雑誌 *The Bible Examiner* の編集者、ステットソンは再臨派の牧師であり、伝道師のウェンデルは、世界体制が一八七三年に終わりを迎えるとする解釈を展開していた人物である。いずれもミラー派の信奉者であった〔Chryssides 2019a: pp.211, 212, 231〕。

ミラー派とは、再臨派の中でも、目に見える形でのキリストの再来を待望するという点（超自然的な再臨待望論）が特徴となる宗教運動である。ウィリアム・ミラー（一七八二～一八四九）がアメリカで展開した再臨待望論によるものであり、一八四〇年代にアメリカ全土が熱狂的なブームに沸いた。しかし、キリストが一八四三年に再臨すると予想したミラーの予言は失敗に終わり、同年に再臨は一八四四年と訂正されたものの、その予想も期待はずれに終わっている。

ラッセルはこのようなミラー派の信奉者たちと親交があり、少なからぬ影響を受けているが、後に展開することになる教理の形成に直接的な影響を及ぼしたのは、同じく再臨派のネルソン・バーバー（一八二四～一九〇五）という人物の教説である。バーバーもミラーの予言が期待はずれに終わった後、キリストは一八七三年に再臨すると考えていたが〔Chryssides 2019a: pp.67, 68〕、その後、キリストは一八七四年に目に見えない形で臨在しているとする説を展開した〔フランズ二〇〇一：一九五～二〇〇頁〕。ミラーとバーバーの大きな違いは、バーバーが「目に見えない」再臨説を展開した点である(3)。

ラッセルは一八七六年に、バーバーが発行する雑誌 *The Herald of the Morning*（『朝の先触れ』）のコピーを目にし、キリスト臨在の時期に関する年代計算に強い関心をもった。そして、それまでの間に自身の父親の事業で得た資産を同誌の発行に投じ、編集補佐も務めている。しかし、一八七八年にはバーバーのもとを離れ、翌七九年に雑誌 *Zion's Watch Tower and the Herald of God's Presence*（『シオンのものみの塔およびキリストの臨在の告知者』＝後の『ものみの塔』誌）を創刊し、自身の聖書解釈の公表を始めた。一般向けに配布するトラクト（パンフレット）などの印刷も開始し、一八八一年に「シオンのものみの塔冊子協会」を設立した〔Chryssides 2019a: p. 5〕。もちろんそこで展開されたのは、キリストが一八七四年以来天において臨在しているという説である。同協会は、一八八四年にペンシルベニア州で法人格を取得した(4)。

予言の変遷

創設者ラッセルの説は、一八七四年にキリストが天において目に見えない形で臨在しているというバーバーの教説から影響を受けたものであるが、ラッセルはさらに、一八七八年秋以来、キリストが天で王権を執行しているとする説を展開した。ごく初期の年代予言によると、一八七四年（天における目に見えないキリストの再臨）を起点に算出された主要な予言では、「選ばれた者」とされる信奉者たちが一八八一年に天の王国に移され、一九一四年には地上の千年王国が完成するはずであった〔フランズ　二〇〇一：二〇一～二〇八頁〕。これらは期待はずれに終わり、一九一六年にラッセルは亡くなる。

この頃すでに、アメリカにおける予言ブームは退潮していたが、ラッセル没後、協会の二代目会長に就任したジョセフ・F・ラザフォード（一八六九～一九四二）が、この教団の新たな年代予言を展開することになる。なおラザフォードは、ラッセル存命中に協会の法務上のアドバイザーを務めていた人物であるが、ラッセルが協会の後継者として指名したリストにその名は入っていなかった。しかし、法律に明るいラザフォードは合法的に会長に就任し、ラッセル支持者の中にはラザフォード就任後に運動から離脱した者も多かったという〔ものみの塔聖書冊子協会 一九九三b：六八頁〕。また、「エホバの証人（Jehovah's Witnesses）」という名称はラザフォードによるものである。それまでは「聖書研究者」や「ラッセル信奉者」などと称されていたが、一九三一年に神の名前「エホバ」を証する人びとという教団アイデンティティが提示された[5]。

そのラザフォードが新たに展開した年代教義では、一九一八年にキリスト教各派（エホバの証人以外）に苦難が訪れ、一九二〇年に社会主義勢力が倒壊し、一九二五年にアブラハム、イサク、ヤコブなどの「古代の名士たち」が地上に復活するとされた〔フランズ 二〇〇一：二二五〜二三四頁〕。しかし、これらの予言も期待はずれに終わる。すると、一八七四年であったはずのキリストの臨在は、じつは一九一四年に生じていたとする新たな解釈が展開された〔同前：二五六・二五七頁〕。とりわけ同年は第一次世界大戦が勃発した年であったこともあり、世界大戦の勃発は、キリストが天で統治を開始し、サタンが天から追放され、地上に落とされた証拠（「終わりの日」が始まった証拠）とされるようになった。そして、「終わりの日」のクライマックスとなる全地球的な規模の裁き（ハルマゲドン）が一九四〇年代中頃から一九五〇年代前半までには生じ、地上に楽園が回復するとされた。この説は、一九一四年の「世代」が去るまでには全ての予言が完了するという新解釈に依拠しており、当時の教説において、「世代」の長さは、三〇年から四〇年程度と定義されていた[6]〔同前：二七六頁〕。

しかし一九四二年にラザフォードが亡くなり、協会会長にネイサン・H・ノア（一九〇五〜一九七七）が就任すると、「世代」の長さは七〇年ないし八〇年程度と修正される〔同前：二七六頁〕。一九一四年から約四〇年後とされていたものを約八〇年後とすることで、ハルマゲドンは先延ばしされ、先の予言の失敗は回避された。これは一九五〇年代のことであるが、さらに一九六六年からは、ハルマゲドン一九七五年説が新たに展開され、喧伝される〔同前：二五六～二五九頁〕。いうまでもなく、この説も期待はずれに終わった。さらに一九九〇年代には、「世代」を時間的なものとして解釈すべきではなく、質的なものとして解釈すべきとする説が展開され〔同前：二九一～二九五頁〕、以降、予言の教義自体は、新たな解釈や手直しを伴いながら、徐々に急進性を後退させていくこととなる。

ただし、一九七五年以降は具体的な年代が予想されることはなくなったものの、世界本部の布教方針における信者たちへの煽動は続いた。たとえば、終わりが近いことを示す「しるし」の一つとされる、マタイ二四章の「王国のこの良いたよりは、あらゆる国民に対する証しのために、人の住む全地で宣べ伝えられるでしょう。それから終わりが来るのです」という句が今日に至っても繰り返し提示されている。エホバの証人が全戸訪問による布教活動を展開してきたことについては序章でふれたが、これは、「しるし」に関する予言の自己成就につながるものでもある。

過去になされた予言に関して、世界本部が信者たちに提示する情報はきわめて少なかった。予言が変わるたびに刊行物も刷新され、新しい信者たちが教わる教説は実現間近とされる予言であり、その変遷の全貌を知らない信者も多い(7)。そのため長年にわたり、信者たちにとってハルマゲドンは自身が存命中の近い将来に生じるはずのものであり続けた。

実際の年代教義は、聖書の記述と社会事象を関連させつつ展開され、入り組んだ内容となっているが、以上が予言の変遷の概略である。宗教運動論的な視点から注目すべきポイントは、当初の予言の終着点であったはずの一九一四年が予言の開始点となり、教団創設時の説はほとんど破棄されてしまったこと、そして予言はたびたび変更・更新され、千年王国の到来は少しずつ先延ばしにされてきたという点である。間近で限定的な予言は、信者の布教意欲の刺激材料となり、教勢拡大における即効性を高める反面、予言の失敗は信者の離脱も招きやすい。実際、フランス・イギリス・アメリカの予言研究ブーム自体は、予言の失敗や社会の変化とともに退潮していった。しかし、エホバの証人の場合は、予言を発信する権威の正統性に重点を置くことで、宗教運動の活力維持が図られていくことになる。

二　エホバの証人の救済観と「神権組織」

エホバの証人における人類の幸福

現代の（そして日本社会の）価値観からみると、一見荒唐無稽とも映るエホバの証人の教説は、どのような世界観によって支えられているのだろうか。ここでは、エホバの証人の救済感や歴史認識の枠組についても確認しておきたい。

救済を必要とする状態に人類が陥った原因については、エホバの証人も他のキリスト教各派と同様、アダムとエバにさかのぼって説明される(8)。それによると、エホバ神の当初の計画は、永遠の命を与えられた人間が全地に増え広がり、楽園となった地球上において永遠に幸福に暮らすことであった。しかし、その計画は中断される。アダムとエバには、善悪の知識の木の実を食べてはならないという唯一の禁止事項が与えられていたのだが、エホバ神に反逆した天使（＝悪魔サタン）が蛇を使ってそそのかすままに、二人がその実を口にしたため、最初の人間夫婦の罪（不完全さ）と死が子孫（全人類）に受け継がれ、苦難に直面することになったという物語である。

アダムとエバの物語自体は、キリスト教においてはきわめて一般的な物語であるが、エホバの証人の場合、創世記を含む聖書の記述は「神話」ではなく、「史実」として提示されていることが、一つの特徴といえる。死は、アダムの不従順によって生じた逸脱であり、人類のあるべき姿（そして、間もなく回復されるはずの姿）は、あくまで地上の楽園における至福と永遠の生命であるという〔ものみの塔聖書冊子協会　二〇〇〇b：二六・二七頁〕。この見解を現代においても継続しているのがエホバの証人なのである。

エホバの証人の教説によると、ハルマゲドンで救済される者とそうでない者については、一六世紀のスイスで宗教改革を推進したカルヴァンの予定説にいうようにあらかじめ決められているわけではなく、個人がどう行動したかによって決まる。救済の責任は、神にではなく個人に帰されるのである。その際、最も重視されるのは、個人が神への従順さを示したかどうかという点であり、エホバ神に不忠節な者がどれほど善行や徳を積んだとしても、その価値が認められることはない。救いの側か否かに関するキリストによる選別は、現在も進行中とされている。そのため、ここで求められる行動は、神の介入（ハルマゲドンによる清算）を待つことと、人びとに既存の社会体制の終わりが近いことを知らせるべく宣教に勤しむことだけなのである。

このようにみると、エホバの証人における救済は、個人における現実的な幸福追求と著しく矛盾し干渉し合うようにも映るが、そもそもエホバの証人においては、何が幸福かを人間が自ら決定することと自体が不幸の原因とされている。アダムとエバの「史実」は、まさにそれを伝える意味での教訓とされているのである。たとえば、『ものみの塔』(9)には次のような記述がある。

明らかに、肝要なのは次の点です。つまり、人間は神から独立するようには創造されていない、ということです。神は人間を、ご自分の義なる律法に従順であることによって成功し幸福になるように造られました。
〔ものみの塔聖書冊子協会　二〇〇一b：五頁〕

これは、「自由」の適切な行使に関する記述なのであるが、エホバの証人の教説によると、人間には、神からの賜物として「自由意志」が与えられており、エホバ神は、人間がロボットのような従順を示すことを求めていない〔同前：四頁〕。しかし、エホバの証人における自由意志とは、右の文章が示す通り、何が幸福であるかを個人が選択できるという意味での自由意志ではない。エホバの証人においては、神への忠節を示すという点で自由意志を行使しない限り、幸福になることも救済されることもないのである(10)。人類には自身の幸福のあり方自体を思考・選択する能力が付与されておらず、そのような仕様として創造されたのであり、人類の幸福な状態についてはエホバ神だけが知っている、とされているからである。

「宇宙主権の論争」と人生の目的

ところで、キリストの贖《あがな》いに関する教理は、エホバの証人においても重要な位置を占めている(11)。しかし、全地を楽園にするというエホバ神の当初の計画は、それだけでは達成されない。エホバの証人のいうエホバ神の意志によれば、サタンの反逆やアダムとエバのような反抗が再び生じることなく、神に忠節であるという点で善良な人びとを守るためには、神に従おうとしないという点で邪悪な者たちをサタンもろともに一掃する必要があり、ハルマゲドンは、そうした意味における清算の機会なのである。

そもそもエホバの証人の教理においては、個人の救済以前に、悪魔サタン（反逆した天使）がエホバ神に投げかけたとされる神の主権への挑戦、すなわち「宇宙主権の論争」というテーマが根底に流れている。そして、この論争こそが、終結させるべき問題とされている。その教理の根拠として繰り返し引用されるのが、ヘブライ語聖書（旧約聖書）のヨブ記の記述なのであるが、エホバの証人の教理によると、サタンは、「人間が神に仕えるのは自分の益になるときだけである」と主張し、義人ヨブから財産・健康・家族などの祝福を取り上げても神を呪わないかどうかをみようと神に挑戦した。そして、この論争は未だ継続しており、個人がどう生きるかという問題は、神とサタンのどちら側につくか（神の主権の立証）に関わる問題だとする解釈が展開されている。ただし神の側についた人間は、結果として必ず幸福になるともいわれている〔ものみの塔聖書冊子協会　二〇〇四：一三頁〕。損得を抜きにエホバ神に仕え、結果として楽園に生き残ることは、神の主権の立証というテーマにつながっており、ここに至っては、永遠の命を得たいと思うか否か、そしてそれが幸福なのか否かなど、個人の選好が入り込む余地はないのである。

現代の一般的な価値観においては、どちらかというと肯定的な評価を付される「独立」という語であるが、エホバの証人においては、このように愚か・不信仰・救済の妨害という意味が付されている。神から離れることを救いの放棄とみなす宗教運動はエホバの証人だけではないが、エホバの証人において想定されている「自由意志」や幸福のあり方をみてもわかる通り、そのパターナリズムの強さは突出している。

なお、エホバの証人の教理においては、神に忠節な生き方をするかどうかを選ぶ機会を得ることなく（つまり、布教を受けることなく）亡くなった者にも、救済への機会が開かれている。そのような死者は、ハルマゲドンの後、生前と同じ人格・肉体で地上の楽園に復活させられ、布教を受け、自身の生き方を選ぶ機会が与えられ、一〇〇〇年の期間が終わる際、再びふるいにかけられるのだという〔ものみの塔聖書冊子協会　二〇〇三b〕。死者や先祖を祀ったり崇拝したりすること自体は、背教的な行為（偶像崇拝）として厳しく断罪されてもいるが、亡くなった親族とハルマゲドン後に再会し、それまでの人類史とエホバ神との関係について証することは可能なのである。日本に伝来したキリスト教神学においては、「キリストを信じずに死んだ者に希望はない」という教えが根強く、「祖先の居場所」がなかったことがキリスト教受容を阻んだ一要因として指摘されてきた〔マリンズ　二〇〇五：一七八・一七九頁〕。これに対し、少なくともエホバの証人には、復活の教理という「祖先の居場所」が提示可能であったことは注目に値するだろう。

以上が、エホバの証人における救済観である。要約すると、人類の本来的な状態は、不滅・完全な生命と身体をもち、地上の楽園で永遠に暮らし、エホバ神を賛美することである。宗教的な根源者は、万物の創造主であり計画的な統治者とされるエホバ神である。現在の人類は、アダムの罪によってその計画が一時中断・阻害された状態にあり、救済のために個人がなしうることは、自由意志によって神に忠節な生き方を選ぶことであり、社会を望ましい状態に改良することも変革することも想定されていない。すべては〝楽園待ち〟であり、〝エホバを待つこと〟にかかっ

ているのである。(12)

「母なる組織」としての「神権組織」

救済をめぐるこうした教理は、歴史を経るうちに理論構築されたところもあり、創設当初のラッセルの教説においては、キリスト再臨とハルマゲドン、それに続く千年王国が地上に実現するのはいつなのかという点が、主要な関心事であった。そして前述の通り、その「時」はいつなのかという解釈＝「年代予言」の失敗・更新・喧伝が繰り返されるうちに、組織の正統化が先鋭化していくことになる。組織の体系化と権威付けは徐々に進行したが、一九七〇年代初頭からとりわけ顕著になり、当時の『ものみの塔』誌では、「民主主義政体と共産主義のまっただ中における神権組織」「神権組織内の任命された役員たち」「神権統治下の新秩序を目ざして前進！」「神権組織とともに今前進する」「法人団体と異なる統治体」などの記事が組まれている〔ものみの塔聖書冊子協会　一九七二a・一九七二b・一九七二c・一九七二d・一九七二e〕。

現代のエホバの証人の教説によると、年代予言を含む聖書の理解は、徐々に、漸進的に明らかにされるものであり、神の意志を地上に伝達するための「唯一の経路」は、現在のエホバの証人の「統治体」なのだという。あくまで現代のエホバの証人における歴史認識によると、キリストが天における統治を開始した際、地上のキリスト教の中で、世俗の政治権力と結託したりその圧力に妥協したりせず、エホバ神の主権の正しさを立証していた唯一の教会が、ラッセルたちのグループであり、そのため、意志伝達の経路としてこの教団が選ばれたとされている。

さらに、世界本部の自認するところでは、統治体（唯一の経路）に伝達された知識は、現在のものみの塔聖書冊子協会（世界本部）の刊行物を通じて全世界に発信される。すでに述べた通り、エホバの証人の教説や救済観の根底に流れているのは、エホバ神の主権の立証というテーマであり、信者たちの人生の目的は、神の主権の立証でなければならない。ここにおいて、個人の救済は神への忠節の結果に過ぎず、目的とすべきものではない。つまり、予言の当否に左右される不純な信仰を避け、神への忠節を追求しなければならないのだが、その神の意志は統治体に伝達され、その知識は、ものみの塔聖書冊子協会世界本部が発行する文書によって与えられるとされている。エホバの証人においては、教団組織を神聖化するこうしたロジックによって、予言の失敗による離脱者増加の回避が図られてきた。

救済観の理論構築と同様、組織原理に関する理論構築も徐々におこなわれたが、とりわけ組織については、三代目会長ネイサン・H・ノア（一九四二年に就任）の時代に完成されたところが大きい。やがて、唯一の経路とされる組織への忠節が自己目的化し、組織の位置付けも先鋭化していくことになるのである。今日までエホバの証人の中で信じられてきた教説によると、エホバの証人の組織は「人間の組織」ではなく「神の組織」（神権組織）なのだという。図5は、その組織イメージを図示したものである。

エホバの証人のいう神権組織では、頂点にエホバ神が存在し、天においてはキリストによる統治が開始されている。そしてその伝達組織はエホバの証人の統治体であるとされているが、この統治体は十数名の男性信者によって構成されている。統治体と信者たちを分かつ基準は、統治体の構成員が、没後ないしハルマゲドン後に、天でキリストとともに統治する側になることが判明しているとされている点にある。「天的クラス」「（キリストの）忠実で思慮深い奴隷級」と称され

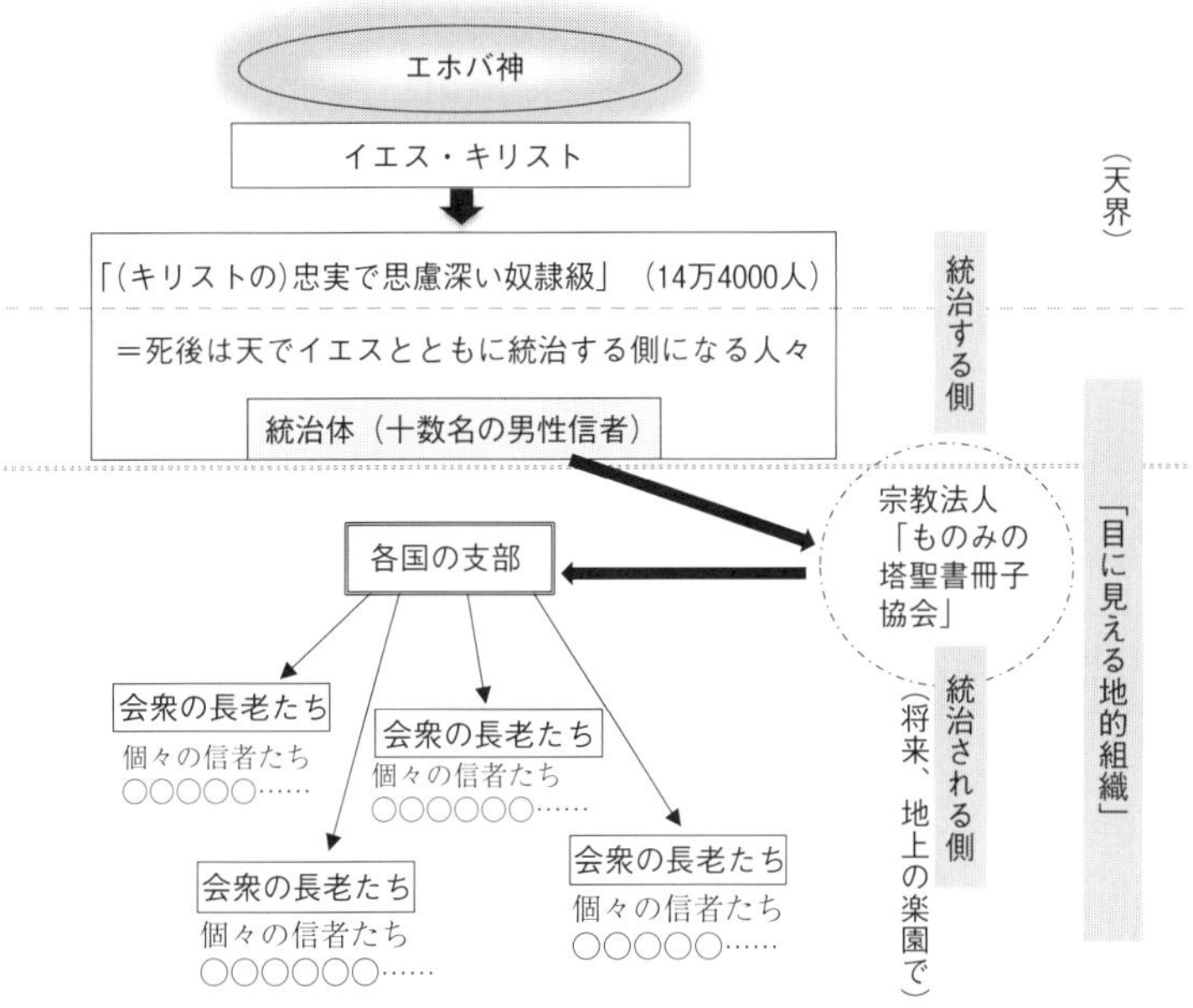

図５　エホバの証人における「神権組織」
図内の黒矢印は意志伝達の経路を示す。
(〔ものみの塔書冊子協会　1972d：173頁〕などを参照し作成)

ることもあるその人数は一四万四〇〇〇人と限定されており、その大半はすでに天に挙げられたともいわれている。統治体は、存命中の天的クラスの信者のうちからさらに選ばれた十数名の男性信者によって構成されていることもあり、神聖視されている。一方、統治体以外の一般の信者たちは、将来、地上の楽園で統治を受ける側になるとされている。

信者が天的なクラスであるか否かがどのように判明し、確認され、統治体に任命されるのか、具体的な点についてはほとんど明かされていない。明示されているのは、この組織の統治者が人間ではなくキリストであり、世界本部は、神権組織の「見える地的組織」（地上の部分）に過ぎないとされている点のみである〔ものみの塔聖書冊子協会　一九七九b：一二頁〕。しかし、キリストが統治者とされているからこそ、エホバの証人のいう「見える地的組織」への忠節は、神への忠節と同義というロジックが成り立ち、単なる組織制度とは異なる効果と影響力を発揮するのである[13]。

なお、近年はほとんど使われることのない用語であるが、エホバの証人においては、父なる神エホバに対し神権組織を「母なる組織」（mother organization）とする表現があり[14]、このことからも、エホバの証人における組織の位置付けの重要さと神聖さを理解することができる。われわれが目にするエホバの証人は、図5における法人組織以下の「目に見える部分」であるが、個々の信者の思い描く組織は「天界」を含む聖なる組織であり、これが世界本部の提示する神権組織のイメージとなっている。エホバの証人における神権組織は、組織運営の理想として追究される理念型ではなく、実働中の実在する組織と捉えられているのである。

前述の通り、エホバの証人の教説によると、人間は神から独立して幸福を追求できるようには造られていない。こうした救済観と神権組織という原理を敷衍すると、エホバの証人において最も肝要なのは、現代の神権組織に堅く付き従い、エホバ神の意志と計画に沿って生きることである[15]。言い換えると、統治体ひいては世界本部の指導に従う以外に救済の道筋はなく、そこをはずれた者はいかなる「善行」を積んでいたとしても、ハルマゲドンで滅ぼされるのである。

さて、序章において、筆者のいう〈本部志向〉を、「海外に本部などの組織をもつ宗教集団における本部／支部間の恭順的な関係性」と定義した。本章において検討したように、エホバの証人は、世界本部という組織を媒介することなしに教義・信条や実践を追究することは、想定されていない。社会からの制約や圧力があるのも確かであるが、エホバの証人の宗教運動においては、何よりもまず、世界本部という組織の動向に注意を払い、その指示に従うことが要求されている。この点でエホバの証人は、組織面における外国志向が突出しており、筆者のいう〈本部志向〉が先鋭化した宗教運動ということができる。

むろん、世界本部が各国支部に求める〈本部志向〉と各国支部の応答が常にかみ合うとは限らない。また、かみ合っているようにみえても、誤読・誤用・過剰適応の結果である場合もあり、その内実に差異が生じることもある。世界本部は、教勢拡大・権威の正当性・予言（その失敗回避）のジレンマの中で世界的な運動を展開してきた。こうした教団内的な事情を背景に、近い将来の救済を強調する一方、個人の救済（予言の当否）ではなく神の主権の立証を目的とすることを正しい信仰のあり方として提示することにより、運動の衰退を回避してきた面もある。しかし個々の信者においては、必ずしも神の主権の立証が目的となるとは限らない。世界本部の指示や、指示に対する誤読も含めた信者たちの応答は、教勢拡大という点で順機能的である場合もあれば、逆機能的となる場合もある。
以上の点を念頭に置きつつ、次章以下では、時代ごとの運動のありようの差異を検討し、日本における具体的な歴史展開を明らかにしていきたい。

註

（1） 千年王国論は、ローマ帝国時代の神学者アウグスティヌス以降、長らく異端視されていたが、一六世紀の宗教改革以降、ローマ・カトリック教会を反キリスト（キリストの敵）とする見方とともに復活した。その後、千年王国論は、それぞれの時代・社会状況（一七世紀のピューリタン革命、一八世紀のフランス革命など）に応じ、形を変えながら復興することになる。本書との関係でいうと、一八世紀アメリカの独立戦争の際、重商主義的植民地支配を推し進めるイギリスへの抵抗という点で千年王国論による意味付けが宗教的な正当化となった〔田村　一九九〇b：二七〇～二七二頁〕。アメリカにおいては、科学技術の進歩や経済発展と引き換えに、後千年王国論が一八八〇年代までに退潮する〔同前：二八〇頁〕。一方、後千年王国論と比して、社会変革的な影響力が薄い前千年王国論は、ウィリアム・ミラーによるキリスト再臨の予言（一八四三年、翌四四年）が失敗に終わった後も、一八九〇年代まで（それらの運動のキャンペーン自体は第一次大戦まで）続いた〔同前：二八一頁〕。なお、各時代における千年王国論の復興と変容については、岩井淳の文献も参照されたい〔岩井　一九九五・二〇一五〕。

（2） 千年王国の予言は、ダニエル書と黙示録（啓示の書）における「一二六〇日」という期間に関する記述をもとに、一日を一年とする解釈を共有した上で、一二六〇年という期間の始まりないし終わりはいつなのか、それを示す歴史上の出来事は何だったのか、などが議論されてきた。このうちエホバの証人が継承している説は、ジョン・アクィラ・ブラウンという人物が一八二三年にイギリスで発表した計算方法だといわれている〔フランズ　二〇〇一：一九〇～一九四頁〕。ブラウンの解釈は、一二六〇日を三時半《さんときはん》とする記述をもとに、一時《ひととき》を三六〇日とし、ダニエル書の「七つの時」と称される期間を二五二〇日（＝二五二〇年）とするものである。エホバの証人においては、二五二〇年という期間の始まりがいつだったのか、そしていつ終わるのかに関し、様々な解釈が提示されてきた。

（3）エホバの証人の教説の由来を調査した中澤啓介によると、「目に見えない臨在」という解釈方法は、ミラー派による聖書予言の解釈が期待外れとなった後、いくつかの新たな分派によって展開された教説である〔中澤　二〇〇〇：一一一頁〕。

（4）一九〇九年には、ニューヨーク市ブルックリンに協会の拠点が移され、新たに「一般人の説教壇協会」という名称の協会が設立された。この協会は一九三九年に「ものみの塔聖書冊子協会」と改称されたが、後に、ペンシルベニアの法人とニューヨークの法人はそれぞれ、「ペンシルベニア州のものみの塔聖書冊子協会」（一九五五年〜）、「ニューヨーク法人ものみの塔聖書冊子協会」（一九五六年〜）と称されるようになった〔ものみの塔聖書冊子協会　一九九三b：二二九頁〕。

（5）この名称の由来としては、『新世界訳聖書』のイザヤ四三章一〇節「『あなた方は私の証人である』とエホバはお告げになる」という句が挙げられている〔ものみの塔聖書冊子協会　一九九三b：一五五頁〕。

（6）エホバの証人におけるこの教説は、マタイ二四章三四節に依拠して展開されている。

（7）ただし、近年のエホバの証人の公式サイトにおいては、戦後に刊行された書籍・雑誌の大半を閲覧することができる。なお、エホバの証人の年代予言がミラー派の影響を受けたものであることを世界本部が公に認め始めたのは、一九九三年に刊行された教団史〔ものみの塔聖書冊子協会　一九九三b〕以降であり、少なくとも一九五九年刊行の教団史〔Watch Tower Bible Tract Society of Pennsylvania 1959〕では明言されていない〔フランズ　二〇〇一：二一七・二一八頁〕。

（8）エホバの証人の教理については、よく知られているところでは三位一体や十字架の否定など異端視されている内容もあるが、本書においては、歴史展開の検討という点で理解を共有する必要のあるものに限定してエホバの証人の教理内容を概観した。そのため、特に必要がない限り、正統とされる教義との差異には言及していない。また本書は、宗教社会学的な議論を前提としているため、エホバの証人が「エホバ」を神の名前として使用することの是非には立ち入らないが、本書において「エホバ」という名称を使用する場合、それはエホバの証人のいう「エホバ神」に限定される記述的な用語であり、「エホバ」と称される神全般を指す実体的な用語ではない。

(9) なお、『ものみの塔』は長期にわたって月二回発行されていたが、二〇〇八年から月一回に発行回数を減らし、集会で使用するための「研究用」と、布教で配布するための「一般用」の二種類に分割された。さらに「一般用」は二カ月に一回発行(二〇一六年〜)、年三回発行(二〇一八年〜)と徐々に縮減され、これに併行して紙媒体からダウンロード形式に移行し、ページ数も削減されている。

(10) 救済や信仰の到達点として教団が提示する幸福は、あくまでエホバ神の当初の計画が完成されることである。しかし、未だその計画が達成されていない現在においても、「霊的パラダイス」(象徴的な意味での楽園)がエホバの証人の信者共同体には実現されており、終わりゆく邪悪な体制(一般社会)にはない幸福と安全が得られるという主張がなされている〔ものみの塔聖書冊子協会　二〇〇一a〕。そこで得られる幸福とは、クリスチャンとしての立派な人格の形成、道徳的な清さ、世界的な兄弟関係(信者共同体)、神に仕える喜びなどであり、それをもって「霊的パラダイス」での幸福享受を言明する信者もいるだろう。しかし、教理上の「霊的パラダイス」は、神の本来の計画が全地球規模で完成するまでの避難所という副次的な位置付けであり、現世利益的な意味での幸福追求が容認されているわけではない。

(11) 三位一体を否定するエホバの証人の教説において、キリストは神ではなく、神の被造物、初子《うい ご》に位置付けられている。キリストは人類を罪の状態から買い戻す贖いとして自らの命を差し出し、エホバ神は愛すべき初子を地上に遣わしたという関係にあり、人間は個人の選好よりも贖いの価値に見合う生き方をすべきとされている〔ものみの塔聖書冊子協会　一九九一b・一九九一c・二〇一〇〕。

(12) 序章において、エホバの証人の救済観と日本発祥の新宗教に通底する生命主義的救済観は根本的に異なると指摘したが、生命主義的救済観の具体的な内容は、次のようにまとめられる。(1)宇宙や世界は、豊穣な産出力に満ちあふれた生命体・生きものと認識されるものであり、（2）宗教的根源者は万物を計画的に統御・支配する統治者ではなく、母のような愛育者のイメージであり、（3）人間の本性は内部に根源的生命の力がはたらく神的生命の分与者と認識されるものであり、（4）現実世界における生命の充実・開花に積極的・救済的な意義が与えられ、彼岸の救済や解脱による救済への関心は薄い。（5）悪と罪は、生かされていることへの感謝の念をもたず、自己や利己的欲望に執着することで生命の充実や開花が阻害された状態を指し、（6）悪からの救済には、我欲・我執を放棄して感謝の心を回復する必要があり、（7）救済の状態は、生命力の充溢した喜悦に満ちた生活をおくることである。（8）教祖とは、生命力にあふれた「生き神」、根源的生命を自己の内に具現した「生命力のカリスマ」「すでに救済された人間のモデル」である〔對馬・西山・島薗・白水　一九七九：九三～一〇二頁〕。この救済観に即して対比すると、エホバの証人は、延期が繰り返される生命開花の時期を現世においてひたすらに待つことが求められる宗教運動である、ということもできるだろう。

(13)　なお、エホバの証人の教説によると、神権組織の歴史は古代イスラエルの時代にさかのぼるもので、モーセが率いるイスラエル国民に十戒が与えられた際、彼らは神によって組織された政府の民となったというストーリーがモデルなのだという〔ものみの塔聖書冊子協会　一九七九b〕。

(14)　エホバの証人の公式サイト内にある刊行物の検索ページ「ものみの塔オンライン・ライブラリー」(https://wol.jw.org/en/wol/h/r1/lp-e、二〇二一年一〇月七日アクセス）で確認した限りでは、「母なる組織」と訳される mother organization という語の初出は、一九五〇年九月一五日号の *The Watchtower*〔Watchtower Bible and Tract Society 1950: p.326〕である。これは、一九四二年に三代目会長に就任したノアの時代のことである。

(15)　世界本部が提示する模範的な信者像は、「組織の動きに自分の歩調を合わせようと」する態度である〔ものみの塔聖書冊子協会　二〇〇五：九〕。

第二章

灯台社の時代——一九二六年から一九四七年——

本章では、「灯台社」という名称で展開された戦前の日本におけるエホバの証人の運動を検討する。戦時体制下において、宮城《きゅうじょう》遥拝《ようはい》の拒否や軍隊内における銃器返納、兵役を拒否する信者を出したことがきっかけとなり、日本支部（灯台社）の代表者であった明石順三と信者たちは投獄されることとなった。灯台社や信者たちの戦時下抵抗は、戦後、社会思想史的な研究において肯定的に評価されてきた〔笠原　一九六七・一九七三、佐々木　一九六八、稲垣　一九七二、高阪　一九七三・一九七八、鶴見　一九七五b〕。

終戦後に釈放された明石は、世界本部によって日本支部代表者の地位を追われ、灯台社の運動は終焉を迎えることになる。戦後、自由な宗教活動がようやくおこなえるようになったというのに、明石はなぜ運動を継続しなかったのか。その「矛盾」を指摘する笠原芳光は、明石排除後に再開された「ものみの塔」日本支部の運動に、「往時のような反戦と平等のための思想と行動がみられないのはどういうわけであろうか」と問い、運動を再開しなかった明石の行動については「戦後転向」と捉えている[1]〔笠原　一九六七：四二頁、同　一九七三：一七二頁〕。

しかし第一章で述べたように、そもそもエホバの証人には、反戦運動などによる社会改良の意図はなく、人間の手による「平和」は目指されていない。右に挙げた先行研究のように、キリスト教と戦時下抵抗という問題設定に立つと、エホバの証人や灯台社に対して、キリスト者としての理想像が読み込まれやすい。しかしそこには、世界本部の教化戦略や布教戦略が後景化してしまうという副作用的な問題もついてまわる。灯台社時代の活動には、キリスト教における抵抗の問題もさることながら、エホバの証人の宗教運動において何が重要視され何が重要視されなかったかを、可視化し際立たせる点で、大きな意義がある。それは、灯台社の活動を筆者のいう〈本部志向〉という分析枠組によって教団通史的に捉え直すことにより、初めて明らかになると考えられる。以下、本章においては、戦時下抵抗や非転向を評価する視点からいったん離れ、教団史と世界本部の布教戦略という視点から、戦前期の日本におけるエホバの証人（灯台社）の展開を整理する。なお本書の記述においては、戦前の日本でエホバの証人の教団全体を指す際に使われていた用語に従い、戦前については「ワッチタワー」という呼称を使用する。

一　前史——明石順三について

来歴

後にワッチタワー日本支部の代表者となる明石順三は、一八八九年に、滋賀県で代々彦根藩の藩医（外科医）を務めた家に三男として生まれた。裕福とはいえない生家の家業は長兄が継ぎ、明石は中学校を二年で退学している。その後、一九〇八年（一九歳の頃）に英文学研究という名目で渡米することになるが、実際の目的は、郷里に仕送りをするための出稼ぎに出ることであった。その際、明石は、「日本力行会《りっこうかい》」による移民事業の援助を得るために、洗礼を受けている。この日本力行会は、日本基督一致教会神田教会牧師の島貫兵太夫（一八六六〜一九一三）が、苦学生の渡米や移民事業による「肉霊救済」を目的に、一八九七年に創設した支援団体である[2]〔島貫　一九一一：一〇五頁〕。当時から明石と親交のあった長沼重隆[3]によると、日本力行会に集まった青年のほとんどは「心にもないアーメンを称え」、渡航の機会を待つ「偽装クリスチャン」の状態であった〔長沼　一九六六：一八頁〕。後に明石自身も、この時の受洗は便宜的なものに過ぎず、無神論者であったと述べている[4]。

その頃の日本国内のキリスト教界においては、明石が渡米した翌年の一九〇九年に、日本におけるキリスト教「開教五十年記念祝典」が開催されている。東京基督教青年会館で開催された祝典は、各派・教会・ミッション合同であったが、内村鑑三・松村介石・山路愛山といった当時の重要人物が出席しておらず、松村はこの式典を、「輸入的基督教の終焉」「明治基督教の失敗」として痛烈に批判したという〔鈴木　二〇一七：一八三・一八五頁〕。国内におけるキリスト教や求道のあり方が議論されていた当時、未だ一九歳の明石は、旧士族・知識層・キリスト教、いずれの面からみても外部に位置し、必要に迫られ、「肉の救済」に乗る形で渡米した。それは海外雄飛の志を伴うものでもあった〔長沼　一九六六：一八頁〕。

しかし、明石が到着したサンフランシスコにおいては、一九〇八年の日米紳士協約による日本人移民の制限と黄禍論により、すでに排日運動が加熱していた[5]。当時のアメリカ最大の邦字新聞『日米新聞』を発行していた日米新聞社で後に明石の同僚となる翁久允《おきなきゅういん》[6]（一八八八〜一九七三）は、一九歳の頃にシアトルに渡米していたが、激しい排日感情と「ジャップ蔑視」に耐える辛い日々を送っていた〔逸見　二〇一六：一〇〜一二頁〕。移民が歓迎されていない状況の中、明石も日雇い労働などをしながら実家に仕送りをしていたが、間もなく両親も兄も亡くなり、送金の必要がなくなった。明石はこの頃に、サンフランシスコ市の図書館で様々な本を乱読したり、後に英文学者となる長沼や作家たちと文学談義を交わしたりしていたという〔稲垣　一九七二：五・六頁〕。

その後、邦字新聞への投書・投稿などを契機に、明石は一九一四年にロサンゼルスに本拠を置く羅府新報社の社会部記者として働き始め、一九二二年にはサンフランシスコの日米新聞社で社会部デスクを務めることとなる。一九二四年には羅府新報社の外報部長に就任した。

日本における宣教開始の経緯

明石はこの間に、日本人女性（キリスト教徒）と結婚しており、一九二一年にワッチタワーの伝道者の訪問を受けた妻がその教えに興味をもち、明石は妻の勧めで入信した[7]（司法省刑事局一九四〇：一三頁）。この当時、協会の世界本部は二代目会長ジョセフ・F・ラザフォード（在任一九一七〜一九四二年）の時代になっていた。第一章で述べたように、年代計算の教義が方向転換され、キリストが一九一四年以来、天で統治を開始（臨在）しており、同年に勃発した第一次世界大戦は、悪魔サタンが天から追放され地上に投げ落とされた証であるとする説が、展開されていた時期である。当時の予言においては、社会主義勢力が一九二〇年には倒壊し、アブラハム、ヨセフ、ダビデなどの「古代の名士たち」が一九二五年に地上に復活するという説が喧伝されていた。

現代の視点でみると、こうした予言の信じづらさは否めない。しかしその一方で、第一次世界大戦の勃発や様々な危機と混乱を、すでに予言されていたものとし、その法則性や秩序を提示する教説は、一定程度の魅力を発揮したと考えられる。とりわけ、エホバ神と悪魔サタンの「宇宙主権の論争」（第一章を参照）というテーマによって世界を単純化する教説は、資本主義であろうと社会主義であろうと、「〇〇主義」といった人間の企てや営み全般を虚しいものとして相対化し、超越することを可能にする。

明石自身も、アメリカで新聞記者としてキャリアを積むまでの間、排日の理不尽さや様々な社会矛盾に対峙せざるを得なかった。そもそも移民政策を推進したのは日本政府であるが、日露戦争で国力を使い尽くしていた政府に移民の救済策を講じる余裕はない。稲垣真美は、渡航直後の明石が置かれていた状況について、当時の在米日本人が「棄民」の状態にあったことを指摘している〔稲垣　一九七二：四・五頁〕。こうした状況に、新たな意味と秩序を与える教説と、それによって提示されるエホバ神の超越性は、当時の明石にとって魅力的に映ったと考えられる[8]。人間の営みは全て虚しいという宗教的な意味付けと、神の介入のみを根本的な解決法とする世界認識の枠組と秩序、それはアメリカ合衆国や日本といったナショナル単位の利害関係の対立を超越する解決策となるからである。

明石夫妻が布教を受けて間もない一九二二年に、ラザフォードは「王とその王国を宣伝し、宣伝し、宣伝しなさい（"Advertise, advertise, advertise"）」というスローガンを掲げ、「家から家」への「野外奉仕」と称される戸別訪問によるパンフレットなどの頒布を全信者に督励している[9]。教団内のこうした動向を背景に、明石がワッチタワーの伝道者になりたいと考え始めていた頃、ラザフォードからの誘いを受け、一九二四年には新聞記者の職を辞して、ワッチタワーの巡回講演者となった。カリフォルニア・オレゴン・ワシントン在住の日本人を対象に講演活動をおこない、一九二五年には明石の翻訳によるテキスト『神の立琴』[10]が発行されている。

そして翌二六年（三七歳の頃）に、明石は日本・朝鮮・中国などへの宣教を命じられ、帰国することとなった。なお帰国の際、妻は明石に同行せず、当時九歳だった真人をはじめ、力・光雄という三人の息子をアメリカに残しての帰国となった[11]。後に夫婦は離別している。

二　日本におけるワッチタワーの展開

須磨浦聖書講堂

日本宣教の開始にあたり、明石に力を貸したのは、神戸に須磨浦聖書講堂を開いていた神田繁太郎（一八八二～一九六〇）という人物である。神田は兵庫で一〇代続いた旧家の分家神田甚兵衛の一族にあたる〔西松　一九八一：二二頁〕。須磨浦聖書講堂は、内村鑑三門下であった神田が、仲間と聖書を学ぶために一九二三年九月に開いた場所であり、神田のいとこである井上隣太郎から借り上げた小さな一軒家であった〔同前：二四頁〕。神田と明石に面識はなかったが、ラッセルの著作『世々に渉る神の経綸』〔万国聖書研究団　一九一三＝Watch Tower Bible & Tract Society 1886〕を神戸の古本屋で偶然みつけた神田は、ワッチタワーの刊行物を取り寄せ、購読していた〔高阪　一九七三：一一七頁〕。当時、ワッチタワーの日本宣教は始まっていなかったが、日本語版の『世々に渉る神の経綸』は、日本のキリスト教系の印刷製本会社を通じて刊行されており(12)、神田が興味を抱いたこの本の最初の頁には、聖書予言を紐解く図ともいうべき「世々の図表」が掲載されている。この書物との出会いがきっかけとなり、神田は『ワッチタワー』誌を取り寄せ始め、井上の回顧とされる記述によると、『ワッチタワー』の購読者名簿を頼りに、日本宣教への助力を要請する世界本部からの手紙が神田に届き、明石と神田のやりとりが始まった〔同前：一一四頁〕。

当初の活動については、神田による金銭面での支援にくわえ、神田に影響を与えた日本のキリスト者の存在も過小評価できない。神田は中学部から同志社で学んだ後、一九歳の時にウィスコンシン州立大学へ留学して経済学と語学を学び、社会主義について研究するなど、アメリカで計八年間を過ごしている。クリスチャンの父が営んでいた木材問屋を継いだ後は、実業家としても関西の財界で注目されていた（同前：一一六頁）。三二歳の頃に組合教会で受洗した神田は、教会内でも活躍していたが、ラッセルの『世々に渉る神の経綸』で知った終末論・再臨思想・年代予言に傾倒していく。そして、一九一八年三月三一日に、当時内村鑑三が提唱していた再臨信仰の講演を神戸で聞いた神田は、その教説に強く惹かれ、神戸で聖書研究会をもちながら、内村との交友を深めていた[13]（同前：一一五・一一九頁、西松　一九八一：二一〇〜二一三頁）。

　内村は一九一九年の半ば頃には再臨運動を離脱したが、再臨思想や年代予言に惹かれていた神田は、内村と交友する一方で、自ら翻訳した『ワッチタワー』の記事を仲間に回覧し、須磨浦聖書講堂の聖書研究会で研究を続けた[14]。そして、一九二六年にワッチタワー世界本部の任命を受けた明石が宣教者としてやってきたのである。その後の須磨浦聖書講堂は、「静的なインナー・サークルから、動的で積極的な外部活動に変質」した（高阪　一九七三：一二五頁）。

　前述の通り、明石は、アメリカで展開されていた〝Advertise, advertise, advertise（宣伝し、宣伝し、宣伝しなさい）〟というスローガンに呼応する形で、日本宣教（そしてアジア宣教）のために帰国した。神戸・大阪・京都・和歌山・洲本《すもと》（淡路島）・東京と講演活動を展開していくが、その宣伝活動は、「とにかくアメリカ的だった」（同前：一二八頁）。たとえば、一九二七年五月二五日に大阪朝日会館で開催された講演会の宣伝においては、立看板が一二〇枚、ポスターは湯屋八〇〇件と乗り合いバス二〇〇台に貼られ、計一五万枚のビラが撒かれ、招待状三〇〇〇通が役人・軍人・学者などに送付された。『朝日新聞』『毎日新聞』のほかに、市電の車内使用乗り換え切符四〇万枚の裏面にそれぞれ広告が打たれ、講演会当日には、飛行機二機を使用して一〇万枚のビラが上空から撒かれた。講演会には二三〇〇人の聴衆が集まり、講演後も六〇〇人以上が会場に残り、質疑応答が続いたという〔同前：一二八・一二九頁〕。同様の手法で、近畿圏における講演会が順次開催されていった。

こうして六〇名から七〇名の信者を得たこともあり、一九二七年八月に東京市京橋区〔現在の中央区〕に進出し[15]、貸しビルの一室をワッチタワー日本支部とし、「灯台社」という名称で活動を開始することにした〔司法省刑事局　一九四〇：一九〇〜一九二頁〕。この名称は明石によるもので、『ワッチタワー』誌の表紙に描かれている灯台のイラストから着想を得たものであった。

日本支部（灯台社）の発足と活動

東京に進出してから約二カ月後の一九二七年一〇月から一一月にかけて、朝日講堂・青山会館・本所公会堂・中華留日青年会館で講演会が開催され、早くも十数名の受洗者を得た〔同前：一九二頁〕。一九三〇年には、世界本部から送付される書物の収納と経済上の都合から、杉並区荻窪に建築したバラックに支部事務所を移転した。また、同年に明石は再婚している。再婚相手の静栄〔一八八七〜一九四四〕は、神田や井上と同様、灯台社設立の協力者であり、一九二三年に神田の兄と死別し寡婦となっていた女性である。

当時の布教活動は、ワッチタワーの刊行物の頒布が中心であり、その翻訳に際しては、明石の解釈が少なからずくわえられていた。それは、「ラザフォードとの共同思索の所産」ともいうべき内容であった[16]（稲垣　一九七二：三三頁）。そもそも、キリスト教圏で出版されていたワッチタワーの刊行物、とりわけラザフォードの著作は、キリスト教と世俗の国家体制の関係、神の名前「エホバ」の隠蔽、三位一体など、自教団以外のキリスト教各教派の〝誤り〟を暴露するというポレミックな内容が特徴である。それはカトリックとプロテスタントを対岸にした論戦であり、神田のようにキリスト教的な知識の素地がある者には、その内容の新奇さが良くも悪くも理解できた。しかし、当時の日本の民衆に教えを広めるという点では、逐語的な翻訳の限界は否めず、明石の「翻訳」なしに、読者の増加は見込めなかったはずである。

なお、飛行機でビラを撒く「アメリカ的」な派手さがある一方、信者たちによる日常的な布教活動は、地方滞在など地道な人海戦術的な活動が中心であった。戦前だけでなく戦後もエホバの証人の活動を続けた女性信者の体験談とされる記述によると、当時、「コルポーター」と称されていた伝道者（文書頒布を専門的におこなう伝道者）は、個別伝道に毎月一八〇時間を費やしていたという（ものみの塔聖書冊子協会　一九八八b：二二頁）。この信者は、一七歳でキリスト教に出会い、「熱心な仏教徒」の父親に反対されながらも熱心なクリスチャンとなり、その後、再臨に対する関心がきっかけでエホバの証人に改宗したという経歴をもち（同前：二一頁）、一九二九年に信者となって間もなく、それまで夫婦で営んでいた洋服店を閉じ、日本で二人目のコルポーターとして活動を始めた。夫もコルポーターとなり、大阪・京都・名古屋・東京・仙台・札幌・岡山・四国にそれぞれ約半年ずつ滞在し、文書を配布した（同前：二二頁）。

この夫婦を含め、コルポーターは無給でこの活動に従事していたため、きわめて貧しく、赤痢に罹患して亡くなった者もいた（同前）。この経験を語った信者自身も赤痢にかかり、夫は肺結核に罹患する経験をしているが、それでも「すばらしい奉仕（宣教）の喜び」が与えられたと述べている[17]〔同前〕。

また、愛称「エヒウ号」による地方伝道は、海外の信者たちにも紹介される布教活動であった。灯台社の仲間内では戦車部隊とも称されたエヒウ号は、生活道具と頒布用の書物を乗せ、信者が押したり引いたりして移動する、きわめて質素なキャンピングカーのような造りのリヤカーである。六人の信者が寝泊まりできる「大エヒウ号」三台のほかに、自転車にリヤカーを付けた「小エヒウ号」五台があり、北海道から九州まで布教活動が展開された〔ものみの塔聖書冊子協会 一九七八：二二五・二二六頁〕。この活動は、*The Golden Age* の一九三三年二月一日号に「Kingdom "Tanks" in Japan」として掲載されている。同誌は、現在の日本語版『目ざめよ！』の前身となる『黄金時代』誌の原書である。

当時の *The Golden Age* 誌は、ほぼ全般にわたり文字のみで構成されていたが、前記の記事には、日本人信者たちのエヒウ号を紹介するイラストが計五カット掲載され、舗装されていない道を移動する様子などが描かれている（図6・7）。エンジン付きの車が買えない日本支部では、大工の信者が三〇ドル以下でこのリヤカーを製作したことも解説されている[18]。当時の日本人信者による手作りの活動は、世界本部からみても、各国の信者に向けて紹介するに値する注目すべき活動であったのだろう。

日本における布教活動が活気付いた背景には、教団史的な転機も大きく関係している。第一章でもふれた通り、一九三一年にJehovah's Witnesses（当時の日本では「エホバの証者」）という新名称が発表され、より明確な教団アイデンティティが提示された。新名称は、オハイオ州コロン

図６　*The Golden Age* で紹介されたエヒウ号の移動風景
〔Watch Tower Bible and Tract Society 1933: p.272〕

図７　*The Golden Age* で紹介されたエヒウ号の内部
〔Watch Tower Bible and Tract Society 1933: p.273〕

バスで開催された大会で発表されたが、日本の信者たちも、短波放送によってその様子を聴いていた(19)。前述の女性信者の体験談とされる記述によると、当時の日本支部では、この放送を聴くために、ラジオを組み立て、昼夜をかけてダイヤルを回し、受信している。日本時間の真夜中に新名称を発表するラザフォードの声、それを「承認する割れるような拍手」を聴いた日本支部の信者たちは、「アメリカの兄弟たちと相和して歓呼の声を張り上げ」たという〔ものみの塔聖書冊子協会　一九八八b：二三頁〕。「アメリカの兄弟たち」とはすなわち、アメリカの会場に参集しているであろう信者たちのことであった。

当時の信者たちの愚直ともいうべき布教活動は、第一章で述べた「終わりが近い」という予言の切迫感と、それを日本の人びとに「宣べ伝える」という責務と、国境を越えてエホバ神のもとに集う喜びや帰属意識によって支えられていたと考えられる。言い換えると、この当時の世界本部は、教団アイデンティティや組織イメージの提示という点では成功しており、世界本部の要求と、その要求に応えようとする信者たちの利害関心は、釣り合っていたということもできる。そして、その教団アイデンティティとは、それまでのキリスト教によって覆い隠されてきたとされる神の名前「エホバ」を使用する唯一の正しいキリスト教というものであり、信者たちに課せられた務めは、「エホバ」を公に証することであった。結果として、信者たちは実生活の退路を断つかのように宣教活動に参入していった。

三　最初の弾圧から投獄まで

「明石オリジナル文献」の背景

しかし、当時の社会状況をみると、一九二五年に治安維持法が制定され、一九二八年に改正された後、当初は対象ではなかったはずの宗教思想にも同法の適用範囲が広がっていった[20]。一九三三年五月上旬、ついに灯台社にも最初の捜査が及び、支部事務所の業務に従事していた五名が逮捕された。明石は講演先の満州から戻り、出頭した後、杉並署経由で千葉県特高課長の取り調べを受けることとなった〔司法省刑事局　一九四〇：一九八頁〕。地方の伝道先にいた信者たちも、それぞれ警察署で同様の処遇を受けている。明石は四日後に釈放されたが、一週間の活動禁止を命じられ、それまでに配布していた刊行物は発禁処分となった〔同前〕。釈放後の活動は、弾圧に直面しても宣教を続ける意志がある者だけで進めることにし、明石が各地の信者たちに意志を確認する手紙を送ったところ、大半の信者が再開後の活動に参加する意志を表明した。

秩序の遵守と合法的な活動を前提に、約一カ月後には冊子などの印刷が再開されたが、すでに文書は押収され、世界本部からの雑誌・書籍の送付も中止となったため、以後は明石のオリジナル文献を新たに出版することになった。明石による雑誌は、日本の歴史や社会情勢により引き寄せた内容となっている。

たとえば『黄金時代』六八号（一九三三年九月一日発行）の一頁目は、「偽善と虚偽の主体たる「大英帝国」を解剖す」という見出しで始まり、まず日印通商条約廃棄の原因は、廉価な「日本製品の全地的大活躍」に対するイギリスの対抗手段であったことが述べられている。次に明石は、日英同盟によりイギリスの指導精神を受容してきた日本人が、「大英帝国」という「一大組織制度」に対し「甚だしく認識不足を来している」と警告する。記事内で「一大組織制度」とされるイギリスとは、「キリストの名を偽証し、陰険狡猾なる手段方法を尽して現在の国威を築き上げげ」、アヘン戦争・宗教紛争を扇動した「キリスト教国」としてのイギリスである。そして、その崩壊が近いと結んでいる〔明石　一九三三a：一・五・八頁〕。

続く六九号（一〇月一日発行）は「三位か、一体か？　邪教三位一体を排す　全クリスチヤンに与ふ」という見出しで始まるが、これはキリスト教徒以外の読者には理解しづらい内容でもある〔明石　一九三三b〕。ラザフォードの教説が声高に主張していたのは、この六九号のような内容なのであるが[21]、こうしたキリスト教各教派への批判は、明石による六八号のような前置きがあることにより、かろうじて日本の民衆の日常的関心に引き寄せることができたといえるだろう。なお、後に宮城遥拝の拒否と軍隊内での銃器返納により投獄されることになる村本一生（後述）は、一九三五年の夏頃、明石のオリジナル文献をきっかけに入信した人物でもある〔稲垣　一九七二：六二・六四頁〕。

明石のオリジナル文献を含むワッチタワーの刊行物は、帝国主義批判やファシズム批判を躊躇なくおこなっていたために、戦前は統制の対象となり、戦後は社会思想史やキリスト者から、いわば望ましいキリスト教のあり方という点で注目された。『黄金時代』誌上では、ドイツ・アメリカ・イタリアについても、イギリスに関するものと同様の批判的な記事が展開されている[22]。ただしワッチタワーにおけるファシズムや帝国主義への批判には、別の一貫したテーマがある。そのテーマとは、ファシズム批判や帝国主義批判そのものではなく、その背後にあるとされるローマ・カトリック教会とプロテスタントの二大勢力、そしてそれを操っているとされる悪魔サタンの影響力に関する指摘なのである。

とりわけ日本の歴史に引き寄せた九九号は、通常一〇～一二頁の雑誌が一六頁編成となっている。その内容をみると、キリシタン大名の姓名・所属・洗礼名が二頁にわたって列挙され、豊臣秀吉の時代から、「日本帝国の上に空前至大の危機が襲ひかかつていた此の大事実」が指摘され、「羅馬法王庁の毒牙は今や将に日本帝国の上に襲ひかかりて之を飲み喰はんとしつつある」とする警告が記されている（明石　一九三六b：五頁）。このように、当時の日本の危機に関する『黄金時代』誌の記事は、ローマ・カトリック教会の影響力にストーリーが収斂していく。

世界本部・灯台社いずれの刊行物にも教団外の企業団体個人の広告はなく、教団刊行物の広告だけが掲載されるが、『黄金時代』には既刊の同誌計九冊を「羅馬カトリック教権罪状の告発」として紹介する広告もたびたび掲載されており、特にローマ・カトリック教会に向けた批判は厳しい。当該の広告には、「無比の邪悪制度　カトリックを審判す」（七四号）、「全地に伸ぶる　法王庁の魔手」（九三号）、「陰謀禍乱の淵源　イエズス会」（九六号）、「法王庁の所産　ナチス独逸」（一〇〇号）などの見出しが並ぶ（明石　一九三六d：六頁）。

こうしたローマ・カトリック教会に対する批判においては、「制度」「組織」としてのカトリックが批判されていくのであるが、なぜそのような批判がなされるかというと、そこには本来あるべき宗教、すなわち第一章で述べたように、選ばれた唯一の経路としてのワッチタワーが明確にイメージされていたからである。むしろ雑誌や講演を通じて明石が伝えようとしたこと（伝えなければならなかったこと）は、原因としてのファシズムや帝国主義についてではなく、エホバの「神権政治」（ルサフォード　一九三〇b）に裏打ちされた、本来あるべき宗教についてであった。これを日本人にも理解可能な内容にするために、明石のオリジナル文献においては、豊臣秀吉の時代にまでさかのぼり、日本人に及ぶかもしれない不利益（エホバ神からの不興）に引き寄せ、教説が展開されていたのである。

監視下における活動と活動停止まで

エホバの証人の救済観自体は、国家という枠組を相対化するが、第一章で述べたように、人類の幸福はエホバ神に委ねるべきものとするパターナリズム的な要素もあり、何が幸福であるかは人間の思考の範疇にはないとする点では、社会改良や社会変革も志向しない[23]。こうした救済観は、明石による雑誌の記事からも読み取ることができ、この時点の明石においても受容されていたと考えられる。その一方、国家超越的でパターナリズム的な救済観は、郷土愛的な（ナショナル単位の）思考と結びつくことによって、運動をよりファナティックなものにしたとも考えられる[24]。しかし、ワッチタワーの宗教的テーマなど知る由もない人びとからみると、灯台社は警戒すべき危険思想をもつ反体制的な宗教集団にほかならなかった[25]。

当時の日本における宗教をとりまく状況としては、治安維持法の拡大適用が進み、一九三五年一二月の第二次大本事件以降、一九三八年一一月に天理本道が起訴されるなど、宗教運動への取り締まりが本格化していた（中澤　二〇一二：一五四～一五七頁）。灯台社に対する特高課の監視体制も継続していたとみられ、当時の『特高月報』には、「在京灯台社にありては機関紙「黄金時代」を「なぐさめ」と改題せり」と記載されている〔内務省警保局保安課編　一九三八：一三六頁〕。また、大阪の信者が国旗掲揚の当番を実行しないため地域で口論が生じたという記述、神奈川県の信者が、神は「宇宙の支配者であるが天皇は娑婆に於ての統治者」などと述べたとする記述が、それぞれ残されている[26]。

その間、刊行物の発禁処分も頻度が増したため、一九三四年に『灯台』誌を廃刊し、一九三六年四月以降は、それまでの『黄金時代』誌を計五輯の合本にして頒布することになった〔司法省刑事局　一九四〇：二〇八頁〕。この時点では毎月一〇万部を発行していたが〔同前〕、翌三七年二月には、計六万九〇〇〇部が安寧秩序紊乱で発禁処分となっている[27]。さらに、同年から毎年一回、東京の淀橋公会堂と神戸の県会議事堂で講演会が実施され、講演者は明石が務めた〔同前：二一五頁〕。しかし、こうした講演も監視されており、「キリスト教文明の崩壊」と題する講演には約五〇〇名の聴衆がある中、警官が明石の周囲を取り巻き、「弁士中止」の声が響くこともしばしばあった[28]。

当時の社会状況をみると、日中戦争の勃発（一九三七年）、国家総動員法の制定（一九三八年）など、すでに戦時体制となっていた。しかし、統制と監視が強まるにつれて、宣教活動はかえって大胆になっていったようにもみえる。一九三八年五月一五日号の『なぐさめ』誌（『黄金時代』誌から改題）は、「エホバ」という見出しで始まるが、一頁目中央には次のように記されている。

本号は神エホバと主イエス・キリストの聖名の栄光の為の証言として政府、軍部、貴衆両院、教育、商工業、神仏基各派宗教其他各種各層の要路要人五千余人に向つて無料進呈した

る事を此処に公告す。　（明石　一九三八：一頁）

この「要路要人」の中には、後に二・二六事件で暗殺されることになる元内閣総理大臣の斎藤実《まこと》がいた。一九三六年二月五日付の斎藤の日記には、面会者の中に明石の名が記されており[29]、明石の活動は文書の送付にとどまらず、「要路要人」に実際に働きかけるものであったことがうかがわれる。ただし、明石の目的は社会変革ではなく、エホバ神の不興を買うことがないよう――日本が明石のいう「羅馬カトリック」の影響を受けないよう――、少しでも多くの日本人に神エホバの「聖名の栄光の為の証言」をすることであり、その具体的な行動が、政治家を含む「要路要人」への面会（証言）であったと考えられる[30]。

そのような中、一九三九年一月、熊本・東京・香川の部隊に入隊していた信者が、宮城遥拝の拒否、銃器返納の申し出などをしたため、不敬罪・抗命罪で軍法会議にかけられることとなった[31]。軍隊内抵抗をしたのは、熊本出身の村本一生[32]と明石の長男・真人[33]を含む三名で、懲役二年ないし三年が求刑された。

三名の「思想犯」を出したことは、灯台社を「国体の変革」を煽動する組織とみなす根拠となり、同年六月二一日以降、荻窪の灯台社の印刷業務などに従事していた信者、朝鮮・満州・台湾などの各地の信者、計一三〇余名が治安維持法違反などで検挙された。検挙当時の信者数は合計二七五名（うち内地人信者は一三五名）となっている（内務省警保局保安課編　一九三九b：一〇四・一〇五頁）。そして、一九四〇年までに五二名が起訴され、一九四二年までの審理によって、明石と妻の静栄は懲役一二年（第二審でそれぞれ、懲役一〇年、三年六カ月）とされ、それ以外の約五〇名が懲役二年から五年を宣告された〔ものみの塔聖書冊子協会　一九七八：二一五・二一六頁〕。長く厳しい取り調べに耐えかね、脱落したり転向の意志を示したりした者も多かったという。少なくとも、東京には明石夫妻を含む五名（うち二名は朝鮮人）が残っていたが、拘置生活ですでに衰弱していた明石の妻・静栄は、一九四四年に獄死し、明石がそれを知らされたのは臨終の後だった。また、明石の長男・真人は「転向」して軍隊に戻り、終戦後も父子の交流は再開しなかった。次男の力は軍属になり、南方で病死している〔稲垣　一九七二：一六四・一六五頁〕。

四　釈放から灯台社の終焉まで

明石の除名

終戦を迎え、一九四五年一〇月九日に明石は釈放されたが、東京の事務所があった場所は人手に渡っていたこともあり、村本の弟が住む栃木県鹿沼の家に身を寄せていた。その後、世界本部との連絡がつき、一九四七年に世界本部から派遣された宣教者を通じてようやく本部発行の文献に接することとなった。厳しい迫害を生き抜いた明石を労い、大量の書物が提供された。しかし刊行物を熟読した明石は、その内容に納得がいかず、すぐに世界本部会長宛に七カ条からなる公開質問状を送っている。すでにラザフォードは死去（一九四二年）し、当時の会長はネイサン・H・ノアが務めていた。明石による質問状は、七カ条それぞれに詳細な根拠が述べられており、その内容を要約すれば、次のようになる。

（一）過去一〇年間、聖書真理の解明に進歩がみられない、（二）神権政府樹立と、その国民獲得運動の躍起主張は非聖書的である、（三）証言運動の督励方針は、ワッチタワー「会員」の獲得運動に過ぎない、（四）総本部の指導方針は聖書から外れ、安直なる自慰的位置に安住しつつある、（五）種々の規則はクリスチャンの自由を奪い、総本部への盲従を強いることにつながる、（六）総本部自身は信徒に対する勧めに反し、世俗に対し妥協している、（七）「ギレアデ学校」（後述。より詳細な実態については第三章で述べる）は反聖書的である〔明石　一九九七〕。

第一章でも述べたが、三代目会長ノアは、就任後に世界本部の権威の正統性に関する理論構築を完成させた人物でもあり、この数年後には、神権組織とされる世界本部に「母なる組織」と表現される位置付けが与えられることになる。投獄され、世界本部との連絡が絶たれていたこともあり、こうした変化に明石は初めて直面することとなった。様々な規則を設け、宣教者育成の教育課程「ギレアデ学校」を整備するなど、明石のみた戦後の世界本部は、規格品的な信者獲得運動に変質していた。世界本部への批判の論点は、信者が数字獲得のために誤導され、キリストの贖いの恩恵から脱落してしまうのではないか、という点にあり、この点が（二）から（七）の批判内容となっている。

また（一）の点については、明石が投獄された頃の予言では、一九四〇年代半ばから一九五〇年代前半までにはハルマゲドンが生じ、地上が楽園に変えられるはずであった。すでに一九二五年に関する予言の失敗と更新を経験していた明石は、ラザフォードが亡くなった後も、なんらかの「聖書真理の解明」が進んでいるのを期待していた。それは投獄前の取調べの際、年代予言の教義が幾度か変更されたことについて語った次のような供述にも表れている。

真理の光輝は停頓するものではなくて常に神の聖意に基き時の進展と共に之も亦進展するものであると云ふ事であります。「美しきものの道は朝日の如し。いよいよ光輝を増して昼の正午に至る」（箴言四の一八）。此の増し加はる真理の光輝こそ地上にある私共クリスチヤンを時々刻々激励奮発せしむるものであります。[34]〔司法省刑事局　一九四〇：一七・一八頁〕

この時点における明石は、ラッセルやラザフォードの「預言《ママ》」が外れたことにも納得しており、徐々に全体像が明らかとなる朝の「光」のように「聖書の真理解明」が進展すると考えていた。こうした考え方は、ほかでもなく予言の失敗と修正を繰り返す中で世界本部が提示していたものでもあった。すなわち、予言は「失敗」したのではなく、明らかになっていなかっただけなのだ、と〔ものみの塔聖書冊子協会　一九九三b：一三一・一三三頁〕。いずれにしても、明石からみた戦後の世界本部は、「聖書真理の解明」ではなく、様々な規則や信者教育制度など、組織面での改正に重心を移していた。世界本部が当初の使命から逸脱しているとみた明石は、ワッチタワーがもはや「神の機関」「地上の代表機関」ではなくなっているのではないかと指摘した。そして、「余は我等の主イエス・キリスト以外の何者の追随者にても御座無く候」、「ラッセル兄の追随者にもあらず、ルサフオード兄の追随者にもあらず、又、ワツチタワーの追随者たりしことも絶無に候」と記し、自身の立場を表明した〔明石　一九九七：二八頁〕。

会長のノアは、この質問状に対する具体的な回答や議論・対話はおこなわず、明石に日本支部代表者を退任させることを通知した。公開質問状の送付にあたり、明石に賛同した者は約二〇〇名いたとされるが〔同前：三一頁〕、除名後の明石は自らの教団を形成することはなかった。サンフランシスコ時代（日米新聞社）の同僚である翁久允に誘われ、翁が発行する富山の郷土文化誌『高志人《こしびと》』に自身の宗教観の反映とみられる創作を連載し、一九六五年に亡くなった。

明石除名が意味するもの

ここまでみたように、明石や灯台社の人びとの宣教活動は着実に成果をあげていた。日本の一般大衆にとってワッチタワーの教説は本来理解しにくい内容であったが、明石はラザフォードの論旨から逸脱しない範囲で、教説の内容を咀嚼し、日本の歴史や社会状況に引き寄せ、人びとに提供しようとした。また、そうした明石の講演活動や雑誌記事に興味をもって入信した当時の信者たちの中には、献身的な布教活動を展開する者もいた。エホバ神が自分たちをみていると思えばこそ、信者たちは生命を賭して布教活動をおこなったと考えられる。ただし、そうした布教活動の展開により、かろうじて入信者が得られた面もあり、運動に注がれたエネルギーに比して、教勢自体はさほど大きなものとはならなかった。

本章の冒頭で、戦後のエホバの証人の活動に対し、「なぜ往時のような反戦と平和の為の思想と行動が見られないのか」という笠原芳光の問いを挙げたが、この教団の自認によれば、その活動の目的は、反戦や平和ではなく、エホバ神の主権の立証にある。そしてその活動の中心は、間もなく迫っているとされるハルマゲドンについて人びとに警告することにあり、世界平和は人間の営為によってではなくエホバ神の介入によってのみ実現されると考えられている。これらの点で、明石や灯台社、そして戦後のエホバの証人もじつは一貫しており、ブレはない。

むろん、明石の入信においては、新聞記者時代に形成された社会批判的な視点とワッチタワーの教説が共鳴したと思われる。しかし、信者たちは反戦活動や平和運動をしていたのではなく、あくまで偶像崇拝や殺人（につながる行為全般）を禁じるエホバ神に忠実であり続けようとしただけであった(35)。

この時点においては、筆者のいう〈本部志向〉は支部レベルだけでなく個人レベルにおいても集合的に成立しており、おそらく終戦までの間、ワッチタワー世界本部が「神の機関」であるとする明石の信念にも揺らぎはなかったと考えられる。そうであったからこそ、「聖書真理の解明」の進展を知ろうとした明石は、宣教者から新たに渡されたワッチタワーの書物を熟読した。その結果、戦後の世界本部については、すでに神の機関ではなくなっているのではないかという結論に達した。この時点に至り、支部レベルにおける〈本部志向〉が成立していないことが明らかとなった。

教勢拡大という視点でみると、明石を除名することは大きな損失でもある。しかし、世界本部は躊躇なく明石を除名した。世界本部からみると、世界本部を批判した明石やそれを支持した信者たちの行為は背教的行為であり、神・キリスト・聖書に関する当事者の信念とは関係なく、容認されないものであった。エホバの証人の基準においては、明石たちの行動は神に対する不忠節として断罪しうるものだったのである。また現在も、世界本部の権威の正統性に疑問を投じる行為を「背教」とし、背教者の影響から信者たちを守るとする内的論理によって、明石たちへの排除が正当化されている(36)。

社会思想史研究者に発掘された後、明石や灯台社が注目されることになるが、明石を排除したのは世界本部である。そのためか教団側は、肯定的な評価を自教団に対するものとして受容する一方で、明石に対するきわめて厳しい評価を展開することとなった。たとえば、「二〇年以上にわたり偽善者を演じていた」〔ものみの塔聖書冊子協会　一九七八：二一七頁〕、「支部の監督は圧力をかけられて背教しました」〔ものみの塔聖書冊子協会　一九九八a：六八頁〕などである。また、「ハルマゲドンが過ぎ去るまで「しばらくの間」結婚を待つ」ことを勧める文章の翻訳にあたり、明石が「a few years」を「ほんの二、三年」と訳したために、朝鮮の信者たちが誤導されたという趣旨の批判もなされている[37]〔ものみの塔聖書冊子協会　一九八八a：一四九頁〕。こうした批判がなされるのは、明石が故人となった一九七〇年代以降のことであるが、それまでの間には、明石が批判した「ギレアデ学校」出身の宣教者たちが、新たな日本宣教を展開していくことになる。戦後の新たな日本支部形成については、次章で検討する。

註

（1）なお、笠原のいう「戦後転向」は、否定的な評価を伴うものではない。笠原は、鶴見俊輔による転向研究〔鶴見　一九七五a〕を踏まえ、戦後の明石の変化を捉え直している。鶴見は、転向／非転向に価値評価を下すのではなく、転向に伴う強制力の発動の有無やそれによる思想変化の方向性に注目し〔同前：八頁〕、様々な転向と転向研究の「型」があることを示した〔同前：一三～一九頁〕。

（2）島貫兵太夫のいう「肉霊救済」（＝霊肉救済）とは、魂の救済を説くだけでなく、物質的な救済の必要性を重視する考え方である。明治二〇年代の初め頃に、貧しさゆえに牧師を辞して転業する者が多く、牧師不足による無牧師教会の増加が深刻化する中、両国教会牧師の大石保《たもつ》（一八六八～一九二四）が主張し始め、後に社会問題への隣人愛による対応として、社会事業家の賀川豊彦などにも影響を及ぼした〔大濱一九七九：二九六・三二二頁〕。

（3）長沼重隆（一八九〇～一九八二）は祖父の用立てで渡米したため、日本力行会会員ではなかったが、渡航前に東京の日本力行会幹部の友人宅に滞在していた時に、当時一九歳の明石と知り合いになった（一八歳の頃）。極寒の二月、シアトル行きの三等客室の寝床が明石の隣だったこともあり、親交を深め、明石がワッチタワーに入信した後、長沼にもワッチタワーの雑誌が送られていた。長沼は、明石が亡くなる前年に自身が病にかかった際、明石への遺書をしたためるほどの友情を明石に抱いており、雑誌『高志人』には明石への追悼文を寄せ、正義感にあふれ、情に篤く、面倒見の良い明石の人物像を記している〔長沼一九六六〕。

（4）一九四〇年六月二四日、荻窪警察署において第一回聴取の際、明石が陳述したとされる「経歴」による〔司法省刑事局　一九四〇：一二三頁〕。なお、明石のいう「無神論者」とは、無神論を主張する厳密な意味での無神論者ではなく、取りたてて自覚的な信仰をもっていなかったという意味合いでの無神論者であったと思われる。

（5）日本の移民政策は、明治維新以降、没落した支配階級武士・貧農・無職者への対応策として始まるが、当時のアメリカにおいては中国人労働者の増加と社会的摩擦がすでに顕在化しており、移民が歓迎されない状況下で進められた政策でもある。一八九一年にアメリカの移民法が改正され、入国制限が強化され始めると、日本からは「留学生」として移民する者が増加した。一九〇七年には朝鮮人・日本人の移民制限が始まっていたが、明石が渡航した一九〇八年の在米邦人の数は一〇万三〇〇〇人を超えていたという〔若槻　一九七二：五三頁〕。その後、「黄禍論」による黄色人種への差別意識と反感は、さらに高まっていった。

（6）翁久允は一九二四年に帰国した後、一九二六年（明石が日本宣教に任命された年）に『週刊朝日』の編集主任に就任している。また、一九三六年に富山の郷土文化誌『高志人』を創刊し、同誌は一九七四年まで発行された。この雑誌の一九六二年一月号には、翁・明石・長沼が富山で再会した際の様子が明石によって記されている〔明石　一九六二：一三～一七頁〕。同年の二月から明石が亡くなるまでの間、明石による「怪魔イエズス会四百年の謎」と題する読み物が同誌に連載された。なお、直接の面識はなかったが、明石の連載の読者には、古屋英学塾、神癒の園（当時）経営者の古屋登世子（一八八〇～一九七〇）もおり、明石の訃報にふれ、当時のキリスト教のあり方について見解を伺いたかったとする追悼文を同誌に寄せている〔古屋　一九六六〕。古屋は幼少期からキリスト教会内の派閥争いによる苦渋を味わい、キリスト教会への不信から、基督心宗教団創設者の川合信水に師事した人物である。

（7）稲垣真美によると、明石の妻となった女性は「単身渡米して勉学をしていたクリスチャン」であり、父親は牧師であった〔稲垣　一九七二：九頁〕。この女性は後に明石と離別することとなるが、戦後もニューヨークで信者としての活動を続けた〔ものみの塔聖書冊子協会　一九九八a：六九頁〕。

（8）明石が統制下において書くこととなる〝オリジナル〟の雑誌記事の内容をみると、ワッチタワーの救済観や宗教的なテーマを正確に理解し受容していたことがわかる。とりわけ『なぐさめ』一二四号〔明石　一九三八〕は、それが凝縮された内容となっている。

（9）それ以前の布教方法は、郵送や個別配布による雑誌の予約購読が中心であった。「宣伝し、宣伝し、宣伝しなさい」というラザフォードのスローガンは、一九二二年九月五日から一三日までシダーポイント（オハイオ州）で開催されたエホバの証人の「大会」で発表された〔ものみの塔聖書冊子協会　一九九三b：七七頁〕。教団史的な書籍には、「ADVERTISE KING AND KINGDOM」と表示された幅一一メートルのきらびやかな横断幕が掲げられ、背景に「ＡＤＶ」（Advertise の略）の文字を施した演台と、聞き入る聴衆の写真が掲載されている〔同前：二五九・二六〇頁〕。アメリカ・カナダ・ヨーロッパの信者たちが出席したこの大会の一日平均の出席者は約一万人にのぼり、スローガンが発表された八日には、敷地内の様々な場所に「ＡＤＶ」という大垂れ幕が掲げられていたという〔同前〕。

（10）『神の立琴』（原題は *The Harp of God*, 1921）はラザフォードによる最初の単行書籍で、明石が翻訳した日本語版は、基礎的な教説が一〇のテーマにまとめられた全四一〇頁の書籍である。

（11）明石は一九二七年に、三人の息子たちを日本に呼び寄せ引き取っている〔稲垣　一九七二：一二二・一二三頁〕。

(12) 『世々に渉る神の経綸』の奥付をみると、印刷製本を手掛けた印刷者は村岡平吉、印刷所は福音印刷合資会社と記されている。福音印刷創業者の村岡平吉(一八五二〜一九二二)は、印刷業会では「バイブルの村岡」とも称され〔峯岸 二〇一五：一頁〕、長老派の横浜指路《しろ》教会の熱心な信者であり長老の任も務めている。聖書・讃美歌・キリスト教啓蒙書などの印刷製本を業務とする福音印刷の取引先は、警醒社、教文館の前身の一つでもある日本基督教興文協会などであった〔同前：七頁〕。村岡は、『赤毛のアン』の翻訳者としても知られる児童文学者村岡花子の義父にあたる。

(13) 内村はホーリネス教会の中田重治などとともに、「キリスト再臨信仰」と称される大衆伝道活動を一九一八年一月から展開し、講演活動をおこなっていた。ホーリネス教会の「大正のリバイバル」は一九二〇年頃まで続いた〔池上 二〇〇六：二一九〜二二一頁〕。

(14) 明石によると、須磨浦聖書講堂時代の活動は、「灯台社と内村派とをつき混ぜたような聖書研究会」であった〔司法省刑事局 一九四〇：一九〇・一九一頁〕。

(15) 無教会派の人びとの中には、明石たちの活動に違和感を覚え、兵庫県の芦屋で活動していた別の無教会派グループに移る者もいた。また神田は、ワッチタワーの活動に傾倒し、内村鑑三と一時疎遠になっている〔高阪 一九七三：一二九・一三〇頁〕。

(16) 明石の翻訳による『神の立琴』の冒頭には、「訳者は此の書を訳するに際し字句の翻訳に忠実ならんを期する前に先づ著者の真意を捕《ママ》へて忠実にそれを紹介する方面に出来得る限りの注意を払ひました」と記されている〔ルサフォード 一九三〇ａ：七頁〕。

(17) なお、この体験談と感想は、当該信者による一九八八年時点の回顧的語りであることを付言しておく。序章でも述べたように、信者／脱会者には、ナラティブの創造性と被拘束性がそれぞれにあり、信者のナラティブにおいては、信仰者としての自己を「理想的自己」とした上で、自己物語が創造される〔櫻井 二〇一四：五三・五四頁〕。また信者の場合、規範的なナラティブの再生産に関わるコミュニティは、教団となる〔同前〕。世界本部の布教戦略という視点からみると、この体験談が模範的な意味付けや啓発的な意図を伴うものであり、一九八八年の信者たちに向けて構成・提示されていることにも注意を払う必要がある。

(18) なお、「エヒウ」とは、ヘブライ語聖書（旧約聖書）の列王記に登場する王の名前であり、エヒウ号にはバール崇拝（偶像崇拝などの誤った崇拝様式）を一掃するという意味合いが込められていた。

(19) 当時はラジオ放送による布教活動もおこなわれており、世界本部は一九二四年に独自のラジオ局WBBRを開局し、一九三三年には六大陸全四〇八局で展開されていた〔ものみの塔聖書冊子協会　一九九三b：五六二頁〕。

(20) 一九二五年に公布された治安維持法は、国体の変革または私有財産制度の否定を目的とする結社の組織やそれへの加入を罰する法律である。当初は共産主義思想の広まりを抑えることを目的としていたが、一九二八年の三・一五事件の後、共産党員以外も取り締まり可能とするために改正され、当初は取り締まり対象ではなかった宗教団体にも適用範囲が拡大した〔中澤　二〇一二：九五～一二六頁〕。

(21) なお、『黄金時代』六九号には、「牧師たちに告ぐ」として、同誌の六七号・六九号を「日本帝国内のキリスト教徒三十万人に向け郵送、又は直接配付したることを此処に公告す」と記されており、キリスト教に対する批判的・論戦的な姿勢は徹底している〔明石　一九三三b：八頁〕。

(22) それぞれ一頁目の見出しをみると、「独逸を解剖す　建国由来と現国勢の一般　ナチス治下の其の行方？　伊・独間に密約」「迷惑と苦悩の坩堝　米国を解剖す　正義公正の仮面を剝ぐ」「奸黠の神秘的存在英米帝国を解剖す　巧妙に正体を隠して地を支配する怪物　表面を正義人道に包んで強欲を逞くす」「羅馬法王教権の伊太利掌握まで　共産党とファッショの美事な使ひ分け大曲芸　踊るムソリニ」などとなっている〔明石　一九三三c・一九三四・一九三五・一九三六a〕。

(23) 大谷栄一は、近代法華・日蓮仏教グループを「国家」に対する対応・距離を基準に、（1）国家的、（2）国際的、（3）国家超越的、（4）民衆的、と類型化している〔大谷　二〇一九：一八・一九頁〕。特定の主義や信条の内容そのものではなく、「国家」に対する対応や距離の差異から各時代の運動のありようを分析する視点は、日蓮主義的な宗教運動以外にも適用可能であると思われる。これをワッチタワーや灯台社の宗教運動に敷衍すると、（3）の国家超越的ということができるかもしれない。ただしワッチタワーや灯台社の場合には、人間の無力さと人類の営み全般に対するきわめて悲観的な評価が根底にあり、宗教運動による国家へのアンチも支持も改変も志向していない。国家との関係や広い意味での社会との関係には還元できない宗教運動である点が、灯台社やエホバの証人の特徴といえる。

(24) なお、植民地朝鮮における灯台社の展開を検討した趙景達によると、「天皇や日本への感情と認識において、明石と朝鮮人信徒は大分違う位相」にあり、「国家愛と郷土愛が未分化な時代状況」にあった当時、明石はあくまで宗教家でありつつも、「日本人としてのナショナルな布教動機があった」〔趙 二〇〇八：五〇・五一頁〕。これとは対照的に朝鮮の信者たちにはナショナルな布教動機はなかったが、朝鮮の新宗教運動全般には終末思想の伝統があり、植民地支配という状況も相俟って熱狂的な活動が引き出された〔同前：四八頁〕。

(25) 灯台社は、特高以外の各方面からも、危険思想をもつ秘密結社として取り沙汰されていた。たとえば、「灯台社の後楯に怖るべき暗殺団」「世界的秘密結社フラン・マッソン結社と連絡」（『大阪時事新報』一九三三年五月二四日付〈神戸大学経済経営研究所新聞記事文庫・思想問題七一〇九九〉）、「フリーメーソンの一派」（日本基督教青年会同盟〔高橋 一九三三：二六頁〕）、「ニューヨークに本部を有する共産団体」（『大阪朝日新聞』一九三六年三月九日付臨時夕刊、二頁）、「怖るべきユダヤの国際的大秘密結社」〔建国講演会編 一九三五〕などである。一方の明石も、フリーメーソンがローマ法王教権に妥協した大秘密結社であるとする『黄金時代』一一四号を刊行しており、その広告が『黄金時代』誌に掲載されている〔明石 一九三七：八頁〕。

(26) 大阪の信者については、『特攻月報 昭和十二年九月分』の「宗教運動の状況 一、支那事変に関する宗教団体の動静」「其の他注意言動の事例」欄に、当該の「灯台社員」の住所氏名と言動要旨が記載されている。この信者は防火演習にも参加せず、住居には防火用水を備え付けていなかった。また神奈川県の信者については、『特攻月報　昭和十四年一月分』の「宗教運動の状況　一、支那事変に関する宗教諸団体の動静」「宗教教師、信者の要注意言動」欄に灯台社員として氏名と言動要旨が記載されている〔内務省警保局保安課編　一九三七：一四三頁、一九三九ａ：一一五頁〕。

(27) 発禁処分となった雑誌の内訳は、それぞれ一九三七年二月三日に『黄金時代』一〇九号（二月一日発行）が三万九〇〇〇部、同年二月二三日に同誌一一〇号（三月一日発行）が三万部である〔小林編　二〇一一：三七頁〕。なお、これらは把握されている限りの部数であり、実際の発禁部数はさらに多かった可能性がある。いずれにせよ、灯台社は小さい宗教集団に過ぎなかったが、監視・統制が強まる中、この時点で少なくとも毎月三万部以上の刊行物が発行されていた事実から、当時の活動の大胆さを知ることができる。

(28) 当時東京にいた信者は約二〇名に過ぎず、聴衆五〇〇名の大半は非信者であったと推察される〔ものみの塔聖書冊子協会　一九八八ｂ：二四頁〕。

(29) 「斎藤実文書　書類の部二」二八四の八（国立国会図書館憲政資料室所蔵）。

(30) なお、稲垣真美は斎藤・明石の交友について、明石はカトリックの体制になぞらえることにより、皇道派の急進的青年将校の背後にある軍部上層部の企てを斎藤に警告しようとしたのではないかと考察している〔稲垣　一九七二：六二頁〕。しかし、佐々木敏二も指摘するように、そもそも明石やワッチタワー世界本部の社会体制批判は、運動や闘争による社会変革を志向するものではなかった〔佐々木　一九六八：一三四頁〕。むしろ、長年来の友人であった長沼重隆の語る明石の人物像にみる情の深さや正義感の強さから察すると〔長沼　一九六六〕、稲垣自身も指摘するように、新聞記者ともつながりがあり、不穏な社会状況を察した明石は、単に交友のあった斎藤を心配し訪問した、と考える方が妥当であろう。

(31) 宮城遥拝の拒否と銃器返納は、それぞれ偶像崇拝と殺人を禁じる聖書の記述に依拠している（出エジプト記二〇章四～六・一三節など）。なお、エホバの証人のいう「偶像」は、必ずしも像の形をとるものではなく、特定の人物や場所など、エホバ神以外の対象に熱狂したり心酔したりする行為は全て偶像崇拝とみなされる。

（32）村本一生（一九一四〜一九八五）は熊本県阿蘇郡の医師の長男であり、東京工業大学染料化学科に進学後、三菱系の会社に就職が内定していたが、一九三五年頃、実家に帰省した際、明石オリジナルの『黄金時代』を偶然手に取ったのがきっかけとなり、帰京後に信者となった。大学卒業後は、就職の内定を辞退して灯台社に住み込み、明石の長男・真人とともに小エヒウ号による地方伝道もおこなった〔稲垣　一九七二：六三〜六九頁〕。

（33）一九一七年生まれの真人は、灯台社のメンバーが共同生活をしていた荻窪の家で育った。明石は三人の子どもに信仰や実践を強要することはなかったが、真人は小学校在学中には自分の意志で国旗敬礼を拒否し、校長に叱られたりしたという〔同前：七八〜八〇頁〕。

（34）一九四〇年六月二四日に荻窪警察署における第一回聴取で明石順三が供述したとされる記録。なお、本書での引用に当たっては、読みやすさを考慮し、適宜句点を補った。

（35）日本以外の国々も同様であり、たとえばドイツにおいては、ナチ式敬礼の拒否などで信者約一二〇〇名が投獄され、ペンシルベニア州においては、学校での敬礼を無視したために、信者の子ども多数が鞭で打たれたり、放校されたりした〔ものみの塔聖書冊子協会　一九九三b：六六九頁〕。

（36）戦後、村本一生に聞き取りをおこなった笠原に対し、村本は「どなたがされても研究によってはパパ（明石の愛称―筆者註）の真意はわかりませんよ」「明治人らしい愛国心があり、天皇に対しても日本人の心の底に宗教的ともいうべき尊敬の感情があることを自らも認めていた」と述べ、戦時中の「反戦」が注目されていることに対し、やや冷めた感想を述べている〔笠原　一九七三：一七三・一七四頁〕。これは、「反戦」というキーワードが注目されることにより、明石たちの信仰実践が、彼らを排除した世界本部（そして戦後のものみの塔聖書冊子協会日本支部）の信仰実践であるかのように内外で語られることへの、違和感の表明であるようにも思われる。

(37) 近年の状況をみると、二〇一四年一一月一五日号の『ものみの塔』(研究用)には当時の信者たちの活動が数名の個人名とともに紹介され、講演会招待のビラやビラを撒いた飛行機、そしてエヒウ号の写真も掲載されている。戦前の活動が自教団のものとして好意的に提示されている一方で、明石順三に関する記載はない。ビラの写真には、「十月十日(月)夜七時　於朝日講堂」「十月十六日(日)夜七時　於青山会館」「十月廿二日(土)夜七時　於本所公会堂」「入場無料」など、講演会の詳細が印刷されているが、講演者の欄は「氏講演」の「氏」の文字の上に不自然な空白がある〔ものみの塔聖書冊子協会　二〇一四b〕。曜日と日付から、このビラは一九二七年のものと思われ、明石自身の供述によると、東京進出間もない当時の講演者は、明石であったと考えられる〔司法省刑事局　一九四〇：一九二頁〕。

第三章

不確定の時代——一九四八年から一九七〇年代半ばまで——

戦前における灯台社の運動は、一見すると戦時下における国家からの弾圧によって終焉を迎えたようにみえた。たしかに、国家権力が発動されることにより活動できなくなったのも事実である。しかし、灯台社の終焉の根本的な要因は、世界本部との、正統性に関する鋭い対立が関係していた。神の唯一の経路であるか否か、そして神の組織か否かという問題は、聖書・神・キリストをめぐる信念や実践の追究よりも重要な問題であり、組織の正統性を固持するために、明石順三や灯台社の信者は、ごく少数を除いて日本のエホバの証人から排除されることとなった。こうして世界本部は、戦後新たに宣教者を派遣し、日本支部における布教活動を再スタートすることとなる。

本章では、海外から宣教者が派遣された後、日本で育成された日本人指導者に支部の運営が委ねられるまでの過程を検討し、新たな日本支部形成がどのようにおこなわれたかを明らかにする。とりわけ、ハルマゲドン一九七五年説が展開された時期でもあり、年代予言に関連した教団内的な事情に注意を払いつつ、検討を進める。

序章でも述べたように、本章以下においても、世界本部の布教戦略に軸足を置いた上で検討を進める。宗教運動の通史的な研究は、従来、マクロな社会状況や時代状況との関連で語られることが多く、エホバの証人もその伸張を、たとえば高度経済成長やジェンダー規範といった時代状況や社会状況に還元させつつ検討することは可能である。しかしその場合、宗教運動の信条や実践と社会状況や時代状況との適合性に注目しがちである。そもそもエホバの証人の救済観自体は、日本の社会状況や時代状況とマッチしていないことも多い。教説と時代状況に適合性があれば、おそらく他の日本発祥の新宗教運動のように、もっと大きなムーブメントとなっていただろう。

本章以下の検討におけるポイントは、エホバの証人の教説や救済観が基本的に社会状況や時代状況に不適合でありながら、かろうじて教勢を伸ばしてきた側面を前景化することにある。ただし、布教戦略が信者の行動、ひいては運動のありようを一方的に規定するわけではない。第一章の結びで述べたように、世界本部の方針や指示に対し、信者個人ごとに多様な反応やスタンスのあり方が想定される。そして、個人レベルにおける〈本部志向〉のありようも一様ではない。そのため本章では、信者個人が世界本部や日本支部の方針にどう反応したのかにも目配りし、必要に応じてインタビュー・データを取り入れて検討をおこなう。

なお、本書のインタビュー調査で協力を得たのは、A氏（男性、元二世信者）、B氏（女性、元二世信者）、C氏とD氏（夫妻、いずれも元一世信者）の、計四名の脱会者である（以下の記述では敬称略）。この中には、現在も信者を続けている親族をもつ者もいるため、聞き取りの場所や個人の属性に関しては詳述することを控え、聞き取りの日時と生まれた年代など、最小限の情報を註などに記載するにとどめたことをお断りしておく[1]。

一　宣教者の派遣

宣教者に求められた資質

明石が排除された後、世界本部から任命された日系人・外国人の宣教者たちが、日本宣教を再開することとなった。宣教者が赴く地域や人数は本部が決定し、宣教は計画的かつ効率的に展開されていく。ここで注目すべき点は、宣教者の資質である。この当時、日本宣教に任命された人びとは、「ギレアデ学校」と称する宣教者養成課程を卒業した信者たちであった。このギレアデ学校は、協会の三代目会長ネイサン・H・ノアが一九四三年に設置した無料の教育課程である。第二章でもふれたように、「規格品的」な「信者獲得運動」につながるとして明石順三が批判した内容には、このギレアデ学校開設も含まれていた。

ここで、ギレアデ学校について説明しておこう。開設当初に強調されたのは、「聖書そのものの研究」と「神権組織」であった〔ものみの塔聖書冊子協会 一九九三b：五二三頁〕。教団史に位置付けられる文献によると、この教育課程においては、「エホバに全く頼り、エホバに忠節であることの重要性が強調され」たとあるが〔同前：五二三頁〕、これは、エホバ神だけでなく、神権組織に全く頼り忠節であることとも、ほぼ同義であると考えられる。つまり宣教者となるには、聖書の知識・信仰心・隣人愛もさることながら、神権組織について理解し、語ることができなければならなかった。そういった意味での資格を有する信者たちが、戦後の日本で宣教を再開したのである。

ギレアデ学校の教育課程の期間は約五カ月間で、「野外宣教、宣教者奉仕、宗教史、神の律法、政府の役人への対処の仕方、国際法、記録をつけること、外国語」などがレクチャーされる〔同前〕。「野外宣教」とは、教会や集会場で待つのではなく、自ら野外に出ておこなう布教活動（たとえば家々への訪問など）を指し、「宣教者奉仕」とは、未だ信者の少ない国での布教活動を指す。また、役人への対処法や国際法を学習する理由は、合法的な活動に努め、当該国において良好な評価を得るためでもあるが、「神の律法」という語が併記されているように、当該国の法律が教義・信条と干渉し合う場合は、神の律法に従う方を選ばねばならなず、そこには、宣教する権利の主張という意味合いも含まれていた。

そもそも本国アメリカにおいては、一九二〇年代から文書の配布や戸別訪問を発端とする信者たちの逮捕・訴訟が多数発生し、アメリカを含む多くの国では、信教・言論・出版に関する憲法上の権利を主張することで対応が図られてきた歴史がある。[2]戦後の日本宣教は、こうした世界本部の経験を踏まえ、想定しうる法的な問題の回避策や対応策を講じた上でおこなわれていた。宣教者たちは、派遣先において野外宣教をおこない、「会衆」[3]を組織し、その地域の信者たちだけで活動できるようになるまでそこにとどまるよう指導された〔同前：五二四頁〕。ギレアデ学校の第一期生は、中南米地域に派遣されている。

このうち戦後日本に派遣されたのは、ギレアデ学校一一期生（一九四八年入学・卒業）の宣教者たちである。会長のノアは、一九四七年頃には日本宣教を意識しており、一一期生はハワイ在住の日系人を含む二五名であった〔ものみの塔聖書冊子協会　一九九二：二九頁〕。なお、日本行きには七〇名の応募があったという〔ものみの塔聖書冊子協会　一九七八：二二二頁〕。こうして一九四九年一月に最初の宣教者Hが日本に到着することとなった。Hは非日系人であり、夫妻で八年間にわたり世界本部に勤めた後、一九三四年からハワイに派遣され、ハワイの支部監督を務めていた人物である[4]〔ものみの塔聖書冊子協会　一九九一a：八二頁〕。当初の活動拠点は東京の港区に協会名義で購入した家屋（以下では「宣教者の家」と表現する）となるが、この物件をみつけるまでの一カ月間は、GHQの許可を得て司令部のある第一ホテルに滞在した〔ものみの塔聖書冊子協会　一九七八：二二二頁〕。

その後、三月から一〇月にかけてギレアデ学校卒の宣教者たちが数名ずつ到着し、うち五名が神戸市に配置された。敷地四〇〇〇㎡を有する神戸の「宣教者の家」は、GHQの戦争財産管理官から借り受けた〔同前：二二四・二二五頁〕。エホバの証人が戦勝国発祥の宗教運動であったこともあり、終戦直後の日本には、戦前と比して活動しやすい状況が開かれていた。

　第二章でみた通り、エホバの証人の主たる布教手段は「家から家」への戸別訪問であり、雑誌などの配布をしながら「家庭聖書研究」と称される定期的な個別指導に勧誘するというものである。そして、家庭聖書研究を通じて「研究生」を指導し、「バプテスマ」[5]まで導くことが一つのゴールとなる。教団側の記述によれば、当時の日本人は、「聖書の預言（ママ）が現在の「終わりの日」に関連して預言（ママ）していた、苦しい出来事の多くを実際に経験していました」とされており、エホバの証人の教説（特に予言）を理解しやすい立場にあったはずだ、と楽観的な解釈が記されている〔同前：二二二頁〕。

　たしかに、敗戦に至るまでの日本人の経験は、世界本部からみると、一九一四年（第一次世界大戦の勃発）を予言の中に位置付け、人類の苦難の歴史を語る教説の説得性を高める要素と映ったのかもしれない。しかし実際には、海外出身の宣教者たちが日本人の研究生をバプテスマまで導くことは容易ではなかった。ギレアデ学校のカリキュラムには外国語が含まれているが、約五カ月の促成的な教育課程であったことの限界は否めず、当初の布教活動は、「どうぞお読みください」といってパンフレットを配布するというものであった。研究生がバプテスマを受けるには、教義の習得や道徳的な生活態度の実行だけでなく、集会や布教活動への参加などの行動によって献身と転向を証明することが求められるが、[6]研究生をその状態まで指導するには言葉の壁が課題となる。日系人を含む大多数の宣教者は、現地での体験を通して言語や習慣を学ぶ必要があった。

終戦直後の食糧不足など、生活面における適応の問題にくわえ、布教に使える日本語の媒体も限られていた〔同前：二二三・二二五頁〕。

「背教者」の締め出し

終戦間もない当時、教団側は灯台社時代からの信者と思しき存在にも懸念を抱いていた。エホバの証人においては、会衆単位で開催される通常の集会よりも規模の大きい「大会」という集まりがあり、宣教開始から約一年が経過した一九四九年の暮れから年明けの一月一日にかけて、神戸の「宣教者の家」で大会が開催された。問題視されたのは、そこへ訪れた大阪からの参加者たちである。教団側の記述では、彼らが「正月を騒々しく祝う」など、本部のいう聖書の原則に反する振る舞いをし、「不道徳」であったことが強調されている。しかし同時に、彼らが灯台社時代からの信者であったこと、「真理に留まっている」と主張していたことも指摘されている。結果的には約三〇名を除名し、以後、集会や大会で発言することがないようにすることで収拾が図られた〔同前：二三〇頁、ものみの塔聖書冊子協会　一九九八a：六九頁〕。宣教者の任務には、教団側からみて背教者とみなされる灯台社の人びとを排除することも含まれており、神戸の「宣教者の家」に配置されていた宣教者Tが、この対応のために毎週大阪に通うことになった〔ものみの塔聖書冊子協会　一九七八：二三〇頁〕。

宣教再開直後に「信者」約三〇名を排除することは、教勢拡大という点では非効率にも映るが、「真理に留まっている」とする当事者の信仰自認にもかかわらず、素早い対応がなされている。この出来事は、本部の指導に従わなかった「元」信者たちの存在や、彼らが周囲の信者に及ぼすかもしれない影響力が、教団側からみて危惧すべきものであったことを示している。教勢拡大は、こうした懸念材料を厳密に取り除いた上で初めて目指されたのである。

二　宣教者による布教活動——一九五〇年代

信者数の増加に先立つ組織化

一九五〇年二月より、オーストラリア・ニュージーランド・イギリスなどから宣教者が順次派遣され、神戸・名古屋・大阪・横浜・沖縄・京都・仙台に、そして一九五七年には広島・札幌・福岡・熊本・鹿児島・佐世保に、それぞれ配置された。一九五〇年代の目立った進展は、日本語版『ものみの塔』の発行と「巡回監督」の任命である。いずれも、一九五一年四月二四日から五月八日にかけて会長のノアが視察のために来日した際のことである。これに併せ、東京の神田で四日間にわたる大会も開催され、ノアの日本視察は、日本での宣教を「組織し発展させる」ための「里程標」とされるものであった〔ものみの塔聖書冊子協会　一九七八：二三二頁〕。

まず、『ものみの塔』誌はエホバの証人の布教において不可欠な雑誌媒体であり、その日本語版の発刊は、布教上の大きな進展といえるものであった。戦後初の日本語版『ものみの塔』は、前述の東京神田での大会当日に配られている。戦前に明石順三が『黄金時代』に日本人向けの解釈をくわえて配布していたことについては第二章でみたが、それとは対照的に、戦後の教団による刊行物では日本人向けの記事や解説は特段施されていない。これは教説が変節したり特定の指導者がカリスマ性を帯びたりする可能性を回避し、世界全体における教説の統一性を保持するための方策でもあり、日本人には馴染みの薄い内容であっても、敢えて翻訳の正確さが堅持されている。教団にとって翻訳における忠実さは、広く速く人びとに教説を流布することよりも優先すべき課題だったのである。

次に「巡回監督」とは、当該地域の各会衆に一週間程度滞在し、「巡回訪問」と称される定期的な指導をおこなう地域包括的な指導者を指す[7]。日本最初の巡回監督は先述の灯台社の「元信者」たちに対応した宣教者Tであった。「巡回訪問」が開始された一九五一年の日本の信者数は、宣教者を含めても三〇〇名に満たなかったが、その段階で巡回監督が配置されたことにより、それ以降に新たに設立された会衆が独立して分派を形成する可能性は低くなった〔ものみの塔聖書冊子協会　一九九八c：二九頁〕。新たな入信者の獲得は、遺漏のない組織編成の上でおこなわれたのである。

これには、他国において本部の指導内容から逸脱する事例が多数生じたことも関係している。たとえば、一九一四年に予言がはずれた際、集団で離脱したイタリアの事例や、布教中に物品を販売していたとする一九二〇年代のメキシコでの事例が批判的に紹介されている〔ものみの塔聖書冊子協会　一九九五：一七九頁・一九八三：一二〇頁〕。終戦直後における灯台社の事例も、世界本部からみると容認し得ない逸脱であった。教団側が逸脱とみなし「調整」（＝指導や矯正）がなされた事例は、枚挙にいとまがない。世界各国に教線が拡大するにつれ、各支部の動向や状況把握は難しくなるが、巡回監督を配置し、「調整」をくわえつつ増加を目指すことにより、逸脱や分派が生じる可能性をある程度コントロールすることができるため、世界本部に忠節な信者育成という点で、増加に先立つ巡回監督の配置は効率的・合理的であったと思われる。ギレアデ学校において、聖書の研究だけでなく、神権組織の重要性が強調されたことはすでに述べたが、それは、新たな信者や会衆を組織の枠組に漏れなく編入していくことを意味していた。

日本特有の課題と「利点」

なお、信者の育成においては日本特有の課題もあった。エホバの証人の崇拝対象は、エホバ神だけであり、先祖祭祀などの儀礼が許容されない点である。ただし、第一章でみたように、布教を受けずに亡くなった者には、存命中と同じ姿と人格で地上の楽園に復活させられた上で、エホバ神に従うか否かを選択する機会が与えられるとされている。また、故人となった先祖は「年長者」でもあり、その意味での先祖に敬意を抱くこと自体はむしろ肯定されている。ひとたび信者となった者にとっては、復活による故人救済の可能性という希望が受け皿となり、先祖祭祀への回帰はかなりの程度抑止されたとも考えられる。ここで存命中の信者がなすべきことは、先祖を祀ることではなく、自分自身がハルマゲドンを生きて通過し、その後、復活してきた親族にエホバ神を崇拝するよう教えることなのである。キリスト教を自認する宗教でありながら、非信者の故人にも救済の道が開かれている点は、布教活動の障壁をやや軽減させたと考えられる。

むろん、死者の復活に関する教説は、現代社会を生きる大半の人びとにとっては受け入れ難いものであり、研究生がエホバの証人の教説を受容した場合には、先祖祭祀の儀礼を拒否することで、家庭や地域において大きな摩擦が生じる。そのため、布教の成功率という点では、研究生となった者がバプテスマを受けるに至るケースはあまり多くなかったと考えられる。日本語が流暢ではない宣教者の中には、週に三〇件以上の家庭聖書研究を担当する者もいたが、研究生の大半は、終戦直後という状況下で「西欧の事柄を知ることに非常に強い関心」をもっていたがゆえに宣教者を招き入れていた〔ものみの塔聖書冊子協会　一九七八：二二五頁〕。しかし、宣教者が育てなければならなかったのは、自分たちと同じように伝道に出て布教活動がおこなえるような信者だったのである。

当時の宣教者が述べたとされる記述によると、彼らからみた日本人は、「全能の神という概念」をもたず、「実際に信じていなくても、信じているかのよう」に振る舞う傾向があった〔同前：二四八頁〕。こうした記述をみると、海外生まれの宣教者は、研究生が教義を正しく理解・習得しているかどうかを見極めようと苦心していたことがわかる。信仰心を布教活動によって示せるような信者を育成するためには、研究生の動機を見極める必要があり、手堅い信者育成は、入信者を数多く得ることよりも優先すべき課題となっていた。

その一方で、キリスト教圏出身の宣教者たちの中には、教団レベルでの反発が仏教界からはもたらされず、反対勢力が（日本では少数派の）キリスト教だけであった点を、予想外のプラス要素と認識する者もいた(8)。本国アメリカなど、キリスト教が主流派である国々におけるエホバの証人は、キリスト教界との対立に関連し、訴訟によるクレームや妨害を多数経験してきた。その影響力が欧米諸国に比して小さい日本は、彼らにとって活動しやすい国であったのかもしれない。日本の既成宗教は、海外の既成宗教のように、反エホバの証人的な条例設置のために行動することもなかった。そもそも当時のエホバの証人は、国内の既成宗教集団や地域社会から危険視されるほど目立った存在ではなかったということもあるだろう。

やがて信者となった日本人も布教活動に加わり始め、人口一〇〇万人未満の都市にも宣教が及び、戦後の宣教再開から八年後となる一九五七年に、信者数はようやく八四三名となった〔同前：二四五頁〕。当時の宣教者は二十数名であり、この期間に一人の宣教者がバプテスマまで導いた人数は、単純計算で一年間に四、五人である。この人数を多いとみるか少ないとみるか、その評価は難しい。しかし重要な点は、この八四三名全員が伝道をおこない、そしてその大半が日本人であり、日本語で伝道をおこなうことができるという点にある。

外挿的な「神権組織」

教団史的な文献には、宣教者のH夫妻が、「ものみの塔一部廿五円」と書かれた布袋を首や肩から下げ、『ものみの塔』誌を掲げ、街頭に立つ写真が掲載されている〔ものみの塔聖書冊子協会一九九三b：四九〇頁〕。戦勝国発祥の宗教運動でありながら、当時の宣教者たちが、日本人と同じように配給の列に並んで生活し、未だ残る「防空壕から防空壕へ[9]」、「王国の音信」を伝えようと真摯に活動していたことは、世界本部の意図を差し引いても等閑視できない事実である。教説の内容もさることながら、その人柄や熱意に動かされ入信した者も多かったのではないかと考えられる。

既述の通り、ギレアデ学校では聖書の研究と神権組織の重要性が強調されたのも事実であるが、その一方で、当時の日本に派遣された宣教者たちの中には、現在の信者たちとは異なるメンタリティをもつ者も多かった。当時の宣教者の様子については、教団刊行物の記述以外に、彼らと接したことのある数少ない当事者による回顧的な語りからも知ることができる。

一九八〇年代に宣教者と交友する機会が多かった元信者の男性A[10]は、ハワイから来た日系人宣教者の一人であるX（ギレアデ一一期生）との会話を振り返り、次のように語る。

X兄弟に、聖句をいろんな出版物から繙いて、「僕はこれはここから読んでこういうことだと思いました」っていったら、彼はずっと黙って聞いていて、「おおお、すごいね、あなたは」と、「でもあんまり難しく考えると神みえなくなるよ」と。それはもう本当に心に残りました。

Aはある聖句について、教団刊行物の解釈を踏まえた上で自分の見解を述べたのであるが、宣教者Xは、そのような考え方、つまり教団刊行物を駆使して聖書を読むやり方では、「神」が「みえなくなる」と答えている。AはXのような宣教者たちと接する機会が幾度もあった。そのAからみたXの印象については、次のように述べた。

「自分と神の関係が一番大切で、大好きな神さまのことをみんなに伝道して知らせてあげたい、でも同じやり方で伝えないと、エホバ以外にも神がいると誤解させてしまうから、組織のやり方に従うよ」っていう、そういう立ち位置なんです。

AからみたXは、「神さま」のことを人びとに知らせるにあたり、「同じやり方」をするための（便宜的に必要な）「組織」という位置付けをする信者であり、これがAからみたXの「立ち位置」であった。そのような組織観をXが抱いていると感じたことの理由について、Aは次のように語る。

私たちは、もう大きくなってしまった組織の時代に入信した信者です。でも、はじめの頃は、組織という概念すらなかったのかもしれません。個々の力でやってるようなところでしょうから。戦後の日本に至ってみればゼロからのスタートですから、宣教者たちは組織の力っていうのはあまり影響はないですよね。あの時に、「ああ、こういうことなんだな（本当のクリスチャンとはこういう人だろう）」と思ってたのは、多分そこです。

ここには、Aのように「大きくなってしまった組織の時代」の信者と、Xのように、「「組織」の影響がない時代」の信者がいることがわかる。Aは神権組織という教団の論理がいわば自明となっていた時代の信者である。そのAは、教団刊行物を駆使して聖書を理解することに疑問を抱いてはいなかった。むしろ好ましいことであるとさえ考えていた。そうであるからこそ、自信をもって宣教者Xに語ったのである。しかしXは、神権組織の重要性を教えられてはいたが、聖書や神と自分の間に「組織」を介在させるという点ではAとは異なる「立ち位置」に立っていた。じつはこの点において、Xは戦前の明石順三にも通じるところがある。ただし、便宜的とはいえ神権組織という論理を抵抗なく受け入れたのか（X）、それとも神権組織の正統性に疑問を抱き、その疑問を公表したのか（明石）、という点で差異があった。世界本部は遅くとも終戦間際には神権組織を自認し、組織に従順であることの重要性を強調する路線を進み始めており、世界本部からみると、この差異は決して容認することのできない大きなものであった。

そして、当時の日本人信者たちの中には、教条主義的に神権組織を教えられたからではなく、聖書や神について率直に語り、神権組織に関する認識が未だ外挿的なレベルにとどまっている宣教者を介在していたからこそ、神権組織の向こうにエホバ神がいるという組織観を内面化できた者もいたと考えられる。宣教者の「クリスチャン」としての人格や信仰実践は、教勢拡大においても、個人レベルの〈本部志向〉の内面化においても、不可欠な要素であった。

三　日本人信者の動員——一九六〇年代から一九七〇年代半ばまで

「時間」という捧げもの

一九六三年八月に会長のノアが来日し、同月二一日から二五日にかけて「国際大会」と称される大規模な大会が京都で開催された[11]。この大会は一九五一年の視察に次ぐもう一つの「里程標」とされている〔ものみの塔聖書冊子協会　一九七八：二四五頁〕。一九六三年の信者数はすでに二八八四名になっていたが、一九六九年には七八八九名に増加している〔同前：二四六頁〕。

この増加の要因として、日本人による布教活動もさることながら、当時展開されていた予言の影響は大きい。第一章でみたように、一九六六年には、ハルマゲドンが一九七五年に生じるかのような予測が大会や刊行物上で展開されていた。「一九七五年」という限定的で間近な年代が示されたこともあり、信者たちの期待感や危機感は高まった。

しかし、エホバの証人が、他の日本の新宗教が伸長した時期からやや遅れて伸長し始めたことには注意が必要である。つまり、エホバの証人の救済観自体は当時の多くの日本人のメンタリティに適合的ではなかった。西山茂によると、戦後復興期の一九四五年から一九五六年――「敗戦後の絶対的窮乏」から朝鮮特需に始まる「復興期」――には、「「のっぴきならない悩み事」の現世利益的な解決」と宗教的な急性アノミーの克服に応答する宗教運動が発展した。たとえば、立正佼成会や創価学会などである〔西山　一九九五：八〇・八一頁〕。同じ時期にエホバの証人の宣教は始まっていたのであるが、序章で述べたように、生命主義的救済観とは連続性のない救済を標榜するエホバの証人は、日本発祥の新宗教のような現世利益的な解決策を提示することができなかった。つまり当時の日本社会の時代精神には応答できなかったのである。

そして一九五六年から一九七三年――「高度経済成長を遂げ、それが第一次石油危機で終焉するまでの時期」――には、現世利益などの呪術的側面は後退し、戦後「雨後の筍」のように乱立したといわれる新宗教が既成化していった〔同前：八一・八三頁〕。エホバの証人はその頃になってようやく伸張を始めるのである。しかしそれは、この宗教運動が当時の時代精神にマッチしていたからではない。繰り返し述べているように、時代状況や社会状況に適合していたならば、人びとの記憶と記録に残る大きなムーブメントとして日本社会に登場したはずであるが、この当時のエホバの証人はそのような存在ではなかった。

では、時代状況や社会状況に不適合ながらも伸張を始めたのはなぜか。そこで重要な意味をもつのが、世界本部の布教戦略なのである。では、世界本部の布教戦略とは何だったのだろうか。それは、何をおいても宣教に励むよう信者を動員し、宣教時間ひいては訪問件数を増やすというものであった。当時については次のような記述がある。「「大患難」が始まる前に日本全体が徹底的な証言を受けるためには、さらに大勢の開拓者が必要であるように思われ、この奉仕に携わる特権があらゆる方法で兄弟たちに強調されました」〔ものみの塔聖書冊子協会　一九七八：二四六頁〕。ここでいう「大患難」とは、その頂点となるハルマゲドン、そして「証言」「奉仕」とは布教活動を指し、「開拓者」とは、特に多くの時間を宣教に充てる信者を指す[12]。いうまでもなく、開拓者が多ければ多いほど当該国の宣教時間の合計は多くなる。灯台社の時代においても、ハルマゲドンが近いとする終末の切迫感が強調され、それが信者たちの伝道活動を刺激した点は第二章でみたが、さらに戦後の運動においては、布教に費やす「時間」が強調されていくのである。合理的に計算可能な「時間」は、要求する側も提供する側も、他者や他国との比較や目標設定が容易である。それだけでなく、金銭と比して要求／提供のハードルが低く、問題化しにくい。

日本の開拓者の数は、国際大会の翌年の一九六四年には四〇八名であったが、その五年後の一九六九年には一三八四名に増加し、これに連動して日本全体の宣教時間も九四万九九五五時間から二八二万三八八五時間に増大した〔ものみの塔聖書冊子協会　一九六五：二一五頁、一九七〇：二一一頁〕。時代状況と教説のミスマッチ、それによる布教の成功率の低さは、この宣教時間の多さによってカバーされていたと考えられる。そこにおいて、ハルマゲドンの切迫感は、世界本部がその布教方針を正当化し、信者たちの意欲を刺激するための起爆剤となるものでもあった。

「大会」という場の効用

いま一つ注目する必要があるのは、神権組織という宗教的なレトリックに関連した教化方針である。第二章でみた、戦前のアメリカにおける明石順三の入信に関連した「Advertise（宣伝しなさい）」というスローガン（一九二二年）、灯台社の信者たちが短波放送で聞いた「Jehovah's

Witnesses（エホバの証人）」という名称の採用（一九三一年）、そして、本章でみた戦後の日本語版『ものみの塔』の創刊（一九五一年）など、転機となる発表や出来事はすべて「大会」が舞台となっている。

大会とは、創設者チャールズ・T・ラッセルの時代の一八九一年頃からおこなわれている数百名から数千名規模の集まりである。教団史的な文献においては、大会は「エホバの証人の現代の組織の正式な特色」とされ、「大会――わたしたちの兄弟関係の証拠」という項目に、多数の写真を含む三〇ページ弱の紙幅が割かれている〔ものみの塔聖書冊子協会 一九九三b：二五四～二八二頁〕。大会開催は、教勢拡大の「結果」ともいえるが、本来ならば目にはみえない「組織」を可視化し、信者たちに体感させ、鼓舞する好機なのである。

当時の日本語版『ものみの塔』に掲載されている挿絵のほとんどが質素なイラストであったのに対し、会長ノアの訪日を含む世界大会を報告する号においては、客席が人で埋め尽くされたニューヨークのヤンキースタジアムなど、各会場の様子が白黒写真で紹介されている〔ものみの塔聖書冊子協会 一九六四：二四頁〕。実際に大会に出席した者もそうでない者も、こうした刊行物の記事に繰り返し接し、「選ばれた唯一の組織」という状況規定が共有されたと考えられる。

会長のノアは一九六三年の大会の締めくくりに際して、「宣教者の精神にならう」ことと、「エホバの組織に固くつき従う」ことを奨励した〔同前：二九頁〕。神権組織という組織イメージを内面化させた信者たちにとって、大会の場で奨励される布教活動は、一人の人間（会長）の指示や信者集め以上の意味をもって提示されていた。つまり、こうした指示は、唯一の特別な組織にキリストが課した特別な任務という意味が付与され、神権組織が可視化される大会という場において共有されたのであった。そうであるからこそ、宣教は各信者にとって、自身と隣人の救済に関わる（しかも急を要する）重要な責務と認識され、多くの時間やエネルギーが注がれることとなった。

また大会という場においては、神と自己の個人的なつながりだけでなく、全知全能とされる唯一の神とつながる「われわれ意識」も形成されたと考えられる。この時期の伸張は、「宣教を受ける側」の事情だけでは説明することができないものであり、むしろ、「宣教する側」の事情（緊急感やそれを共有する感情的な紐帯）が大きく影響していたと思われる。

入信の動機

では、当時の信者たちは、実際にどのような動機と経緯により入信していたのだろうか。ここで再び、当事者の語りに戻り、考えてみたい。

一九六〇年代生まれの女性信者Bの場合は[13]、祖母が一九七〇年に六〇代で入信した。Bによると、祖母は女学校時代から「まっとうな生き方の指南書」や「外国の宗教であるキリスト教」など、様々な事柄に対する興味があった。家庭聖書研究の指導に来る女性は上品で感じの良い人だったこともあり、「インテリとか上品な感じの人に対する憧れ」も手伝って入信したのではないかという。BとBの母親は、祖母の影響で渋々ながら家庭聖書研究に応じていたが、Bは一〇代はじめの一九七一年に母親に促されて伝道者となり、親子で布教活動に参加するようになった。Bの母親は一九七三年にバプテスマを受け、信者となった。「いつの間にか伝道者になっていた」というBは、自身と母親の入信について次のように語る。

母は、渋々バプテスマを受けて、まあ本当渋々ですよね。一九七五年に、もうハルマゲドンが来るから、ものすごい強い姉妹（女性信者）たちにゴリゴリいわれてね、それでしょうがなく受けて……。私はそのあとずっと伝道者で（バプテスマはまだ受けずに）きたんだけれども、周りからの圧力に負けて、もうこれ以上「バプテスマをまだ受けないの？」とか、いわれること自体が苦しくてたまらないから、それをいわれないために受けたみたいなところがあって。

むろん、当時のBはそれなりに納得し、理屈を後付けする形でバプテスマを受けている。しかし、BもBの母親も渋々入信したことに変わりはない。Bは祖母の没後、その日記の記述から、じつは祖母もあまり気乗りしないまま入信していたことを知った。少なくともこの入信は、入信する側の事情ではなく、入信を促す側の事情によるところが大きいものであった。

なお、Bの母親がバプテスマを受けた一九七三年には、計三六七二名が入信しており（ものみの塔聖書冊子協会　一九七四：二二〇頁）、このうち一五〇〇名以上は、七月二五日から二九日に大阪の万博記念公園で開催された国際大会でバプテスマを受けている。

この国際大会でバプテスマを受けたCとDの夫妻の場合は(14)、夫のCが幼馴染に誘われたことが入信のきっかけとなっていた。Cは聖書にもキリスト教にも全く興味はなかったが、旧友の「自称クリスチャン」が聖書をもっていたこともあり、聖書自体に対し、肯定的な印象をもっていた。この幼馴染から地震などの聖書予言の話を聞いたCは、「こういうこと（地震や災害の頻発）が起きたら世の中が滅びるんだよ」といわれ、「これは間違いない」と確信した。

一方、妻のDは子どもの頃から聖書に興味があり、わら半紙に印刷されたバラ売りの聖書を買い、内容は理解できなかったが「自分の宝みたいに」大切にもっていた。聖書について「無料で教えてくれるって聞いた途端に、それはもう嬉しくて」、当時交際中だったCの友人に連絡をとり、自分の地区担当の女性信者に来てもらうことになった。最初は「聖書の創世記をダーっと読んで、すっごい感動があった」のだという。ただしその感動とは裏腹に、エホバの証人の家庭聖書研究は、聖書ではなく、『ものみの塔』や与えられた小冊子の勉強が中心であり、内容はあまり理解できなかった。しかしDには学生運動をしていた経験があり、「思い返すと一番興味があったのは、戦争反対だったんです」と述べ、次のように語った。

その頃は、ちょうど沖縄返還の時期だったので、そういう運動もちょっとしてたので、あ、これは、エホバの証人の勉強っていうのは戦争反対ってね、絶対戦争しちゃいけないっていうことが、すごくその通りって思ったんですね。もうパーっと入ってきて。あとは、結婚生活に関してとか、読めば読むほど、あ、これ多分真理だろうなあって思ったんです。

Dの家庭聖書研究を受けもっていたのは年下の独身の女性で、Dからみても「新米」の信者であったが、Dはその女性から「早く（バプテスマを）受けなさい」としきりにいわれた。教義の意味などほとんど理解できていない状態であったが、「戦争反対」と映るエホバの証人の信条と、結婚生活に関するアドバイスに引き寄せられる形で、バプテスマを受けることとなった。

ここで少し補足すると、一九七〇年代における布教方針においては、家庭聖書研究の期間は六カ月間が目安とされており、それ以上の期間が経過しても「進歩」のみられない研究生の家庭聖書研究は中断し、宣教時間を「より関心を示す人々のために用いるべき」とする指導がなされていた〔ものみの塔聖書冊子協会　一九七六b：一頁〕。ここでいう「進歩」とは、集会への出席や伝道への参加を指し、こうした「進歩」がみられない者への指導に一年ないし一年半を費やすことは否定的に捉えられていたのである。

このように、一九七〇年代前半までの入信者には、入信する側の事情よりも、入信を薦める側の切迫感も大きく影響していた。ただしDのように、エホバの証人が戦争に加担しなかったという事実と、学生運動時代に培われた「反戦」が共鳴することで入信となったケースがあることは、興味深い事実である。繰り返し述べてきたように、エホバの証人は「反戦運動」は志向していないのであるが、入信の入り口において、戦時下における抵抗がアピールポイントとなっていたのも事実である。また、ハイカルチャーとしての聖書やキリスト教という点も、入信を促す要因となっていた。

むろん、信者としての生活を現在も続けている人びとに聞き取りをおこなった場合には、これらの記述とは異なる「入信動機」が語られることだろう。しかし、信者時代も脱会後の現在も全く異なる地域で生活し面識もないBとC・D夫妻が語る、一九七五年を前にした一九七三年の入信、そして当時の周囲の信者たちの様子は、過小評価できない共通点である。

四　日本人信者による支部運営の開始

予言の失敗と日本支部の反応

さて、一九七五年初頭には、日本支部の指導的な地位「支部監督」に初めて日本人信者が任命され、日本人信者による支部運営が始まった。これに先立つ一九七二年には、協会が静岡県沼津に購入した一二〇〇〇坪の敷地に支部施設や印刷工場が建設され、国内における刊行物の印刷も始まっている。なお、この建設計画は、一九六九年の国際大会（於・東京後楽園競輪場）で発表されていたが、一九七一年に信者数が一万人を超えたこともあり[15]、建築費用は日本人信者たちからの寄付と貸し付けによって賄われた。

しかし、宣教の成果や経済的自立は支部運営委任の決定要因ではなかった。その点は他国の事例と比較するとわかりやすい。たとえばフィリピン支部は、日本支部よりはるかに多くの信者を得ていながら、外国人宣教者によって運営されていた。日本人による支部運営が開始された年の日本の信者数は約三万二九四名であったのに対し、フィリピン支部はすでに七万六六六二名もの信者を有しており、人口比においても日本支部を上回っていた〔ものみの塔聖書冊子協会　一九七六a：二一三・二一四頁〕。しかし、一九八〇年代に入っても支部の指導的立場の多くは外国人宣教者が担っていた。じつのところ、当時のフィリピン支部においては、信者たちの利便性に配慮して、本来週三日開かれるべき集会を一日にまとめて開催する会衆が増加し、世界本部はこのフィリピン流の方法を「確立された世界的な取り決め」から逸れていると問題視した〔ものみの

塔聖書冊子協会　二〇〇三a：二〇六・二一一・二二二頁〕。この当時、世界本部の指示通りの支部運営・会衆運営ができない国は存外に多かったが、これとは対照的に、戦後の日本支部の記述には、瑣末な事柄においても日本支部独自のやり方が問題となったとする記述はない。支部運営の委任のタイミングには、占領政策や日本の経済的な条件が関わったのも事実だが、日本支部の信者たちが世界本部の指示に従う際の忠実さも高く評価されていたと思われる。

　世界本部に対する従順さは、ハルマゲドンが期待はずれとなった際の対応にも表れている。この当時、入信者は各地で急増し、日本においては一九七三年に三六七二名、一九七四年と一九七五年にはそれぞれ七〇〇〇名以上が入信した〔ものみの塔聖書冊子協会　一九七四：二三〇頁、一九七五：二一七頁、一九七六a：二一三頁〕。同時期には世界的に入信者が増え、一九七五年の世界全体の信者数は二〇〇万人を超えたのであるが〔ものみの塔聖書冊子協会　一九七六a：二一五頁〕、予言が期待はずれに終わると、世界全体の信者数は一九七六年から二年連続で大きく減少した〔ものみの塔聖書冊子協会　一九七七：二一五頁、一九七八：三〇頁、一九七九a：二一頁〕。図8と図9は、一九七五年前後のアメリカと日本の信者数の推移を図示したものである。これをみると、一九七五年前後のアメリカにおいては、当時の日本支部一つ分に相当する信者数の増加と減少があったが、日本支部においては、入信者数が多少減少したものの、信者数自体は減少していないことがわかる。アメリカのように一九七五年前後に増／減による「山」型の曲線がみられる国は多く[16]、日本のように一九七五年直後に減少がない国はあまり多くはない。日本の大半の信者たちは、予言が期待はずれに終わっても運動から離脱せず、彼らが「組織」と呼ぶ神権組織にとどまり布教活動を続けることを選んだことがわかる。

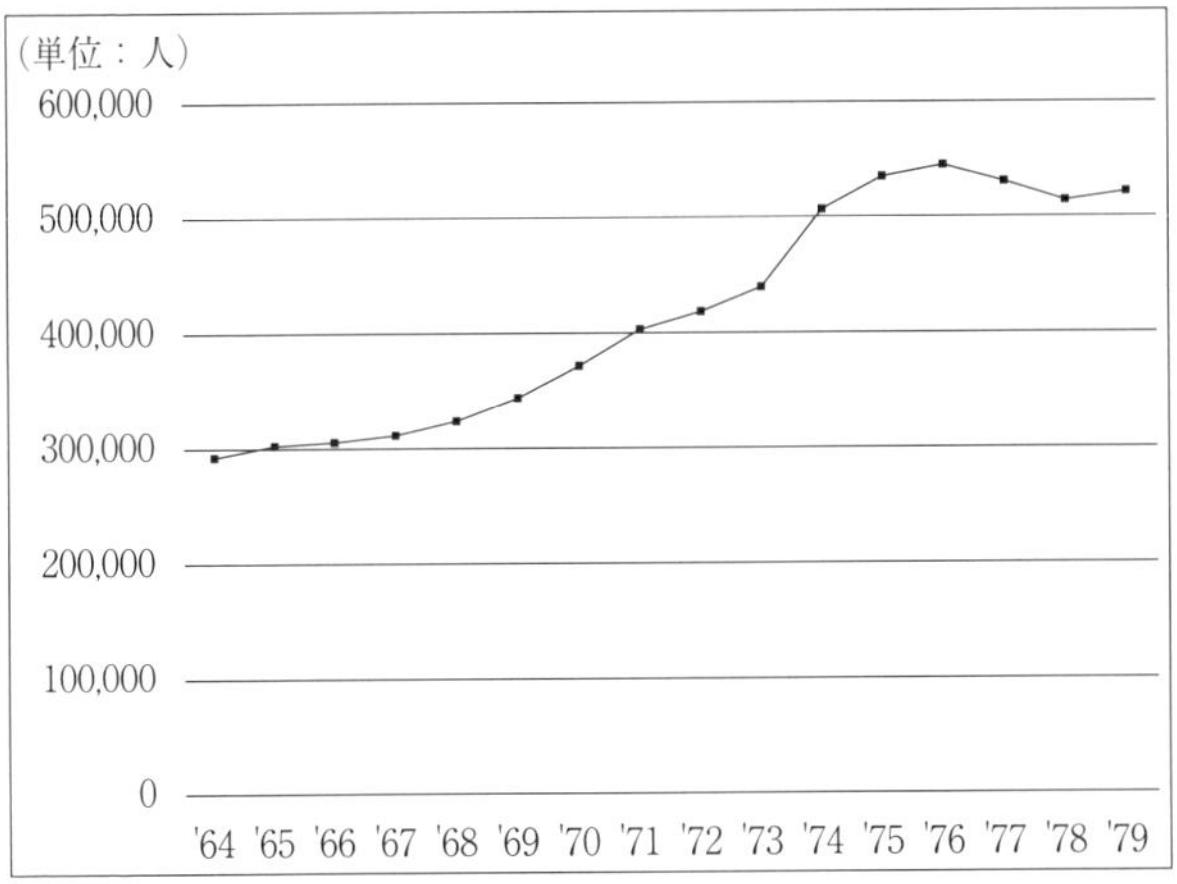

図８　アメリカにおける1975年前後の信者数の推移
（ものみの塔聖書冊子協会が公表している統計データをもとに作成）

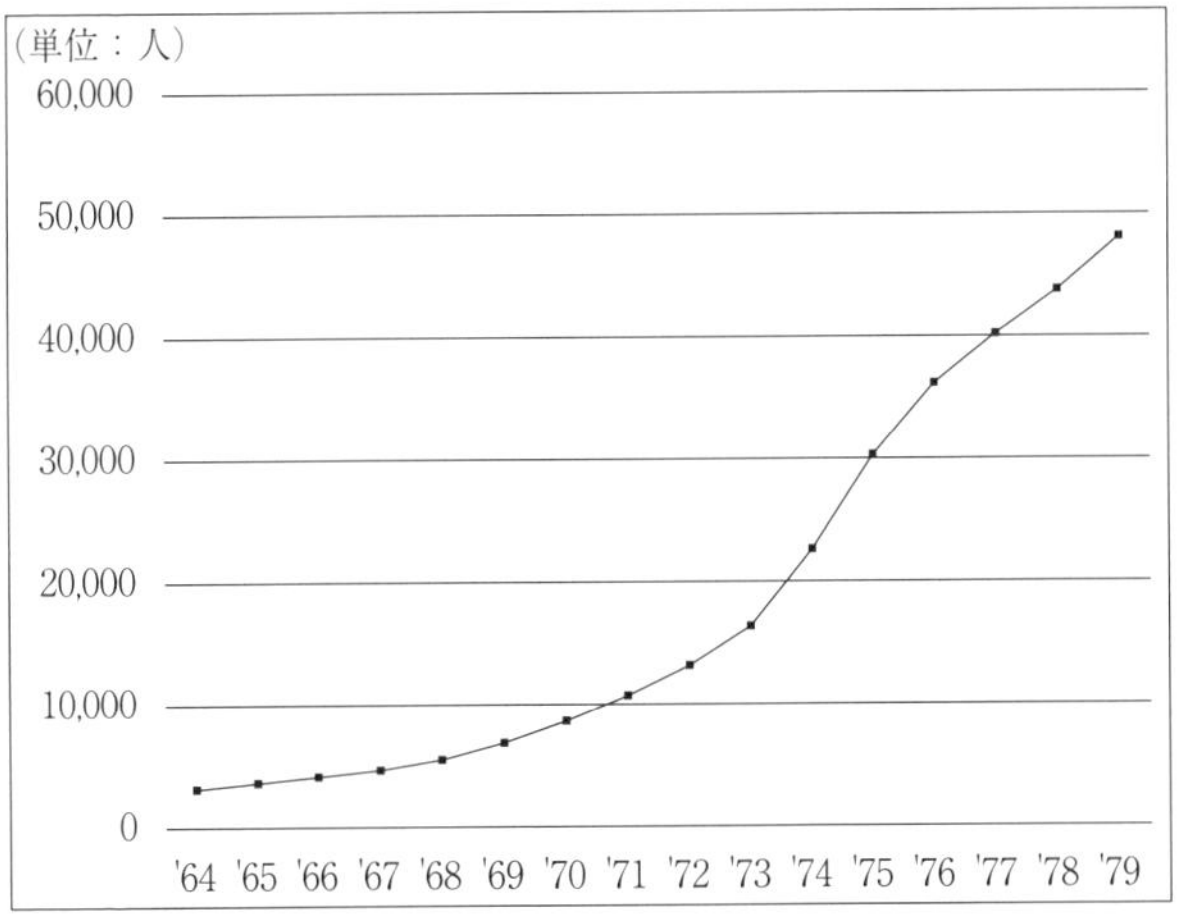

図９　日本における1975年前後の信者数の推移
（ものみの塔聖書冊子協会が公表している統計データをもとに作成）

一九七五年前後の増／減による「山」型の曲線が生じた国・地域においては、終末論的な救済観に惹かれて入信した者が多かったと思われ、予言が期待はずれに終わると、運動から離脱する者が多くいた。しかし第一章でみたように、エホバの証人の救済観には、「宇宙主権の論争」（エホバ神の主権の立証）というテーマが基盤にあり、予言の当否に左右される信仰のあり方は誤りであるとされている。布教戦略という点では、予言の当否によって運動が雲散霧消してしまうのを回避するために、そのような宗教的レトリックや、神権組織という組織原理が構築されてきたともいえる。いずれにしても、予言の当否に左右されないという点で、日本の信者たちの行動は世界本部からみて望ましいものであった。

そもそも日本においては、千年王国論や予言によって入信者を得られる可能性はあまり高くはなく、脱会者へのインタビューから垣間見えるように、終末論とは別の要因で入信していたケースも多いと考えられる。ここでいま一つ注目すべき要素は、日本のエホバの証人における宗教帰属のあり方である。ブライアン・ウィルソンは、一九七五年に信者を対象とした調査によって、戦後日本におけるエホバの証人の発展要因を検討しているが、エホバの証人のコミュニティは、日本人が敗戦によって喪失した価値観や拡大家族の機能的代替となり、入信を促したのではないかという〔ウィルソン　一九七八：四五・四六頁〕。第四章においても述べるが、「家族」というワードが入信のきっかけとして語られるケースは多い。救済観や教義信条という点では、エホバの証人が日本人に馴染まないのも確かであるが、教団への帰属がコミュニティの機能的代替となっていた信者の場合、予言がはずれても運動から離脱するほどの失望は感じないだろう。むしろその場合においては、救済観や教義信条によって入信者を得ていた場合よりも、信者個人をその集団内にとどめる外在的な影響力はより大きくなると考えられる(17)。

ただしここで重要なのは、支部の指導者がどのような信念を共有していたかという点である。一九九八年一二月一日号の『ものみの塔』には、一九七九年に日本支部の指導的地位に就任した信者Sの経験が掲載されている。Sは先ほど紹介したウィルソンの調査にも協力した人物なのであるが、彼がギレアデ学校に入校した一九五七年当時について語ったとされるその記述には、「エホバの目に見える組織に対する私の信頼は大いに強められました」とある〔ものみの塔聖書冊子協会　一九九八c：三〇頁〕。ここでいう「組織」とは、神権組織として権威付けられた世界本部にほかならないが、この記述は、世界本部への信頼と確信を内面化し、それを表明し指導できる信者が、遅くとも一九七〇年代には育っていたことを示している。

この点において、当時の日本支部は、同じ日本人信者を指導者としながらも、灯台社の時代とは根本的に異なる状態にあった。そして、本章で検討した第Ⅱ期の日本支部の指導者は、たとえば週三回の集会を集約して一回にしたフィリピン支部の指導者とは異なり、日本人信者の生活・事情・便宜よりも、世界本部の動向と指導に注視し、それに従うことこそが日本人信者の幸福にもつながると考え、指導することのできる指導者であった。

信者諸個人が、神と自分の関係、コミュニティ的な宗教帰属という二重の関係性に拘束される一方、支部の指導者は、国内の社会状況や信者の事情よりも、世界本部の動向に歩調を合わせる。つまりこの当時には、世界本部の指導方針に忠実な指導者と、コミュニティ的な宗教帰属に規定される信者たちという組み合わせが形成されていたのである。そして、いずれも、神権組織の彼方にはエホバ神がいることが前提であったために、信者と「組織」の関係は切断し難いものとなった。

このように、第Ⅱ期に支部の運営を委ねられることとなった日本人指導者たちは、「神権組織」強調路線を邁進する世界本部から派遣された宣教者によって、一九七〇年代の初頭には育成されていた。宣教者たちの布教活動は効率的とはいい難いものであったが、彼らが育成した日本人指導者は、世界本部の意向に忠節な指導者であった。この点は、ハルマゲドン一九七五年説が期待はずれとなった際により鮮明となり、灯台社の時代のように支部レベルで運動から離脱するようなことはなかった。この点で、少なくとも支部レベルにおける〈本部志向〉が成立していたことは確かである。また、信者数も増加を続けていたが、それは、B・C・Dにおける入信の事例が示すように、必ずしも教説に惹かれての入信ではなく、布教する側の熱意に押されて入信したケースもあった。つまり、第Ⅱ期における教勢拡大は、布教を奨励する世界本部や日本支部の指導に対する信者たちの応答の結果でもある。また、信者数の増加という事実は、少なくとも布教活動がおこなわれていたこと、そして、運動から離脱する者がきわめて少なかったことを示している。したがって、個人レベルにおける〈本部志向〉も集合的に成立していたと考えられる。

ギレアデ学校卒の宣教者の中には、聖書や神への信念を率直に語ったXのように、神権組織という論理をいわば外挿的に受け入れている信者もいたが、日本支部を委ねられた日本人指導者たちは、Aのいう「大きくなってしまった組織の時代」の信者であり、そのような信者にとって、神権組織という組織原理は相対化されることのない自明のものとなっていた。いうまでもなく、世界本部が育成しようとしたのは神権組織という組織原理を内面化させた「柔順」な指導者であった。そうした目標設定があるからこそ、ギレアデ学校開設当初から「聖書の研究」と「神権組織」が強調されたのである。

宣教者Xは、教団刊行物を駆使するだけでは「神」が「みえなくなる」とAに助言した。しかし当初のAがそうであったように、支部レベルにおける〈本部志向〉が成立した後は、むしろ、教団刊行物や世界本部の指導なしには神を知ることも救済されることもない、と考えるような信者育成がなされていく。そして、日本で育成された信者たちは、神と個人という、ある意味本来的なキリスト教のあり方だけでなく、拡大家族やコミュニティの機能的代替としての宗教帰属という二重の拘束性に規定され、世界本部の布教方針とコミュニティの規範に合致すべく、布教活動中心の生活にコミットメントしていくことになるのである。

註

(1) インタビューは、入信までの経緯、信者生活、脱会に至るまでのライフヒストリーを語ってもらう形で実施した。いずれのインタビューも数時間に及ぶものであった。C氏とD氏には、筆者が脱会者支援の会合を見学した際に知り合いになり、後日直接インタビューをお願いした。A氏とB氏については、「オフ会」と称される脱会者ミーティングの主催者に教団内で活動した時期や属性などの条件を伝え、調査協力が可能な該当者の紹介をお願いした。

(2) 聖書文書の配布や戸別伝道に関連した信者への訴訟が、ドイツでは一九二六年までに八九七件、一九二八年だけでも一六六〇件、ルーマニアでは一九三三年から一九三九年の間に五三〇件あり、アメリカでは一九三六年までに一一四九件の逮捕事案、国旗敬礼や忠誠の誓いを拒否する学童が放校処分となる事案も多数発生した〔ものみの塔聖書冊子協会　一九九三b：六七八〜六八五頁〕。アメリカにおける文書配布や放校問題については、エホバの証人に不利な判決が次々と下されたが、苦戦の末、一九四三年の最高裁判所の判決で、いずれもエホバの証人側の権利を認める判決が下りた〔同前：六八四～六八八頁〕。布教活動の法的な権利に関する信者たちへの情報提供は、法律家でもあった二代目会長ラザフォードの時代（一九二〇年代）からなされていた〔同前：六九〇・六九一頁〕。

（3）会衆とは、プロテスタントにおける地域教会に相当する信者コミュニティの単位である。

（4）H夫妻の夫はバプテスト教会の教会員、妻は聖公会所属の学校出身という宗教的背景をもっていたが、ラッセルの教説に惹かれ、一九一六年にニューヨークで入信した〔ものみの塔聖書冊子協会　一九六七：二二・二三頁〕。

（5）「バプテスマ」とは、エホバ神に献身したことを公に表明する儀式である。伝統的な教派の「洗礼」に相当するが、過去の生き方を悔い改め、転向した象徴として全身を水に浸すことから、「浸礼」と称される。

（6）「集会」は伝統的な教派の「礼拝」に相当する集まりを指し、集会においては講演や教団刊行物の討議がおこなわれる。

（7）設置当初（一八九四年）の巡回監督の位置付けは「旅行する講演者」というものであったが、一九二六年以来、監督的任務を帯びるものとして随時強化されていった〔ものみの塔聖書冊子協会　一九九三ｂ：二二三頁〕。

（8）一九五七年に宣教が開始された福岡の宣教者の談とされる記述〔ものみの塔聖書冊子協会　一九七八：二四四頁〕。

（9）宣教者たちが日本に到着して間もない頃、未だ食糧不足は続いており、宣教者Hは、近所の人たちと同じように列に並び、米・ニンジン・数枚のキャベツの葉などの配給を受けていた〔同前：二二二・二二三頁、一九九八：七四頁〕。

（10）二〇一九年二月三日、筆者による聞き取り。Aは一九六〇年代生まれであり、日本の信者数が二〇〇〇から三〇〇〇名程度の時代に母親が入信し、A自身は小学校高学年で入信した。熱心な信者となり、教団内において指導者的な立場を多く経験するが、一九九〇年代に体調を崩したことが引き金となり脱会するに至った（第四章と第五章で後述）。

(11) 国際大会は各国を巡回する大会をいう。一九六三年（六月二〇日から九月八日）にはアメリカ・ヨーロッパ・中東・アジアの主要都市を巡り、最終日にカリフォルニア州パサデナでおこなわれた公開講演の出席者数は一一万八四四七名となっている〔ものみの塔聖書冊子協会　一九六四：二八頁〕。

(12) なお、当時の「開拓奉仕者」とは、世俗的な就労をせず本部から必要最低限の金銭的支援を受けて、一年間に一五〇〇時間以上の布教活動をおこなう「特別開拓奉仕者」と、自身で生計を立てて、月に数十時間ないし年に一〇〇〇時間程度宣教する各種の立場をいう。近年、種々の「要求時間」は軽減されつつある。

(13) 二〇一七年七月一七日、筆者による聞き取り。Bは二〇〇〇年代に脱会している。その経緯については第四章と第五章で後述する。

(14) 二〇一七年四月二八日、筆者による聞き取り。ともに一九五〇年代生まれのCとDは、ドロップアウトする形で一九八〇年代に脱会した。その後、プロテスタントに改宗し、エホバの証人の信者を家族にもつ親族や脱会者のためのミーティング、情報提供などの活動をおこなっている。脱会の経緯については第五章で後述する。

(15) 一九七一年の信者数は、一万七一一人であった〔ものみの塔聖書冊子協会　一九七二f：二一五頁〕。

(16) なお、本書の「資料編」をみると、一九七五年を境に「増／減」による山型の線が目立つ国・地域は、アメリカ・イギリス・ウルグアイ・エルサルバドル・オランダ・ガイアナ・カメルーン・大韓民国・チリ・デンマーク・ナイジェリア・ニュージーランド・ノルウェー・ハワイ・フィリピン・フィンランド・プエルトリコ・フランス・ベルギーなどである（いずれも当時の国・地域名）。

(17) ただし、ウィルソンの調査と論考は日本の伝統的価値と当該教団の教説における共通点の摘出を目的としており、一九七五年という年に付された意味と、世界本部の布教戦略の影響が過少評価されていることにも、留意する必要がある。たとえば日本では、「開拓奉仕」と称される布教活動に参加するために、非正規雇用を選ぶ信者が多かったが、ウィルソンはそれを、欲望からの解脱（日本の「伝統文化」ともいうべき価値）が教団の教えの中に再確認されたゆえの「たまもの」と解釈している（ウィルソン 一九七八：五九・六〇頁）。しかしここには、日本の宗教における解脱や諦観による自己超越的な側面が読み込まれ過ぎている。『ものみの塔』誌上には、正規雇用や結婚よりも、「開拓」を選択した者を評価する記述が散見され、「欲望」を否定する信者たちの回答は、日本の伝統文化の表れというよりも、「開拓」を合理化する教団側の言説を忠実に反映したもの（忠実さの表れ）として理解するのが妥当かもしれない。

第四章　柔順の時代——一九七〇年代半ばから一九九〇年代半ばまで——

本章で検討する日本の布教活動の第Ⅲ期は、ハルマゲドン一九七五年説が期待はずれに終わった後、日本人指導者たちによって展開されていく。具体的な年代を強調することにより、信者数は一時的に急増する反面、予言がはずれたことが露見しやすい。そのため、翌七六年から七八年にかけては信者数が減少した国も多く、これに連動して世界の信者総計も減少することとなった。その後、一九九五年までの間は、明確な年代は特定しないものの、信者の存命中にハルマゲドンが生じるとする新たな解釈の提示が繰り返され、期待感の維持が図られた。一九七〇年代後半以降の布教活動は、こうした世界本部の教説を受容した信者と、それ以前の予言の失敗と更新の歴史について詳細を知らない入信者によって展開されていくことになる。

本章では、このような状況にあった第Ⅲ期における世界本部の布教戦略と、それに応答すべく信者たちがどのような経緯をたどって運動を展開したのかを検討する。なお、第Ⅲ期の日本支部は右肩上がりの伸張を遂げる時期である。本章の検討においては、当時の日本支部が対応を迫られた課題やその結末をわかりやすくするため、時系列に沿って記述することよりも、各課題ごとに世界本部・日本支部の方針を整理することに主眼を置く。

一　世界本部の布教方針と日本支部の活動状況

布教活動への動員と教育プログラム

一九七〇年代のエホバの証人、とりわけ世界本部において、予言の失敗は対応を要する大きな出来事であったといえる。しかし、世界本部は予言の失敗ではなく、そもそも一九七五年にハルマゲドンが生じると断定はしていないとする立場をとった。[1] そして、以前にも増して「家から家」の宣教活動に励むよう信者たちを刺激し、指導する、という対応をとっていることが、当時の『ものみの塔』からも読み取ることができる。たとえば、次のような記述である。

良い便りを全人類に知らせるには、〝異教〟の国々に入り、学校や病院や救済センターを建て、自分たちのところへやってくる〝ライス・クリスチャンたち〟に、ことのついでに説教するというような、キリスト教世界のやり方(中略)では成功したためしがありません。神による『裁きの時』が足早に近づいているので、(中略)家から家への活動も、その終わりに向かって急がねばなりません。〔ものみの塔聖書冊子協会 一九七九c:一八頁〕

予言が期待はずれに終わり、離脱者の増加や入信者の減少という事態に直面しているにもかかわらず、布教活動の緊急性を訴え続けるばかりか、現実的な生活の必要性に応答するキリスト教各教派の活動やその入信者に対し、辛辣な批判が投じられている。一九〇〇年代の初頭からおこなわれていたエホバの証人の「家から家」の布教活動自体は、次第に信者の義務として強調されるようになったが、[2] その間、様々な宗教運動が実践してきた、学校や病院の設立などの社会事業にこの教団が参入することはなかった。そうした社会事業は財政面の問題もさることながら、神による根本的な問題解決や「終わり」は近いとするエホバの証人の教説と矛盾するからである。エホバの証人において「クリスチャン」がなすべきことは、一貫して宣教活動のみであり、仮に信者数が減少していても、この方針が容易に変更されることはなかった。

キリスト教の各教派に対する批判と布教活動をめぐる叱咤激励は、信者数が減少した国や、キリスト教が一定の勢力を有している国を想定したものであるが、そもそも日本では予言の失敗に直面しても教勢が拡大し続けており、既成の教派の影響力も少ない。にもかかわらず、信者数が減少した国と同じ方針のもとで活動していくことになる。世界本部の指導方針が基本的に世界共通でなされていくというこの事実は、本書の検討において特に留意すべき点であろう。

その一方で、それ以前とは異なる指導方法も打ち出された。一つは、信者の育成にかける時間に関するものである。エホバの証人の信者育成は、教化の導き手に相当する「司会者」が個人宅に訪問し、教団発行のテキストと『新世界訳聖書』を使用したマンツーマンの指導「家庭聖書研究」によっておこなわれる[3]。「研究生」が集会（講演会など）に出席して伝道活動にも参加するようになり、「バプテスマ」と称される儀式を受けることをもって正式に信者となるわけであるが、一九七七年には、「（テキストの）二冊目の本が終わるまで、バプテスマの後も研究を続けるべき」とする指示が出されている（ものみの塔聖書冊子協会 一九九三b：一一五頁）。つまりこれは、それ以前はテキスト学習が二冊にも満たない者も、伝道に出てバプテスマを受けていたことを示している。しかし、ハルマゲドン一九七五年説が失敗したことによって世界各国における離脱者が増加したため、世界本部はそれ以前の促成的な信者育成を改め、より周到な信者教育へと方針を切り替えたと考えられる。

また、指導方針がより末端までゆき渡るよう、世界共通の規格化された教育プログラムも整備された。たとえば各会衆の指導者向けの教育課程「王国宣教学校」は、当時の支部事務所があった静岡県沼津市で開催されていたが、一九七七年以降は各地で開催されることとなった。同年には、一般信者向けの「開拓奉仕学校」という教育課程も開始されている。これは、当時一年間に一二〇〇時間あまりの伝道活動（開拓奉仕）に参加した信者が受講することになっていたプログラムである。いずれも無料で受講できるが、プログラムによっては二週間程度の期間を要するものもあった。

このように、一九七〇年代の後半の状況について、教団史的な文献や当時の刊行物から読み取ることができるのは、世界本部が指導者層だけではなく、一般信者にも宣教者並みの多くの時間を宣教に費やすよう奨励し、信者個人のアイデアやセンスによるのではなく、本部の意向に沿った活動がおこなわれるよう、統一された教育が施されていたということである。また、社会事業への参入などの社会志向的な宗教活動は非難され、予言が期待はずれに終わった直後から、それ以前にも増して宣教の緊急性が強調されていたことである。

教団資料にみられる信者像

次に、こうした世界本部の方針に対し、教団資料から読み取ることのできる日本人信者たちの反応や日本の信者像についてみておこう。

まず、「王国宣教学校」に召集されたのは、巡回監督や各会衆の「長老」であるが、こうした指導的地位に就任できるのは男性信者のみである。その長老たちは、「個人的に多大の犠牲を払ってこの学校に出席」しており〔ものみの塔聖書冊子協会　一九九八a：九八頁〕、一九七七年までの間、北海道や沖縄在住の者も、沼津の支部事務所に出向く必要があった。出席にかかる費用は自ら調達しなければならず、このカリキュラムに出席するために職場を欠勤し解雇された者もいた。

また、布教活動における大きな特徴は、「開拓奉仕」に参加する信者（開拓者）の多さである。ものみの塔聖書冊子協会が公開している資料をもとに、一九六四年から二〇一九年までの教勢データを筆者が整理したところでは、一九七〇年代の日本の信者数に占める開拓者の割合は二〇％台を緩やかに上昇していたが、一九八一年に三〇％を超え、一九九二年には四五・八％というピークを迎えている。**表1**は、一九九二年当時の信者数に占める開拓者の割合が多い国順に、信者数・開拓者数・信者一人あたりの年間伝道時間を示したものである。

これをみると、開拓者の割合が四〇％を超える国自体がきわめて少なく、日本の割合は本国アメリカの四倍に近いことがわかる。開拓者の人数の多さは支部全体の伝道時間の多さにもつながる。開拓奉仕をしていない者も含めた日本の信者一人あたりの年間宣教時間は五一四時間を超え、アメリカ人信者の二倍以上の時間が宣教に費やされている。じつのところ、同年の世界総計における開拓者の割合は一四％程度であり[4]、そもそも歴史を通じて開拓者の割合が一〇％台にとどまっている国も多い。つまり、各国の支部からみても、日本支部の開拓者の多さと布教活動に費やされる時間は、長年にわたり群を抜いていた。

日本における開拓者の内訳については、一九八〇年代の『ものみの塔』をみると、日本の開拓者の六割は主婦であり、大半は夫が非信者であったと記されている。さらに、そのような主婦信者たちについて「この素晴らしい開拓者精神」と評価されている〔ものみの塔聖書冊子協会　一九八五c：二二頁〕。「開拓者精神」とは、宣教活動優先の生き方を選択した者を称賛する際のエホバの証人特有の用語法である。つまりここでは、日本の主婦信者たちの中には、非信者の夫をも

表1　1992年の開拓者の割合上位国

国　名	信者数（人）	開拓者数（人）	開拓者の割合(%)	信者一人あたりの伝道時間／年
日本	165,823	75,956	45.8	514.9
大韓民国	68,955	28,846	41.8	466.9
台湾	2,014	603	29.9	414.4
エチオピア	2,968	770	25.9	427.7
ペルー	40,419	9,954	24.6	354.9
アメリカ	866,362	106,031	12.2	209.1

註：ものみの塔聖書冊子協会『ものみの塔』『エホバの証人の年鑑』各号に公表された統計資料をもとに作成

ちながら、宣教活動を中心に据えた生活をしている者が多くいることが称賛されているのである。

なお、日常的な布教活動においては、「家族生活や子育てに聖書の助言が役に立つ」といったアプローチ方法も頻繁に提言されている。(5) 布教の技術が未熟なために、訪問先において唐突にハルマゲドンや千年王国について語る者もいたかもしれないが、布教する側も訪問される側も主婦が多かった当時、子育てや家族生活の問題からアプローチがおこなわれていたことは注目に値する。エホバの証人の救済観は、日本発祥の新宗教と比べると日本人にはわかりづらく、現世利益的な欲求充足を説くものではないが、「良い母」「良い妻」など、当時の専業主婦たちに強く要求されたジェンダー規範への適応、この課題を抱える主婦たちへの布教において、導入における「家族」に関する話題は一定の効果をもたらしたと考えられる（次節で詳述）。

一方、男性の開拓者については、情報処理の教師職を退職し、牛乳配達で生計を立てるようになった者、家族を養う立場にありながら「大手の建設会社」を退職した者、開拓奉仕のために退職し、古紙回収で生計を立てている者、首から下が麻痺していても手紙による伝道で開拓奉仕に参加する者などのエピソードが紹介されている。そして、「日本の開拓者たちはこのような質の開拓者です」と評されている〔ものみの塔聖書冊子協会　一九九八ａ：一〇五～一〇八頁〕。つまり、男性信者においては、扶養すべき家族がいる場合にも、職を辞して開拓奉仕に参入することや、長老においては、「王国宣教学校」出席のために失職するリスクも厭わない態度が誉れあるものとみなされていた。

むろん、教団発行の刊行物は信者たちへの啓発を意図した編集がなされており、掲載されている事例は、教団側が模範的な信者像として称揚するに値すると判断した特異なケースも含まれている。しかしここで注目すべき点は、こうした刊行物が日本国内のみに向けられたものではなく、同一の内容が翻訳され、世界各国の信者たちに配布されていたという点である。つまり日本の信者たちの「開拓者精神」とその「質」は、世界全体のエホバの証人の中でも異彩を放っていた。そしてその「質」とは、具体的にいうと、一般的な意味での将来やわが身を顧みない献身的な態度であった。

組織的な地域割り当て

ただし宣教に対する情熱や使命感だけでは成果にはつながらない。日本人信者たちの「開拓者精神」が組織的・計画的な布教地域の割り当てと組み合わさることにより、急速な教勢拡大はもたらされることとなった。エホバの証人の宣教は、信者個人の既存のネットワーク〔親族・知人など〕を拠り所とせず、担当地域が会衆ごとに割り当てられ、ローラー作戦を思わせる方法で各分担地域が網羅される。早くも一九七七年の時点では、日本人口の「九七％」の人びとは、いずれかの会衆の布教対象に含まれる状態となっていた〔ものみの塔聖書冊子協会　一九七八：二五六頁〕。むろん、離島や山間部の僻地もあり、会衆によっては十分に訪問できていないところもあったと考えられる。しかし、布教する信者たちにとって、この数字は別の重要な意味をもっていた。それは、第一章でみた「終わりの日のしるし」の解釈に関係している。マタイによる福音書二四章には「王国の良いたよりは終わりが来る前に全地で宣べ伝えられるであろう」とされているが、エホバの証人の場合、この聖句は、ハルマゲドンが近い「しるし」として適用されてきた。

「終わりの日のしるし」は、これ以外にも偽キリスト教・戦争・飢饉・地震・迫害・憎悪・不法の増加などがあるのだが、指導者たちも信者たちも、身近な出来事や社会情勢の中に、「終わりが近い」しるしを読みとり続けてきた。ただしこれらのうち、「全地で宣べ伝えられる」というしるしは、自身の行動に直接関係する点で、それ以外のものとは異なる効果をもつ。これはカルヴァンの予定説と共通する構造をもつもので、終わりが近いならば全地で布教活動がおこなわれているはずという認識の転換が生じやすく、信者たちを布教活動へと駆り立てる。宗教運動論的な視点から解釈すると、世界本部は、こうした認識の転換により、布教意欲を刺激してきたということもできる。そして刺激された信者たちの行動の集積が「全地で宣べ伝えられ」ている状況を創出してきたのであるが、創出された状況は、終わりが近いという確信をさらに強め、布教活動に拍車がかかるのである。エホバの証人における信者数の増加は、予言の自己成就としての教線拡大でもあった。

そのように考えると、前述の「九七％」という数字は、信者たちにとってみれば、終わりが近いしるしであると同時に、網羅されていない地域をなくし、日本人口の残り三％の人びとに接触する機会をもち、神の側に付くか否かの選択の機会を与えるという課題を示すものでもある。日本だけをみても、「全地に宣べ伝えられ」ている状況に未だ到達していない状況だったからである。実際、この九七％という数字は、「一時的な特別開拓者」と称される活動に一〇〇名の信者を募り、未開拓の地域に派遣し、その多くがそれぞれの派遣先に本格的に移住することによって、達成されたものでもある〔同前〕。こうした布教区域の網羅が進み、一九八四年には、七日〜一〇日に一度のペースで区域内の全戸を訪問する会衆も出現していた〔ものみの塔聖書冊子協会 一九八五ａ：一五頁〕。

二　信者たちの布教生活

以上は教団刊行物などの資料から読み取ることのできる第Ⅲ期の日本の信者像と活動状況である。では、個々の信者レベルにおいてはどうだったのだろうか。ここで、第Ⅲ期に活動をおこなっていた当事者〔脱会者〕への聞き取りをもとに、いま少し具体的な布教生活に踏み込んで、当時の活動状況を捉えてみたい。

幸福な家庭生活と平和を目指して

第三章で、ＣとＤの夫妻が「とにかく早くバプテスマを」と周囲に急かされ、一九七三年に夫婦で入信した経緯をみた。妻のDは、生まれて間もない子どもを背負い、雪が降る日もバイクで伝道に出かけた。伝道に追われた日々について、Dは次のように語っている。

頑張れば報われる、いわれた通りに頑張ればきっと報われるだろう、ここにいれば、必ず幸せになれるだろうって思っていたんです。子どもの頃、私の育った家族というのは、喧嘩が絶えないような、そういう家庭だったので、幸福な家庭を築きたいって思って。ここならきっと、幸福な家庭が築けるんじゃないかって、思っていたんですね。主人とも、同じ目標、同じ宗教だったら、きっと幸せになれるんじゃないかなあ、そういう願望があったんですね。だからもう五年経っても何年経っても、伝道と集会とに追われて、もう本当に本当に貧乏でした。

夫のCは会衆内の仕事や伝道のために定職に就くことができず、アルバイトが収入源であったために一家の生活は苦しく、筍や貝など、採取できるものは何でも食べた。「幸福な家庭を築きたい」というDの切なる願いとは裏腹に、経済的な問題による諍いも多かった。第三章でも述べたように、Dは聖書にも興味があったが、学生運動の経験があり、戦争に参加しなかったエホバの証人に強く惹かれ、入信した。Dが求めた社会運動的な要素とエホバの証人の社会志向性はややずれているのであるが、「戦争反対」や「幸福な家庭生活」といった願いが読み込まれていたからこそ、「ここにいれば」「頑張れば報われる」と布教活動に駆り立てられていった(6)。

同様のズレは、Dのように反戦運動に関心のあった者以外にも生じていたと考えられる。一九八六年には男女雇用機会均等法が施行されるなど、女性の社会進出が語られ、議論される機運が高まっていた。人びとを救済に導くため家々を尋ねる活動は、就労や社会運動などによる社会参加の機会が得られていない専業主婦たちにとって、その機能的代替となった側面もある。エホバの証人においては、青年部や婦人部といった部会がなく、役職が少ない上に、女性はそのような地位に就くこと自体が認められていない。そうした状況における「開拓者」という立場は、女性信者が得ることのできる数少ない「地位」「アイデンティティ」となり得るものでもある[7]。その一方で、エホバの証人の宗教運動においては、一般的な社会運動と比してきわめて単純明快で超越的な解決策があらかじめ用意されている。このようなエホバの証人における社会との向き合い方は、現実的な社会変革や自己省察を要求しない。この点において、エホバの証人の布教活動は、現状を追認する以外の選択肢をもたない女性の場合においては、かえって没入しやすい面もあるだろう[8]。

ただしここで重要な点は、布教活動の督励を含むいずれの指示も、世界本部とその方針を忠実に実行させせようとする日本支部によるものなのであるが、個々の信者たちにとって「地上の組織」とされる世界本部や日本支部は、自明の存在となっている点である。それは、エホバ神の意志とほぼイコールの拘束力を伴うものとして理解されていた。エホバの証人の信者を、「自分たちだけが不老長寿の「千年王国」に遊ぶことを信ずる」人びととする見方もあるが〔いのうえ一九八八：二三二頁〕、必ずしもこの評価は妥当ではない。第一章でも述べたように、宇宙主権の論争（エホバ神の主権の立証）というテーマを背景に、エホバの証人の救済観においては自らの救済のみを望む姿勢は利己的とされ、信仰心と隣人愛があるならば布教活動を実行しているはずとする認識枠組が、あらかじめ与えられている。布教活動からの離脱は、「自分たちだけ」ではなく周囲の人びととの救いの機会を奪う行為でもあり、他者の生命に対する責任の放棄とされている。その「罪」は無関心な人びとや信仰に反対する人びと以上に重い。教団側が提示するこうした認識枠組を内面化させていたからこそ、自身の平穏や幸福と一見矛盾するかにみえる選択が合理化され、いわば捨て身の布教活動をおこなう者もいたのである。

CとDは、一九八〇年代にはエホバの証人から離脱した。Cの場合は、高圧的に振る舞う会衆の長老や信者たちへの反発と失望、貧しさゆえに自身の「感性」がすり減っていくことへの矛盾が離脱の要因であった。あまり多くはないケースかもしれないが、入信前からの友人と入信したCは、「組織」への疑問や違和感を共有する相手がおり、この点も脱会を促す要因となったと考えられる。妻のDもこうした交友関係に関わりがあったが、Dの場合は、自分自身が家庭内での不和を抱えていながら、「幸福な家庭生活」を伝道先で語ることに葛藤を覚え、運動を離脱した。「ハルマゲドンで滅んでもいい」「劣等生だから」と、当時の状況においては、エホバ神への信仰心を抱いたままの離脱であった(9)。

信者として、指導者として

次に、Aのケースもみておきたい。第三章で紹介した自らを「大きくなってしまった組織の時代」の信者であるとした信者Aは、いわゆる二世であった。

Aは高校卒業後、しばらくしてエホバの証人の開拓者となった。両親がすでに信者となっていたAには、集会や伝道など、「王国の業《わざ》」に支障のある進学や就職は選択肢に入っていなかった。

親元を離れ、当時Aが所属していた会衆では、灯台社の時代以来の信者の息子Yが長老を務めていた。YはAに、「お前は会衆のために死ねるか」とたびたび尋ねた。Aは「鬼軍曹」のように厳しいYに畏怖の念を抱きつつも、好感をもっていた。Aは、Y自身がそのような覚悟で伝道をしていると感じていたからである(10)。

そしてYはAに、年に二回しか伝道されていない、山奥の人口六〇〇〇人ほどの村を開拓してくるよう指示した。Aはトラック運転手のアルバイトをしながら、一人、「村」での奉仕をすることとなった。

建築現場の休憩所のような「掘建て小屋」に住み、「難しいことを話したり、出版物を配布するよりも、とにかく親しくなれ」というYの助言に従い、スクーターで家々を訪問した。地域の人びとの家に通い、「キリストさ〜ん」と声をかけてもらえるようになり、少しずつ聖書の話を試みた。社会はバブル景気前、Aが一八歳から一九歳の頃のことである。年若いAに感心して興味をもった者もいたのだとは思われるが、最終的にAは、会衆の下位グループに相当する「群れ」が形成されるところまで研究生を増やした(11)。

その後、Aは教団内で経験を積み、地域大会と称される一万人規模の大会で講演を任されるところまで立場が上昇していくことになる。しかし、いつもYの言葉が念頭にあり、集会・大会といった集まりの大きさに関係なく、「これは命がかかっている話」と思いながら原稿を準備し、講演に臨んだ。Aはその間に出会った信者仲間への信頼や日本支部内の節約事情について、脱会から二〇年が経過した現在においても詳細に語ることができる。ただしAは、理想化された教団以外の要素が視界に入っていなかったわけではない。Aは、神奈川県海老名市にある日本支部内での任務「ベテル奉仕」に任命され、そこで支部の上層部には有名大学を卒業している者も多いことを知った。じつはこの事実を知らない信者も当時は多く、大学進学はA自身も諦めたものであり、信者たちにも推奨されていなかった。Aは、「結局学歴で重用されるのか」と、そこで初めて気づいたという。つまりAにとっての神権組織は、矛盾もあり、誤りもあり、それも含めて受容されていた。

A自身は伝道が好きであり、苦に感じたことはなかったが、同時に全員が伝道に出る必要はないと内心では思っていた。さらに、「奉仕報告」（伝道に費やした時間の報告）も必要ないのではないかと感じていた。しかし、ある会衆で長老に任命され、伝道に出てこない信者たちに指導をしなければならない立場となった。そこでAは、会衆内の信者をこう励ましたという。

姉妹、伝道好きですか？　僕ね、大っ嫌いなんです。だって最初、神が人間を造った時に伝道するように造ったと思いますか？　楽園で、家族で楽しくやっていく。どこにも伝道の要素はないんですよ。なんで神への奉仕って報告しないといけないの？　と。……今は申し訳ないんだけれども、組織が大きくなっちゃうと、そういうのが必要だから、姉妹が奉仕報告ゼロっていうのを、長老ってね、「励ませ」ってなってて。だからもうちょっと手伝いに来るくらいで大丈夫だから、僕も伝道は嫌いだから、姉妹が出てくるときは一緒に組もうよ。

つまりAは、世界本部や日本支部の指導方針を全面的に支持していたわけではないが、「組織が大きくなっちゃうと」と言葉遣いを工夫し、伝道が苦手な信者がプレッシャーを感じずに伝道に出られるよう励ましていたのである。その際、「なんで神への奉仕って報告しないといけないの?」というA自身の問いに答える形で「組織」の話がなされているところをみても明らかなように、少なくともAにとっての伝道は、神への奉仕であった。実際、Aは奉仕と称される布教活動に喜びを感じていた。奉仕時間の報告という教団の指示には、やや後ろ向きな感情をもっていたのであるが、それが神への奉仕だと考えていたからこそ、いわば方便を使ってでも教団の指示を咀嚼し、周囲の信者を動かそうとしたのであった。

ここで、エホバの証人の布教活動における「時間」の重要さを述べておく必要があるだろう。Aが「奉仕報告ゼロ」の信者を励ますようにいわれていたというのは、奉仕報告が「ゼロ時間」の信者に関する世界本部・日本支部の指示である。先にも述べたように、エホバの証人の信者数の数え方は、この「奉仕報告」をおこなっている者の人数を指す。Aへの聞き取りにおいては、「時間が入らない」「時間を入れる」という表現が幾度かなされた。じつはこの用語法は信者たちの間で交わされる独特の言い回しであり、教団内においては「要求時間」などと表現されることもある。この頃すでに、教団内の女性信者と結婚し、夫婦で「特別開拓者」と称される立場にいたAは、「一四〇時間もすごいプレッシャーなんです。伝道を休んじゃうと、もう(時間が)入らなくなるので」と述べた。これは、当時の特別開拓者に課される一カ月あたりの伝道の要求時間が一四〇時間であることが、大きなプレッシャーとなっていたというエピソードなのであるが、信者にとって、「時間のプレッシャー」は相当に大きいものとなる。それだけに、長老であったAは、奉仕報告(時間)が出せない信者に、「僕も伝道が嫌いだから、一緒に組もう」と言葉を選び、当該信者の神への奉仕報告がゼロ時間にならないよう励ましていたのであった。

このように、用紙に記入（近年はオンラインで入力）され数値化された時間は、信者たちが神に捧げたものの多寡を可視化し、きわめて客観的かつ合理的に評価するものでもある。これは同時に、信者間における優越感や劣等感を刺激する側面もある。このことがもたらすインセンティブやプレッシャーの大きさは等閑視できず、「開拓者精神」という宗教的なレトリックは、開拓者ではない者にもその「精神」を発揮し、より多くの時間を布教活動に費やすよう促した。しかし、会衆の指導者が必ずしも共感性や工夫の能力に長けた者であるとは限らない。前節で、長老を教育するための「王国宣教学校」という教育課程が開設された点についてふれたが、日本で開催された王国宣教学校においては、信者への対応における「純粋の愛」「平衡」「道理にかなっていること」なども強調された。これは翻すと、人格面で問題のある長老が少なからずいたことを示している〔ものみの塔聖書冊子協会　一九九八ａ：九七頁〕。実際、Ｃ・Ｄの夫妻が所属していた会衆の長老は、高圧的であった。

また、日本国内で開催された王国宣教学校については、「自分の家族を霊的に顧みることの大切さも強調されました（中略）。この点は東洋の家庭では普通あまり強調されないからです」と記されている〔同前〕。しかし、「東洋の家庭」の問題である以前に、長老や奉仕の僕《しもべ》と称される会衆の指導者が、自身や家族との生活をないがしろにせざるを得ない活動条件に置かれていたことには、ふれられていない。エホバの証人における長老は、講演の準備や会衆運営など重責を伴う地位でもあるが、神父や牧師とは異なり報酬や手当ては支払われない。その上で、他の信者たちと同様に布教活動もおこなう（つまり、「時間を入れる」）ことが求められるのである。

第一章で示した通り、エホバの証人の組織構造において、各信者は、長老・日本支部・統治体

（ものみの塔聖書冊子協会）に従順さを示さなければキリストやエホバ神からの助けを得られないとされている。そのような位置付けにありながら、長老はきわめて不安定な地盤に立つ指導者でもある。敢えて「東洋の家庭」と記されていることが示すのは、日本の長老たちは、世界本部の方針に従う点において、少なくとも発祥国のアメリカで想定されていた以上のはたらきをしていたということである。

指導者を任命しているのは、世界本部から権限を委ねられている日本支部にほかならないのであるが、このように、家庭内や会衆内における長老のあり方は、教団レベルにおける制度上の問題ではなく、長老個人の資質や人格次第となる。そのため、CとDがそうであったように、高圧的な長老に急き立てられ、「時間を入れる」ための布教活動に駆り出される者もいた。いずれも「要求時間」という世界本部の方針が根底にあったことは、看過できない。

Aは、「僕らみたいな凡人の頭で考えても神の愛って解釈しきれないのかなあ」と「曖昧にして」いた当時の心境を語り、「神は「あなたの命を投げ打ちなさいよ」とはいわないと思うんだけど、僕は自分の命がなくなったとしてもそれはいいよ」と思っていたと述べた。第一章において、エホバの証人の教説では、人類の幸福は神が決定するものであり、人間が選んだり考えたりすることが不幸の始まりとされていたことを確認したが、Aもそうした救済観を内面化していたと思われる。Aにとっての救済や幸福は、「凡人の頭」で理解できるものではなく、神に委ねるべきものであった。他者の命に関わる活動に自身の命さえも懸ける覚悟とは裏腹に、その先にある救済のありようは、きわめて具体性に乏しいものであった。とりわけAにとっての布教活動は、充実感を伴うものであったことも手伝い、布教活動が自己目的化し追求されることとなった。

結果としての加速度的な教勢拡大

図10と図11は二〇一六年時点における信者数上位国の教勢の推移を示したものである。第Ⅲ期における教勢は、一九九八年に信者数二二万二三四七人というピークを迎えるまで、右肩上がりの伸張を遂げた〔ものみの塔聖書冊子協会　一九九九a：三四頁〕。このような急速な増加に伴い、施設面も拡充されていった。世界本部からの指示で日本支部は神奈川県海老名市に移転することになり、一九八二年五月に施設が完成している。これは当時のエホバの証人の支部としては最大級の建設工事であったが、その建設費用は信者たちの技術提供や寄付によって賄われた〔ものみの塔聖書冊子協会　一九九八a：一一九頁〕。

また、日本国内の会衆の数も一九七五年には七八七であったが、一九九三年には三〇〇〇を超え、一九九八年に三八〇二というピークを迎えている〔ものみの塔聖書冊子協会　一九七六a：二一三頁、一九九九a：三四・三五頁〕。そのため、会衆単位の集会場所である「王国会館」の建設ラッシュが続き、一九九〇年代には毎年八〇から一〇〇軒の王国会館が建設された時期もあった〔ものみの塔聖書冊子協会　一九九八a：一三一頁〕。さらに、「大会ホール」と称される数千人を収容可能なホールが、一九九七年までの間に滋賀・海老名・千葉・東海・兵庫・群馬・北海道・栃木・九州に、それぞれ建設されている〔同前：一三一～一三三頁〕。

一九六〇年代終盤までの日本の信者数は、世界全体の三〇位にも満たなかったが、一九九二年には世界第五位となった。エホバの証人の布教活動には予言の自己成就的な側面があることを前節で述べたが、一九九〇年代後半以降に長い停滞状態に陥ることを知る由もなかった当時、こうした増加はエホバ神から祝福されている証として信者たちの確信を一層強め、布教活動へのさら

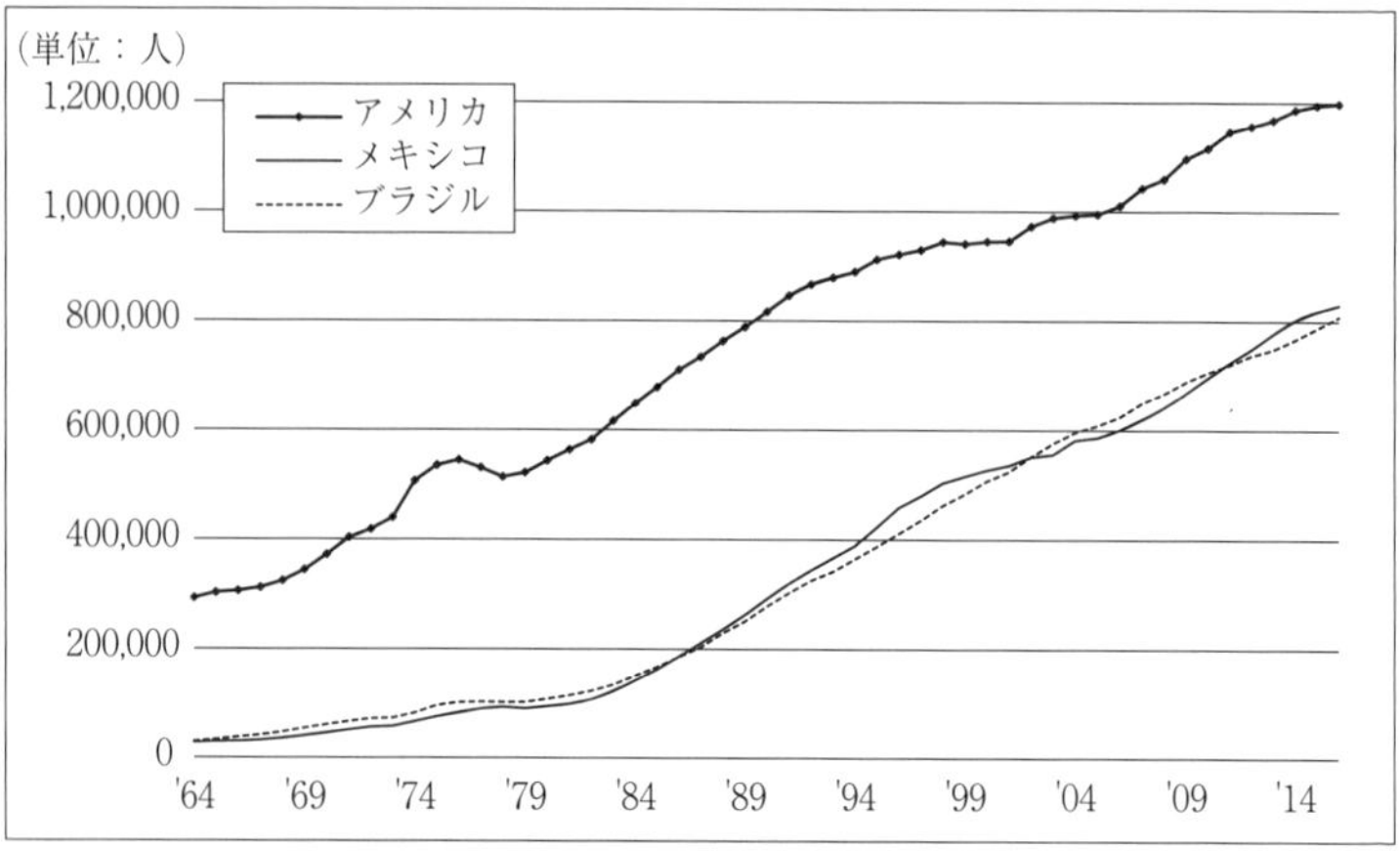

図10　2016年時点に信者数が多い国のこれまでの推移①
（ものみの塔聖書冊子協会『ものみの塔』『エホバの証人の年鑑』各号に公表されている統計資料により作成）

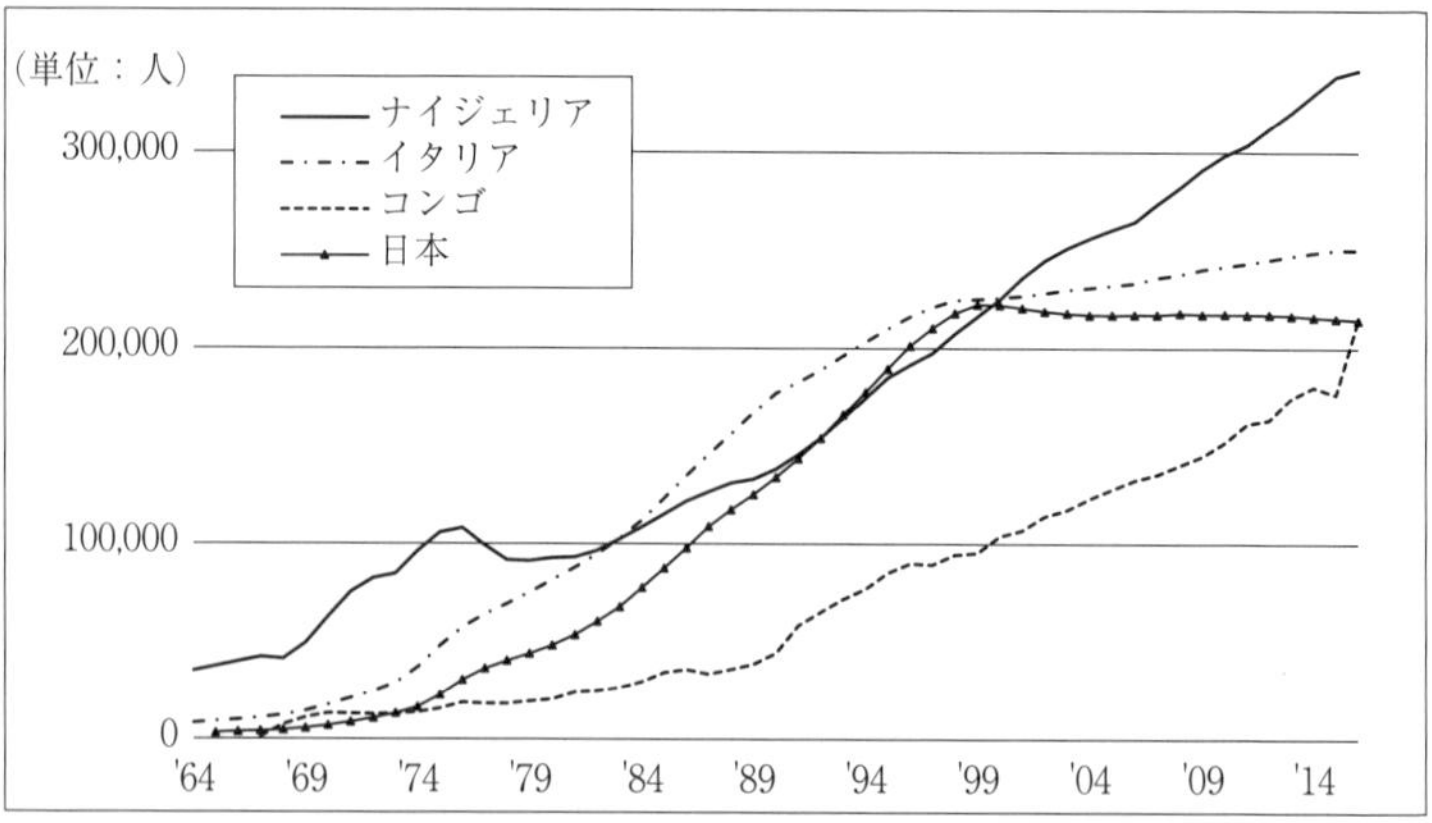

図11　2016年時点に信者数が多い国のこれまでの推移②
（ものみの塔聖書冊子協会『ものみの塔』『エホバの証人の年鑑』各号に公表されている統計資料により作成）

なる没入が正当化されたと考えられる。

なお、日本の時代状況との関連でみると、第一次石油危機（一九七三年）の翌年から一九八〇年代には、ユリ・ゲラーのスプーン曲げやノストラダムスの大予言など、「神秘・呪術ブーム」の時代を迎えていた。西山茂は、その背景として、経済的な豊かさを達成した日本社会において人びとが失った「人生のメリハリ」、そうした「気枯《けが》れ」を癒す資源としての要素を指摘している〔西山　一九九五：八四頁〕。さらに、当時の時代精神の背後には、必ずしも努力が報われるとは限らず、連帯による社会変革の難しさに関連した「閉塞社会」的な状況があった〔同前：八五頁〕。しかし、とりわけ若者においては「教団嫌いの神秘好き」と評される個人主義的な「神秘・呪術」的なものへの追求も特徴となった時代であった〔同前：八四頁〕。

終末論的な予言やハルマゲドンという問題解決を喧伝するエホバの証人の教説は、こうした時代状況に微かに適合性があったかもしれない。ただし、エホバの証人は個人主義的な求道や探求を認める宗教運動ではなく、あくまで教団的で組織的な宗教運動である。そのため、エホバの証人の教説の中に「神秘・呪術」的な要素が読み込まれたとしても、そうした要素の個人的な追求を志向する若者を長期にわたり惹きつけるほどの求心力はなかったと考えられる。むしろ、こうした時代状況にあった信者たちにとっては、これらのブームが布教活動の意義に確信を与え、活発化させる材料となった可能性はある。すなわち、この世には「終わりの日」に関心をもち、「王国の良いたより」を必要としている人びとが大勢いる、と。

このように、日本の社会状況とエホバの証人の宗教運動は部分的な適合性も多少あったが、運動の伸張には、時代状況や社会状況に単純には還元できない側面もある。社会状況に対する教説や救済観の適合性のなさを布教の時間や訪門件数の多さで補い教勢拡大に結びつけてきた点など、布教戦略に踏み込まなければ解明できない側面もあり、それは、次に検討するエホバの証人の組織統制や社会的摩擦の解消法などにもみることができるものである。

三　教団内外における「課題」と対応

負のサンクションと組織統制

トートロジーとも映る予言の自己成就的な教勢拡大は、信者たちの行動による創発的な結果とはいい切れない側面もあり、世界本部による布教活動の督励と併行して、教説の矛盾が指摘されにくい組織統制が働いていたことにもふれておかねばならない[12]。それは、一九八〇年代に北海道の「広島会衆」において大量の信者が除名されたケースである。

まずエホバの証人における除名処分について確認しておきたい。エホバの証人における除名処分は「排斥」と称され、排斥となった信者は肉親であっても、同じ食卓を囲んだり、会話をしたりすることが制限される。自らの意志で教団からの離脱を表明（断絶）した者との交友は、排斥者以上に厳格である[13]。いずれも「霊的な死」と表現され、象徴的な意味において死んだ者のように扱われる。こうした待遇は「悔い改め」を促し、救済に導くための愛ある処置ともされているため、当該人物に対する徹底した忌避的態度が合理化される。同情心からであっても、該当者と交流した場合、その人物も除名される可能性があるとされている。

日本におけるエホバの証人への入信が、コミュニティの機能的代替という側面と関係していたことは第三章でみたが、伸張期であった第Ⅲ期には、教団の推奨に従い布教活動に没入し、職業を辞した者、神権組織（霊的パラダイス）[14]以外における親族・友人などとの交友関係を手放した者も多かった。世界本部は信者たちにコミュニティを提供したかもしれないが、それは一般社会に適応するための経路や手段の切断を伴うものでもあった。実際、前述のCが脱会しようとした際、長老から「ものみの塔を出てどこへ行くつもりですか？」と問われたという。この問いは、CとDの夫妻への警告であると同時に、その長老自身の神権組織に対する帰属意識とそれ以外のコミュニティが想定されていないことが発露したものでもあった。

このように、エホバの証人における脱会は、宗教的救済だけでなく、家族やコミュニティ（場合によっては職業も）、そしてそれらによって構成されてきた自己アイデンティティをも一挙に喪失することを意味する。キリスト教が主流派ではないわが国において、エホバの証人の信者が初めて接した「キリスト教」は、「唯一真《まこと》のキリスト教」を自認するこの教団であることが多く、その場合、自らの所属する教団をキリスト教的な視点から相対化することもきわめて困難である。そのため、除名処分がもたらす負のサンクションの効果は計り知れず、個々の信者たちが神権組織への忠誠以外の選択をきわめて想定しづらい状況に置かれていたことは、等閑視できない。

前述した北海道の広島会衆は、一九七八年に札幌郡広島町（現在の北広島市）に発足した会衆である。この会衆の長老の一人が、一九八二年一二月に統治体に質問の手紙を送った。なお、エホバの証人においては、表向きは統治体に手紙を送ってよいことになっており、この長老が質問した内容は、預言の教義に関するものであった。当初の動機は、統治体を信頼するがゆえの知的好奇心に過ぎなかった。

しかし統治体からの返信がこの長老に直接寄せられることはなく、世界本部から日本支部経由で回答がなされた。日本支部を介さずに統治体に手紙を送ったこと、また質問内容が「預言」に関するものであったことなどから、日本支部はこの長老を危険視し、「不敬」「背教的」であるとして、排斥処分を下した（一九八五年七月）。その上、会衆所属の信者のうち約五〇名の排斥も濃厚となった〔金沢編　一九八七：八八頁〕。長老たちが統治体に嘆願書を出しても返答がなかったため、同年九月、この長老は別の男性信者一名を伴い、当時の世界本部があったニューヨークまで出向き、交渉を試みている。この時点では「神の組織」への期待が残っており、誤解さえ解ければ処分は取り消されると考えていたからである。それは会衆の信者たちが神権組織の中にいられるよう守るための行動であった。また同時に、誤った処分によって「神の組織」が悪く言われる」ことを危惧しており、神権組織を擁護する立場にも揺らぎはなかった〔同前：一二六頁〕。

しかし、世界本部はこれに取り合わなかった。広島会衆所属の信者たちは一九八七年一月までの間に、延べ一〇〇〇通の嘆願の手紙を統治体に送ったが、信者三〇名の排斥処分が取り消されることはなかった〔同前：一五二・一五三頁〕。

広島会衆のケースは、信者たちが背教的行為をしたのではなく、日本支部や世界本部の不信を買ったために、「背教」と集団排斥という現象が構成されたというべきものである。しかしここで重要な点は、こうした組織統制により、信者たちの信仰自認や救済ではなく、世界本部に忠節な組織としての凝集性が重視されている点である。前節で述べた通り、信者たちの中には、幸福とは著しく矛盾する生活を送りながら布教活動をおこなう者もいた。そうした状況にありながら、信者たちが自ら運動を離脱しない背景には、除名処分による「霊的な死」という負のサンクションと周到な組織統制がはたらいていたことは過小評価できない事実である。

社会的な批判への対応――輸血をめぐる問題

第Ⅲ期には、社会との摩擦という点において、教団レベルで対応を迫られる問題も生じた。その一つは、輸血拒否に関連した問題である。一九八五年六月六日、神奈川県で一〇歳の男児が交通事故に遭い、病院に搬送された。しかし児童の両親はエホバの証人の信条ゆえに、輸血を認めなかった。[15] 亡くなったのが子どもだったこともあり、マスメディアを中心にエホバの証人と輸血拒否の問題が大きく取り上げられる事態となった。[16] ただし、この出来事が社会に与えたインパクトの大きさとは裏腹に、教団内の信者たちの動揺はさほど大きくはなく、信者数も伸び続けている（図11を参照）。教団内における輸血の問題は、教理的な問題にくわえ、輸血による感染症の事例を教団刊行物に繰り返し記載することにより、信者たちの忌避的な感情、さらにいうと恐怖心が強化されていた。たとえばこの事件の三年前の『ものみの塔』には、「輸血のために、法王ヨハネ・パウロ二世が感染したような、しばしば致命的な結果を生むウイルスなどに感染し、病気や肝炎になる人々は数えきれないほど多くいます」という記述が、「キリスト教はあなたの健康に良い」という見出しのもとでなされている〔ものみの塔聖書冊子協会　一九八二：二三頁〕。一般的な視点から一九八五年の事件をみると、輸血拒否という行為は生命を脅かす非合理的で非情な行為と映るのであるが、教団内においては、輸血という行為こそが生命に害を及ぼす行為として、すでに共有されていた。こうした教化の効力は大きかったと思われ、この事件を契機とした脱会者の増加はみられない。しかし事故の後、教団内における信者の教化だけでなく、社会からの反発への対応が必要となっていった。

まず事故から五年後の一九九〇年に、世界本部の指導のもとHLC（Hospital Liaison Committee＝医療機関連絡委員会）が日本に設置され、おもに長老などの中から九一名が委員として任命された。HLCとは、信者たちが輸血関連の問題に直面した際に、利用可能な代替療法や製剤などについて医師たちに説明できるよう情報提供する機関である〔ものみの塔聖書冊子協会　一九九六a：二二一・二二三頁〕。一九九〇年に日本で初めて開催されたHLCのセミナーには、世界本部から「教訓者」と称されるインストラクター三名が派遣され、英語による講義は通訳を介しておこなわれた〔ものみの塔聖書冊子協会　一九九八a：一三九・一四〇頁〕。

セミナーにおいて教訓者たちが強調したのは、「医師たちを教育すること」であった〔同前：一四〇頁〕。現在では定着しているインフォームド・コンセントという用語が一般には周知されておらず、未だパターナリズム的な医師／患者関係も珍しくなかった当時、日本の委員の中にはこの方針に「真剣に疑問を表明する」者もいた〔同前〕。しかし教訓者たちが日本の委員を伴って関東のいくつかの病院を訪問し、実践的な指導が施され、「医師たちを教育する」というやり方は日本のHLCにも受け入れられていくことになる。以降、関係する学会や病院の倫理委員会などに出向き、利用可能な薬剤や療法に関するプレゼンテーションをおこなうという手法が、日本支部にも定着していった〔同前〕。

なお、エホバの証人を否定的に捉える報道がある一方、これを糸口に、それまでの医療のあり方を問い直す議論も惹起された。たとえば、エホバの証人への輸血を伴う治療に関連し、八割近くの病院が対応を決めかねているとするアンケート結果が報じられた。また、「延命さえすれば倫理上「善」なのでしょうか」など、QOL（Quality of Life）の視点に立った見解も示され始めた[17]。輸血拒否をめぐる様々な議論が生起する中、一九九一年に日本医師会の生命倫理懇談会が、輸血拒否は違法ではないとの見解を表明した。これを受け、各大学病院や公立病院の倫理委員会も、一五歳未満の患者のケースを除き、輸血拒否の意志を尊重するという方針を次々に採択し始めた。

そして、輸血に関する日本の医療界の対応は、信者が起こした訴訟によって大きな転換を迎えることとなった。一九九三年、同意なしに輸血をされたとする患者（信者）が一二〇〇万円の損害賠償などを求める訴訟を起こしたのである。患者側の訴えを認めた控訴審判決は二〇〇〇年に最高裁判所で支持された[18]。第一審判決（一九九七年三月一二日）で訴えは棄却されており、本章で検討している第Ⅲ期には未だ結末は迎えていなかったものの、訴訟が起こされることによって様々な議論が起こったのは確かである。とりわけ一九九〇年代半ばにかけては、日本国内においても、血友病患者に対する非加熱製剤の使用などをめぐる薬害エイズ訴訟を機に、患者の権利が議論された時期でもあり、エホバの証人は先駆的な事例と捉えられる向きもあった[19]。

なお、報道や訴訟の場で行為する当事者は、患者（信者）・病院・メディアであったが、エホバの証人に肯定的な報道がなされていく背景には、世界本部による働きかけがあったことも指摘しておく必要がある。エホバの証人は、マスメディアからの批判的な取材に対しては、あくまで個人信者の意志の問題であり教団の方針ではないとしており、教団レベルでの応答や露出もきわめて少ない[20]。しかし、HLCによる医療サイドへの働きかけにくわえ、一九九〇年九月には、メディアを「教育する」という方針のもと、全国版・地方版の医療関係記事の記者たちと会合をもつキャンペーンも展開された〔同前〕。それは、世界本部の指導によるものであった。

摩擦への対応と訴訟による解決

そもそも、輸血拒否の訴訟よりも前に、学校における格技拒否をめぐる訴訟がすでに起こされており、この訴訟も世界本部の指導によるものであった。宗教上の良心に基づき、体育の授業で剣道実技に参加しなかった工業高等専門学校生が、レポート提出などの代替措置を求めたものの、学校側がそれを認めなかったために単位不足で退学処分となり、処分取り消しと復学を求めた裁判である。一九九一年に起こされた訴訟は、生徒側の訴えを認める控訴審判決を一九九六年に最高裁判所が支持することで落着した[21]。

格技拒否の問題に対する訴訟による対応は、統治体の一員であるロイド・バリーという人物が日本支部を視察した際に提案したものであった。バリーは戦後の日本支部を築いた宣教者の一人であり、支部の運営が日本人指導者に委ねられるまでの間、支部監督を二五年にわたって務めた経歴をもつ。統治体の一員である上に、日本支部との関係の長さや深さという点において、日本人信者たちはもとより、日本支部の指導者たちからみても、重要な存在であったことはいうまでもない。格技拒否を要因とする単位不足による留年・退学問題は、この生徒の訴訟以前から教団内では認知されていたもので、これについての世界本部からのアドバイスは、格技の授業がない学校への進学ではなく、訴訟による問題解決であった。

このアドバイスは、当該の生徒が退学処分を受けた後ではなく、入学の約四年前（一九八六年一二月）にはおこなわれており、「この問題に直面している模範的な兄弟の中から、できれば長老の息子を選んで、退学取り消しを求める訴訟を起こすこと」が提案されていた〔ものみの塔聖書冊子協会　一九九八a：一三七・一三八頁〕。ここでいう「模範的」という点に関連し、「経験談」として公表されているところによると、この生徒の成績は、問題の体育を含めてもクラス四二名中一位であった。そのため裁判においては、レポートなどの代替措置を講じなかった学校側の責任がより明白になった〔ものみの塔聖書冊子協会　一九九六b：二〇頁〕。また、長老の息子を選ぶよう勧められたのは、訴訟の長期化を予期してのことであったと考えられる。実際に訴訟の場で争うことになったのは、個々の日本人信者であり、その意志や信仰心が尊重されるべきものであるのも事実だが、どのような信者によって、どう勝訴を勝ち取るのか、あらかじめそのストーリーが世界本部によって周到に描かれていたのも、この訴訟の一側面といえる。

世界本部が提示する社会的摩擦への対応策は、挑戦的な課題を伴うものでもあり、日本社会はもとより、日本人信者たちも時に違和感の克服や覚悟を要した。しかし、第三章でも述べたように、エホバの証人における司法の活用は、信者個人のアイデアではなく、世界本部が欧米社会で採用してきた、いわば伝統的な方法でもある。その経験を踏まえ、マスメディアへの露出は少なく、キャンペーンなどを通じて関係領域に働きかけ、最終的には信者を原告とする訴訟によって批判的な評価を合理的に回避してきたのである。

さらに格技拒否の問題は、輸血拒否の問題と比べて共感的な意味で社会からの注目を集める問題でもあった[22]。当時の社会状況をみると、日本においては、一九九〇年に生じた女子高校生の校門圧死事件などを機に管理教育批判が一層高まり、他国に遅れて一九九四年には「子どもの権利条約」が批准されるなど、学校側の裁量権濫用に対する批判や生徒側の人権を議論する機は熟していた。そのため、格技拒否をめぐる裁判を通じ、エホバの証人の問題は社会的寛容の問題として捉えられることもあった(23)。

たしかに、患者や生徒の権利は尊重されるべきであり、パターナリズム的な医療のあり方や学校・校長による裁量権の濫用は改善されるべき問題である(24)。それだけに、これらの訴訟は、わが国においては宗教的なマイノリティに位置する信者が、ＱＯＬや患者の自己決定権という点で欧米諸国から圧倒的に遅れていた日本の医療倫理に変容を迫り、信者以外の患者たちにも一定の利益をもたらしたと評価される傾向もあった。また学校教育においては、行き過ぎた管理教育に一石を投じるものともなった。

しかし繰り返し述べてきたように、医療・教育の領域を含む世俗社会の改善自体は、エホバの証人の本来的な目的ではない。人びとは、宗教的なマイノリティ全般に寛容な社会という理想像を、こうした訴訟から読み取ったかもしれないが、エホバの証人はそのような意味での寛容な社会を標榜しているわけではない。訴訟は、対社会的な関係において自教団の信者の権利を守ることや布教活動における障害を低減するという点で必要だったのである。そして、いずれも信者個人を原告とする訴訟であったが、エホバの証人にとって有利な判例の蓄積が、教団内においては「法的な防御壁」などと評価されている通り、積極的な意味付けや評価は、原告個人だけでなく、教団レベルでのエホバの証人にも付されている〔ものみの塔聖書冊子協会　一九九八b：一九頁〕。

訴訟による解決は、社会との摩擦を軽減するにとどまらず、世界本部のいう「防御壁」により、信者たちが神権組織の先駆性や正当性への確信を強める効果ももたらしたと考えられる。エホバの証人の訴訟には社会志向的な意図はなかったのであるが、「宗教的なマイノリティにも寛容な社会」など、社会変革的な要素が読み込まれることにより、エホバの証人にも好意的な評価が多少なり得られることとなった。この点において、それぞれの意図や評価はややかみ合っていないのであるが、世界本部の自認だけではなく、日本の司法や社会からも認知されることにより、神権組織に対する信者個人の確信は強まり、教団内にとどまる動機付けにも少なからぬ影響を与えただろう。

以上、本章では第Ⅲ期の日本における展開を検討した。第Ⅲ期の日本支部の運営は、日本人指導者を中心に展開されることとなったが、日本支部独自の運営がなされることはなく、教義が変更された際にも、支部レベルでの批判や離脱が生じることはなかった。本部／支部の密接な関係性は北海道の広島会衆の事例にも顕著である。日本支部は、信仰を自認する信者たちと世界本部の間に位置するが、日本支部の指導者は、信者たちとの関係よりも世界本部との関係を良好に保つ方針をとった。また信者の訴えを聞き入れない日本支部を、世界本部も肯定した。

輸血拒否や格技拒否など、社会との摩擦が生じた際にも、日本支部は当時の日本社会の価値観や社会状況に一切妥協せず、結果として社会のほうが変容を迫られることとなった。大きな分岐点となったのは、信者による訴訟である。その際、当事者として可視化されたのは、宗教的なマイノリティである原告（信者）と、被告側の病院や医師ないし学校であった。そこで注目されたのは、大きな権力と対峙する信者の真摯な信仰心と、当時の医療におけるパターナリズム的な傾向や学校における裁量権の濫用であった。しかし、原告（信者）の背景には訴訟による問題解決に長けた世界本部のアドバイスがあった。医療やメディアを「教育する」という方法も世界本部の方針であり、当初、日本人信者たちは戸惑いながらも、この方針を踏襲している。神権組織への忠節を要求する世界本部とそれに応じる日本支部の関係は密接なものであり、第Ⅲ期全般を通じて、支部レベルの〈本部志向〉は成立していた。

第Ⅲ期は、多くの時間が布教活動に費やされ、入信者を得ることになるのだが、新たな入信者の人数が総信者数に反映され、教勢が伸びていることから、離脱者が少なかったことがわかる。信者個人レベルにおける〈本部志向〉も集合的に成立していたと思われる。ただしそれは、信者たちからみた世界本部や日本支部が、完璧な組織（無謬の組織）と映っていたからではない。伝道が好きだったAが、内心では全員が布教活動をする必要はないと考えていたにもかかわらず、布教活動は「嫌い」だと、いわゆる方便を使いながら信者を励まそうとしていたように、課せられる方針の矛盾や理不尽さを、個々の信者たちは認知していた。その上で、世界本部や日本支部の方針が許容ないし甘受されていたのである。第Ⅲ期の〈本部志向〉は、多少の問題を黙認し調整するという、いわば調整機能を個々の信者がはたらかせることにより成立していたと考えられる。では、世界本部の方針に起因する信者たちの葛藤が、日本支部や世界本部に対する反発や批判としてではなく、調整機能をはたらかせる方向に発露したのはなぜか。それは、エホバの証人において、布教方針が効果的か否かに関わりなく、従うことそのものが重要であったからである。指示内容の合理性ゆえにではなく、指示に従うことが神への信仰を示す方法とされていたために、「時間を入れる」布教活動も「神への奉仕」となり得た。これにくわえ、世界本部の布教方針が、各信者が所属する会衆などの宗教的なコミュニティの規範とも重なり、二重の拘束力を発揮したため、個人の能力や意欲に関わらず伝道への動員がなされた。

宗教の勧誘とも映るエホバの証人の布教活動であるが、個々の信者においては、自身の救済と他者への警告活動、つまり自他の救済という要素にくわえ、神の主権の立証という宗教的なテーマと、「時間を入れる」という現実的な要求が背景にある。ここにはハルマゲドンの時期に関する予言の教義も関係していた。ハルマゲドンは近い将来に生じるとされ、その危機感は信者たちの布教意欲の維持にプラスの影響をもたらしたと考えられる。また、Aとは対照的に布教活動を得意としない信者も多数いたと思われるが、その活動は生涯にわたって続くものではない。近い将来ハルマゲドンとともに終わるはずの期限付きの活動だったのである。

註

（1） たとえば、一九八〇年六月一五日号の『ものみの塔』誌上では、「一九七五年という年に関するかなり大きな期待が生じました。そのときにも、またそれから後にも、これは単なる可能性に過ぎないということが強調されました」とした上で、「しかし不幸にして」可能性に過ぎないという「警告的情報」よりも、希望の実現への期待が高まったとする釈明がなされている〔ものみの塔聖書冊子協会　一九八〇：一七頁〕。つまり、期待した信者たちにも問題があるとする釈明である。なお、当時の統治体に所属していたレイモンド・フランズによると、一九七六年から一九七九年までの統治体会議においては、一九七五年の予言に関する誤りを認めて謝罪すべきか否かで議論が分かれたという。しかし結果として、「謝ったところでどうなるものでもない」「反対者からさらに攻撃を受ける」ことになるなどの理由から、「何も言うべきではない」という結論に落ち着き、信者たちへの謝罪はなされなかった〔フランズ　二〇〇一：二七〇～二七三頁〕。

（2） 各戸へのパンフレット配布は一九〇三年に始まった活動であり、一九二〇年代に入ると「家から家」の伝道が推奨され始め、一九二七年には、その活動に携わらない長老は降任させる方針がとられるようになった〔ものみの塔聖書冊子協会　一九九三b：五五六～五六四頁〕。これと併行して「家から家」の伝道活動への参加は信者であることの条件となっていった。

（3）　家庭聖書研究では、「研究」という語によって連想されるイメージとは異なり、あらかじめテキストに印刷された各節の設問に対し、文中から該当箇所を探し回答する、という定型的なやりとりが繰り返される。第三章で述べたCの経験によると、最初は様々な質問を「司会者」に投げかけたが、「研究」をスムーズに進めるためには質問などしないほうがいいのだと気づき、やがて相手（司会者）が喜びそうな回答しかしなくなったという。司会者に対し好意的な感情を抱いていれば、この傾向はさらに強くなるだろう。なお、近年は「家庭聖書研究」ではなく「聖書レッスン」などの呼称が使用されている。

（4）　一九九二年の世界全体のエホバの証人の信者数は四二八万九七三七名、開拓者数は六〇万五六一〇名であった〔ものみの塔聖書冊子協会　一九九三a：四〇・四一頁〕。

（5）　このような布教のノウハウに関する助言は、毎月発行される『わたしたちの王国宣教』というパンフレットと、その内容を扱う毎週の集会の実演・検討によっておこなわれた。

（6）　「家族」というワードが入信のきっかけとなっているケースは、当事者の手記にも散見される。たとえば佐藤典雅によると、彼の母親は、「家族のために良かれと思って聖書の勉強を始め」、「疑問に対して聖書から全てを答えてくれた」伝道者に感銘を受けたという〔佐藤　二〇一三：一九頁〕。秋本弘毅は、自身の母が「子育てのヒントをもらおうと」家庭聖書研究に応じ、父は、「初めて会った巡回監督が自分の顔を覚えて」いたことが契機となっていると述べる〔秋本　二〇一七：一一八〇頁〕。たもさんによると、母の入信においては、母が当時通っていた洋裁教室で出会った「娘さん」（信者）のようにわが子を育てたいと感じたことがきっかけとなっていた〔たもさん　二〇一八：一〇～一三頁〕。

（7）　立正佼成会における女性の位置を研究した渡辺雅子によると、同教団において「現場」の役職を担ってきたのは女性信者たちであり、その活動は、高度経済成長期においては女性たちの活動の場として機能した。しかし、一九九〇年以降の雇用市場の変化に伴う世帯収入の減少と、働く主婦の増加によって、宗教活動が負担となり始めていることが指摘されている〔渡辺　二〇一六：七一・八〇・九一頁〕。エホバの証人が伸張したのは高度経済成長期の後という点で時代状況にはやや差異があるが、主婦たちに活動の場を与えたという点、また世帯収入の減少により宗教活動が負担となるという指摘において、立正佼成会の事例は示唆に富む。

（8）　エホバの証人におけるジェンダー規範は、規範からの解放を求める女性にとっては受容し難い厳格さがある。その一方で、人間は自らの幸福を正しく追求するようには造られていないとする教説は、置かれた環境に適応することを宗教的・超越的な権威によって肯定・合理化する機能となりうるものでもあり、現状に抵抗し異議申し立てをすること自体が条件的に困難な女性にとっては、かえって救いと映ることがあるかもしれない。そもそも女性は疎外された立場に置かれやすく、家庭内では育児をめぐる不確実さと責任を一手に担わされがちであり、主婦の立場の信者が多いという事実には、そうした社会状況が逆照射されている側面もあるだろう。

（9）　CとDの夫妻は、その後プロテスタントに改宗したが、その間には長い年月と紆余曲折があった。教団サイドのいう「背教者」となった後に離脱したのではなく、止むを得ず離脱し、求道の末の改宗である。とりわけDは、エホバ神への信仰心を抱いたまま、ドロップアウトする形での脱会であった。改宗した彼らは、教団側の定義では「背教者」「反教団」に位置するが、現在の宗教帰属のありようを切り取った教団内の評価を無批判に踏襲することには、注意が必要である。

（10）　「死ねるか？」とする表現自体はエキセントリックな印象をもつが、これはハラスメント的な意味での自己犠牲が求められたというエピソードではないことを付言しておく。AもYも自身の救済や権力を得ることではなく、布教活動や会衆内での活動を他人の命に関わる問題なのだと考え、行動していた。そのような当時の様子やメンタリティについて語るにあたり、このエピソードが語られた。

（11）　Aは子ども時代に、「友のために自分の命を投げ打つこと」を最大の愛とする教え〔ヨハネ一五章一三節〕がしっくりこなかった。しかし、高校生の時に三浦綾子の『塩狩峠』を読み、「自分の命を投げ打って友のために（中略）、それより大きな愛はない」という愛のイメージが「ぴったり」きたという。そのイメージがあり、自らを犠牲にし、「誰も信者のいない場所に広めに行くこと」が「最大の愛」であると感じたと語っている。

(12) この事例は教団側によってではなく、後に北海道の広島会衆が発行した書籍〔金沢編　一九八七〕によってその経緯が明らかにされた。

(13) なお、正式な信者となった後、自ら離脱した者や除名された者に対する忌避は、基本的に未成年にも適用される。家庭によって多少の差はあるが、当事者の手記などをみてもわかるように、エホバの証人における脱会者に対する処遇は、日本国内の他の新宗教と比して、類例のない厳しさがある〔大下　二〇〇五、坂根　二〇一六〕。

(14) 霊的パラダイスとは、象徴的な意味での楽園を指す。地上の楽園が未だ回復されていない状態にありながら、エホバの証人の信者共同体は象徴的なパラダイスであり、終わりの時が近い邪悪な体制（一般社会）にはない幸福と安全が得られるとされている〔ものみの塔聖書冊子協会　二〇〇一 a〕。

(15) この事故の詳細については、大泉実成のルポルタージュ〔大泉　一九八八〕を参照されたい。現在のそして学問的な視点からみると、大泉の調査方法には問題がないとはいえない点もあるが、一九八〇年代後半の日本におけるエホバの証人の日常や信者たちの心情を知るという点においては優れたルポルタージュとなっている。

(16) たとえば大手新聞の投書欄には、「子供を所有物」扱いしている、「今回の事件は親の権限の領域をはるかに超えている」など、両親を責める意見にくわえ、「治療不履行も犯罪行為だ」など、子どもへの輸血を断行しなかった医師を批判する意見が市民から寄せられた（それぞれ、『朝日新聞』一九八五年六月一一日付東京朝刊五頁、『読売新聞』六月一二日付朝刊八頁、『読売新聞』六月一九日付朝刊八頁）。なお、『朝日新聞』『読売新聞』のデータベースを「エホバの証人」「ものみの塔」でそれぞれ検索すると、この事故の前は合計数件に過ぎなかったが、事故のあった同年六月以降の半年間だけで『朝日新聞』は一四件、

『読売新聞』は二一件の記事が検索される。

(17) 『朝日新聞』一九八五年六月一五日付夕刊一三頁、および同年八月四日付朝刊四頁。

(18) 最高裁判所、平成一〇年(オ)一〇八一号。緊急の場合は輸血する旨についての説明を怠ったとして医師の不法行為責任を認める一九九八年の控訴審判決を、支持する判決。現在の医療の領域においては、少なくとも成人が一定の手続きを踏んだ上で輸血を拒否する場合、それは患者の権利として尊重されることになっている。ただし、輸血に同意することで教団から排除されエホバ神に背く恐れと、わが子の生命の危機との間で、祈りつつ葛藤する当事者の手記などをみると、対医療サイドにおける自己決定権が尊重される一方、対教団における信者の自己決定が尊重されているかどうかについては疑問が残る〔たもさん 二〇一八:九九〜一〇三頁〕。近年の日本医師会の方針においては、一五歳未満の患者の生命に関わるケースで親権者が輸血を拒否する場合、家庭裁判所などに親権喪失の申し立てをした上で治療が施される(日本医師会ウェブサイト「エホバの証人と輸血」http://www.med.or.jp/doctor/member/kiso/d3.html、二〇二〇年一〇月八日アクセス)。

(19) 輸血拒否の問題で変化を迫られたのは、エホバの証人ではなく医療を含む広義の日本社会のほうであった。星野晋の医療人類学的な論考によると、宗教的な理由を背景とする輸血拒否は、日本における文化摩擦の問題として捉えられるものであり、エホバの証人のケース以降、薬剤や医療技術の研究開発による文化摩擦の回避が進んだ〔星野 二〇〇二〕。成人の場合の輸血拒否は、あくまで医療技術の選択とそれをめぐる自己決定権の問題となったのである。むろん個々の医師においては、とりわけ患者の生命に関わるケースで患者(信者)の信条を尊重する際、葛藤が伴うと考えられる。また、輸血拒否の裏付けとされる聖書解釈には、問題点や矛盾点が多数指摘されていることを付言しておく〔内藤 一九八六、中澤 一九九九〕。

(20) たとえば、一九八五年の事故の際における「輸血拒否は団体としての態度ではなく個人の信念の立場」というコメントがその典型的なものである(『毎日新聞』一九八五年六月一一日付東京夕刊七頁)。

(21) 最高裁判所、平成七年(行ツ)七四号。

(22) 一九九〇年七月六日、期末試験日に神戸市内の県立高校において服装チェックや遅刻指導をおこなっていた教員が門限時刻に門扉を勢いよく閉めた結果、女子生徒(一五歳)が頭部を門扉と門柱に挟まれ死亡した事件。

(23) たとえば神戸地方裁判所の判決について、「この社会は、さまざまな少数者、異端者を抱えている。そうした声に、どれほど耳をすませることができるか。それが、社会の雅量、寛容というものである。その意味で今度の判決は、教育の場における「信教の自由」についてだけでなく、日本の社会の質をも考えさせるものを含んでいる」とする社説などが展開された(『朝日新聞』一九九三年二月二四日付朝刊二頁)。

(24) 生徒の信条は、国家権力や学校との関係において尊重される必要がある(山口 一九九三、浦野 一九九六)。そうした判決を尊重した上で、輸血拒否については、「自主性が確立せず批判力も不十分な子どもが、仮に親と同様の信仰を告白することがあっても、将来、その信仰を放棄して別の宗教を選んだり、宗教自体を否定したりする可能性もあることは、認められなければならない」とする意見もある(『朝日新聞』一九九六年一一月一九日付夕刊七頁)。

第五章　忍従の時代
——一九九〇年代半ば以降——

ここまでの検討でみたように、一九七〇年代半ばから一九九〇年代半ばまでの間、支部レベルにおいても大半の信者個人においても、〈本部志向〉が成立していた。日本社会は、高度経済成長を遂げ、バブル期を迎え、やがてそれも崩壊するまでの時期であり、教勢拡大の背景には、経済的な豊かさや専業主婦の多さとジェンダー規範なども影響していたと考えられる。しかし、それらの要素は活動の可能性を開いたに過ぎず、教勢拡大の直接的な要因は、世界本部の布教戦略にあった。世界本部の布教戦略とは、「時間」という計量可能な指標によって布教活動に全信者を動員し、家々を軒並み訪問するものであった。それはハルマゲドンが近いという期待感や切迫感の中、運動からの離脱や世俗的な社会への適応の経路を断つことにより、活動への献身を引き出すものでもあった。また、コミュニティの機能的代替として入信していた者においては、布教活動の「時間を入れる」ことが、神への奉仕であると同時にコミュニティの規範に従うことをも意味していた。エホバの証人は、こうした活動によって、かろうじて入信者を得てきたのであり、日本における右肩上がりの伸張は、世界本部の布教戦略なしには説明できない現象であった。

しかし、第Ⅳ期となる一九九〇年代後半以降は、その世界本部の布教戦略をもってしても、日本における信者数は伸び悩むことになる。本章では、この第Ⅳ期における停滞要因について検討する。

一　入信者の減少とその背景

社会状況の変化

まず一九九〇年代後半における教勢の特徴を整理しておきたい。表2は、一九六九年から二〇一六年までの日本の信者数と入信者数の推移をまとめたものである[1]。

入信者数をみると、一九九八年以降の減少が目立つ。入信者の減少に大きく影響している要因としては、社会状況（とりわけ宗教をめぐる状況）の変化が挙げられる。一九九五年三月二〇日にオウム真理教（当時）によって起こされた地下鉄サリン事件は、多くの一般人を巻き込んだテロ行為であると同時に、それを引き起こしたのが宗教団体であったことは、社会に衝撃を与えた。ただし、この事件に対する人びとの反応は冷静でもあり、この事件を機に宗教に対する「不信感を持った」とする回答が三二・一％であるのに対し、「特別な例だと思った」とする回答が六五・九％とする調査結果もある〔石井　二〇〇七：一〇七頁〕。しかしこれは、宗教全般に対する不信感を問うたものであって、この事件が社会全体に「一種の宗教アレルギー」と称されるような状況を生じさせたことは否定できない[2]〔同前：一三九頁〕。

そもそも一九九〇年代には、当時の世界基督教統一神霊協会（通称統一教会）における合同結婚式や献金勧誘の問題など、宗教に関連した社会問題が注目され始めた。櫻井義秀によると、「カルト」という言葉が日本社会に浸透・定着したのは、地下鉄サリン事件以降のことである〔櫻井　二〇一四：一一二頁〕。少なくとも三二％強の人びとが宗教に不信感を抱き、カルトという

表2　日本における信者数と入信者数の推移

年	信者数	入信者数
1969	6,861	1,023
1970	8,635	2,425
1971	10,711	2,088
1972	13,159	2,570
1973	16,360	3,672
1974	22,612	7,456
1975	30,294	7,505
1976	36,180	5,895
1977	40,176	4,762
1978	43,776	4,715
1979	48,078	4,685
1980	53,385	5,184
1981	60,267	5,801
1982	67,730	7,237
1983	77,577	8,932
1984	87,460	9,276
1985	97,823	10,290
1986	108,702	10,900
1987	117,308	9,211
1988	125,062	9,340
1989	133,846	10,596
1990	143,399	11,166
1991	153,823	11,877
1992	165,823	12,364
1993	177,611	13,000
1994	189,586	12,158
1995	201,266	11,546
1996	210,290	11,421
1997	217,970	10,962
1998	222,347	7,779
1999	222,078	5,343
2000	220,538	4,388
2001	218,866	4,139
2002	217,971	3,925
2003	217,020	2,639
2004	217,097	6,055
2005	217,227	3,785
2006	217,181	3,781
2007	217,929	4,308
2008	217,339	3,806
2009	217,530	3,502
2010	217,240	3,268
2011	217,352	2,892
2012	216,692	2,787
2013	215,966	2,545
2014	215,294	2,435
2015	214,523	2,160
2016	213,818	2,156

註：ものみの塔聖書冊子協会『エホバの証人の年鑑』等に公開されている数値をもとに作成(単位：人)。

言葉が社会に共有され、宗教をめぐる否定的な側面が目立つ社会状況下で、敢えて特定の新宗教に入信しようとする者が減少したことは回避できない流れだったであろう。こうした事件の記憶が鮮明であった当時、特定の宗教に入信したり所属したりすること自体が否定的なイメージを伴っていたのである。ただし、エホバの証人が入信者を獲得しにくい状況は、ここで急に始まったものではない。むしろ、そのような状況を布教時間と訪問件数の多さ、そして日本の隅々まで訪問するという方法によって、乗り切ってきた面もある。

これにさかのぼるポスト冷戦時代には、不確実な社会に対する危機意識が高まりをみせた。西山茂は、そうしたメンタリティをもつ日本社会において、当時のオウム真理教のように、現世利益をいわず終末主義やメシア主義を掲げる宗教運動が台頭したことを指摘している〔西山 一九九五：八六・八七頁〕。ただし、西山がオウム真理教における社会への向き合い方を「逆立ちした社会志向性」と評しているように〔同前：七九頁〕、社会を変革しようとしている点では――きわめて反社会的ではあったが――それは社会志向性のある終末論であった。また、序章で述べたように、従来の日本の新宗教の中にも終末論的な救済観を掲げる宗教運動はあったが、その根底には日本特有の生命主義的救済観が変容した社会改良主義的な要素（社会志向性）がみられた〔對馬・西山・島薗・白水 一九七九：一〇六・一〇七頁〕。

しかし、エホバの証人における終末論には社会志向性はない。一見同じように終末論的な救済観を提示しているようにも映るが、エホバの証人の場合は当時のメンタリティの反映ではなく、日本人が求めた終末論や救済観とも異質なものであった。ポスト冷戦時代においても、エホバの証人の救済観は、日本人にとってはアピール性に乏しかったといえる(3)。

これにくわえ、当時の社会状況の変化は布教の活動条件にも不利な状況をもたらした。一九九一年のバブル経済崩壊後、企業によるリストラと非正規雇用が増大し、世帯収入が減少した結果、専業主婦だった信者の中には就労の必要が生じ、布教時間を減らさねばならない者もいただろう。また、共働き世帯の増加による不在や都市におけるオートロック付きのマンションも増加し、全戸訪問による布教が成立しなくなっていた。さらに、それまでの頻繁な訪問により、訪問先の人びともエホバの証人を認知するようになっていて、その訪問を迷惑がり、門前払いで断る人も増えてきたのである。しかし布教する側においては、繰り返し訪問し、布教活動自体を印象付け、ハルマゲドンが近いと警告をすることや、エホバの側に付くかどうかを選択させること自体に意義があると確信している。また、教団が設定した要求時間を満たすことが信者コミュニティの規範ともなっていたため、「時間を入れる」ことが自己目的化し、頻繁な訪問がもたらすマイナスの影響については、後回しになる傾向もあった。

このように、入信者の減少の社会的な要因としては、それ以前と同様、救済観におけるアピール性の乏しさにくわえ、宗教そのものに対する警戒心の増加、布教機会の減少につながる社会状況の変化、またエホバの証人に対する消極的な意味での認知の定着などが関係していたと考えられる。とりわけ布教戦略という点においては、一九九〇年代半ばまでは奏功してきた戦略は強みを発揮しにくくなり、逆効果になり始めていた。

布教活動における切迫感の後退

以上は社会との関係からみた要素であるが、布教活動の不振については、教団史的な事情にも目配りをする必要がある。それは信者たちの動機付けに関連した問題である。第一章において、エホバの証人の年代予言が教団創設以来失敗と更新を繰り返してきた点を確認した。ここで改めて予言の変遷を図示すると、図12のようになる。

教団創設以来、一九一四年・一九二五年・一九七五年など、特定の年代にフォーカスした予言によって、布教活動の緊急性が正当化され、強調されてきた（図12、A〜E2）。一九七五年の予言が期待はずれに終わった後も、「終わりの日」と称される時期が始まった年を一九一四年（第一次世界大戦勃発がその証）とする予言の起点を維持した上で、一九一四年の「世代」に関する長さの定義が幾度か修正された（図12、E1〜E4）。そうすることにより、予言の「失敗」は事前に回避された。また、どの時代の信者たちにおいても、ハルマゲドンは存命中に生じるはずのものであった。年代予言の更新や修正は、いずれも期待の先延ばしであるのだが、信者たちからは歓迎される傾向さえあり、それは、「増し加はる真理の光輝」を期待した明石順三の時代（図12、C・D）も同じであった。しかし一九九五年の新たな解釈では、「世代」を時間的な意味で捉えるのではなく、質的な意味で解釈すべきとされた（図12、F）。これは、エホバの証人の終末論が長年維持してきた急進性の後退でもあり、それまでのいずれの教義変更とも根本的に異なるものであった。[4] この教義変更により、ハルマゲドンは間近であるとされつつも、必ずしも信者たちの存命中には生じない可能性が出てきたからである。あくまで教義上のことではあるが、救済が無期限に延期される可能性が出てきたのである。

エホバの証人の現実社会に対するスタンスにおいては、「外国人」や「一時的居留者」であることが理想化されてきた。[5] それは存命中の現世において、この地上が楽園にされるという見通し

◆A　創設当初：ラッセル（1870年代終盤～1916）

年代予言の始点：1874年 キリスト「臨在」（天界：目に見えない臨在）

年代予言の終点：1914年 ハルマゲドン後、キリストの統治が開始され、地上は楽園に

◆　ラザフォード（～1942）

◇B　1918年：キリスト教各派の消滅

1920年：社会主義勢力の倒壊

1925年：アブラハム、イサク、ヤコブなどの「古代の名士」たちが地上に復活

◇C　予言Bの失敗後

予言の始点：1914年 第一次世界大戦の勃発がその「しるし」

◆　統治体（ノア〈～1977〉）

◇D　予言の終点：1940年代中頃～1950年代前半にハルマゲドン

※　1914年の「世代」が去るまでには全ての予言が完了する

「世代」の定義＝30～40年 1914＋30～40年後にハルマゲドン

◇E1（1950年代の教説）「世代」の定義＝70～80年

→　1914＋70～80年後にハルマゲドン

◇E2　（1966年頃の教説）1975年にハルマゲドン

◇E3　（1968年頃の教説）

・「世代」＝1914年に生じたことを理解可能な年齢（当時15歳程度）の世代

◇E4　（1980年代の教説）

・「世代」＝1914年に生きていた世代

…が存命中にはハルマゲドン

◇F　（1995年頃の教説）「世代」の定義における時代的な解釈を破棄

「世代」＝質的意味（計算しない）

年代予言の始点：1914年

年代予言の終点：計算不可

図12　エホバの証人における1870年代終盤から1995年までの予言の変遷図

を前提に正当化されたものでもある。日本の新宗教と比べると、エホバの証人には、現世利益と呼べる要素がきわめて乏しいが、あくまで現世において幸福を享受できる見込みを伴っていた。障がいや病気がハルマゲドン後の楽園とともに回復・治癒すると信じ、布教中心の信者生活を継続した者もいた。また、エホバの証人が社会に認知されるにつれ、信者たちの日々の布教活動は訪問先で門前払いを受けることの繰り返しとなったが、そのような日々であっても、間もなく終わると考えられていたために、信者たちはその活動に没入してきたともいえる。とりわけ二世に位置する信者たちには、結婚したり子どもをもったり、経済的に安定した生活を営むことなど、自らの欲求充足や可能性を布教活動に充てることが長年にわたり奨励されてきた(6)。しかし、年代教義の変更後は、将来の見通しは不透明となっていった。「一時的居留者」として社会に根を下ろさない生き方を堅持する意義や必要性の減退は不可避であったと考えられる。

世界本部はその後も教義の修正をおこなっていくことになるのであるが、それは予言の失敗を回避する回路となった一方、布教活動に起爆剤的な影響を及ぼしてきた急進性の褪色を伴っていた。教義変更によって即座に運動を離脱する者はさほどいなかったかもしれないが、時を経るにつれ、信者たちの使命感や危機感も減退し、かろうじて入信者を獲得してきた布教活動にも徐々に影響が生じたと考えられる。

二　離脱者の増加とその要因

入信者の減少にくわえ、一九九〇年代後半以降に目立つもう一つの現象は、離脱者の増加である。表2に示した通り、数自体は減ったが新たな入信者があるのも確かであり、それにもかかわらず信者数は停滞し続けている。つまり、入信者の人数が総信者数の増加としては反映されないという現象が生じており、これは入信者と同程度以上の離脱者がいることを示している。

前掲の表2の数値をもとに単純計算すると、一九七六年から一九九五年までの二〇年間の入信者数は合計で一七万八九三五名となるが、その人数を一九七六年の信者数（三万六一八〇名）に加算した上で一九九六年の信者数（二一万二九〇名）と比較すると、マイナス四八二五名となる。これが一九九五年までの二〇年間に離脱したと考えられる人数である。一方、一九九六年以降の二〇年間でみると、一九九六年の信者数に以後二〇年間の入信者数（計九万一九二〇名）を加算し、二〇一六年の信者数（二一万三八一八名）と比較すると、八万八三九二名足りない。いずれも海外移転や死去などによるマイナスも含まれるとはいえ、一九九〇年代後半以降の離脱傾向はかなり強いといえる。年単位でみても、前年の入信者の数が翌年の総信者数増加として反映されないという現象は、戦後の展開では一九九〇年代末に初めて生じた現象であった。

情報統制の限界――インターネットと出版

離脱者増加の背景において、インターネットの普及は大きな要因となっている。エホバの証人においては、教団以外が発信する宗教的な情報にふれることを「背教的」な行為として禁じるなど、情報統制が長年にわたり徹底されてきた。第四章においても述べたように、除名（排斥）された者や自ら離脱を宣言（断絶）した者との交友は、非信者との交友以上に厳しく制限されている。こうした処分や規範の背景には、「背教的」とされる教団批判的な情報を遮断する目的もあった。

　しかし、マイクロソフト社のWindows95が発売された一九九五年を境に、一般家庭におけるインターネットの利用に道が開かれ、信者たちにも、他の信者に知られることなく様々な情報にアクセスする方法が徐々に開かれていった。現在は教団の公式サイトを充実させ、布教活動においてさえ、教団のアプリケーション「JW Library」をダウンロードしたタブレット端末を使用することが推奨されるなど、IT技術ありきの活動が展開され始めている。

　ただし、こうした体制が整うまでの間は、インターネットには背教的な情報があふれているとして、その使用自体に対する否定的な指導がおこなわれていた[7]。この「背教的な情報があふれている」状況は、教団の方針によって構成されてきた側面もある。他教団においては、個別の教会や地域ごとのサークル活動・ボランティア活動といった自発的でオリジナリティのある情報発信もなされているのに対し、エホバの証人においては、公式サイト以外の教団サイドからの情報発信が、きわめて少ないのが特徴である。宣教目的であっても、インターネットでの他者との交流そのものを危険視するアナウンスが繰り返されてきたからである。逆説的ではあるが、こうした背景もあり、ウェブ上には教団側のいう「背教者」や「反対者」が発信する情報が多く存在し、結果として、教団が信者たちに警告した状況が構成されているのである[8]。

　また、アクセスしやすくなったとはいえ、教説を内面化している信者においては、他人がみていなくても、自らが信奉するエホバ神こそが、その行動をみていると考えることに変わりはない。そのような情報に接触することは、「霊的な死」と称される状態につながるものであり、インターネットへのアクセスに関する心理的なハードルの高さは、一般的な想像力の及ぶ範囲ではないかもしれない。二世の脱会者である佐藤典雅は、インターネットによって「背教者」と思しき発信者の情報に初めて遭遇した際、「体が凍りついた。心臓が止まるかと思った」と述べている〔佐藤　二〇一三：二〇七～二〇九頁〕。こうした当事者の手記からも、その葛藤の強さがうかがわれる。その一方で、離脱を考え始めた者の場合には、インターネットのなかった時代に比べると、参照可能な情報が圧倒的に多いのも事実であり、こうした情報へのアクセスを抑制することは、世界本部による情報統制・組織統制においても困難を極めたと考えられる。

情報収集のツールにくわえ、世界本部のいう「背教者」発信の情報に関連し、情報の内容という点で大きな影響をもたらした著作についてもみておきたい。それは、二〇〇一年に『良心の危機――「エホバの証人」組織中枢での葛藤』が刊行されたことである。著者のレイモンド・フランズは、一九七一年一〇月から一九八〇年五月までの間、世界本部の統治体にいた信者であり、除名脱会後にその経験を著した。この本はアメリカで一九八三年に *Crisis of Conscience: The struggle between Loyalty to God and Loyalty to One's Religion* として出版されていたが、二〇〇一年にその日本語版が国内の出版社（せせらぎ出版）から刊行された。

統治体のメンバーは、没後、天でキリストとともに統治する側とされ、統治される側である信者たちからの絶大な信頼と敬意を集め、信仰者として理想化されてきた[9]。その人数は十数名であり、組織中枢に関する情報統制の戦略は問題なく遂行されていたと考えられる[10]。しかし、『良心の危機』の刊行によって、年代予言などの様々な教義やルールの決定・修正における統治体メンバーの仔細なやり取りが明らかとなった。除名されたとはいえ、著者であるフランズの地位は数少ない統治体経験者であったために、その記述内容を事情通による暴露本としてのみ過小評価することはできない。とりわけ、教理を論拠に、いわば理詰めで信仰を築いた者にとっては内面化された信念を揺るがされる内容であったことは否定できず、『良心の危機』の刊行がこの教団に及ぼした影響力は不可逆的なものであった。インターネットの普及は、このような刊行物の検索や購入、それについてのレビューや反応を知るという点で、教団側の情報統制にも影響を及ぼしたと考えられる。

むろん、コミュニティの機能的代替として入信していた者においては、そもそも教理自体が曖昧なまま信者生活を送っている場合もあり、そのようなケースでは、核心的な教義の矛盾をつく情報でさえも訴求力に乏しく、そればかりか、「背教者」の影響に関する教団側の主張の正当性がかえって強化される側面もある。情報収集のツールや内容といった要素は、むしろ外在的な要因に過ぎない。宗教運動論的な視点に立ってみると、離脱者の増加は、特定の決定的な要因を教団外に求めるよりも、布教戦略との関連から分析する必要のある問題である。そもそも日本におけるエホバの証人は、世界本部の布教戦略と、それに対する日本支部の恭順的な応答の結果として、入信者を得てきた側面もあるからである。ここで再び脱会者への聞き取りに立ち戻り、指示内容をどのように受け止めていたのか、個人レベルにおける〈本部志向〉の葛藤の問題に関連させつつ、離脱に影響を及ぼした要素を捉え直してみたい。

Aが離脱に至った過程

本書の時期区分における第Ⅳ期に脱会したのは、一九七〇年代に入信したAとBである。

一九九〇年代半ばに運動を離脱することとなったAは、最終的には心身症に罹患し運動を離脱した。Aの場合は、Dと同じように信仰心は残したまま、活動自体を遂行できなくなり離脱することとなった。

すでにみてきた通り、Aはある意味で模範的かつ優等生的な信者であった。教団内エリートという意味においてだけではなく、周囲の信者たちへの接し方、人格面、新しい地域に群れや会衆を築く能力という点で、有能な指導者であり信者であった。A自身は布教活動が好きであり、エホバ神のために命を捧げても構わないと思っていた。また、布教活動が苦手な信者には、強権的にではなく共感的に言葉をかけ、少しでも伝道に出られるよう励ましていた。

そのようなAは、結婚し、夫妻で「特別開拓者」と称される布教活動中心の生活を送りつつ、会衆の長老も務めることとなった。当時の特別開拓者は一カ月あたり一四〇時間の要求時間を布教に充て、賃金労働に就かない代わりにものみの塔聖書冊子協会から一人あたり五万円弱の手当が支給されていた。しかしA夫妻は未だ年若く、つてのない地方における布教活動、そして牧会に相当する活動はとりわけ妻にとって大きな負担となり、早い時点で妻が精神疾患を患った。治療をしつつ、要求時間を入れないことには手当が支給されない可能性もある中、Aは「自分の後ろに立っているだけで時間を入れて良い」と妻に述べ、会衆の人びとの目にふれないよう二人だけで伝道をすることもあった。要求時間を満たすために電話による伝道もおこなった。赴任してきたA夫妻に期待していた会衆の信者たちはこうした状況に納得できず、Aたちに冷ややかな視線を向けた。通院は時間と金銭面で、また電話伝道は金銭面で、Aたちの生活をさらに追い詰めることとなった。

それならば特別開拓者を降りればよかったのではないか、という疑問も生じるが、それを自ら決めることすら認められなかった。辞退の意向や事情に関するAの申し出を巡回監督が容易には認めなかったのである。信仰心もあり、神への忠節さがあるだけに、そうした指導者の指示に逆らうことができず、まして教団から逃げ出すことさえ思いつかず、気づいた時にはA自身も深刻な心身症に陥っていた。そこでようやく特別開拓者を降りることが認められるのであるが、伝道の要求時間が減ったに過ぎず、長老としての任務や地域内の役割はむしろ増やされることとなった。妻は未だ回復しておらず、Aは賃金労働をしながら指導者特有の任務を果たしていくことになったが、中でも「審理委員会」における役割は神経をすり減らしたという。

審理委員会とは、除名処分の対象者に聞き取りをおこない裁定を下す会議を指す。その日程は予測がつかず、難しいケースでは会議は深夜に及ぶこともあるが、委員は審理の事実を家族にも語ることができない。審理委員会については、悪意のある長老や共感性に欠ける長老がいることを指摘する脱会者も多い[11]が、委員として呼び出された事実を妻にも明かさなかったAは、会衆運営だけでなく、審理委員会の対象者に対しても実直な指導者であったといえる。しかし、Aの妻は疎外感を募らせていった。家庭内にも問題を抱え、病状が悪化したAは、「組織を離れたいとはこれっぽっちも思ってない」が、「長老を降りたからといって、信仰がないということではない」と思い至り、長老の任務を降りたいと会衆の他の長老たちに申し出た。そのAに、長老たちは医師の診断書を出すよう求めたという。Aはその際の心境を次のように回顧している。

もうねえ、ほんと、もう自分が情けなかったです。「自分が訓練した長老たちが、形式だけで物事を進めようとするなんて」と……。何があったって、私は「診断書を出せ」なんていったこともないし（中略）。つまり私が医者からいわれたことを（長老たちに話しても）、信頼してくれていない。審理（委員会対象の）問題でもないのに。

でも、たしかに、協会からの指示だけで、こういう問題を扱うのは難しいよな。「組織のやり方」を探し始めてしまうと……。神だったらこれをどうみるかとか、聖書のどの言葉からとか、そういうものの見方をするように教えてきたけど、できないわ、と……。

Aは、ギレアデ学校卒の宣教者Xに「難しく考えると神がみえなくなる」と気づかされて以来、Xのように神や聖書に対する率直な考えを行動規範にし、信者たちを指導してきたつもりであった。確かにAのスタンスは、「組織が言ってるやり方に従う」というものではあったが、それは「神の経路」は一つという前提ゆえのことであった。しかし、Aが長老の任を降りたいと申し出た際、もはや、その周囲にいた長老たちは、肝心の神や聖書をもとに、自分自身で考えることを放棄している状態にあり、「大きくなってしまった組織の時代」の信者そのものであった。Aはこの段階になって初めて、彼らが世界本部や日本支部などの組織の指針が与えられていない事柄についてては判断自体ができないことに気づいた。

ところでAが直面した組織の問題は、宗教組織に限らず組織全般に共通する問題やマックス・ヴェーバーのいう「鉄の檻」問題〔ヴェーバー　一九八九〕と類似しているようにもみえる。しかし、エホバの証人の組織は、世界本部の明確な意図のもとに、神権組織などの宗教的なレトリックによって形成されてきたものであり、官僚制的な組織全般が辿る不可避な問題には還元できない面もある。そもそもAが対峙することとなった長老たちの問題は、世界本部や日本支部の意図せざる結果として生じたものではない。エホバの証人においては神権組織という組織原理を内面化させた忠実な指導者が理想像としてあらかじめ提示され、追求されてきたのであり、Aの周囲の長老たちは、教団側の基準からみると特段問題視されない長老たちであった。

診断書を提出した後、Aの心身症は自死を考え未遂に至るところまで悪化し、失踪するような形で離脱した。巡回監督や周囲の長老たちとのここまでのやり取りや経過をみてもわかるように、Aには教団内にとどまりつつ安定した生活を送るという選択肢は残されていなかった。もともとAと親族との関係は良好なものだったが、離脱者との交友が除名に該当する行為とみなされることを熟知していたAは、周囲の信者に負担をかけないよう、親族や友人との関係を自ら絶った。(12)二〇〇〇年のことである。

日本支部の教勢が右肩上がりに伸張していた第Ⅲ期に、Aは布教活動中心の生活に充実感をもって携わり、長老として会衆の信者たちを励ます際にも工夫をしていた。世界本部や日本支部の方針には当初から問題点もあったが、Aがそうであったように、個々の信者たちによる調整機能的なはたらきによって問題点はカバーされていたと考えられる。Aの場合、離脱のきっかけは自身の長老辞任をめぐる会衆内の長老たちとの摩擦であったが、そこに至った背景には、教勢の伸張期（第Ⅳ期）における消耗の蓄積があったと考えられる。もはやAも調整機能的なはたらきをすることができなくなっていた。エホバの証人の組織を神の組織とするAの信念に変わりはなかったが、組織の要望に応えることができなくなったのである。

Bが離脱に至った過程

第三章でみたように、Bは母や祖母の入信後、会衆の信者たちの規範的な圧力に押され、高校生の頃に正式な信者となった。しかし、嫌々行動することには辛いものがあり、自分なりに信者であることの意義を見出そうと考えるようになった。Bが目指したのは、「理性による神聖な奉仕」である。この語はローマ書一二章一節に依拠した教団用語なのであるが、エホバの証人における「信仰」とは、神秘的な体験や情緒や感情に依拠するものではなく、教団側のいう「正確な知識」と思考を基盤としたものでなければならないとされている。Bは「「理性で納得できるのが信仰なんだ」という言葉にすがりながら」信者生活を送ることにした。

Bには生まれつきの病気のために重労働ができない事情があり、専門学校を卒業した後、その技能に関連する仕事をしながら一〇〇〇時間／年の伝道をおこなう「開拓奉仕者」となった。二〇代で信者男性と結婚し、子どもも二人生まれた。当時の統治体については、カリスマ的な教祖一人の教団とは違い複数人で運営されていること、他の宗教と比べて彼らの生活ぶりが質素であることなどがアピールされていたのだが、Bはこれらの点に好感をもっていた(13)。また、教団の正統性については、キリスト教を自認する様々な宗教の中から、キリストが「どの教会がちゃんとやってるか」を見て回った結果、この組織が「ちゃんとやってる」と認められ、選ばれたのだと信じていた。とりわけBは、世界への拡散可能性という点で、この組織の世界本部がアメリカにあることを「神慮」だと感じたともいう。

一九七五年のハルマゲドンの予言が期待はずれに終わった当時については、「「一九七五年にハルマゲドンが来る」と（刊行物上では）明言はしていない」とする教団側の説明に納得し、講演者や自分たち信者の「認識」が早合点だったのだと考えるようにしていた。そもそも周囲の圧力に押されて入信したBは、「ただ信じる」という信仰のあり方に無理を感じていたため、予言に対する期待もショックもなかった。このようなBの反応は、世界本部のいう「理性による神聖な奉仕」に通じるところがある。その後、年代予言は「世代」という語の解釈を幾度か訂正することになるのであるが（図12、Ｅ３・Ｅ４）、「ただ信じる」ことが難しいBにとっては、むしろ訂正された予言の方が受容しやすいものであった。訂正された予言とは、Bの祖母の世代が子どもだった頃、世の中のことがわかり始める年頃に、一九一四年の「終わりの日のしるし」を確認し、その世代の人びとが死に絶える前にハルマゲドンが来るというものである。この教説は、具体的な年代を特定する予言よりも理にかなったものにみえ、Bの性格には「フィット」した。そのため、一九八〇年代には、自身の研究生にもその点を力説していたという。

しかし、一九九五年に年代予言の教義（「世代」の解釈）が変わった際、一九一四年に始まった「終わりの日」から、やがて一〇〇年が経つかもしれず、さすがにまずいのではないかと思い始めた。それまでの間の教義変更については、納得し、合理的であるとすら考えていたBだったが、年代教義自体については冷ややかな目でみるようになっていた。その一方で、「真の宗教があるとすれば、その経典は世界最古の経典でなければならないはず」であり、「聖書を経典とする宗教が真の宗教だ」という思いは強かった。そして、「現代において、聖書の宗教のうち最大限に聖書を実践しているのはエホバの証人なのではないか」と考えていた。その理由は、「神の名前（エホバ）を使用し、組織として政治的な中立を保ち、異教由来のクリスマスを祝わない唯一の教団」という点にあった。当時Bは、「教えの中で肝になっているところに囚われていた」という。神の名前の使用や政治的な中立、クリスマスの否定をもって「真の宗教」とする見方は、教団サイドによって提供された判断基準なのであるが、この判断基準に立つ限り、自教団以外に「真の宗教」は存在しないことになる。当時のBは、「真の宗教」の判断基準も含め、教団側が提示する考え方で考えていた（囚われていた）。そのために、Bにとってエホバの証人は、多少問題があっても「真の宗教」のままだったのである。

第一章でも確認したように、エホバの証人の教説においては、ハルマゲドンを生きて通過することや楽園の希望をことさらに強調するが、一方で、救済を目的にするのは正しい信者のあり方ではないともされる。教義の変更に、動揺したり不平を述べたりしてはならないのである。「真の宗教」「教えの中の肝」は、教団側の自認するものであるが、そこに「囚われていた」という当時のBのあり方は、教義内容の理解度もさることながら、判断を教団（その向こうにいるとされる神）に委ねる思考方法という点においても、教団側が是とするものであった。

当時は幼児期の子育てに追われ、あまり伝道には出られていないBであったが、「あたまのいい兄弟」や「よく考えている長老」など、会衆の信者たちと話す楽しみがあった。教団内の用語では、「霊的な会話」と称される信者間の会話である。「霊的な会話」という信者間の社交において、「この組織の教えの中で、どれが根で、どれが幹で、枝で、葉なのかを整理しておくといい」「ハルマゲドンは幹だと思う?」「いや違いますよね」などと話すうちに、予言自体は信仰の本筋とは別の問題であり、大事なのは「エホバの名前」と「異教の教えを入れない」ことだと前向きに捉えていた。

結婚当初、Bは子どもをもうけず、開拓奉仕に専念するつもりでいた。子どもを授かっていなければ、おそらくそうしていただろうと語る。そして授かった子どもをエホバの証人として育てたいと思っていた。二人の子どもについては、集会では「躾が悪いと評判」であり、「ムチが足りない」「甘い」などと周囲から陰口をいわれた。子育てに関する教団側の方針は「ムチ」と称される体罰を肯定するものであり(14)〔ものみの塔聖書冊子協会　一九六八〕、入信以前から体罰を是としていた親が、教団の教えを後ろ盾に体罰行為を合理化しエスカレートさせてしまうケースもあった。そうではない場合においても、体罰が虐待となりうるという認識が現在ほどは社会一般に共有されていなかったことも手伝い、教団によって供給されるいわば「正しい体罰」の指針を、教団外では得られないより良い教育方針として他人に強要するケースもあったと思われる。しかしBには、どれほど真剣に教えても、第二子が「エホバの証人になる」ことが想像すらできなかった。Bのいう「真剣に教える」ことの中には体罰が含まれていたのであるが、無理をするとわが子の「心を壊す方向」に行きそうだという感覚が強まる一方であった。

そのように感じ始めたのは一九九〇年代の半ば頃であったが、実際に運動を離脱するまでにはさらに長い時間が経過する。当初は教団内において、「理想的なエホバの証人としての生き方を目指したらいい」と考え、精神疾患や発達障害の信者たちの助けになりたいとカウンセリングの勉強にも通った。問題点や違和感を感じながらも、教団の外に出るという選択肢はなく、「真の宗教」とされている教団内で、実践可能な改善策をいわば前向きに模索していたのである。

やがてインターネットが利用できるようになると、Bは、教団擁護的なサイトもあることに気づき、批判的なもの以外ならみてもいいのではないかと思い、いくつかのウェブサイトを閲覧するようになった。Bが批判的なサイトを閲覧しなかったことは、Bの動機が、あくまでも理想的なエホバの証人としての生き方の模索であったことの表れでもある。そこには「霊的な会話」と類似した刺激があった。その中でBを動揺させたのは、二世に位置する当事者が自身の子ども時代について綴ったサイトであった。そこには、幼少期に親から受けた激しい体罰、学校行事に参加できないことを理由に教員やクラスメイトから受けた陰湿ないじめについて記されていた。どんなことをしてもわが子を楽園に連れていくという当時の切迫感も手伝い、教団内では体罰の必要性がもっともらしさを帯びた時代でもあった。すでに四〇代となっているその当事者が記した幼い日々のいたたまれない体験を読んだBは、その時のことを次のように述べた。

うちの子達にもね、ムチも結構やったし、（ムチが足りないと周囲からいわれ）強さが足りないんじゃないかなと思ってみたり、とくとくと言い聞かせたりとか、とにかく夢中になってやってましたから、その（二世の）ホームページをみたときに、もう本当にもう、なんかパソコンに突っ伏して泣いたぐらい……。気の毒だと思って、それで自分の子育ての仕方を、ちょっと考えなきゃだめだなって改めて思ったりしたんですよね。

真の宗教だったら全ての人にとって、最終的には居心地のいい場所になるはずだと思っていたんで、やっぱりおかしいなというところからも、少しずつ（エホバの証人を離れようと）思っていたような気はします。

二世の脱会者によるホームページ上の体験談、その書き手の目を通し、Bは初めて自分自身の子育てを、子どもの目線から相対化することとなった。Bは「どうしても子どもには幸せになって欲しかった」という。Bの子どもはすでに成長していたが、わが子への接し方を変えなければならないと強く感じ、これを機に、教団そのものにも疑問を感じ始めることとなった。

Bの離脱に決定的な影響をもたらしたのは、世界本部の職員が、性的な目的で一〇代前半の少年に接触しようとし逮捕されたとする記事を、アメリカの大手ニュースサイトで読んだことであった。Bは、事件の背景には信者生活による抑圧があると感じ、教団の方針に従って子育てを続けていくことに不安を覚えたという。その後は「背教的」とされる情報も、躊躇することなくインターネットで検索し始めた。自身の母親や家族との関係もあり、実際に離脱に至るまでには数年の時間を要している。しかし、他教団の聖職者による児童への性的虐待を声高に非難するエホバの証人の冊子をみたとき、「こんなもん（他人に）配れるか？」と、布教活動を続けることに疑問と限界を感じ、二〇一〇年になる頃にフェードアウトすることとなった。

しかしBの離脱において重要だったのは、「背教的」とされる批判的な情報そのものではない。Bは情報発信者の立場も含め、慎重に情報収集し、離脱という結論に至っている。教団に疑問を感じ、脱会について考えながらも、宗教者などによる「脱会カウンセリングだけは受けるまい」と思っていたとBは語る。その理由について、「カウンセラーの説得によって、つまり他人の意志によって辞めることを促される、それでは今までの生き方と変わらないと思った」と、当時の心境について説明した。「今までの生き方」とは、教団が提示する「真の宗教」やその判断基準に囚われていた生き方である。そのためBは、「個人の意思を尊重する、傾聴を主体とするカウンセラーを用心深く選び」、時間をかけて離脱に至った。Bの脱会においては、情報の内容もさることながら、意思決定のプロセスこそが重要な意味をもっていたと考えられる。

このようにBは、離脱するまでの間には、教団の問題点や矛盾とも映る出来事にいくつも直面しているのであるが、Aと同様に、世界本部や日本支部が完璧な聖なる組織であるからではなく、問題を感じつつも、それが唯一の経路とされるがゆえに改善方法を模索し、忠節さを示そうとした。Bにおいても個人レベルでの〈本部志向〉が成立しており、様々な問題点や矛盾点を自ら調整し、世界本部や日本支部の指導に従おうとしていたことがわかる。AもBも、世界本部と日本支部の指導に従い、伸張期における教勢拡大に貢献したものの、その世界本部と日本支部のありよう自体がやがて離脱の原因となっていった。離脱の要因は教勢拡大期にすでに潜在的に存在していたと考えられるのである。

参照される離脱のストーリー

エホバの証人における離脱傾向が高まり始めた当時の状況については、猪瀬優理による参照性に富む調査結果がある。猪瀬の論考は、「脱会」を「一度は教団の教理を受け入れた人が、教団の教理を認知的に拒否し（認知的離脱）、組織的活動への参加を辞めること（組織的離脱）」と定義し、「認知的離脱」と「組織的離脱」の先後関係が及ぼす影響を検討したものである[15]〔猪瀬 二〇〇二：二一・二二頁〕。一世信者と二世信者、脱会カウンセリングやインターネットの利用の有無などがそれぞれ比較され、組織的離脱よりも、認知的離脱が先に生じた場合のほうが脱会後の「社会的リアリティの再定義」がスムーズであり、その際、「教団外からの情報の提供や人間関係の形成が不可欠」であること、そして情報収集や教団外の人間関係の形成において、インターネットが果たす役割が大きいことなどが明らかとなった〔同前：三四・三五頁〕。調査が実施された一九九九年八月から二〇〇一年一月当時の脱会要因は多様であり、複数の要因が関係しているが、「あえて主要因を取り上げると」とした上で、一世信者においては、「会衆内の人間関係の難しさ」「子どもに対する教理の厳しさ」「（知人から指摘された）組織の問題点」などが挙げられている〔同前：二七頁〕。また二世信者においては、「組織の教理や行動様式に適応が困難になった」「組織内の人間関係に疑問を持った」「知人から「協会」の問題を指摘された」「インターネットの「協会」の情報で疑いを持った」などが挙げられた〔同前：二八頁〕。こうした脱会要因は前述のBにも共通する。[16]

猪瀬による調査から約二〇年が経過している現在、インターネットによる情報摂取や情報交換の場は量・種類ともに大きく変化し、運動離脱のハードルをさらに低くしている。Bの信者生活における大きな転機は、自身が違和感を抱きつつも、教団の指示に従い実践してきたこと（とりわけ子育て）が間違っているかもしれないと気づいたことであった。そのきっかけはインターネットにあったが、ウェブ上には教団のいう背教的な情報があることにも気づいており、強い忌避感もあった。その一方で、信者として、また親としてのあり方という点で、教団内では得ることのなかった気づきが得られたという実感もあり、アクセスを続けた。信者生活における強い葛藤や疑問を抱えながらも、Bが教団批判的な情報にアクセスするまでには時間がかかっている。

インターネットの普及と情報発信のツールの多様化によって、ホームページ・ブログ・Twitterといった場で、当事者の手記や体験談など様々な情報発信がおこなわれるようになり、脱会支援団体やキリスト教会だけでなく、個人発信の情報も増えた。Bがアクセスしたサイトには、過去の信仰生活や幼少期の回顧、「ムチ」の経験などが綴られていた。これ以外にも、脱会後の生活、信仰にとどまっている親族との関わりや葛藤を綴ったものも多数見受けられる。自分自身の気持ちの整理や同じ立場の人の役に立ちたいといった動機から発信されている情報も多く、こうした情報は、とりわけ二世としての葛藤を抱える信者たちにおいて参照性が高いと考えられる。「外国人」「一時的居留者」としてのスタンスを保つこと、進学や正規就労といった選択肢を放棄することを宗教的な意味付けによって奨励され、人生を宗教活動に費やしてきた者にとっては、離脱後の社会適応や生活の立て直しが必要となるが、おそらくそれは、一般社会で共感を得ることの難しい多大な苦労と悔恨を伴うものだろう。しかしインターネットの普及により、参照可能な経験をした者をみつけることは格段に容易となった。

また、エホバの証人における教団からの離脱は、「重要な他者」と、それによって構成されてきた自己イメージの両方を、一挙に喪失することも意味する。[17]手記『昼寝するぶた――ものみの塔を検証する!』を著した大下勇次は、一九七三年に除名（排斥）による離脱をした当事者であるが、一九九〇年代後半にエホバの証人関連の掲示板での交流に参加し始め、二〇〇〇年代初頭に自身のホームページを立ち上げ、「オフ会」による当事者の交流の場を設けた（大下　二〇〇五：一二六・一三三頁）。同書には、インターネットのない時代における脱会と社会適応の困難さが記されており、そういった困難さ自体にも離脱を抑止する効果があったことがわかる。

教団に対し批判的ではない当事者においても、ウェブ上の体験談や交流は、喪失した自己イメージを再構成するための語彙の獲得という点で、参照されやすい。猪瀬のいう「認知的離脱」に必要な情報は、当事者としての経験を共有する者のあいだで、世界本部が「背教的」とする教団批判的な事実が語られることにより、初めて説得性を帯びる場合もあると考えられる。

むろん、これまでの離脱者の人数から推察すると、ウェブによる発信をおこなっていないサイレントな脱会者のほうが圧倒的に多い。また、とりたてて脱会者との交流を必要としない者もいる。しかし、重層的に積み重なった当事者の手記や情報発信が、離脱のハードルをより低くしていることは確かである。離脱者との交友を厳格に禁じるエホバの証人において、インターネットが登場する以前は、「霊的な死」の状態にある脱会者のその後について、信者たちは知る術がなかったが、現在は参照可能なロールモデルが多数存在しているからである(18)。

三　世界宣教における日本支部の位置

海外に動員される日本人信者

このように、一九九〇年代後半以降における教勢の停滞には、入信者の減少と脱会者の増加という二つの要素が関係していた。とりわけ、離脱傾向の強まりは一九九〇年代後半に目立ち始めた現象である。その一方で、信者数は増加もしていないが、大幅に減少していないのも事実である(第四章の図11を参照)。しかし、一九九〇年代までとその後では、信者数の内実、ひいては信者のメンタリティにも、差異が生じている可能性が高い。エホバの証人における信者数は、伝道時間の多寡に関わらず、「奉仕報告」を出している者の人数であり、少しの時間でも報告できるよう、長老をはじめとする指導者が明に暗に指導しなければならなかった点については、第四章で述べた。第Ⅳ期における信者数は、新たな入信者の獲得とは別に、数値としての信者数の維持という要素も大きく、現在の二一万人強という信者数は、個々の信者が報告する布教時間の量や質という点で、伸張期とは差異があると考えられる。(19) しかし、次項でも述べるように、公称信者数の維持は、教団外ではなく、教団内の信者に対する啓発という点で重要なのである。

また、信者のメンタリティについては、伝道が好きだったというＡでさえ、「伝道しても伝道しても、なかなか成果が上がらない」、「打撃が空を打っている」ような虚しさを感じたことがあったと述べた。Ａが伝道していたのはおもに本書のいう第Ⅲ期、伸張期のことであるが、入信者の獲得がより難しくなる第Ⅳ期の信者たちの活動は、日々門前払いを受けつつ、奉仕報告がゼロ時間にならないよう伝道に出るというものでもある。布教活動における虚しさは、Ａの時代よりも確実に増大していると考えられる。

このように、布教活動における閉塞感が高まる中、近年の日本の信者たちの中には、「世界的な収穫の業《わざ》」と称される海外での布教活動への動員に応じる者もいる。『ものみの塔』誌上には、外地での生活費を自ら工面して海外で活動する日本人信者の様子やコメントが、模範的なニュアンスで紹介されている。たとえば、「ロシアでの必要が大きい」と聞き、ロシア語を習得し、渡航費を貯め、十数年にわたり現地で宣教活動をしている日本人信者たち〔ものみの塔聖書冊子協会　二〇一五ｂ：三〜六頁〕、「（ジャワ島では）大勢の人、特に若い人が他の宗教に興味を持っています（中略）。たった五時間で二六〇〇冊ほどの雑誌を配布できました」〔ものみの塔聖書冊子協会　二〇一六：一六二頁〕、「以前は、早くハルマゲドンが来てほしいと思っていました。でもトルコに来てからは、エホバが辛抱してくださっていることに感謝しています」〔ものみの塔聖書冊子協会　二〇一七：六頁〕、「わたしと妻はずっと、外国の必要の大きな所で奉仕したいと思っていました」、「（ミャンマーでの）反応はとてもいいです」〔ものみの塔聖書冊子協会　二〇一八：五頁〕などである。

これらのコメントは、海外布教の推奨であると同時に、日本においては「早くハルマゲドンが来てほしい」と思う程度には布教活動が行き詰まっていたことも示している。現在の日本国内においては、布教活動に対する「反応」も良くない状況の中で「時間を入れる」伝道がメインとなりつつある。また、一九九五年に年代予言が質的に変更されたが、それ以降も教義変更が繰り返され、この状態が信者たちの存命中には終わらない可能性も出てきた。年代予言の変更によって延期されたものは、「千年王国」や「楽園の希望」という漠然とした希望だけではない。間もなく終わるとされていた布教活動や、「一時的居留者」としての生活が終わる時期が不透明となってしまったのである。この状況において、「必要の大きな所」とされる海外布教を自身の使命と考え、渡航する者が出てきても不思議ではない[20]。

なお、近年は布教媒体も変化し、雑誌配布ではなく、教団のアプリケーションがインストールされたタブレット端末による布教も推奨されている。また、戸別訪問のほかに、人通りの多い街頭に立ち、刊行物をディスプレイする布教活動もおこなわれている。街頭での伝道自体は本国アメリカでは早くからおこなわれていたが、日本においても留守宅が増えた一九九〇年代に、街頭での伝道や手紙・電話を利用した布教活動が徐々に取り入れられた〔ものみの塔聖書冊子協会　一九九八a：一四五・一四六頁〕。しかし、日本においては街頭での刊行物のディスプレイが入信者の獲得に結びつくとは考えにくい。また、タブレット端末によって布教活動はマニュアル化され、経験の浅い者でも参加しやすくなった反面、雑誌や会話を通じた伝道をしていた時期と比べると、布教技術の衰退を招く側面もあるだろう。そもそもＩＴ技術を取り入れた布教方法は、世界本部の方針により、世界同時進行でおこなわれている活動である。近年受け入れを要請されている、伸張期を迎えている国々において、国内外の信者の布教や、人びとの関心を引くのには適しているかもしれないが、日本の信者数の伸び悩みに応答したものではない(21)。

海外においては伸張期だった当時の日本支部と同様に、信者数の増大に伴い、印刷拠点・王国会館・大会ホールなどの建設が必要となっている。しかし、その建設費用を国内で賄うことができない支部も多く、「世界的な業《わざ》のための寄付」の要請が時折おこなわれている(22)。また、日本支部は印刷工場としての役割も大きい。二〇一三年に、ものみの塔聖書冊子協会発行の聖書『新世界訳聖書』が約三〇年ぶりに改訂されることとなったが、全世界に配布する改訂版の印刷と製本は世界本部と日本支部でおこなわれている〔ものみの塔聖書冊子協会 二〇一五a：二〇・二一頁〕。世界本部の督励に応答し、海外宣教に参入できる信者はあまり多くはないかもしれないが、海外布教に応じることができない信者たちも、時間・エネルギー・金銭などを世界全体の活動に活用するよう奨励されており、これが現在の日本支部の役割なのである。

「神権組織の拡大」という宗教的なレトリック

日本の停滞状況やそれへの応答をみると、布教戦略という点では失敗しているようにもみえる。入信者を得られるよう、布教方針の改善や二世信者の教団離れを抑止するための応答、信者生活に生きがいや喜びを感じられるサークル活動などの工夫はしないのだろうか。また、様々な新宗教運動が取り組んできた環境・貧困・平和、そして近年においてはＬＧＢＴ問題などへの取り組みはしないのか、などの疑問も生じる。繰り返し述べてきたように、社会改良的な宗教活動はエホバの証人の救済観と矛盾する。たしかに予言の急進性はかなり後退したかもしれないが、あくまでハルマゲドンは近い（ただし存命中とは限らない）という前提で運動を展開しているからである。年代予言が変更されてもこの点に変わりはなく、二〇一一年に生じた東日本大震災のような大災害に対しても、聖書の予言と神による超越的・超自然的な解決策を提示するという非関与的で楽観的な姿勢が継続されている[23]。

一方、二世信者の教団離れについては、対応の余地がありそうにもみえる。ただし、そもそも世界本部が何を目的として布教戦略を展開してきたかについて、いま一度、確認しておく必要がある。

第一章において、エホバの証人が予言の失敗・更新に併行し、それを発する権威の正統性を主張することにより、運動の衰退を回避してきたことを述べた。権威の正統性とは、自教団の組織中枢（統治体）を神の「唯一の経路」とすることによって担保されてきたのであるが、では、この組織が唯一の経路である証拠はどこにあるのかというと、それは信者数の増加にある。世界本部の自認によると、信者数の増加は神の祝福の証であり、唯一の経路としての正統性の裏付けとされている。世界本部が、予言・権威の正統性・信者数のジレンマの中で、世界的な布教活動を信者たちに督励し展開してきた、これがエホバの証人の宗教運動なのである。

また、唯一の経路とされるエホバの証人の組織は、国家超越的な神の組織であり、祝福の証とされる信者数の増加は、ナショナルな単位ではなく、教団単位の問題となる。では、世界全体の信者数は現在どうなっているのだろうか。

図13は、世界全体のエホバの証人の信者数の推移である。たしかに日本支部の信者数は停滞し

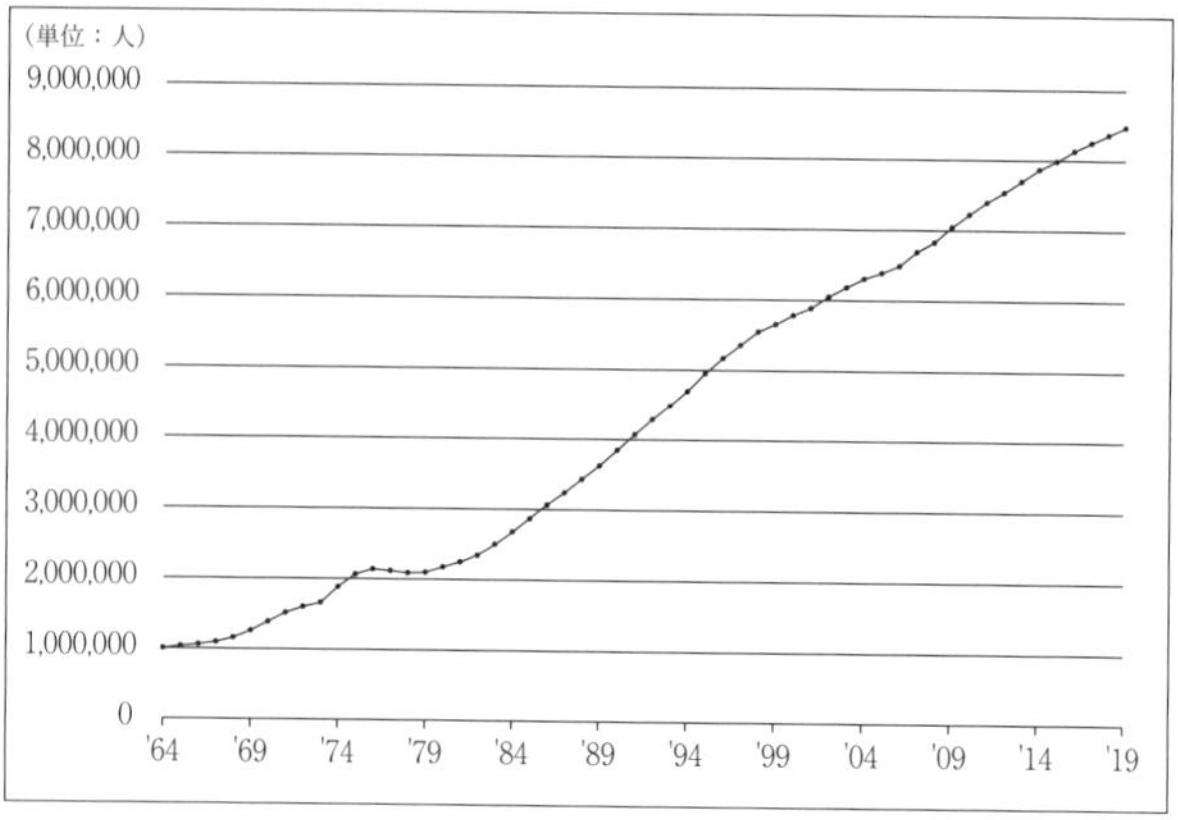

図13　世界全体におけるエホバの証人の信者数の推移
（ものみの塔聖書冊子協会『エホバの証人の年鑑』などに公表されている統計資料をもとに作成）

て久しいが、世界全体の信者数は依然右肩上がりの増加を続けている。その背景として、国名が開示されている限りでは、アフリカや中南米における信者数が近年増加していることが大きい。世界総数でみると、日本の停滞が始まった一九九九年の世界全体における信者数の総計は五六五万三九八七名であったが、二〇一九年には八四七万一〇〇八名となっており[24]、二〇年の間に約二八〇万人増加している。これは、現在の日本支部の一三個分以上に相当する人数である。日本支部の停滞にことさら対応しなくても、自教団を神の唯一の経路とする世界本部の自己規定自体は、世界総数の増加をもって合理性が依然保たれているといえる。

一方、個々の信者においても、そうした組織、つまり国家の枠を越えた超越的な神の組織であるからこそ、その教えを受容し、「世界的な兄弟関係」に対する帰属意識を強めてきた側面もある。言い換えると、日本支部の疲弊度や困窮、二世の教団離れといった課題に世界本部が対応できていないことについてのクレームが、きわめて成立しにくいということでもある。日本のように、教説の内容よりも、コミュニティの機能的代替やそこにおける規範意識に依拠して信者数を伸ばしてきた場合、その傾向はより強くなる。

日本の信者数は停滞し、教団内に残った信者の高齢化が進んでいる側面もあるが、世界本部のいう神権組織が発展し続けているとすることにより、停滞中の国に向けて特段対策が講じられていないことは合理化される。また停滞しているとはいえ、二〇一五年時点までの日本の信者数は世界第六位を保っていた。ここでいう神権組織が、目標として追求される理念型であれば、運営に対する批判や議論も生じうる。しかし、エホバの証人における神権組織は、実働中の実存的な神の組織と捉えられているために、組織を議論の対象として俎上に載せることがタブー視される。

このように、日本国内の教勢のみに着目するとみえにくい側面なのであるが、世界本部（そして〈本部志向〉の成立した日本支部）は日本の停滞状況に対応できていないのではなく、応答する必要がないのである。この状況は、世界全体の信者数が増加している限り続くと考えられる。むろん、大学進学・就職・結婚などをめぐる制限については、やや軟化している。また近年改定された『新世界訳聖書』の文章表現、従来の「家庭聖書研究」を「聖書レッスン」と言い換えるなど、教団イメージのソフト化も図られている。しかし、これとは対照的に、離脱者に対する忌避の厳格さは以前にも増して徹底しており、教勢の停滞が長期化している状況においてもそれが緩められる様子はない。離脱者／信者における隔絶の厳格化は、教団内の意味付けによると、背教者の影響から信者を守るために緩めることのできない方針とされる。ここには、ソフト化路線後に新たに入信した者に対する情報統制、そして世界本部に忠節な信者コミュニティの凝集性の維持という面もあるだろう。

以上のように、第Ⅳ期の教勢は停滞しているが、世界本部は日本の時代的・社会的な状況に譲歩することはなく、これまでと同様、唯一の経路としての世界本部に対する従順さを要求している。日本支部においては、世界本部と一致した組織運営を優先させており、支部レベルにおける〈本部志向〉が成立していたのは確かである。そのため、布教活動に対する「反応の悪い」第Ⅳ期においても、従来通りの伝道活動がおこなわれてきた。日本の教勢は停滞しているが、海外には急成長している国もあり、そのような国における人的・金銭的な支援、海外に配布する刊行物の印刷など、「世界的な業《わざ》」という目的のもと、神権組織に貢献することも要求されている。それに応じる信者がいる一方、離脱傾向の高まりというそれまでにはなかった現象も生じている。個人レベルの〈本部志向〉という点では、それが集合的に成立していた第Ⅲ期までとは対照的に、第Ⅳ期においては、ばらつきや揺らぎ、葛藤が生じている。第Ⅲ期に個人レベルにおける〈本部志向〉が集合的に成立していた背景には、世界本部や日本支部の矛盾や問題点を認知しつつ、それらを許容し従順であろうとする個々の信者の調整機能的なはたらきがあったが、第Ⅳ期には、それも限界を迎えていると考えられる。

むろん、離脱者が増加した背景においては、インターネットの普及や元統治体員による著作の刊行だけでなく、宗教者による情報発信や脱会した当事者による情報交換の場の提供など、様々な教団外的な要素が関係している。近年においては、性的虐待の隠蔽に世界本部も関与していたことが明らかとなるなど、当事者が語る脱会の動機は千差万別である。そうした教団批判的な情報や教団の不祥事は、脱会という選択をもっともらしく感じさせる状況がすでに生じていたために、脱会の動機として語られている面もある。第Ⅲ期までは黙認されていたかもしれない問題が問題として認知されている。これは、個々の信者における調整機能的なはたらきが限界を迎えていることの表れか、または、許容範囲を超える問題が生じた結果といえるかもしれない。

第Ⅲ期までの伸張は、布教最優先の生活によってもたらされたものでもあったが、脱会したAとBの事例をみてもわかるように、世界本部の布教戦略は、反発や違和感、疲労と矛盾の蓄積が不可避なものであった。日本における教勢拡大は、潜在的な離脱者を内包した上での教勢拡大でもあり、第Ⅳ期における教勢の停滞は、エホバの証人の教説や救済観が日本の時代状況や社会状況に不適合であるがゆえに生じた現象とはいい切れない。むしろ教勢の停滞要因は、それまで集合的に成立していた個人レベルにおける〈本部志向〉が成立しなくなっている点にあったといえる。この状況下において、世界本部の指導内容に対する従順や忠節が要求されること自体が、個人レベルの〈本部志向〉における葛藤を増大させてもいる。

しかし、注目すべきは、世界本部がこの日本支部の状況を布教戦略の失敗とはみなしていないと考えられる点である。本来あるべき神の王国の代理組織を自認し、ナショナルな枠組を否定する世界本部は、世界全体の教勢拡大をもって、自教団が神に選ばれた経路である（神の祝福を受けている）ことの根拠として顕示することができる。神の祝福とされる信者数の増加は、教団内の凝集力をさらに高め、信者たちにとって布教活動の必要性や緊急性は、よりもっともらしいものとなる。その活動が新たな入信者の獲得につながるのであるが、世界全体の信者数の増加と教団の正統性の循環が続く限り、各国における教勢の停滞は失敗とはみなされない。そして、どのような状況や情報に接しても、世界本部に従うことにより、創造主・エホバ神に対する忠節を示そうとする者——あるいは自身の選択を合理化しようとする者——がいるのも事実であり、そうしてこの宗教運動は続いてきたのである。

註

（1）一九六八年以前の入信者数については記載自体がないため、信者数・入信者数ともに一九六九年以降の人数を表2に記載した。

（2）なお、「宗教アレルギー」の語は、NHK放送文化研究所が実施した「信仰・信心」に関する調査において、「信じていない」という回答が一九九八年に増加した現象についての同研究所の見解である〔NHK放送文化研究所編　二〇〇四：一三六頁〕。「宗教アレルギー」は『現代日本人の意識構造』第六版の記述であるが、同書第九版では「宗教に対する不安感が高まった」という言葉遣いがなされている〔NHK放送文化研究所編　二〇二〇：一三一・一三二頁〕。

（3）ただしその一方で、エホバの証人の教説を内面化させた信者たちにおいては、一九九五年の阪神淡路大震災や同年の地下鉄サリン事件の発生により、「終わりの日」であるとする教説の信憑性を強めた者も少なからずいたと考えられる。

（4）予言の失敗と運動活性化のメカニズムについては、フェスティンガーの認知的不協和の理論も参照されたい〔フェスティンガー、リーケン、シャクター　一九九五〕。信念にしたがって支払った犠牲が大きいほど、「予言の失敗」という事態に直面した際に、「予言の失敗」「支払った犠牲」といった認知間に耐え難い「不協和」が生じる。不協和の除去は、信念を捨て去ることによってではなく、新しい予言の展開など、失敗を合理化する方法によって試みられることがあり、その結果、布教活動の増加がみられる場合がある〔同前：三三～三七頁〕。そうした展開となる条件は五つあり、（1）行動と何らかの関係をもつ強い信念の保持、（2）その信念に基づいた取り消すことが難しいような重大な行動をおこなっていること（コミット）、（3）特定可能な信念であり、それが明白に論破されるような現実世界との関わりをもっていること、（4）信念の誤りを証明する否定しがたい証拠、（5）信念をもつ個人が孤立せず、確信を維持できるよう社会的な支持を得ていること、である〔同前：二・三頁〕。エホバの証人の予言は長年にわたり、これらの条件を満たしてきたと考えられる。

（5）「外国人」「一時的居留者」という語は、ペテロ第一の手紙第一章（『新世界訳聖書』ものみの塔聖書冊子協会）に由来する。エホバの証人においては、困難や迫害からの解放よりも社会における「外国人」「一時的居留者」として生活すること自体が自己目的化され、安定した生活を放棄し、布教活動に専念することが理想化されている〔ものみの塔聖書冊子協会　二〇一一〕。

（6）なお近年は、三世に位置付けられる者や生まれつき二世なのではなく、ある程度成長した時期に親が入信したため信者となった者もおり、厳密には様々な世代関係が混在している。ここでは三世以降の信者も、便宜的に二世と呼称することとする。

（7）インターネットを危険視すべき理由としては、「背教者」による情報、ポルノや婚外恋愛などの「不道徳」の入り口であること、それらが「悪魔の策略」であることが挙げられている。提供される情報が教団擁護的にみえる場合においても、それとは気づかないうちに「背教者」と接触している可能性があるとして、教団の公式サイト以外の宗教的な情報にアクセスしないよう警告されている。また、信者個人でホームページを作成しないよう指示されている〔ものみの塔聖書冊子協会　一九九九c：三～六頁〕。

（8）なお、キエンレとシュテムラーによると、日本における二〇〇〇年代初頭までの情報発信においては、教団の信者・教団外の「擁護者」と称される教団擁護的な立場、反対者、背教者（脱会者）に大別され、サイトの数自体は同程度であった〔Kienle and Staemmler 2003: p.224〕。それぞれ、非信者向け、研究者やジャーナリスト向け、信者を家族にもつ夫たちや脱会後の信者（おもに二世）向けの情報発信がおこなわれていた。このうち反対者による情報においては、聖書の翻訳や教義上の問題点を指摘する情報が多かったとされている〔Ibid.: pp.225, 226〕。その背景には、批判や被害を訴える当事者の多くが夫たちであり、彼らを支援したのがキリスト者（おもに牧師たち）であったことが関係していると考えられる。二〇二〇年時点における状況は変化しており、ホームページだけでなく、SNSやブログなどを通じた個人発信による情報が増加している。また、成人した二世など子ども世代の離脱者による情報発信が多く、批判の内容や基盤となるコミュニティは、夫たちの時代に比べると多様化している。「擁護者」に分類されるタイプの情報発信は少ない。

（9） フランズは統治体の一員として世界各国に出向いた経験から、信者たちにとって「「組織」はある種の漠然とした大きなイメージであって、何かその周囲に光（原書では「aura」―引用者註）でも放っているような感じ」であったと述べる。また、「統治体の会議はレベルの高いもので、並外れた聖書知識と霊的な知恵の表れたものだと大抵は思われている」とも述べている〔フランズ　二〇〇一：四二三頁＝Franz 2002：p.379〕。

（10） 宗教教団を企業との類似性によって捉える岩井洋は、聖典に隠された秘密や、特定の個人のみが保有する知識や技能などの「秘密」には、企業における資本に相当する機能があり、「秘密」をマネジメントすることが聖職者と一般信者を明確に区別するための戦略であると指摘する〔岩井　二〇一七：六二〜六四頁〕。また、インターネットの普及により、「秘密」の流出は回避できない状態になっている〔同前：六五頁〕。エホバの証人における統治体の位置付けや人数、その情報量の少なさを、そのような戦略として捉えた場合、フランズの著書刊行とインターネットの普及以前における「秘密」のマネジメントとその戦略は、周到になされていたといえる。

（11） 第四章でみた北海道の広島会衆の事例〔金沢編　一九八七〕はその一例といえる。そもそも審理委員会という制度が、教団による組織統制を背景に成立していることにも注意が必要である。

（12） 離脱後の信者は「悔い改め」と「復帰」の意志を示し、それを行動で表すことで教団内に復帰しない限り、教団内の信者との交友を絶たれる。Aの離脱もそのケースに該当する離脱であった。Aは離脱を機に当時の妻と離婚している。その後、再婚し落ち着いた家庭生活を送る一方、大勢の人の前で講演し人びとを教団内に導いてきた責任も感じ、離脱後は脱会者とさえも連絡を取らず、約二〇年にわたり自身の信者生活を「封印」してきた。しかし、信者時代の全てを否定しているわけではない。方法は間違えていたが、もし神がいるなら、「あなたのところに導きたかった」といつか思える日が来るまで、自分が関わった教団内の人びとを教団の外で待っていたいと述べている。

(13) レイモンド・フランズによると、「統治体」(governing body)という語の初出は一九四四年であり〔フランズ 二〇〇一:八七頁〕、それよりも前の時代には協会会長による、いわゆるワンマンな組織運営がなされていた。各会衆運営においては、一九七〇年代の初頭に複数人の長老(長老団)による運営が取り入れられ、その根拠として「一世紀のクリスチャン会衆」の模範が提示されたのであるが〔ものみの塔聖書冊子協会 一九九三b:二〇四・二三四頁〕、複数人による会衆運営と一人体制の世界本部の運営に矛盾があることが問題となり、以後、「統治体」という組織が機能していると強調されるようになった〔フランズ 二〇〇一:六九~八一頁〕。

(14) 「ムチ」については、当事者である大下勇治の手記の第三章「なぜ二世はムチなんだ?」を参照されたい〔大下 二〇〇五:一二七~一六〇頁〕。一九八〇年代に運動を離脱したCとDも、長老夫妻から「ムチ」と称される体罰を生後半年のわが子におこなうよう指導された。当時のDにとって、長老夫人は良識があり、模範にしたいと思える人物であった。楽園に生き残るため、幸せな家庭を築くため、そしてエホバ神の指導法だと思うがゆえに、その助言に従うことにしたのであるが、その長老夫妻に子どもが生まれると、CとDの面前で「こんな可愛い子に「ムチ」は必要ない」と述べ、わが子への「ムチ」はおこなわなかった。そもそも「ムチ」による指導を提言したのは世界本部であったが、その運用の杜撰さや曖昧さの責任を問う当事者からの批判は多い。なお、近年はムチは推奨されていないというが、同時に、かつて体罰が推奨されていた事実についても周知されていない(二〇一六年、比較的新しい入信者の親族からの聞き取りによる)。いずれの宗教運動においても、当該宗教における残酷な仕打ちやそのディテールは世間の注目を集めやすいが、不都合な事実をその後の教団がどう扱っているのかという点についても、より注視する必要がある。

（15）猪瀬によるこの定義は、スチュアート・A・ライトとヘレン・R・エボーによる「脱会」の定義〔Wright and Ebaugh 1993〕を手がかりにしたものである〔猪瀬　二〇〇二：二一・二二頁〕。

（16）近年においては、教団に疑問を抱いた決定的な理由として「性的虐待の隠蔽」を挙げる者も多い。一九九五年と翌九六年にカリフォルニア州の男性信者が会衆内の少女（当時九〜一〇歳）に性的虐待を繰り返し、長老や世界本部はその事実を把握していながら警察に通報せず、秘密にしておくよう通達を出していたことが、二〇一二年五月四日に起こされた訴訟によって判明した。被害者に対する七〇〇万ドルの補償的損害賠償のうち、ものみの塔聖書冊子協会は二七％、加害者の所属会衆は一三％をそれぞれ負担すること、懲罰的賠償金八六一万ドルをものみの塔聖書冊子協会が支払うことを命じられている（二〇一五年六月二二日に高等裁判所の判決内容が確定する形で結審）。被害者側弁護士へのインタビュー映像（二〇一二年）や、アメリカのＡＢＣニュースに日本語字幕を付けた映像（二〇一五年）などが、動画投稿サイトや脱会者のブログ記事に投稿され、日本でも知られることとなった。

（17）櫻井義秀は、「宗教文化を主体的に選択したという意識を持たない二世信者」と、「ディアスポラとして異境の地で暮らす初代と二世代目以降の関係」の類似性に着目している。二世信者は、自ら入信した親世代に比べ、「文化としての信仰」を捨てることがきわめて難しい。信仰を捨てることは、親との関係を捨てることにつながるため、アイデンティティの危機や自活の問題など、深刻な問題を抱えるケースもあることが指摘されている〔櫻井・中西　二〇一〇：一〇一・一〇二頁〕。

（18）なお、本書には宗教運動からの脱会を推奨したり、脱会カウンセリングの利用や当事者間のコミュニケーションをいたずらに奨励したりする意図はないことも、付言しておく。離脱後の生活の再構築には千差万別の課題が伴うと思われるが、最も尊重されるべきは当事者の意志と納得であろう。宗教離脱後の回復やケアのあり方については、宗教者・臨床心理士・福祉関係・当事者などの実践・理論が少しずつ蓄積されている〔櫻井編　二〇一五〕。

(19)　同様に、第Ⅳ期には開拓者の人数自体もさほど減少していないのであるが、ここには一九九九年に正規開拓奉仕者の一年間の要求時間が一〇〇〇時間から八四〇時間に減じられたことも関係している〔ものみの塔聖書冊子協会　一九九九b：七頁〕。開拓奉仕よりも要求時間の少ない「補助開拓」という立場も含めると、開拓奉仕と名のつく布教活動に参加しやすいよう条件が緩和され、これにより開拓者の人数自体は維持されているという側面もある。

(20)　二〇一八年一一月には、伝道のためにグアテマラに居住していた日本人女性の信者二名（いずれも二〇代）が襲われ死傷する事件が発生した。この事件については、『朝日新聞』（三件）、『読売新聞』（一件）、『毎日新聞』（三件）の報道がそれぞれなされているが、ものみの塔聖書冊子協会日本支部によるコメントはない。戦後日本に入ってきた宣教者たちと同様、当事者の信仰心自体は尊いものであるが、この事件の背景には日本国内における信者たちの閉塞感があり、渡航先の選定においては、世界本部による称揚と各支部による任命を伴っている点は、報じられていない。

(21)　エホバの証人の世界宣教においては、民主化された国や地域に宣教者が組織的に派遣され、展開されることも多い。たとえば戦後の日本、一九九〇年代の東欧諸国などである。なお、近年伸張しているアフリカの場合は二〇世紀の初頭から宣教が開始されており、ブライアン・ウィルソンによると、亜サハラアフリカで最も広まったキリスト教系の宗教運動は、エホバの証人である〔ウィルソン　二〇〇七：一八九頁〕。アフリカにおいては千年王国思想が熱狂を呼びやすく、日本とは対照的に教説や救済観そのものが人びとに受容されたことによる教勢拡大と考えられる〔同前〕。

(22)　日本国内で可能な寄付の方法として、銀行送金・現金・宝石・貴金属・高額な物品・不動産・保険・遺贈など、具体的な指示がなされている〔ものみの塔聖書冊子協会　二〇一五c：一四・一五頁〕。

(23)　たとえば東日本大震災については、「失った物ではなく今あるものに目を向けるよう努力しましょう」、「自分のことばかり考えるのではなく、自分の経験を生かして他の人を慰めるようにしましょう」、「状況に対処するための実際的な知恵を求めて神に祈りましょう」といったアドバイスのほかに、「ご存知でしたか。聖書の予告によれば、自然災害に見舞われて家財を失うといった心配をする必要のない時が来ます」などの記述がある〔ものみの塔聖書冊子協会　二〇一四a：五頁〕。

(24)　一九九九年の信者数については『2000　エホバの証人の年鑑』〔ものみの塔聖書冊子協会　二〇〇〇a：三一頁〕に公開された数値、二〇一九年の信者数についてはエホバの証人公式サイト（https://www.jw.org/ja/ライブラリー/本/2019奉仕年度の報告/2019年の総計/、二〇二〇年一〇月二三日アクセス）をそれぞれ参照した。

結　章

日本のエホバの証人における〈本部志向〉とは

ここまでの論述によって、日本におけるエホバの証人の歴史展開を検討した。それぞれの章に応じ、教団刊行物やインタビュー・データなど、活用した資料や記述の分量に差異があったが、本書における検討は以下の時期区分に即しておこなった。

第Ⅰ期　灯台社の時代（一九二六年〜一九四七年）
第Ⅱ期　日本支部の形成期（一九四八年〜一九七〇年代半ば）
第Ⅲ期　伸張期（一九七〇年代半ば〜一九九〇年代半ば）
第Ⅳ期　停滞期（一九九〇年代後半以降）

本章では、これまでの記述を踏まえ、日本におけるエホバの証人の歴史展開と日本における〈本部志向〉が日本の運動展開に及ぼした影響について考察する。

一　教説と布教方針の係数としての〈本部志向〉

エホバの証人は終末論的な救済観を標榜する宗教運動の中でも、世俗的な社会改良の可能性という点では、きわめて悲観的な宗教運動である。貧困・戦争・病も含め、人類が直面する諸問題の解決においてはエホバ神による介入（ハルマゲドン）の時を待つ以外に方法はない。エホバの証人の教説を最も大きく特徴付けるのが、その救済の時期に関連した年代予言の教義である。教団創設以来、ハルマゲドンとその後の千年王国が到来する時期に関する予言について、失敗と修正・更新が繰り返された。

「千年王国」「地上の楽園」といった救済を前面に掲げる一方で、エホバの証人における信仰の根幹は救済の希望であってはならず、予言の当否に動揺する態度は誤った崇拝の表れとされている。それには、神の主権の立証というテーマが関係している。このテーマは、悪魔サタンが神に挑んだとされる「宇宙主権の論争」という世界観を背景にしているが、これによると、人間は神によってもたらされる利益ではなく、神の主権の正しさゆえに、神を崇拝しなければならない。こうしてエホバの証人においては、宗教的な帰属のあり方や世界本部の方針に従うか否かという問題が、神かサタンかという二者択一の問題となるのである。一見すると、幸福を追求することが全面的に否定されているようにもみえるが、人間は自らの力で、すなわち神から独立して、幸福になるようには造られていないとするエホバの証人の教説において、主権の立証と人類の幸福は矛盾しない。幸福を目的とした崇拝は誤りであるが、人類の幸福な状態を知っている神に従うことが、幸福になるための唯一の方法であり、幸福は結果としてもたらされるとされているからである。そして、エホバの証人の歴史観によると、現在の状況は、地上を幸福な人類で満たすという神の計画が、悪魔サタンやアダムとエバによって中断されている状態であり、信者たちの存命中にはその計画が完成するとされている。現在の信者に求められているのは、神の主権の立証(=神との関係)、そしてハルマゲドンによる世界の清算の時期が近いことを人びとに知らせること(=自身の救済と隣人への責任)である。

つまり、エホバの証人の救済観と世界観は、日本発祥の新宗教にみられるような生命主義的救済観とは根本的に異なっており、現世的な生命開花やそれが変容した社会改良、そして現世利益などによる幸福を追求しない。ただし、エホバの証人における救済の時期は、来世や没後の話ではなく、基本的には信者の存命中における救済を前提としている（＝救済の切迫性）。ここにおいて個人がなすべきことは、どうすれば幸福になれるかを考えたり、社会を改良したりすることではなく、神の介入の時を辛抱強く待つことなのである。

その時期に関する予言は、幾度も期待はずれな結果に終わったが、この予言を提示する自教団の組織の正統性を担保に運動は継続してきた。その権威の正統性とは、キリストが天に再臨し、天における統治を開始した後、地上の唯一の経路としてラッセルの聖書研究グループ（一九四〇年代以降はエホバの証人の統治体）を選んだとするものである。エホバの証人においては、この唯一の経路以外にエホバ神につながる方法はなく、自教団以外のキリスト教は全て誤った崇拝をおこなっているとされている。自教団の組織中枢を神の代理組織とするエホバの証人の組織原理は「神権組織」と称されるものであり、統治体（組織）に対する忠節によって神への忠節を示すことが求められる。エホバの証人（世界本部）の自認するところによると、教勢の拡大は、エホバの証人が神に是認され祝福された組織であることの証である。つまり世界本部は、予言の信憑性を組織の正統性で担保し、信者数の増加を神からの祝福とすることで組織の正統性を証明し、予言の切迫感によって信者を鼓舞し、布教活動を活性化させるという、自転車操業的な動員とジレンマの中で世界宣教を展開してきたのである。また、エホバ神に忠節な生き方をするか否かを選択する機会が全ての人間に与えられた後に、終わり（ハルマゲドン）が来るとされているため、布教活動においては、全信者による全戸への訪問が計画的・組織的に実行されてきた。その活動へのコミットメントは、「時間」という合理的な指標によって評価される。

いうまでもなく、楽園を待つことと布教活動へのコミットメントを強調するだけでは集団の凝集力を維持することはできない。教団内においては、ハルマゲドン前の現在においても享受可能な幸福が多少なりとも提示されており、その一つが「霊的パラダイス」である。エホバの証人の教説によると、われわれの生活する一般社会はサタンの支配下にあるが、地上の楽園が実現していない現状においても、教団内には「霊的パラダイス」と称される状態が実現しているのだという。「霊的パラダイス」は、国家の枠組を超えた世界的な兄弟関係やエホバ神の「爽やかさ」などが実感できる「避難所」であり、教団外では得ることのできない安心感や信頼関係がある（＝コミュニティ的な要素）とされている。

このように、信者たちに課される布教活動（布教最優先の生活）は、神が唯一の経路（統治体）を介して明かしたとされる歴史観と世界認識によってパッケージされている。この歴史観と世界認識の中を生きる信者たちとっての布教活動は、神を前にした拒否権のない任務となる。布教活動には、自己の救済だけでなく、他者の救済に対する責任、神との関係、コミュニティへの帰属という、いくつかの要素が重なり合っている。教団への帰属や布教活動の動機付けにおいて各要素が占める位置は、個々の信者によって差異があるだろう。重なり合う要素が多ければ多いほど、その信者にとって世界本部の方針に従うことの必要性は堅固なものとなる。たとえば救済という要素のみに依拠した帰依は、救済に対する欲求が消失したり、予言が期待はずれに終わったりした際に、運動からの離脱を招く可能性が高い。しかし、他者への責任や神との関係やコミュニティへの帰属といった要素が大きな位置を占めている信者の場合は、救済への欲求や予言の当否に関係なく、運動にとどまり続ける義務感や必要性が強くなるのである。

しかしこれは、あくまで教理上の問題である。たとえば、布教活動を最優先とする生き方への動員を教団サイドから語ると、日本人の中には「王国の良いたより」を必要とする者が多くおり、布教活動の結果、現在も二二万人以上の人びとが教えの魅力や正しさに気づき、救いの道を歩んでいるという理解になるだろう。これを教団側からみた救済史的な理解とした場合、本書は、そのような理解を提示する世界本部やその布教戦略を分析の俎上に載せた上での検討を目指すものであった。教団サイドによる教団史や救済史から捨象されているのは世界本部の影響力であり、本書ではその影響力を〈本部志向〉という分析視座によって摘出した。〈本部志向〉とは、「海外に本部などの組織を持つ宗教集団における本部／支部間の恭順的な関係性」である。

たしかに、信者を布教活動に動員するための教理上の裏付けは周到なものである。しかし、世界本部の方針が運動の成否を一方的に規定できるわけではない。布教に関する世界本部の方針が指示通りに実行されるとは限らず、また実行されたとしても、それが必ずしも教勢拡大において順機能的に作用するとは限らないのである。〈本部志向〉のありようは、教説の内容や世界本部の布教方針が各国の支部においてどの程度実行されるのか／されないのかに関係する一つの係数のようなものといってもよいだろう。本書においては〈本部志向〉が教勢にどう影響したのかを検討するための分析枠組として、「エホバの証人における〈本部志向〉の四類型」を設定した（本書序章の図3）。

第一の分析軸は、支部レベルにおける〈本部志向〉の成否を問うものである。世界本部が様々な布教方針や指示を出したとしても、日本支部がそれを受け入れないならば、その方針が実行されることはない。世界本部の方針に対し、支部単位での離脱や反発が生じた場合は、支部レベルの〈本部志向〉は成立していない。また、世界本部が派遣した宣教者が日本支部を運営している状態、つまり日本人指導者が不在の状態は、支部レベルにおける〈本部志向〉の成否が確認できないため、この場合も〈本部志向〉は不成立となる。

ただし、支部レベルでの〈本部志向〉と信者個人における〈本部志向〉は区別して考える必要があるため、第二の分析軸には、個人レベルにおける〈本部志向〉の集合的な成／否を設定し、それを知る目安として教勢に関連する指標を設定した。それは、新たな入信者の人数が総信者数に反映されているか否かという指標である。エホバの証人の信者数は、集会の参加者や名簿に記載された者の人数ではなく、一定の布教時間を報告している者の人数を指すため、布教活動を促す世界本部の方針に応答しているかどうかを教勢から窺い知ることができる。新たな入信者の存在は、能動的にせよ不承不承にせよ布教活動がおこなわれた結果であり、その人数が総信者数の増加という形で反映されている場合、大半の信者たちが世界本部の指示に対し従順であったということができる。しかし入信者がありながら、その人数が総信者数の増加という形で反映されず教勢が停滞していたり減少したりする場合、それは運動からの離脱や布教活動への不参加が増加していることを意味する。客観的に観察可能な行動においてさえ、世界本部の方針に従わない〈従えない〉信者たちが増加しており、もはや個人レベルにおける〈本部志向〉すなわち世界本部との恭順的な関係性が、集合的には成立していない状態といえよう。

二　拡大要因／停滞要因としての〈本部志向〉

支部レベルにおける〈本部志向〉が課題となった時代

図14は、序章で提示したそれぞれの時期区分を、〈本部志向〉のありようを踏まえ図示し直したものである。そして、第五章までの記述をもとに、各時期区分における日本のエホバの証人の差異を〈本部志向〉の四類型に図示すると、図15のようになる。

まず第I期の灯台社の時代において、支部の指導者である明石順三は、世界本部二代目会長のジョセフ・F・ラザフォードの教説に大きな影響を受けて入信しており、世界本部からの任命により、日本や中国・朝鮮での宣教のために派遣された。日本におけるエホバの証人の展開を通史的にみた場合、当時の特徴としては、最も独自性のある支部運営がおこなわれていた点が挙げられる。たとえば明石による教団刊行物の翻訳は、日本の一般大衆にも理解しやすいよう、日本の社会状況や歴史に引き寄せたものとなっていた。日本が徐々に戦時体制に突入し、特高警察による監視が強まり、世界本部とのやりとりが途絶えるなど、世界本部よりも国家権力に運動展開が大きく影響を受けた時代でもあった。

これにくわえ、とりわけ明石においては、郷土愛と未分化なナショナリズム的な志向性（祖国愛）があった。ただし、社会改良や社会変革という意味での社会志向性はきわめて薄く、あくまでエホバ神について「宣伝すること」がその使命であり、明石独自の翻訳にも土着化やシンクレティズムとして解釈されるような変容はなかった。

時期区分		教勢の状態	支部の運営形態	〈本部志向〉 のありよう
Ⅰ	1926年～1947年 灯台社の時代	伸張後、戦時下における国家権力による弾圧で活動停止	世界本部から派遣された日本人信者	A（柔順） →D（不確定） →C（消失）
Ⅱ	1948年～1970年代半ばまで 日本支部の形成期	着実に伸張 数十人→２万人強	世界本部が派遣した外国人宣教者	D（不確定） →A（柔順）
Ⅲ	1970年代半ば～1990年代半ばまで 伸張期	急成長 ２万人強→22万人強	日本人信者による運営	A（柔順）
Ⅳ	1990年代半ば以降 停滞期	停滞 22万人強→21万人強	日本人信者による運営	B（忍従）

図14　日本におけるエホバの証人の時期区分

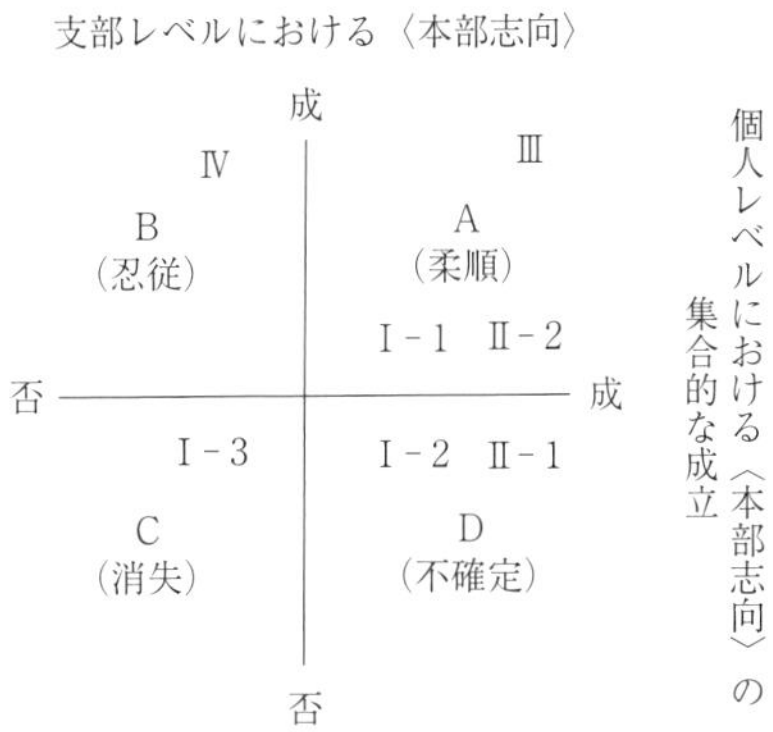

図15　エホバの証人における〈本部志向〉
の四類型

そもそも布教活動における世界本部の指導は、現在ほど厳密ではなく、当時は未だ「統治体」という用語も使われていなかったが、明石は世界本部を神の経路や神の機関とする認識を受容し、世界本部に対する忠節も維持されていた。たとえば、予言の教義に大きな変更がくわえられていたことにも明石は納得しており、予言の失敗や訂正としてではなく、「増し加はる真理の光輝」として受容していた。この点で、支部レベルにおける〈本部志向〉は成立していた。

信者個人レベルにおける活動への献身度も高く、稼業を廃業し地方での布教活動に専念する者もいた。また、自らの信仰心を貫くために最終的には兵役拒否や治安維持法違反などで投獄されることとなった者、獄中死した者もいた。その活動は、「神とその王国を宣伝し、宣伝しなさい」とする世界本部のスローガンと、ハルマゲドンは近いという危機感に強く規定されていた。当時の運動はオリジナリティがありつつも、基本的には本国アメリカにおける活動を模倣・踏襲したものであった。「アメリカ的」と評されるような大胆な宣伝活動がおこなわれていたが、日本人には受容されにくい救済観と教説であったこともあり、入信者自体はさほど多くはなかった。そうした状況にもかかわらず入信者が得られたのは、信者たちの実直な布教活動の成果でもあった。当時の教勢データは詳らかではないが、検挙時の信者の人数を参照する限り、教勢は拡大していたとみてよいだろう。入信者の人数が総信者数に反映されていたことをみると、個人レベルにおける〈本部志向〉は集合的に成立していたと考えられる。そのため、この時点における灯台社の状況は、A象限「柔順」に位置付けられる（図15、Ⅰ-1）。

当時のもう一つの特徴としては、神の組織に対する帰属意識はあったが、後の時代と比して、信者コミュニティ内の規範によってではなく、それぞれの信者たちのエホバ神に対する信仰心や忠節の表出として宣教がおこなわれていた点が挙げられる。終戦直後に信者たちは明石のもとに集まったが、灯台社代表の明石が世界本部は唯一の経路ではなくなっているのではないかとする質問状を出した際、支部レベルにおける〈本部志向〉は不成立となり、日本の運動はD象限「不確定」に分類される状況となった（図15、Ⅰ-2）。また、信者個人レベルにおいても大半の信者が世界本部に対する批判的な公開質問状に賛同し、ワッチタワーの運動から排除される形で灯台社の運動は終焉を迎えることとなった。この時期の〈本部志向〉の状態は、C象限「消失」に分類される状況となった（図15、Ⅰ-3）。

なお、ここで明らかになったのは、エホバの証人（世界本部）において核心的な位置を占めるものが、信者たちの信仰自認やエホバ神に対する信仰心、そして他者の救済のための生命を賭した信仰実践などではなく、唯一の経路とされる世界本部の正統性にどのような態度をとるかという点である。世界本部への忠節は、信者数や教勢拡大よりも優先すべき課題であったことが明らかとなった。

第Ⅱ期においては、神権組織に忠節な日本支部の設立をすべく、「ギレアデ学校」の教育カリキュラムを受けた宣教者が組織的・計画的に配置され、日本宣教が再開された。支部レベルにおける〈本部志向〉は、一九七〇年代初頭に日本支部の運営が日本で育成された日本人指導者に委ねられ、成立する。

それまでは外国人・日系人の宣教者を指導者とした上で、日本宣教がおこなわれた。世界本部の布教方針においては神権組織という論理が強調されているが、当時の宣教者の多くは「統治体」という名称が使用される以前からの信者たちであり、教団通史的にみると、そうした組織概念の受容は現在よりも外挿的なレベルにとどまっていたと考えられる。むしろ当時の宣教者の中には、エホバ神や聖書に対する信念を率直に表現する者がいたように、あくまでエホバの証人以外のキリスト教各教派との対比において唯一の経路たる神権組織への従順さが示されていた。この点において、当時の宣教者たちと明石には共通点もあった。しかし宣教者たちは、唯一の経路とされる世界本部と歩調を合わせることができた点、または、世界本部に対する批判を要するような事態には直面していなかった点が大きな相違点であった。

入信者の入信動機は必ずしも救済観そのものにあったのではなく、ウィルソンの先行研究が示すように、当時の日本人が敗戦と同時に喪失した生き方の指針や規範、それを提供するコミュニティの機能的代替として受容されていたと考えられる〔ウィルソン　一九七八〕。また、信者生活という点では、ハルマゲドン一九七五年説の影響もあり、布教活動における危機感は最も大きい時代でもあった。救済観や教説の内容は日本人には馴染みが薄く、時代状況にも適合していなかったが、布教する側である信者たちの切迫感や責任感によって布教活動がおこなわれることにより入信者が獲得された。その際、布教活動の入り口においては、Bの祖母やCとDの夫妻のように、ハイカルチャーとしてのキリスト教や聖書、幸福な家庭生活へのアドバイス、戦時中における兵役拒否などが、入信の誘因となっていたケースも多かったと考えられる。

戦後日本の信者たちは、神権組織という宗教的なレトリックによって正当化されたコミュニティの規範に従うことが強く要求された。なるべく早くバプテスマ（浸礼）を受けることや、安定した生活を捨てて布教活動に専念することなどは、世界本部が打ち出した方針なのであるが、日本人信者たちにとっては、そうした指導が信者コミュニティを基盤とした規範となることによってより強い拘束力が発揮された。この点において、戦前の運動とは差異があったと考えられる。結果として、個々の信者においては世界本部の指示が忠実に守られ、多くの時間が布教活動に費やされることで入信者が獲得されており、個人レベルにおける〈本部志向〉は集合的に成立していたと考えられる。

その一方で、日本支部の運営が日本人指導者に委ねられるまでの間は、支部レベルでの〈本部志向〉は未だ不成立の保留状態にあった。新たに任命する日本人指導者が、世界本部の方針に従わなかったり、日本支部の運動を独立した運動に発展させたりした場合、C象限「消失」の状態に逆戻りすることになる。海外から派遣された宣教者が日本支部を運営していた時期の日本支部の〈本部志向〉は、D象限「不確定」の状態にあり（図15、Ⅱ-1）、宣教者たちによって、新たな日本人指導者の育成がおこなわれていた。一九七〇年代に入り、支部の運営が日本人指導者に委ねられた後、ハルマゲドン一九七五年説が期待はずれに終わり、信者数が減少した国もあった。しかし日本支部においては信者数が減少することはなく、支部の指導者は世界本部の方針に従い支部施設を拡充させるなど、世界本部との関係は強固なままであった。第Ⅱ期の終わりには、〈本部志向〉はA象限「柔順」の状態になったといえる（図15、Ⅱ-2）。

個人レベルにおける〈本部志向〉の成否と葛藤

第Ⅲ期における右肩上がりの急成長は、世界本部の重層的な布教戦略と日本人信者たちの活動の重なり合いによるものであった。まず支部の指導者にとって、神権組織はすでに自明のものとなっており、世界本部との強固な関係性という点で、世界本部の基準にかなう日本人信者が支部を運営していた。第Ⅲ期全体を通じ、支部レベルにおける〈本部志向〉は成立していたと考えられる。それは輸血拒否や格技の拒否など、社会との関係において摩擦や葛藤が生じた際に、より鮮明となった。日本の文化や規範に対する譲歩や妥協はなされず、世界本部の指導のもと、法制度を利用しいわば効率的な問題解決が図られた。

支部レベルにおける〈本部志向〉は、対社会という関係においてだけでなく、対信者という関係においてもいえることであった。数十名の信者が排斥された北海道の広島会衆の事例で顕著となったように、世界本部と日本人信者の間に位置する日本支部の指導者たちは、信仰を自認する日本人信者との関係ではなく、世界本部との恭順的な関係を堅持する道を選んだ。

しかしこうした出来事――教団サイドの認識によれば大量背教事件――が教団内の信者たちに知らされることはなく、第Ⅲ期には活発な布教活動がおこなわれていた。予言の自己成就的な増加がさらに増加を招来し、右肩上がりに教勢が拡大した。新たな入信者は多く、その人数が毎年連続する教勢拡大という形で総信者数に反映されており、運動からの離脱者は少ない時期であった。信者個人レベルの〈本部志向〉も集合的に成立しており、この時期の日本支部はA象限「柔順」の状態にあったと考えられる（図15、Ⅲ）。

この当時、布教する側／訪問先の双方に専業主婦も多く、エホバの証人に特徴的な全戸訪問や布教に費やした時間を報告させる布教方針は、教勢拡大に順機能的な影響をもたらしていたと考えられる。当時は家庭にいた主婦たちに、同じく主婦の立場の信者たちが子ども連れで軒並み訪問し、「幸福な家庭生活」を切り口に布教をおこない、ともに伝道に出るよう促した。入信した者は、布教活動をする必要さえもなくなる日が近いと思えばこそ、時に幸福とは矛盾する生活を送りながら、多くの時間を布教活動に注いだ。社会状況と教説の適合性という点では、入信者の獲得が難しい時代状況であったが、母や妻としてのジェンダー規範への適応課題を抱える家庭の主婦への布教という点で、当時の活動は一定の効果があったと考えられる。

しかし、エホバの証人の救済観の示すところでは、既存の社会体制は間もなくエホバ神によって清算されるはずのものである。個人の入信動機とは裏腹に、本来的にエホバの証人の宗教運動は、マクロな社会状況への適応を助ける宗教運動ではない。むしろ布教活動を最優先することを肯定するような世界認識と歴史観の中に囲い込むような側面があった。そのため、CとDの夫妻のように、活動に専念すればするほど、当初の願いとは裏腹に幸福とは矛盾する状況に陥り、運動を離脱する者もいた。その一方、AやBのように、家庭内や健康面で大きな違和感や葛藤を抱えながらも運動を継続する者もいた。

なお、輸血や格技に関する訴訟にも、社会改良主義的な要素が読み込まれる傾向はあった。当時の社会状況、とりわけ医療と教育の領域において、エホバの証人の信条や物事の進め方は先駆的なケースとして肯定的に評価された。しかしエホバの証人は、患者一般・生徒一般の人権が尊重される社会へと社会変革を志向する宗教運動ではない。たしかに信者の権利は対社会という面において守られたが、対信者という面において、個人を尊重する宗教集団であるか否かはみえづらいまま現在に至っている。宗教的なマイノリティの信条も尊重されるべきとする規範的な意味において、社会的に認知・受容されてきたのも事実であるが、とりわけ輸血拒否に関する一般的・主観的な評価においては、否定的な評価が根強く残っている可能性もある。エホバの証人が日本社会に一定程度定着したのは確かだが、教団に対する評価と宗教を信奉する信者個人を尊重する際の評価とが混在したままの定着であったともいえる。

このように信者個人においては、矛盾や葛藤を内包した上でいわば強硬的に実現された伸張であったこともあり、第Ⅳ期にはその揺り戻しともいうべき歪みが露呈し始めることとなった。とりわけ第Ⅳ期に目立つ現象が、脱会者の増加である。むろんここには、インターネットの普及によってそれまでの情報統制が効かなくなってきたという社会状況の変化も関係している。しかしAのように、教説を内面化し、布教活動自体に喜びを感じていた信者でさえ離脱しているように、離脱傾向が強まる原因は第Ⅳ期にではなく、それ以前から潜在的に存在していたと考えられる。Aにおいては、神の主権の立証というテーマや他者を救いたいという願いをもってしても克服できないほどの疲労の蓄積があった。またBは、「理性による神聖な奉仕」などの言葉に依りつつ、自身が理想とする信者像に近づこうとしたりもしたが、子育てに関するエホバの証人の方針に対する違和感が時の経過とともに拭いきれなくなった。

繰り返し述べてきたように、社会志向性の薄さが特徴ともいえるエホバの証人は、既存の社会への適応ではなく社会の終末が近いことを喧伝する宗教運動である。そのため、学校などの場で社会生活を営む子ども世代の信者たちが、適応の問題や課題に直面することは回避できなかった。[1]第Ⅲ期までの間は、ハルマゲドンの切迫によって合理化されていた布教活動中心の生活や、体罰のエスカレートを招く子育ての方針なども、子ども世代の離脱傾向を促進した。

とりわけ二世以降の信者において「楽園」以上に待ち望まれていたのは、社会における「外国人」としての生活の終焉でもあったと思われる。しかし第Ⅳ期においては、年代予言の教義にも大きな変更がくわえられ、存命中にはハルマゲドンが生じない可能性が出てきた。第Ⅲ期までとは異なり、信者たちは将来を度外視した活動のリスクも直視することとなったのである。第Ⅲ期と比して少なくなったとはいえ、新たな入信者はいる。しかし、その人数が総信者数の増加としては反映されず、教勢は停滞している。これは、布教活動に参加しない者や運動から離脱する者がいることの表れでもある。つまり、第Ⅲ期と比して個人レベルの〈本部志向〉が集合的に成立しているとはいえない状況が生まれており、揺らぎや葛藤を抱える信者たちが増加していると考えられる。支部レベルでの〈本部志向〉と個人レベルにおける〈本部志向〉には捻れが生じており、第Ⅳ期における日本支部は、B象限「忍従」に位置付けられる状況にあるといってよいだろう（図15、Ⅳ）。ハルマゲドンが来ないこと、布教活動がふるわないこと、その状況においても世界本部は基本方針を変更せず、信者たちは「時間の要求」に応えなければならないこと、脱会した家族との分断が続くことなど、忍従の内容は信者によって異なると考えられる。

個人レベルにおける〈本部志向〉の内実

このように、第Ⅰ期・第Ⅱ期は支部レベルにおける〈本部志向〉が課題となり、それが達成された一方、第Ⅲ期には集合的に成立していた個人レベルにおける〈本部志向〉が、第Ⅳ期には揺らぎ始めていると考えられる。ただしこれは、教勢に表れている信者の行動のみからいえることである。

本書では脱会者にインタビューをおこなうことにより、個人レベルにおける〈本部志向〉の成立や葛藤の内実にも迫ってみた。それにより明らかとなったのは、個人レベルにおける〈本部志向〉の調整機能的な側面である。予言の失敗や教義変更にくわえ、問題のある指導者も散見されるように、エホバの証人の組織は無謬の組織と認知されているわけではない。個人レベルにおける〈本部志向〉とは、教団組織の問題が認知されていないために成立しているのではなく、問題を認識しつつも、この組織が神の組織であるがゆえに、それらの問題を時に合理化し、調整し、忠節であり続けようとする恭順的な態度であった。その調整機能が効いている間は、エホバの証人の組織が完璧ではないことや予言が期待はずれに終わったことなどを理由に、即座にその正統性が否定されることはなく、「エホバを待つ」ことが堅持された。

個人レベルの〈本部志向〉との関連で明らかとなったもう一つの要素は、ひとくちに〈本部志向〉といっても、世界本部に対する信者個人の位置付けには差異があるという点である。神権組織という組織原理がどの程度自明視されているかには個人差があると考えられる。それは、宣教者Xについて語るAの語りから明らかとなった。Aのいう「大きくなってしまった組織の時代」と「「組織」の影響がない時代」の信者の差異である。当時のAにとって、世界本部は自明の存在であり、相対化することの難しい存在であった。Aが神権組織という組織原理を内面化させていたことは、当初の彼が教団刊行物を介して聖書を解釈することに対しいささかの疑問も感じていなかったことにも表れていた。一方、宣教者Xにとっての神権組織という組織原理はAほど内面化されておらず、相対化することの可能なものであった。それは、教団刊行物を駆使したAの聖書の読み方を、「神がみえなくなる」と注意したことに表れている。Aにとっての神権組織は神や聖書と渾然一体であったのに対し、Xにとっての神権組織は神や聖書の外側に併存している存在であったと思われる。

戦後の日本宣教を再開したのは、神や聖書について率直に語るXのような宣教者たちであるが、

	明石順三	宣教者X	指導者S	脱会者A	脱会者B	脱会者C	脱会者D
相対的	○	○				○	
内面化			○	○	○		○

図16　信者個人における神権組織の受容度

世界本部が育成しようとしたのは、Xのような信者ではなく、当初のAのような信者であった。図16は、戦前の明石順三・宣教者X・日本支部の指導的な立場を担うこととなった日本人S・聞き取りをおこなった四名の脱会者の計七名の人びとにおける神権組織という組織原理の受容度を、相対的／内面化という基準に即して表したものである。

神権組織の受容度が相対的なレベルにとどまっている信者とは、明石や宣教者Xのように、教団内の組織化が現在ほどは進んでいない時代に入信したケースや、脱会者Cのように、多少なりともキリスト教の知識がありエホバの証人における組織の問題を相対化する視点があるケースである。明石とCは、結果として運動から離脱した。一方宣教者Xは、教団側が提示する神権組織という組織原理と、聖書や神に関する信条とを、矛盾なく併存させることができた。これとは対照的に、指導者S、そして脱会者A・B・Dは神権組織という組織原理が内面化されていた信者である。世界本部という要素やその布教戦略が自明の存在となっており、世界本部や日本支部を相対化する視点をもち得なかったケースである。指導者S、そしてA・B・Dにとって、神に仕えることと世界本部や日本支部の方針に従うことは区別し難いものであったと考えられる。A・B・Dの場合は、課される方針に葛藤や問題を抱えながらも、そうした葛藤は、組織を批判するほうにではなく、調整機能的な役割を果たすほうに発露し、やがてそれも限界を迎えることとなった。

教団刊行物をみると、「喜びにあふれ奉仕に励んだ」とする体験談が多数掲載されている。当初のAもその一人であった。しかしAが会衆内の信者を励まさなければならなかったように、実際には伝道が好きな信者はあまり多くなかった。教団資料には、日本の信者たちの「開拓者精神」と、教説の正しさや魅力ゆえに日本人の関心を引き、右肩上がりの伸張をしていた点が強調されている。しかしその一方で、CとDの夫妻のように、貧しさに耐え、家庭内に不和を生じつつ、懸命に布教をおこなっていた信者、またAのように「組織」の「要求」を咀嚼し、工夫して励ます長老、あるいは高圧的に「時間を入れる」ことを要求する長老もいた。Bのように違和感を抱えつつも、「理性」によって自らを納得させ、宗教への帰属を合理化する者もいた。教勢拡大には、こうした活動の集積という側面もあっただろう。

本書の序章において、二つの問いを設定した。まず、「日本におけるエホバの証人は、どのように今日の教勢を築いたのか」という第一の問いについては、筆者のいう〈本部志向〉が「柔順」の状態となるよう、支部形成時から世界本部が戦略的に介入し、日本人信者たちが布教に費やした時間と訪問件数の多さによって、かろうじて達成されたということができる。しかし、それは多数の離脱者や家族内の分断を伴うものであり、現状の教勢停滞の要因にもなっている。

次に、「世界本部の布教戦略が、日本人信者たちをどう動かし、それがどのように教勢に影響したのだろうか」という二つめの問いについては、〈本部志向〉の基盤がコミュニティ的な宗教帰属のあり方に支えられていたため、世界本部や日本支部の指導方針が信者同士のコミュニティの規範となり、指導方針の拘束性がより強まった――あるいは方針に対する過剰適応という側面もあった――ということができる。そのため、エホバ神の主権の立証という基本的なテーマを受容していた者はもとより、こうした教理を十分に理解していない者も、神かサタンかの二者択一に単純化された世界観の中でコミュニティの理想や規範に従うべく布教活動に参入した。そして、「時間を入れる」という言葉遣いにみられるように、布教活動へのコミットメントは、世界本部が設定する「要求時間」という目安によって最大限に引き出され、入信当初の目的や幸福と矛盾する状況が生じても活動を続けることが合理化された。また、それが過剰適応であったとしても、世界本部は日本支部の献身度を正すことなく称賛し続けた。

エホバの証人の救済観は終末論に分類されるが、終末論的な救済観そのものがこの運動を規定していたわけではない。終末論的な救済観や教義内容の濃淡を左右するという点で、いわば係数ともなる〈本部志向〉という特徴が関係していた。しかし、〈本部志向〉は教勢拡大において看過できない要素であると同時に、教勢停滞の要因ともいえる。それぞれの信者にとって世界本部が自明の存在となっているか否かに差異はあるかもしれないが、灯台社の時代から今日まで、大半の信者たちにおいては世界本部にではなく、エホバ神に仕えているという認識は共通していると考えられる。このように、日本のエホバの証人は、教説自体のインパクトが薄く救済財の魅力も乏しい中、入信する側の動機付けよりも布教する側の事情に注目することで初めてみえてくる宗教運動でもある。そして、布教する側の背景として世界本部の影響力はきわめて大きかった。とりわけ日本支部の指導者にとってつねに課題となったのは、対社会や対信者との関係ではなく世界本部との関係性であった。世界本部に恭順的な日本支部の凝集性自体は、現在も維持されている。現在の教勢は停滞しているが、社会状況の変化や新たな信者たちの活動によって、運動展開や教勢にどのような影響が生じるのかについては、今後をみなければわからない(2)。宗教的多様性や寛容が提言されている今日、教団としてのエホバの証人がその信条内容ゆえに非難されることは少なくなった。ただし、対社会だけでなく、対教団においても信者の意志は尊重される必要がある。評価され尊重すべきものとして語られる対象が、教団レベルのエホバの証人であるのか個人レベルの信者であるのかには、今後も注視する必要があるだろう。

本書では、どのようにしてエホバの証人が日本宣教を展開したのかという問いの検討を徹底しておこなうことにより、筆者のいう〈本部志向〉の極限ともいうべき宗教運動の事例を提示し、海外発祥のキリスト教系新宗教の比較の可能性を拓くことに注力した。そして世界本部との関係性という要素を前景化することで、日本におけるエホバの証人がどのようにして現在の教勢を築いたのかという点については明らかになったと思う。しかし世界本部の布教戦略という要素をより鮮明にするにあたり、社会的還元からは距離をとって検討をおこなったため、本書における「なぜ」という問いへの応答は部分的なものにとどまっている。その問いとは、日本人指導者や信者たちが、なぜこれほどまでに世界本部に恭順的だったのかというものである。救済史としてではなく、宗教社会学的な視点から宗教運動を検討する以上、この「なぜ」という問いにも今後答えねばならない。

エホバの証人は、社会志向性がきわめて薄い歴史観と世界認識の中で運動を展開してきたが、日本の社会環境とは無関係に運動を展開し得たわけではない。日本においてエホバの証人が受容された背景には、「アメリカの宗教」という要素も大きかったのではないかと考えられる。それは単に戦勝国と被占領国という関係によるものではなく、「内なるアメリカ」と評されるような深く内面化されたアメリカの影響である[3]〔吉見　二〇一二〕。

また日本では、エホバの証人以外にも、海外の組織と関係がある宗教運動や終末論的な救済観を掲げる宗教運動は展開しており、各宗教運動における社会との向き合い方など、それぞれの差異や共通点を比較検討する必要もあるだろう。こうした点の検討も含め、課題は未だ多く残っている。

註

（1）筆者は脱会者が集う「オフ会」やキリスト者らのミーティングなどにも参加・交流させてもらい、情報収集をおこなってきた。二〇一七年に開催されたあるオフ会の主催者に開示していただいた情報によると、出席した当事者九二名のうち、三〇代が二九名（このうち元二世は二八名）、四〇代が三八名（このうち元二世は三三名）であった。この数字をみる限りではあるが、運動から離脱した者の内訳においては、第Ⅲ期に主婦であった信者たちの子ども世代が多く含まれることが推察される。

（2）教団内の状況変化としては、支部の指導者が信仰の第一世代ではなくなりつつある点が挙げられる。これまでにはない新たな要素としては、二〇二〇年から発生したCOVID-19の世界的な流行との関連がある。従来の布教活動や対面での集会がおこなえなくなり、オンラインの集会や、手紙・電子メール・電話による布教活動がおこなわれている。また、二世を中心とした脱会者の抱える苦悩や課題が注目され、二〇二一年には六月までの半年間に三つのテレビ番組で「宗教2世」の問題が取り上げられるなど、社会から注目される動きもある。

（3）吉見俊哉は、日本における「アメリカ」が、「グローバル・パワーとしてのアメリカ」「消費する近代性としてのアメリカ」「異種混淆的な通俗性としてのアメリカ」という三つの次元において欲望されてきたと指摘する〔吉見　二〇一九：一五六～一六二頁〕。ナショナルな枠組を否定するエホバの証人においては、エホバの証人が「アメリカ」の宗教であったことが動機として露骨に語られることはほとんどないが、アメリカ発祥の宗教であったことを「神慮」だと感じたというBの発言に、その断片をみることができるかもしれない。

資料編

世界各国の信者数等の推移

凡　例

・「資料編」においては、一九六八年時点において信者数が一〇〇〇人以上の国や地域における一九六四年から二〇一九年までの信者数・開拓者数・入信者数の推移を五十音順に整理した（単位：人）。なお、共和国・合衆国・島などの呼称は省略した。

・いずれの数値も各年の『エホバの証人の年鑑』や公式サイトに公開されている統計資料に基づいており、「平均伝道者数」「平均開拓者数」「バプテスマ」は、それぞれ、信者数・開拓者数（月平均）・入信者数に該当する。

・二〇一七年と二〇一八年の数値が記されていないのは、掲載の形式が異なっており、その間の各国の平均伝道者数が把握できなかったためである。

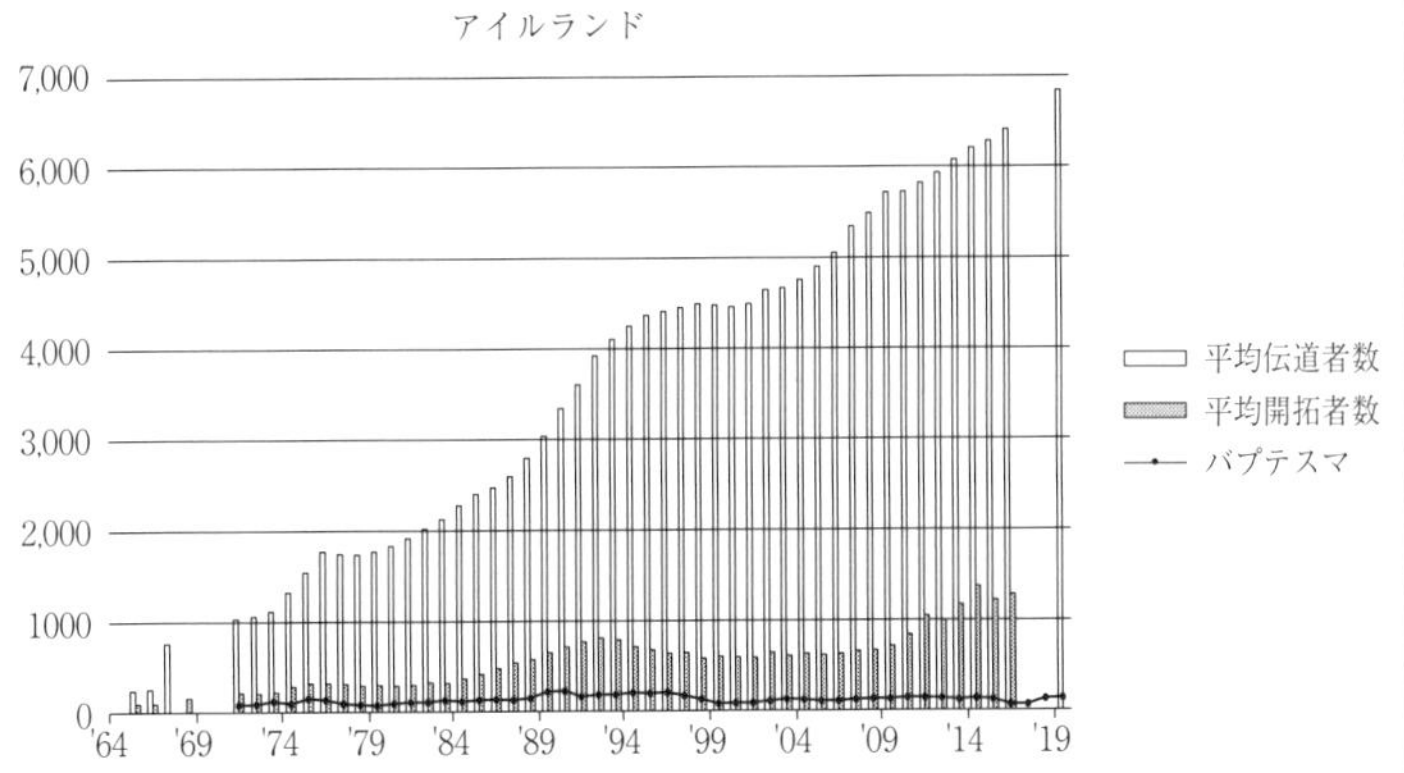
アイルランド
7,000
6,000
5,000
4,000
3,000
2,000
1000
0
'64
'69
'74
'79
'84
'89
'94
'99
'04
'09
'14
'19
平均伝道者数
平均開拓者数
バプテスマ

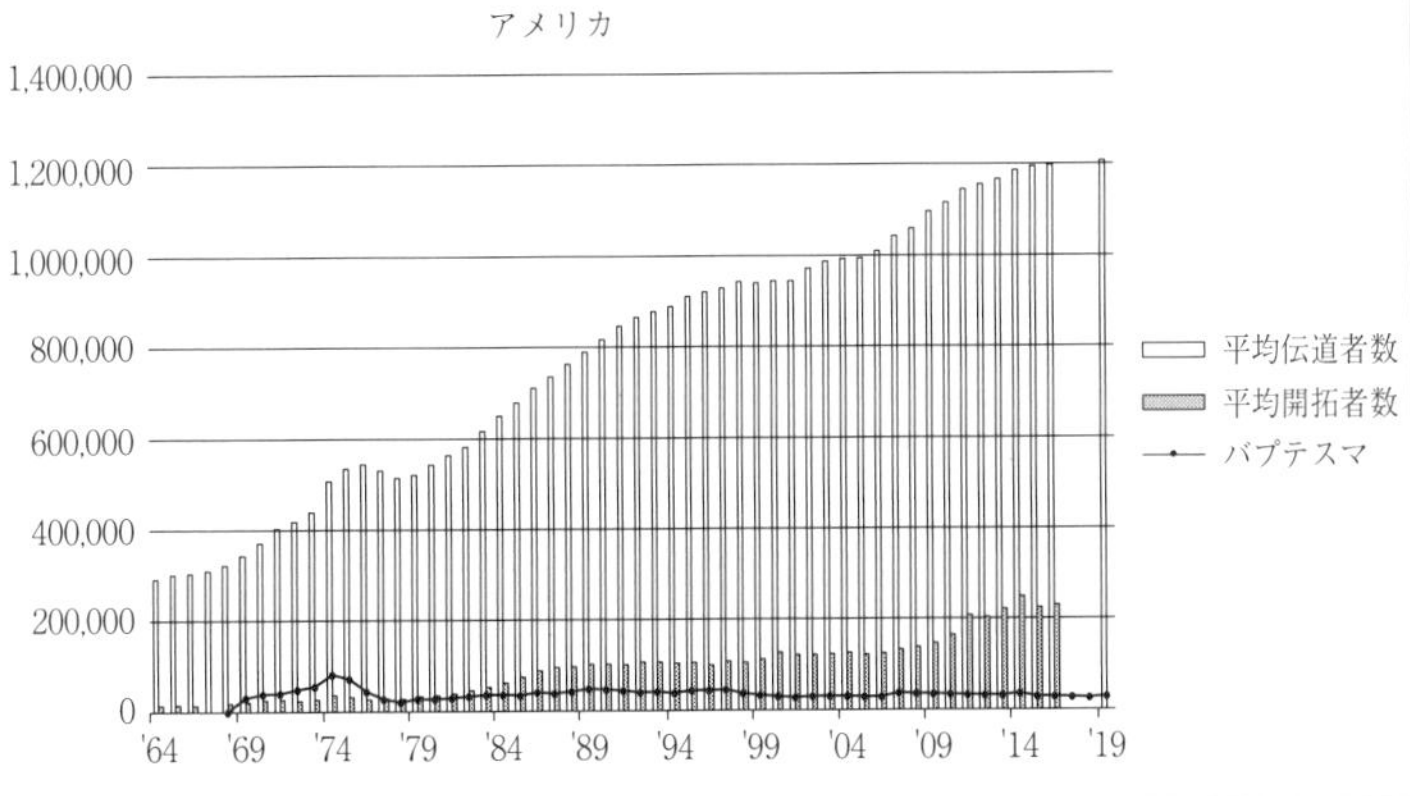
アメリカ
1,400,000
1,200,000
1,000,000
800,000
600,000
400,000
200,000
0
'64
'69
'74
'79
'84
'89
'94
'99
'04
'09
'14
'19
平均伝道者数
平均開拓者数
バプテスマ

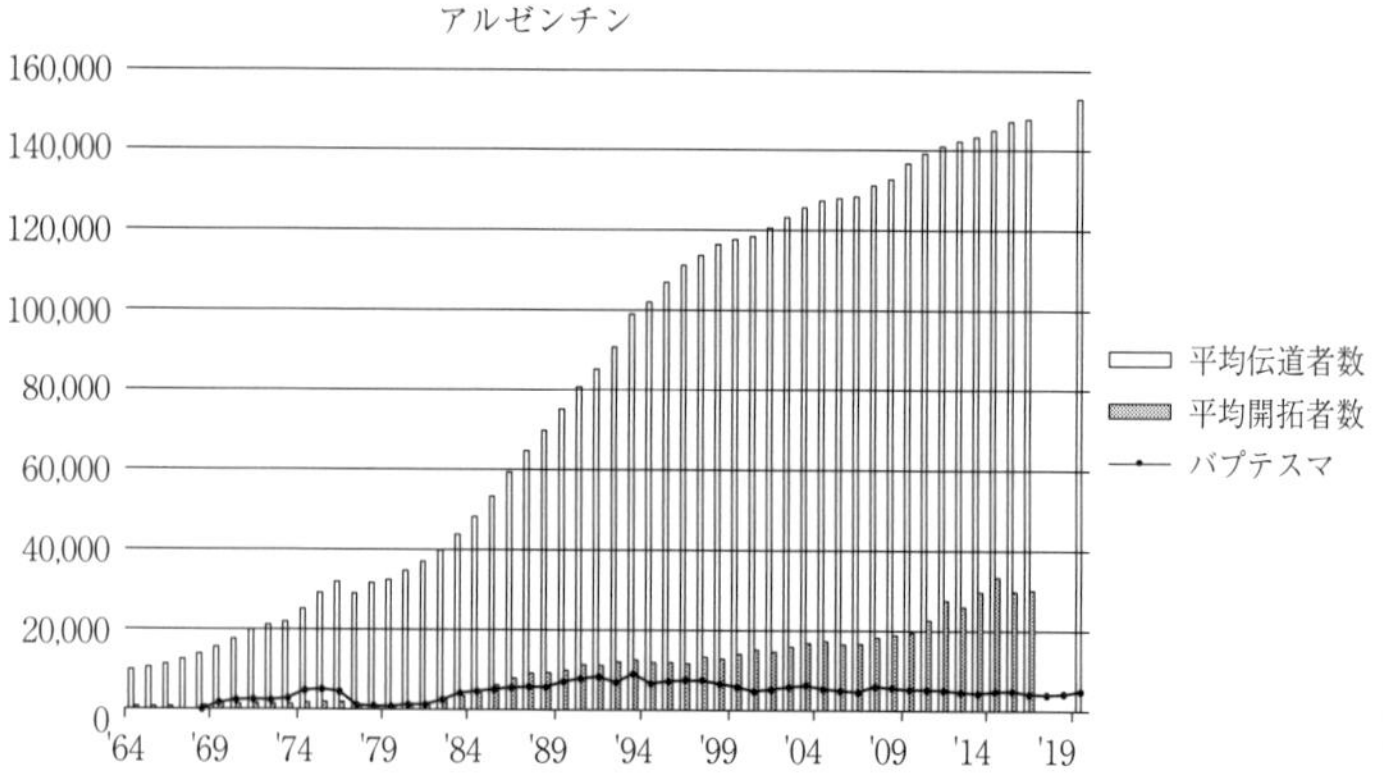
アルゼンチン
160,000
140,000
120,000
100,000
80,000
60,000
40,000
20,000
0
'64
'69
'74
'79
'84
'89
'94
'99
'04
'09
'14
'19
平均伝道者数
平均開拓者数
バプテスマ

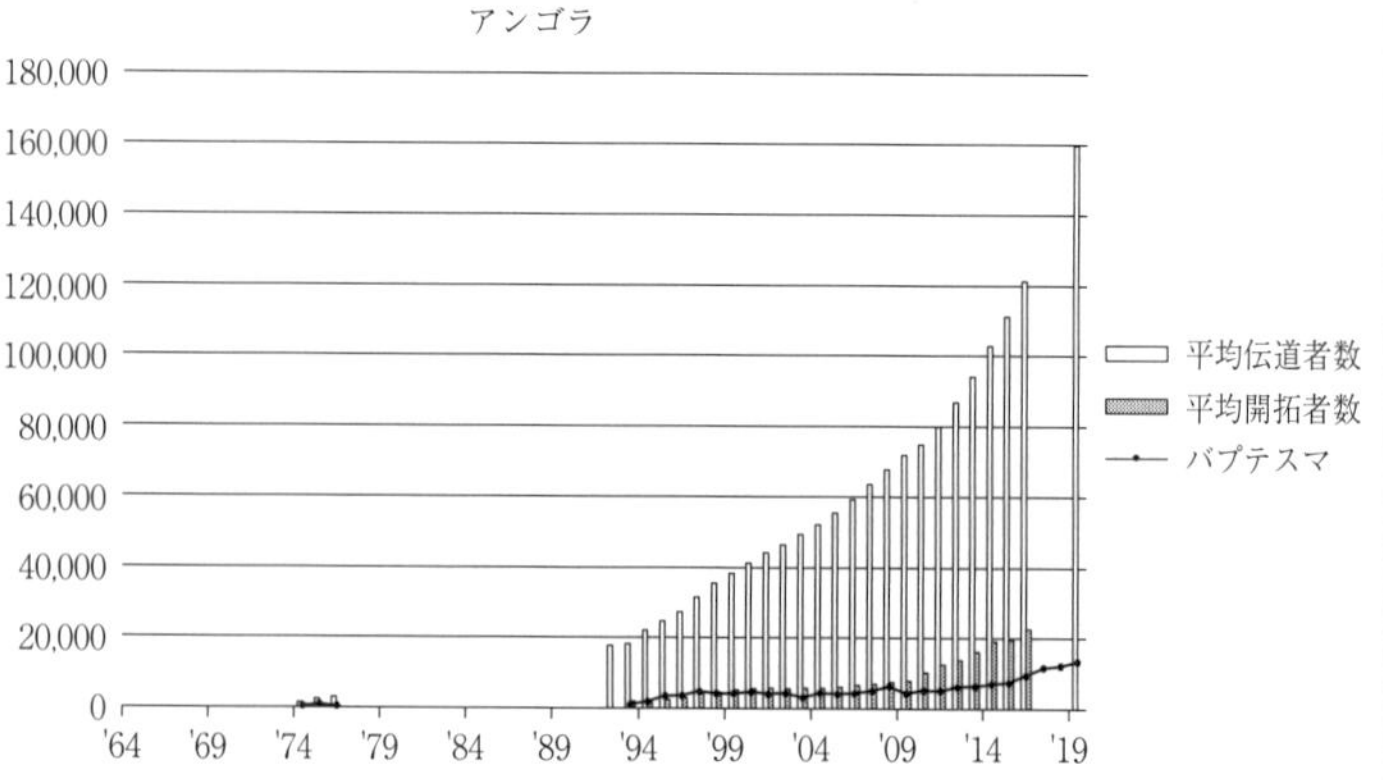
アンゴラ
180,000
160,000
140,000
120,000
100,000
80,000
60,000
40,000
20,000
0
'64
'69
'74
'79
'84
'89
'94
'99
'04
'09
'14
'19
平均伝道者数
平均開拓者数
バプテスマ

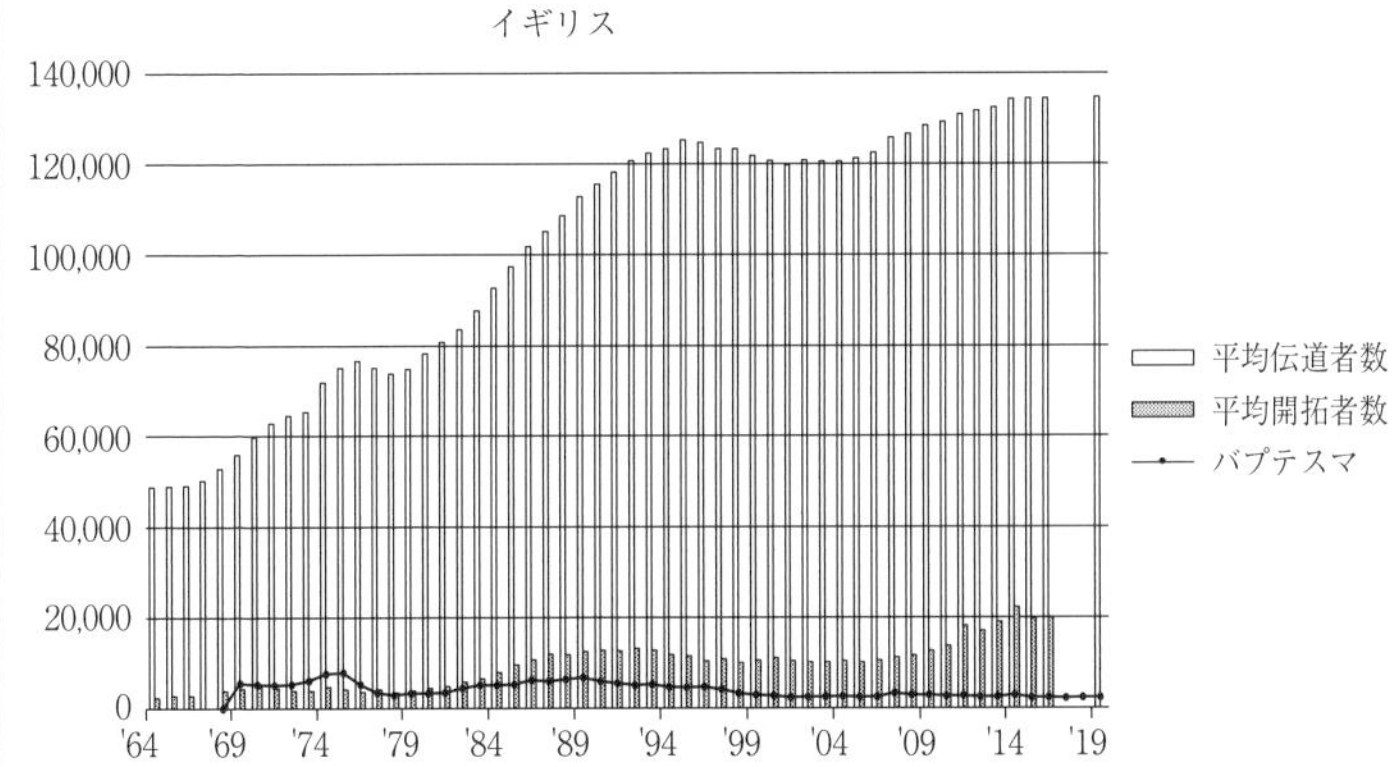
イギリス
140,000
120,000
100,000
80,000
60,000
40,000
20,000
0
'64
'69
'74
'79
'84
'89
'94
'99
'04
'09
'14
'19
平均伝道者数
平均開拓者数
バプテスマ

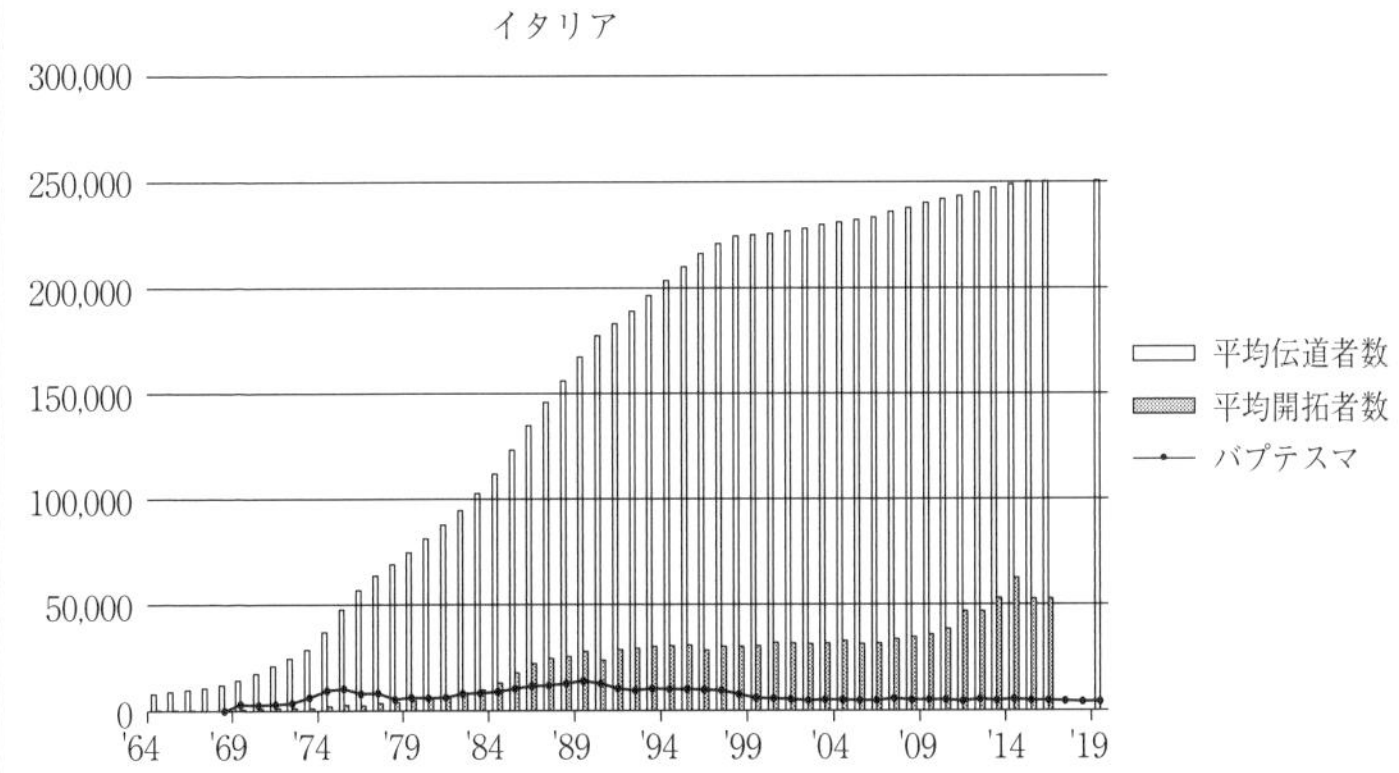
イタリア
300,000
250,000
200,000
150,000
100,000
50,000
0
'64
'69
'74
'79
'84
'89
'94
'99
'04
'09
'14
'19
平均伝道者数
平均開拓者数
バプテスマ

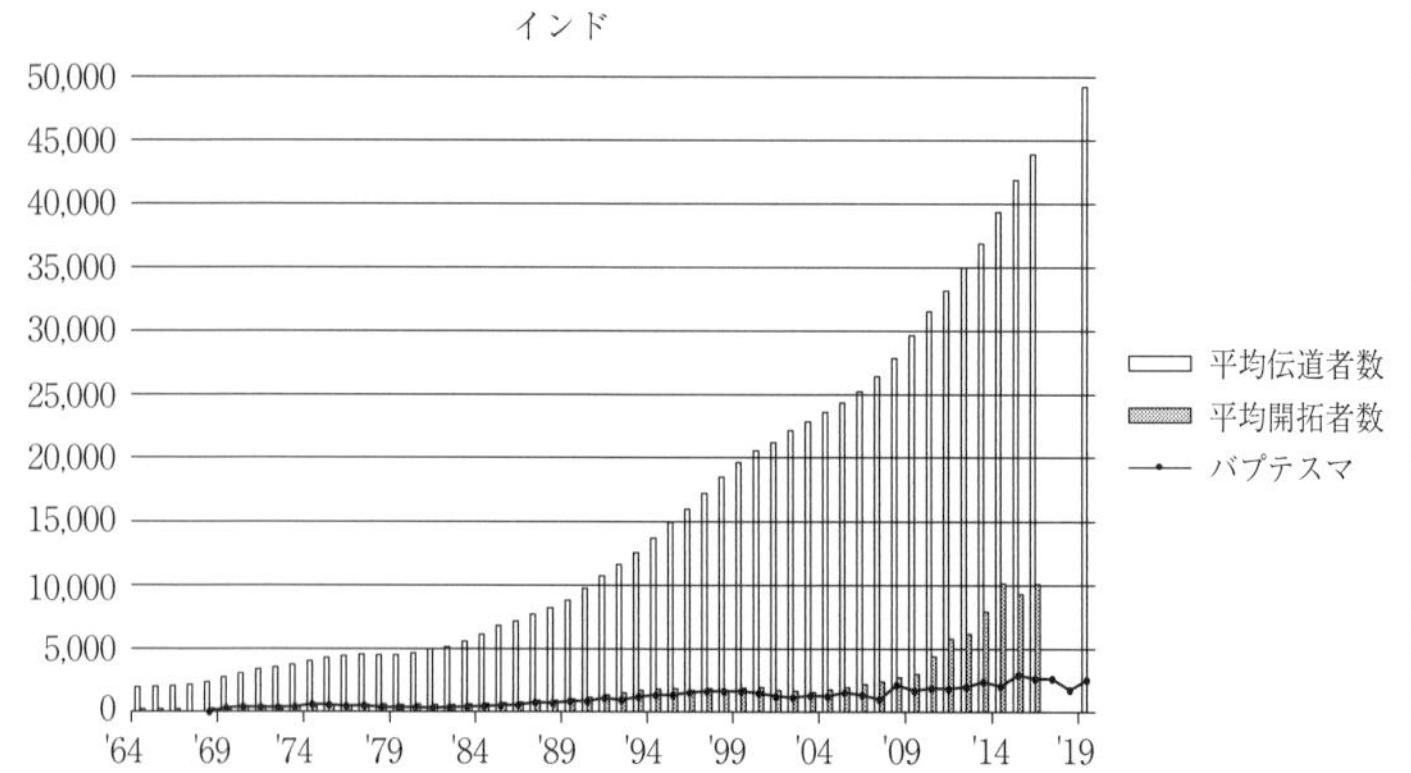
インド
50,000
45,000
40,000
35,000
30,000
25,000
20,000
15,000
10,000
5,000
0
'64
'69
'74
'79
'84
'89
'94
'99
'04
'09
'14
'19
平均伝道者数
平均開拓者数
バプテスマ

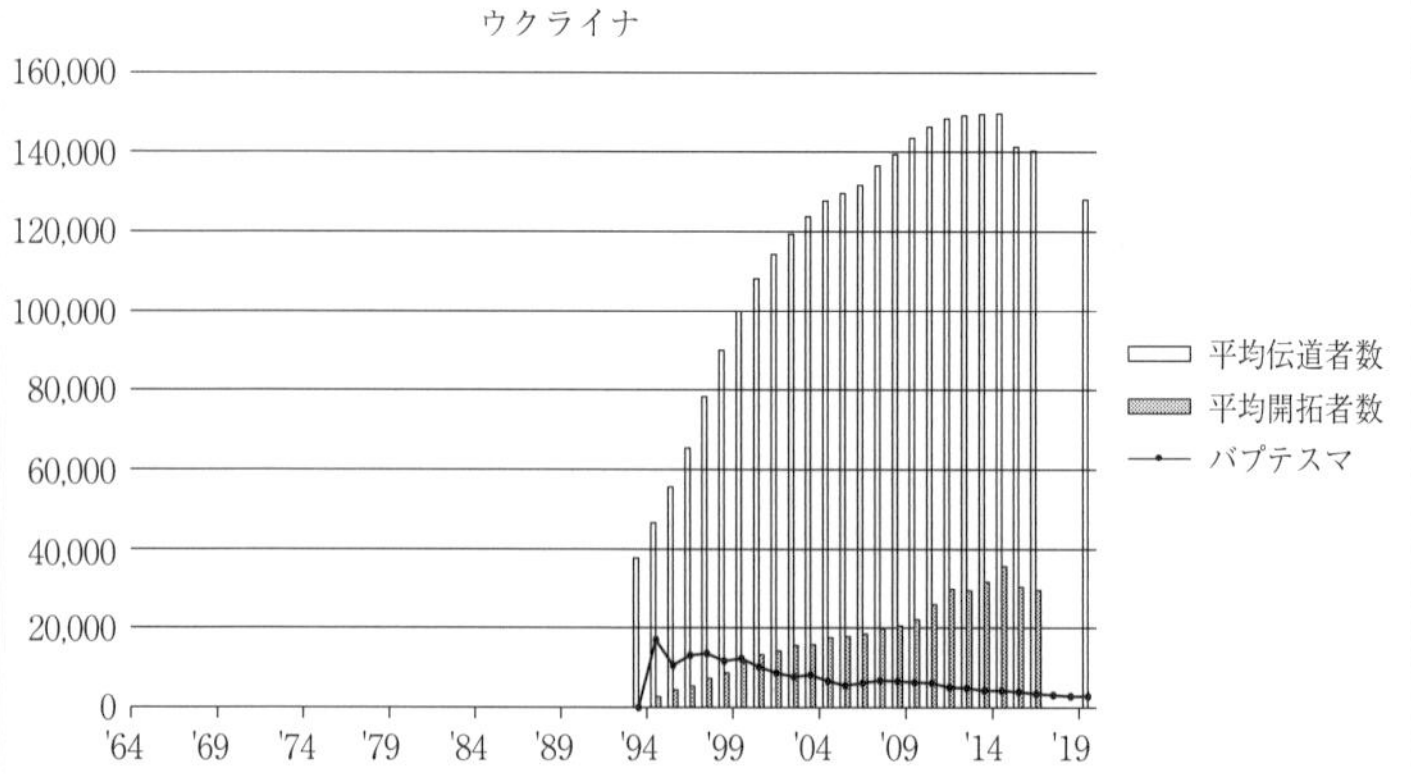
ウクライナ
160,000
140,000
120,000
100,000
80,000
60,000
40,000
20,000
0
'64
'69
'74
'79
'84
'89
'94
'99
'04
'09
'14
'19
平均伝道者数
平均開拓者数
バプテスマ

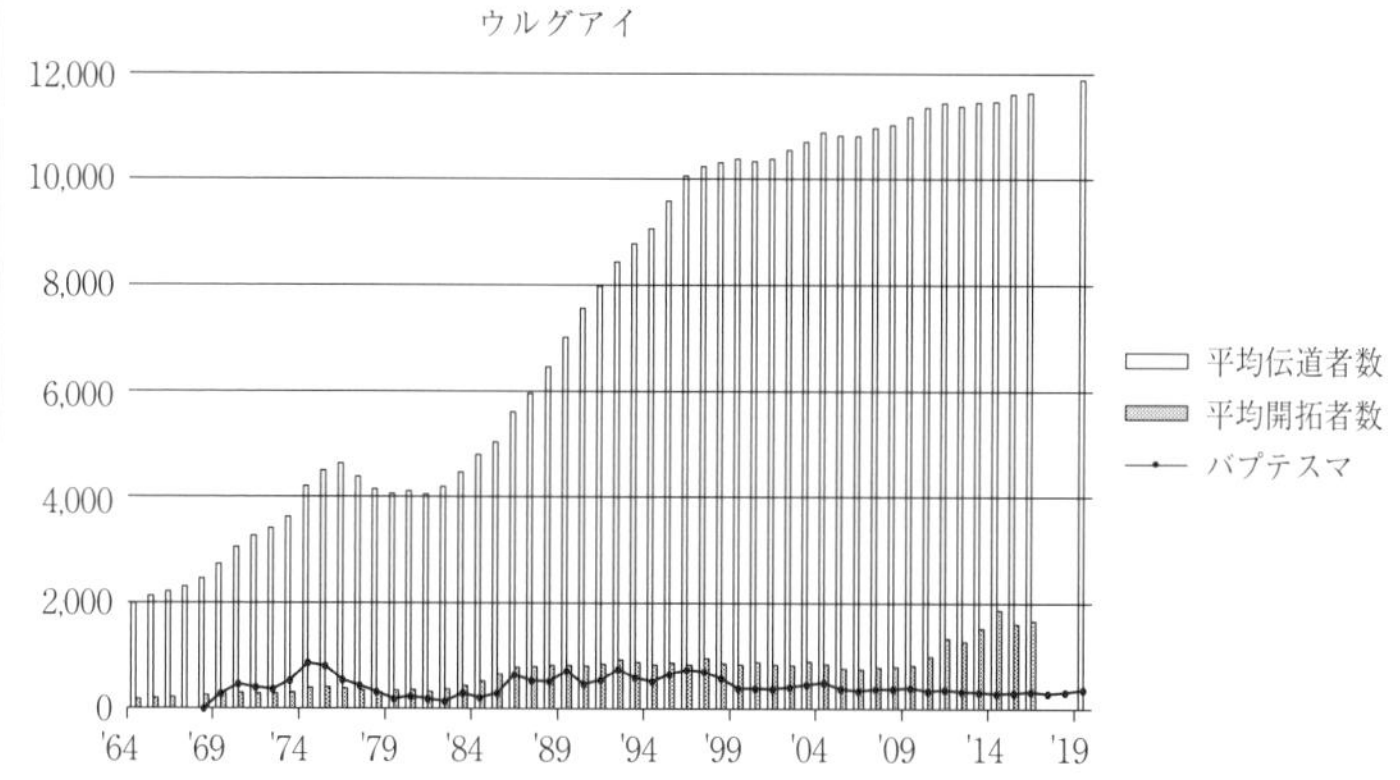
ウルグアイ
12,000
10,000
8,000
6,000
4,000
2,000
0
'64
'69
'74
'79
'84
'89
'94
'99
'04
'09
'14
'19
平均伝道者数
平均開拓者数
バプテスマ

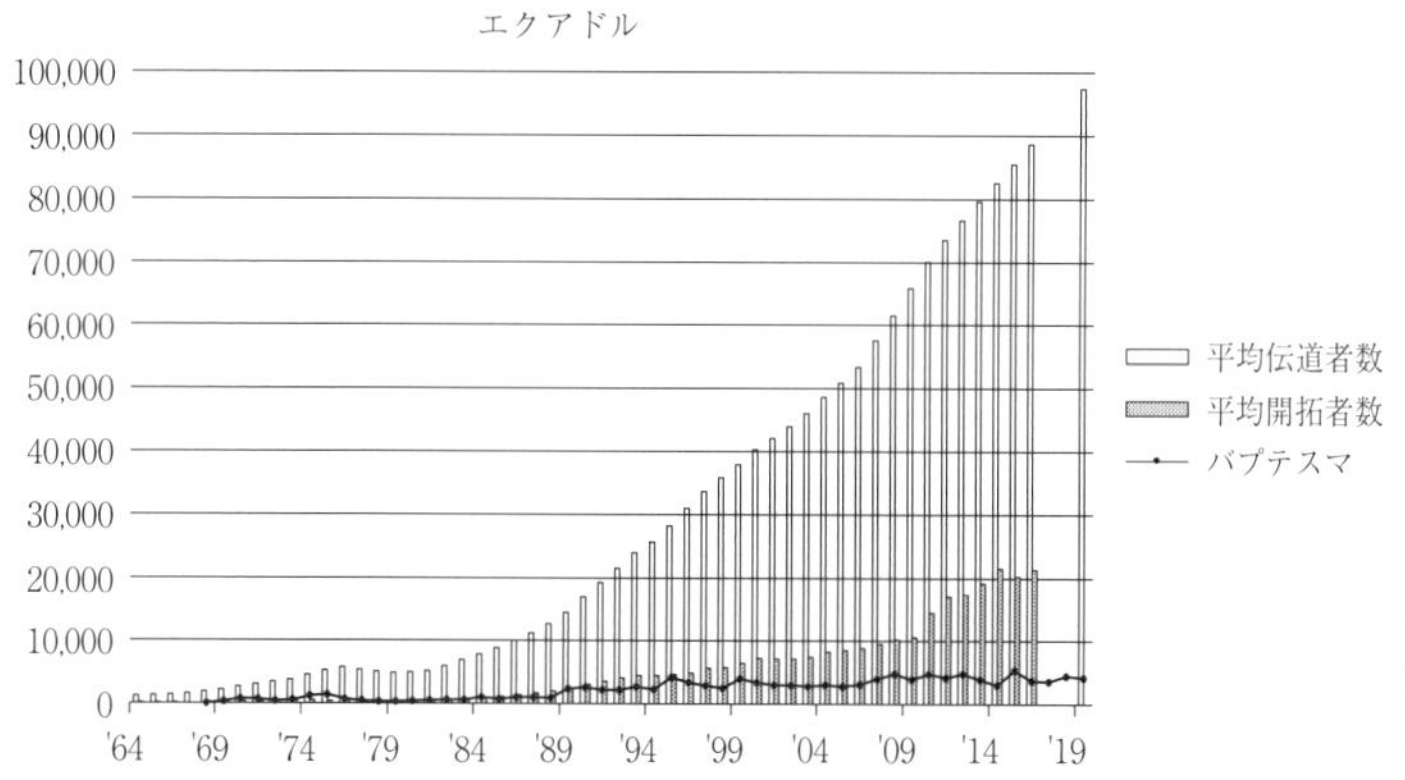
エクアドル
100,000
90,000
80,000
70,000
60,000
50,000
40,000
30,000
20,000
10,000
0
'64
'69
'74
'79
'84
'89
'94
'99
'04
'09
'14
'19
平均伝道者数
平均開拓者数
バプテスマ

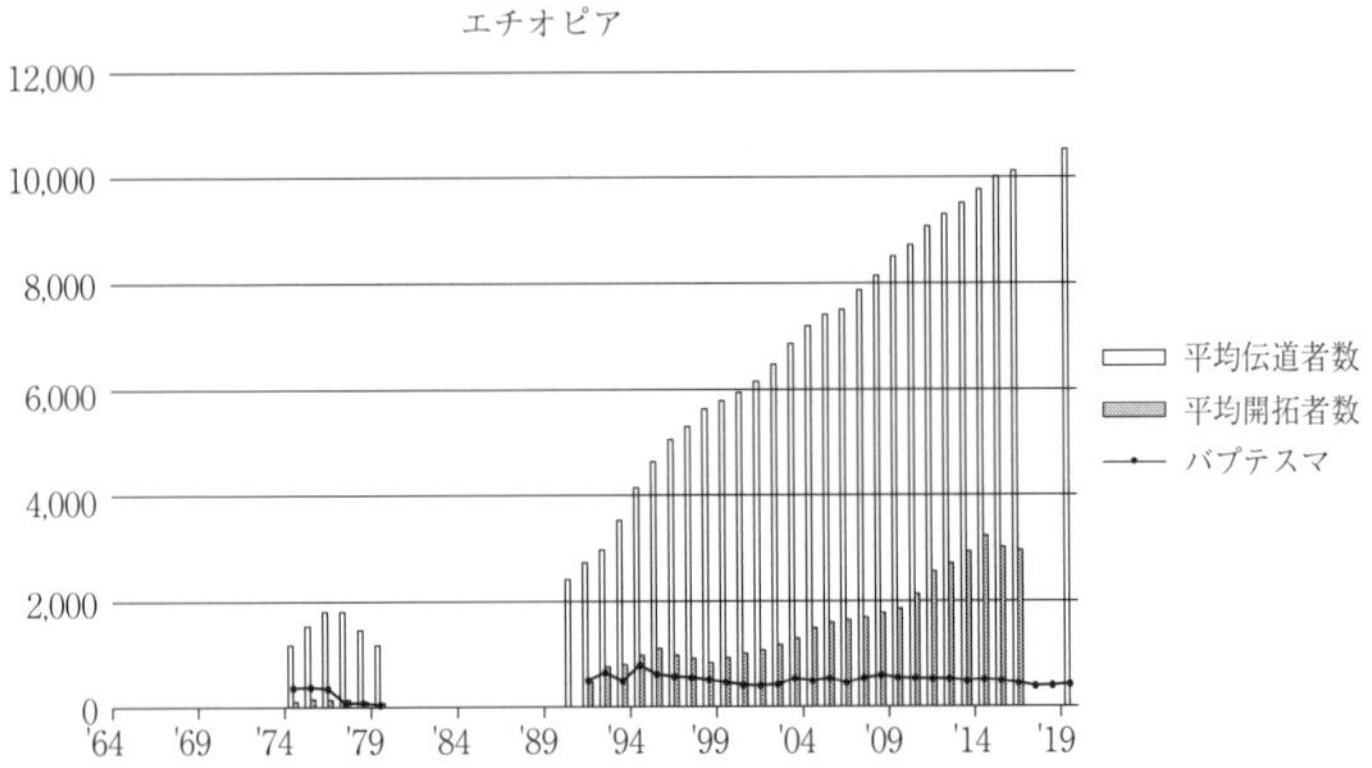
エチオピア
12,000
10,000
8,000
6,000
4,000
2,000
0
'64
'69
'74
'79
'84
'89
'94
'99
'04
'09
'14
'19
平均伝道者数
平均開拓者数
バプテスマ

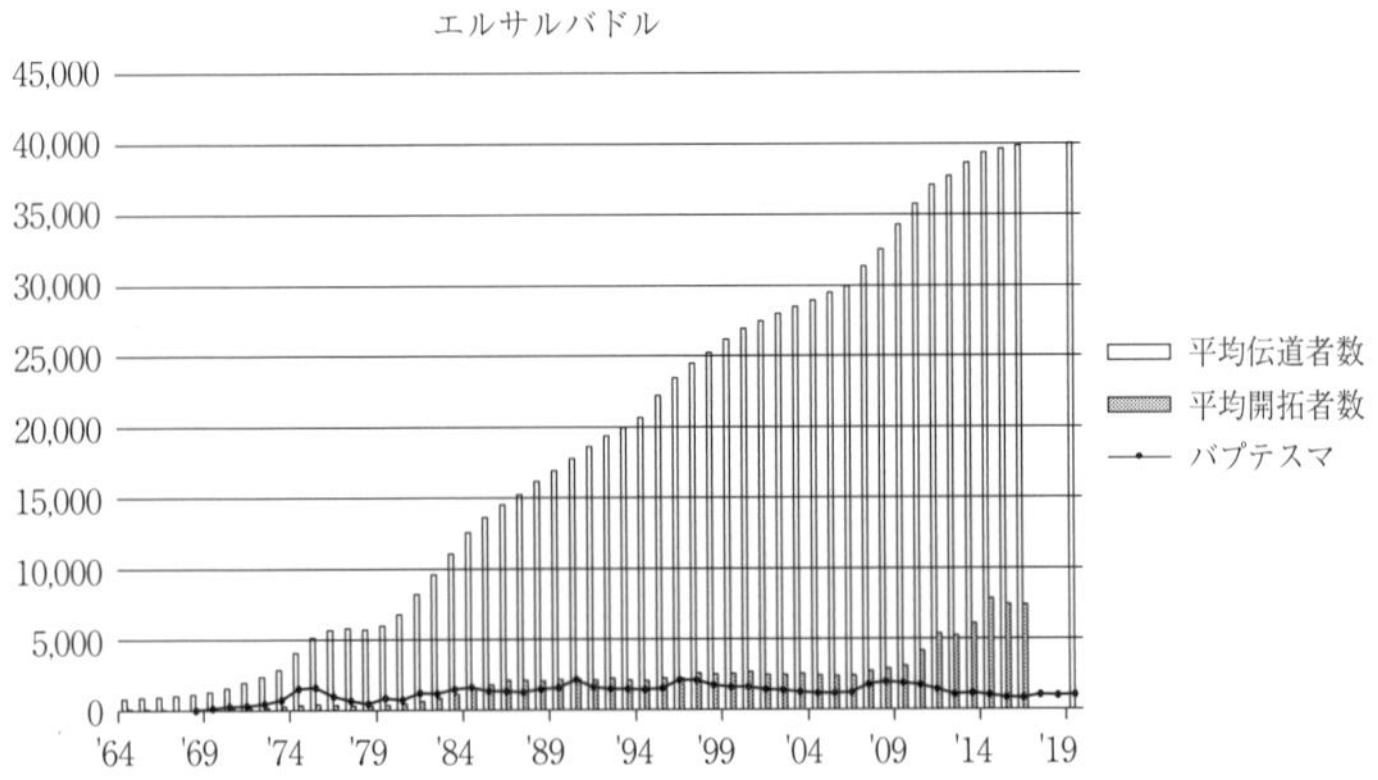
エルサルバドル
45,000
40,000
35,000
30,000
25,000
20,000
15,000
10,000
5,000
0
'64
'69
'74
'79
'84
'89
'94
'99
'04
'09
'14
'19
平均伝道者数
平均開拓者数
バプテスマ

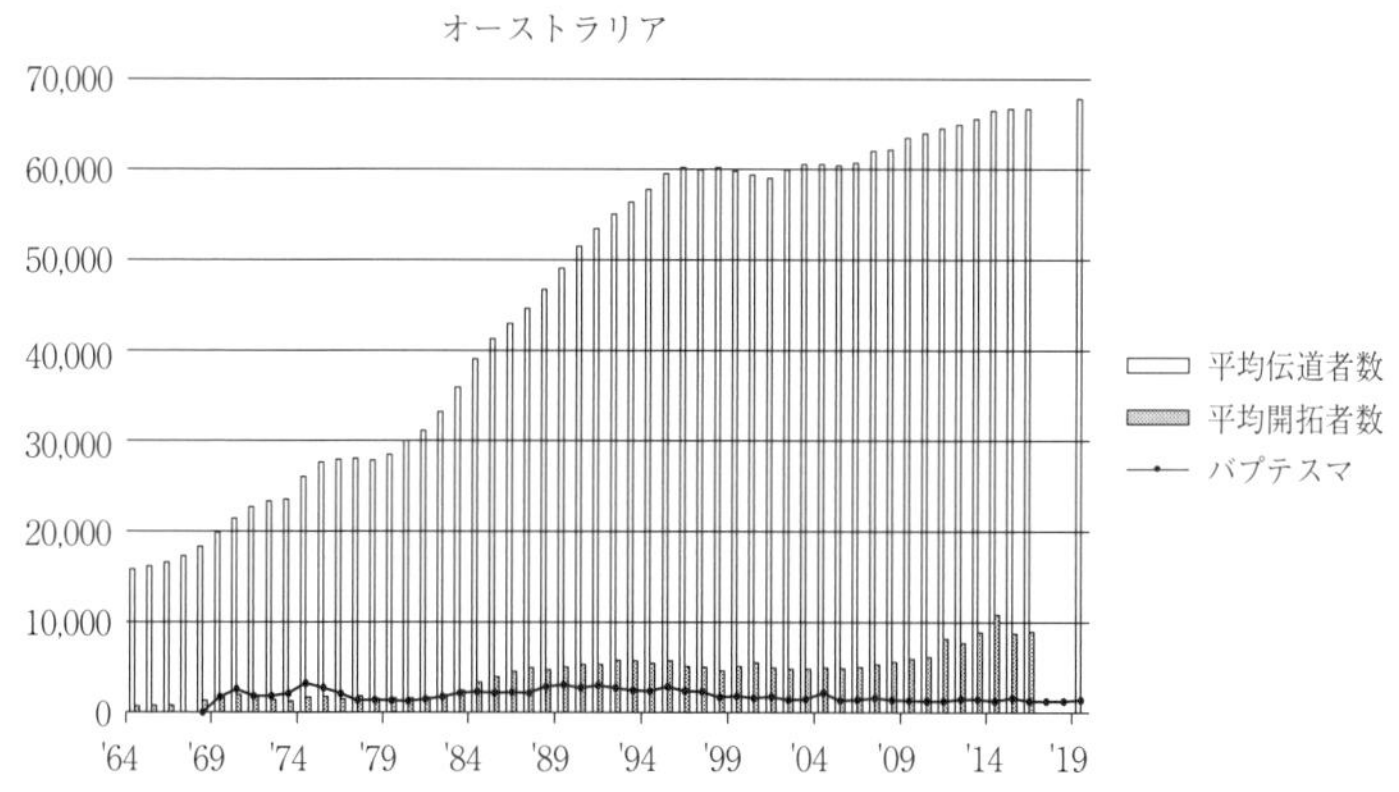

オーストラリア
70,000
60,000
50,000
40,000
30,000
20,000
10,000
0
'64
'69
'74
'79
'84
'89
'94
'99
'04
'09
'14
'19
平均伝道者数
平均開拓者数
バプテスマ

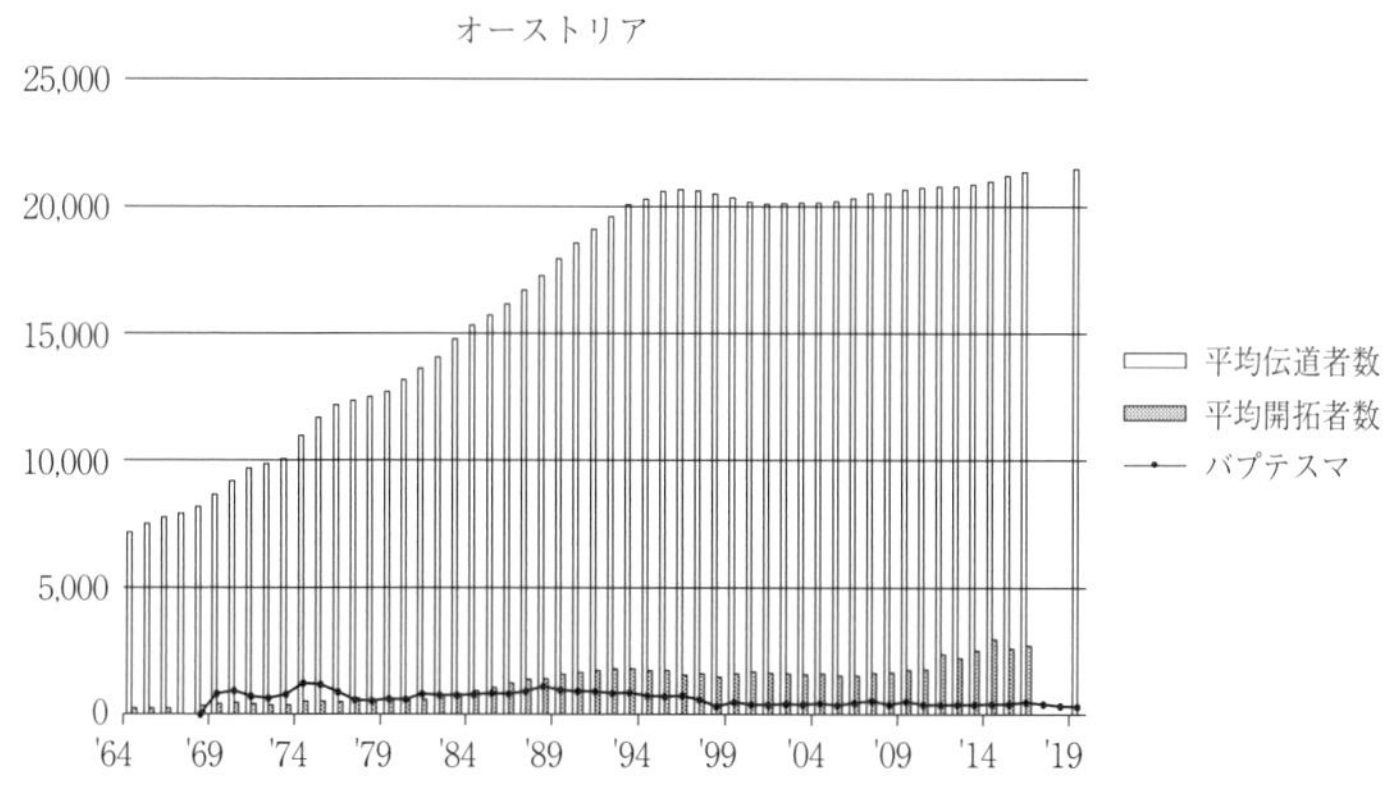

オーストリア
25,000
20,000
15,000
10,000
5,000
0
'64
'69
'74
'79
'84
'89
'94
'99
'04
'09
'14
'19
平均伝道者数
平均開拓者数
バプテスマ

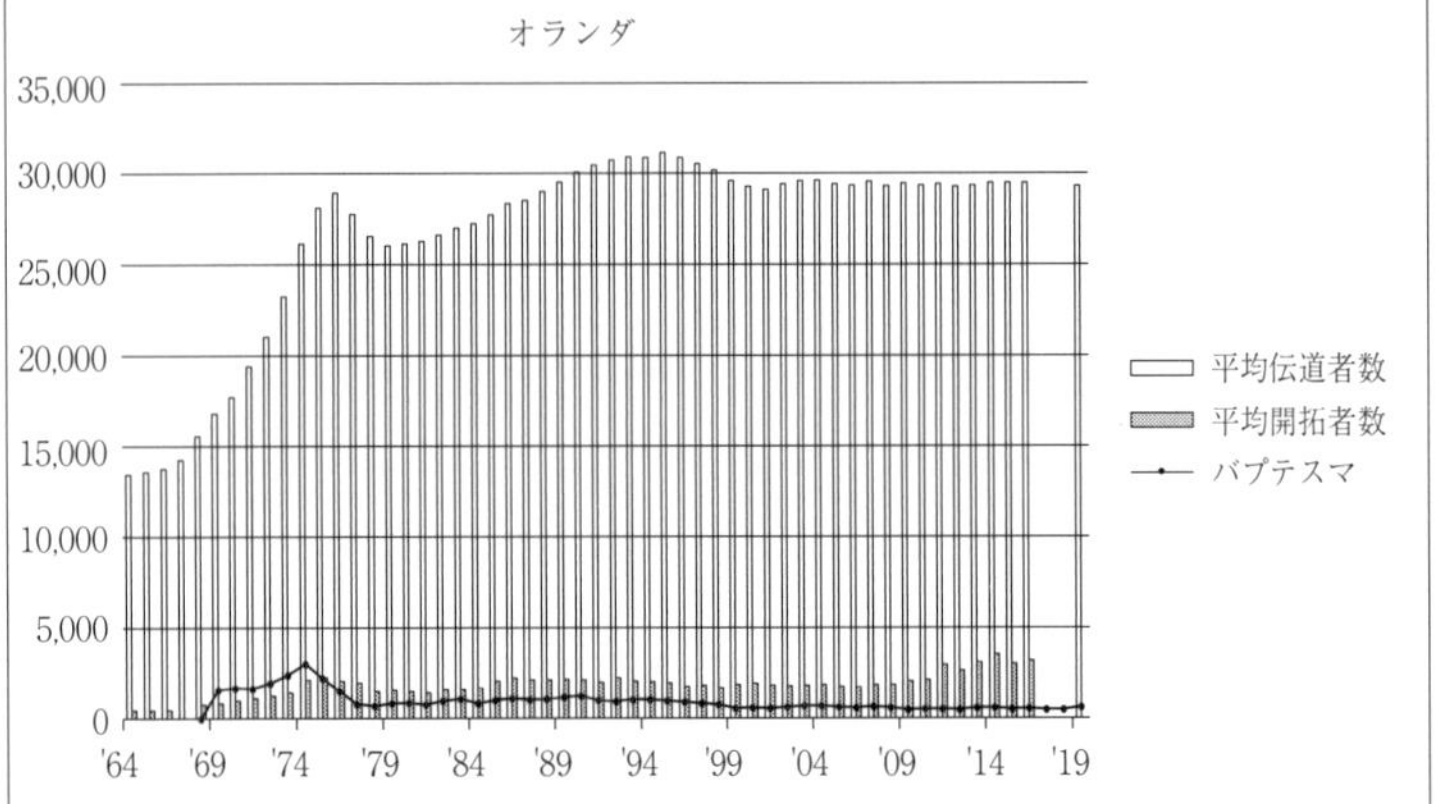
オランダ
35,000
30,000
25,000
20,000
15,000
10,000
5,000
0
'64
'69
'74
'79
'84
'89
'94
'99
'04
'09
'14
'19
平均伝道者数
平均開拓者数
バプテスマ

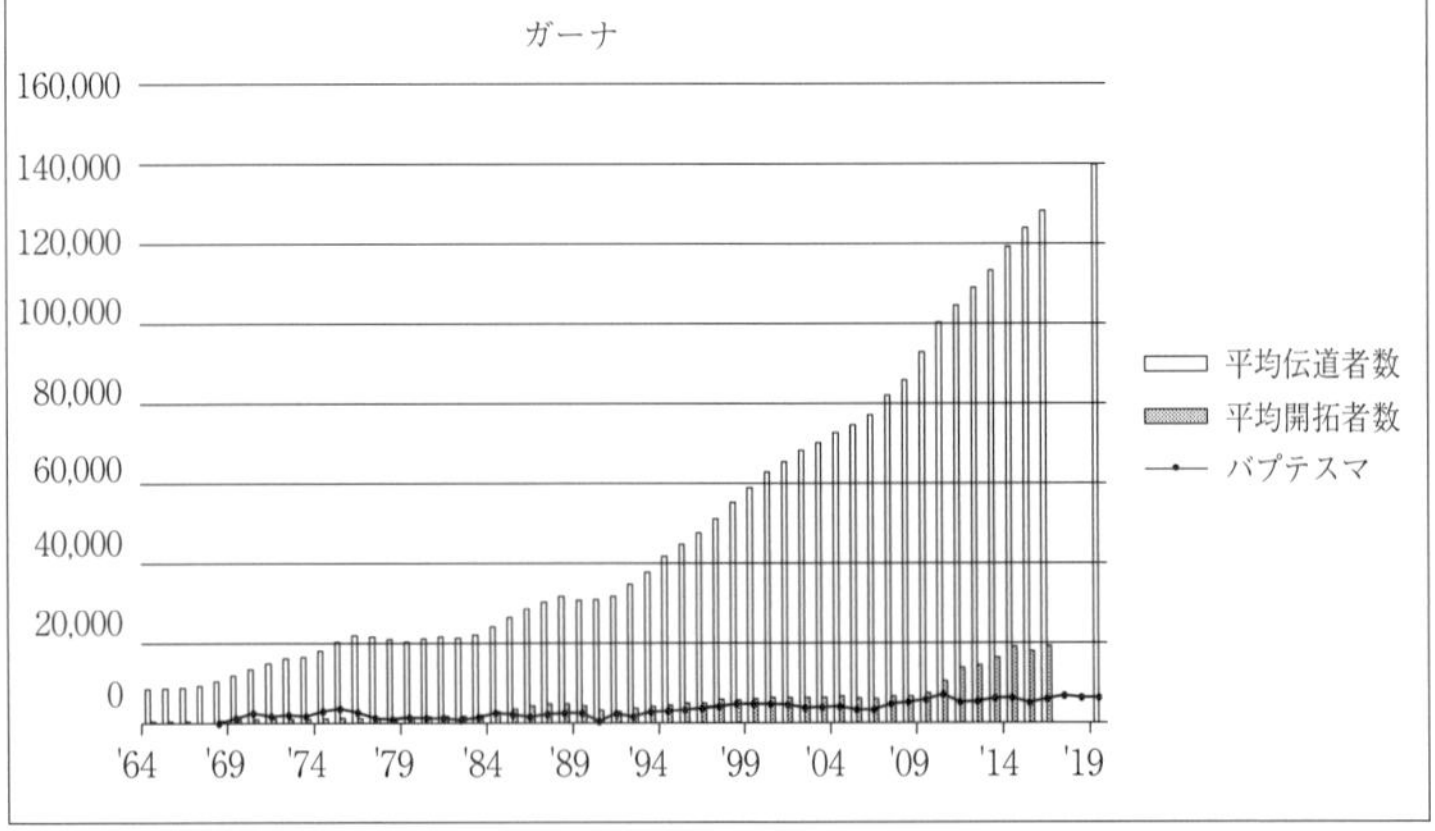
ガーナ
160,000
140,000
120,000
100,000
80,000
60,000
40,000
20,000
0
'64
'69
'74
'79
'84
'89
'94
'99
'04
'09
'14
'19
平均伝道者数
平均開拓者数
バプテスマ

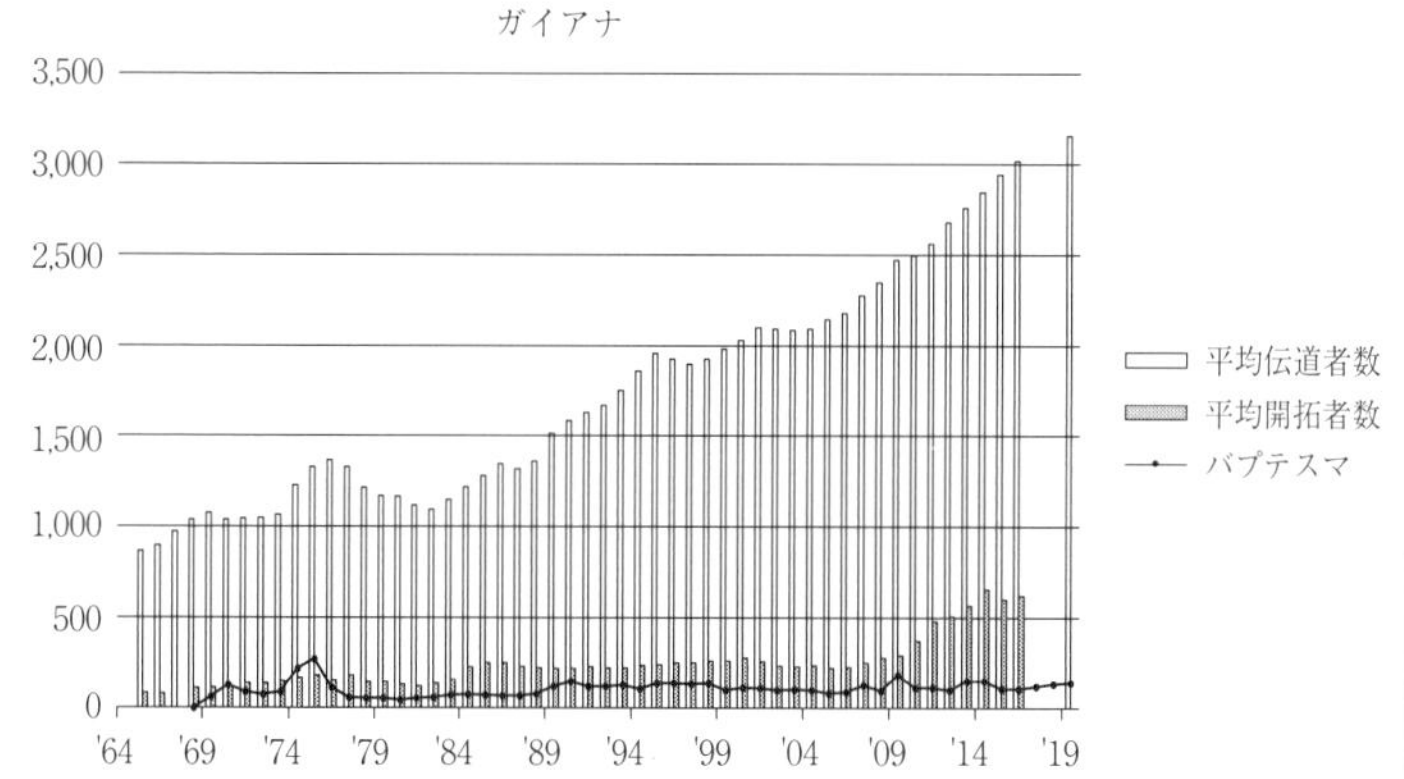

ガイアナ
3,500
3,000
2,500
2,000
1,500
1,000
500
0
'64
'69
'74
'79
'84
'89
'94
'99
'04
'09
'14
'19
平均伝道者数
平均開拓者数
バプテスマ

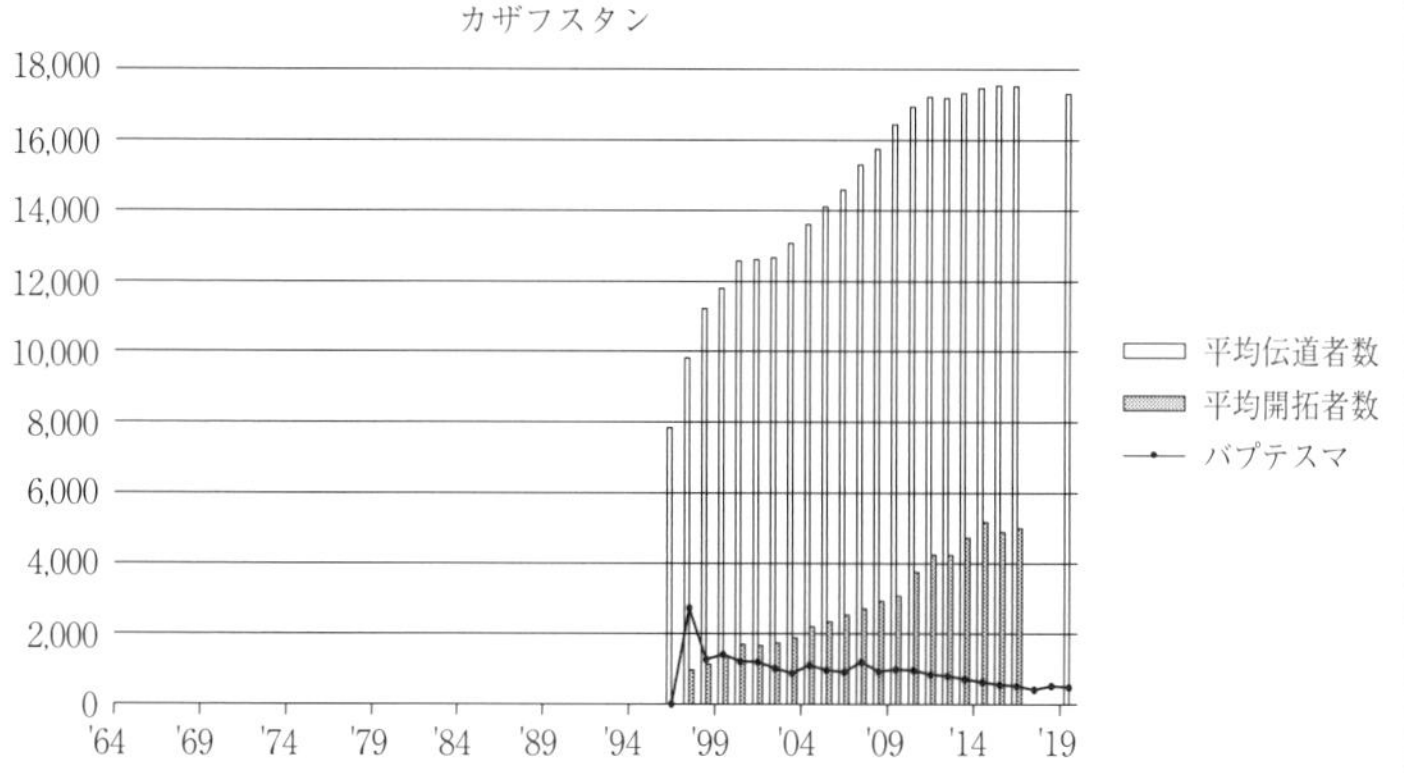

カザフスタン
18,000
16,000
14,000
12,000
10,000
8,000
6,000
4,000
2,000
0
'64
'69
'74
'79
'84
'89
'94
'99
'04
'09
'14
'19
平均伝道者数
平均開拓者数
バプテスマ

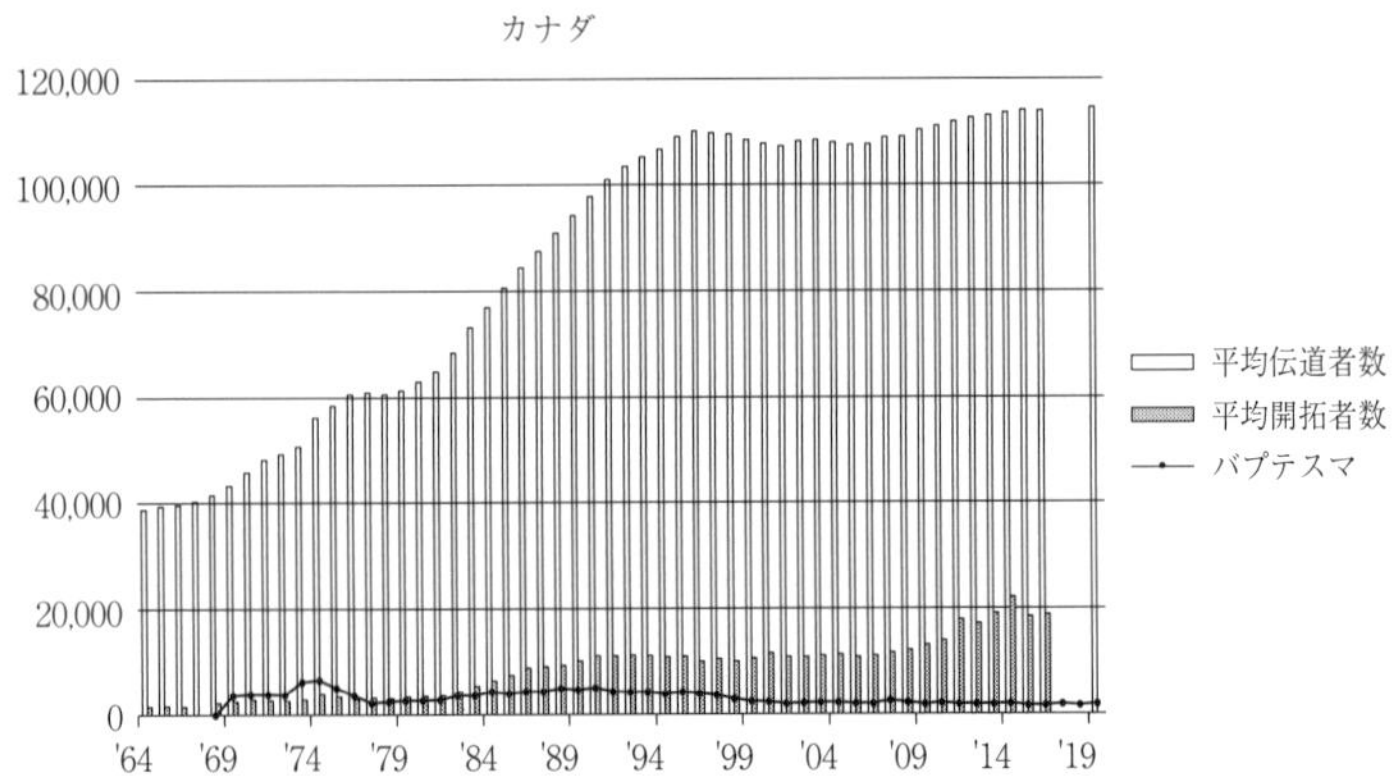

※　1988年以降はニューファンドランドを合算

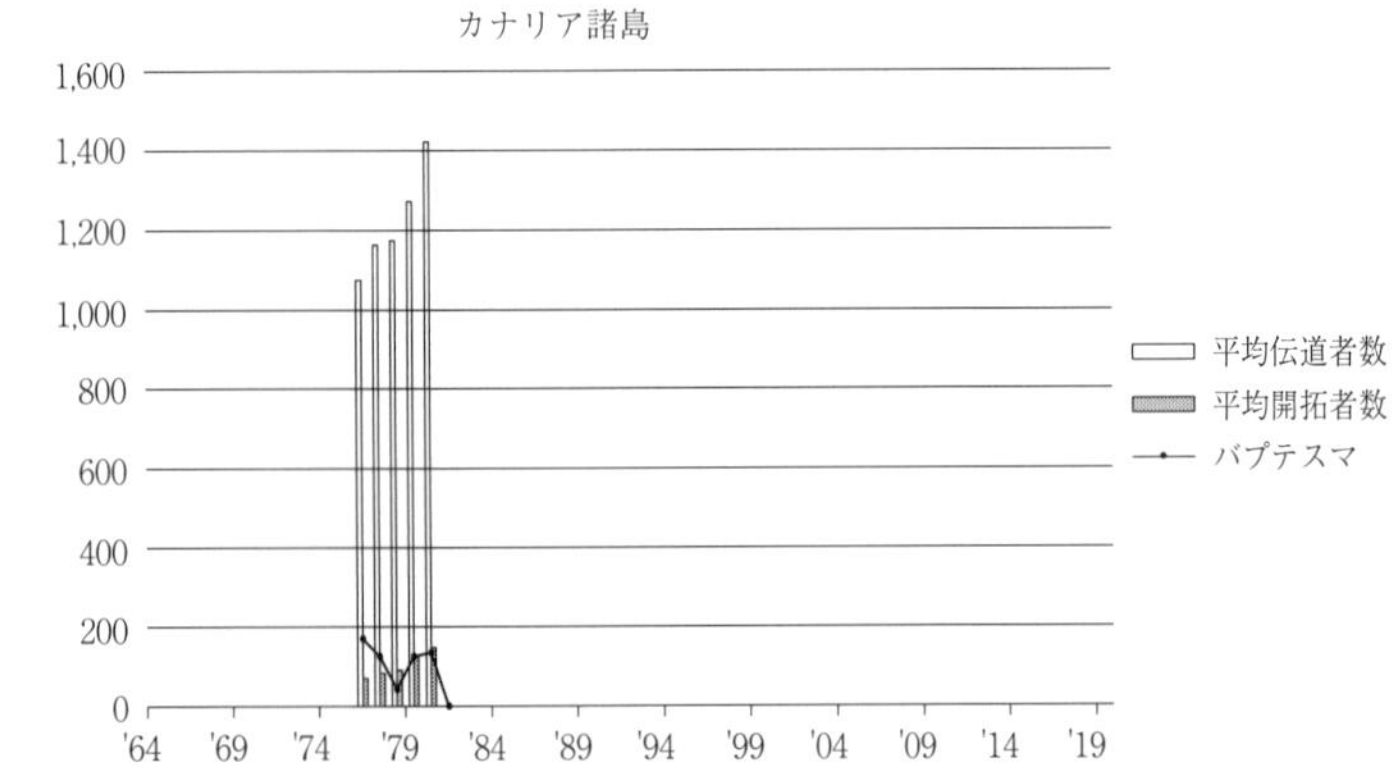

※　1981年以降はスペインに合算

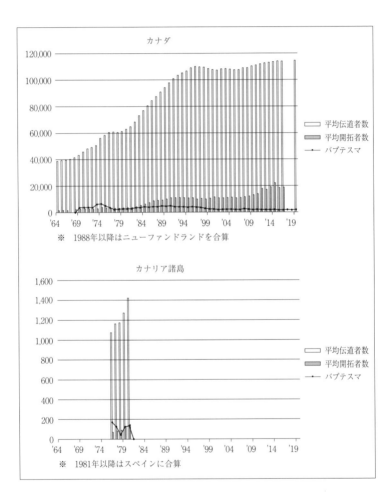

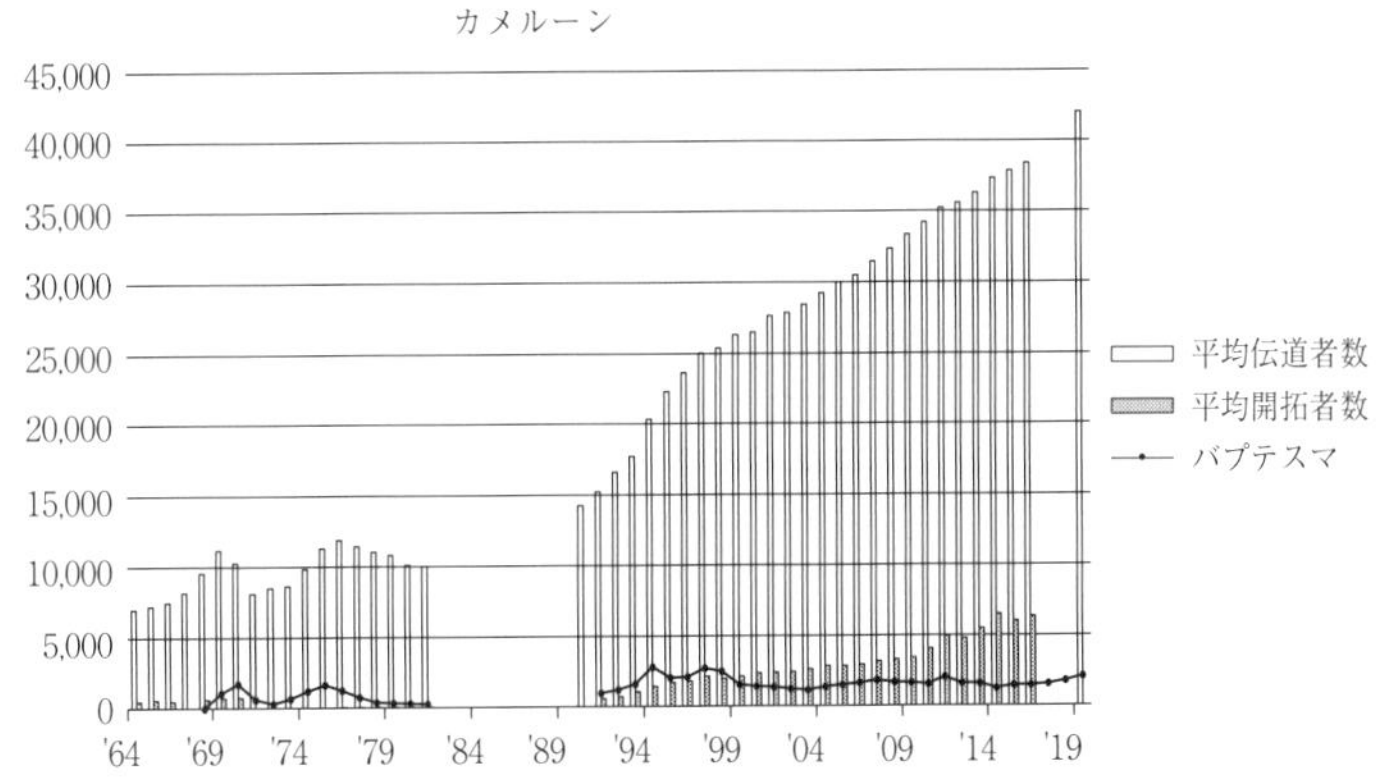
カメルーン
45,000
40,000
35,000
30,000
25,000
20,000
15,000
10,000
5,000
0
'64
'69
'74
'79
'84
'89
'94
'99
'04
'09
'14
'19
平均伝道者数
平均開拓者数
バプテスマ

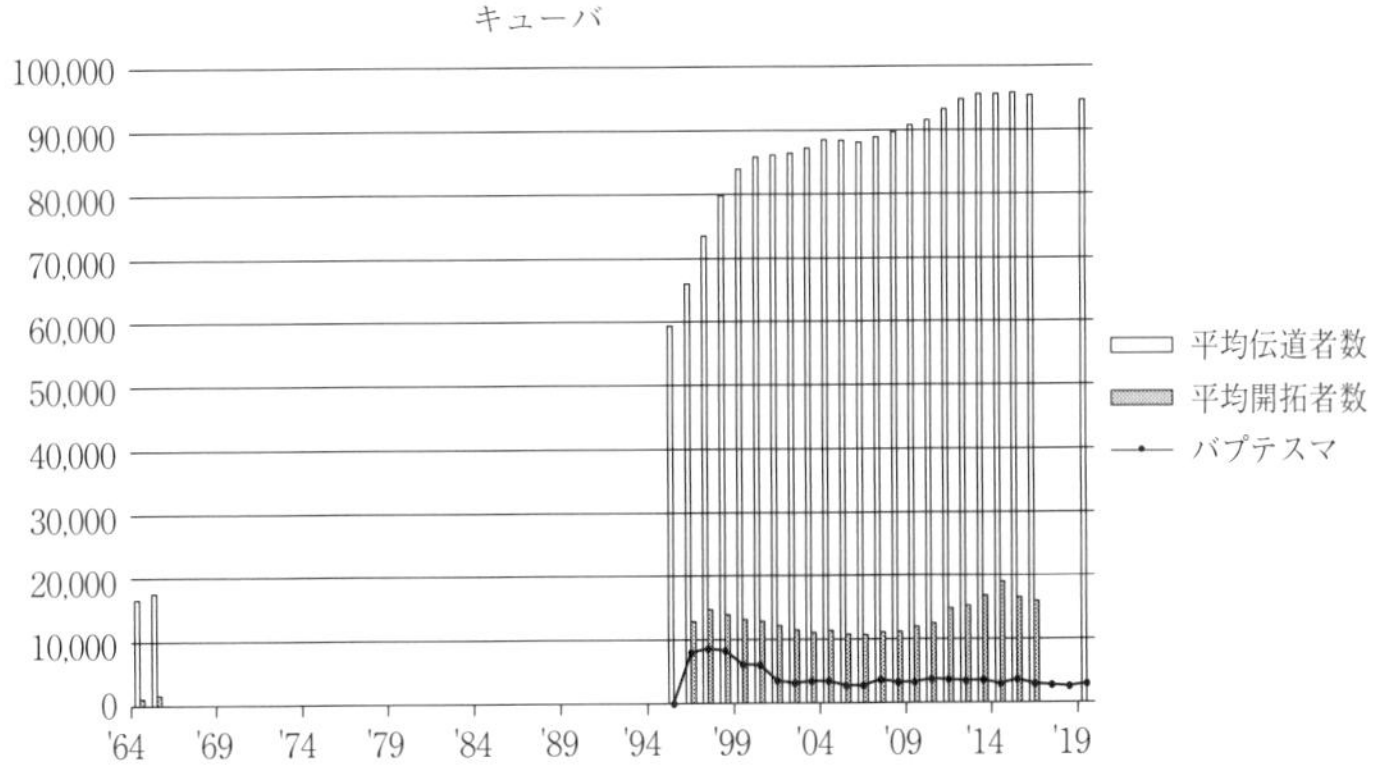
キューバ
100,000
90,000
80,000
70,000
60,000
50,000
40,000
30,000
20,000
10,000
0
'64
'69
'74
'79
'84
'89
'94
'99
'04
'09
'14
'19
平均伝道者数
平均開拓者数
バプテスマ

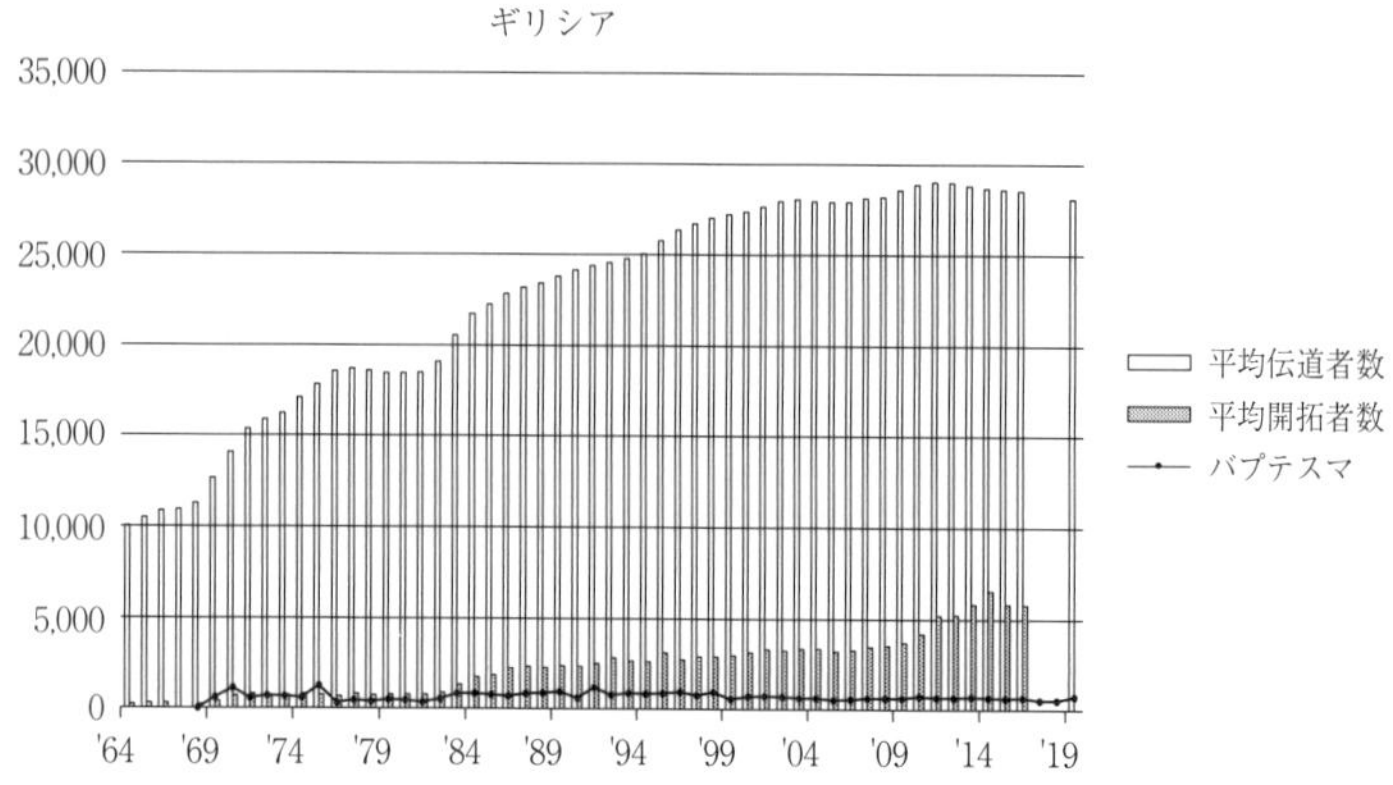
ギリシア
35,000
30,000
25,000
20,000
15,000
10,000
5,000
0
'64
'69
'74
'79
'84
'89
'94
'99
'04
'09
'14
'19
平均伝道者数
平均開拓者数
バプテスマ

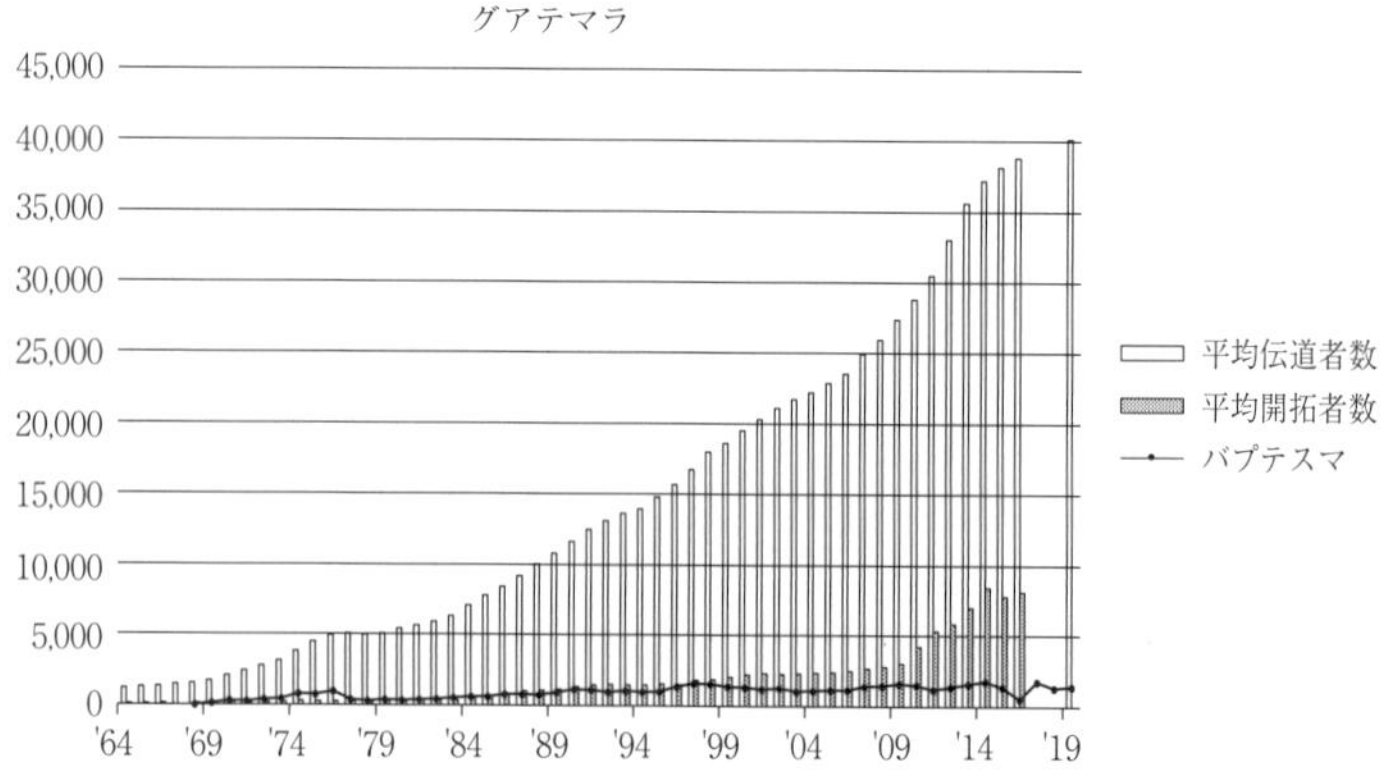
グアテマラ
45,000
40,000
35,000
30,000
25,000
20,000
15,000
10,000
5,000
0
'64
'69
'74
'79
'84
'89
'94
'99
'04
'09
'14
'19
平均伝道者数
平均開拓者数
バプテスマ

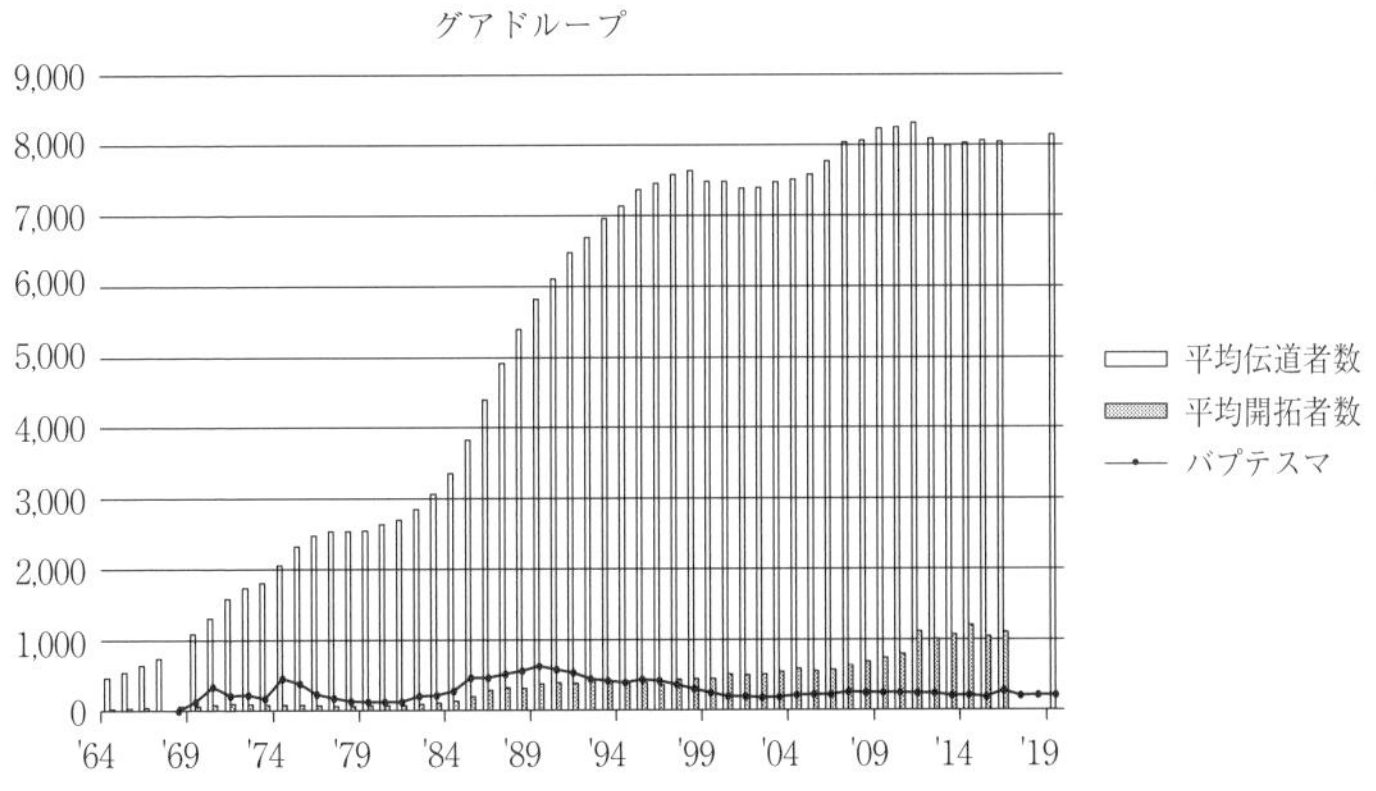
グアドループ
9,000
8,000
7,000
6,000
5,000
4,000
3,000
2,000
1,000
0
'64
'69
'74
'79
'84
'89
'94
'99
'04
'09
'14
'19
平均伝道者数
平均開拓者数
バプテスマ

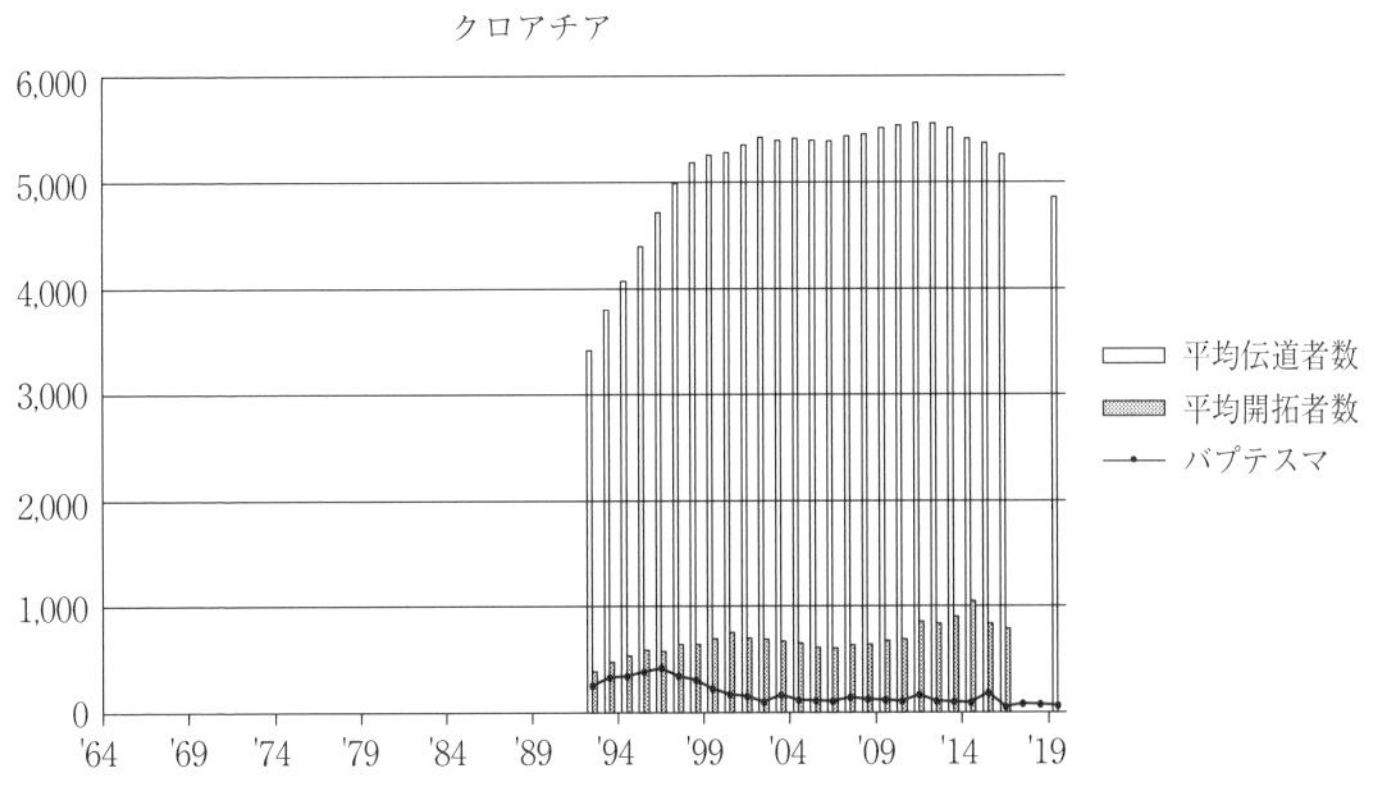
クロアチア
6,000
5,000
4,000
3,000
2,000
1,000
0
'64
'69
'74
'79
'84
'89
'94
'99
'04
'09
'14
'19
平均伝道者数
平均開拓者数
バプテスマ

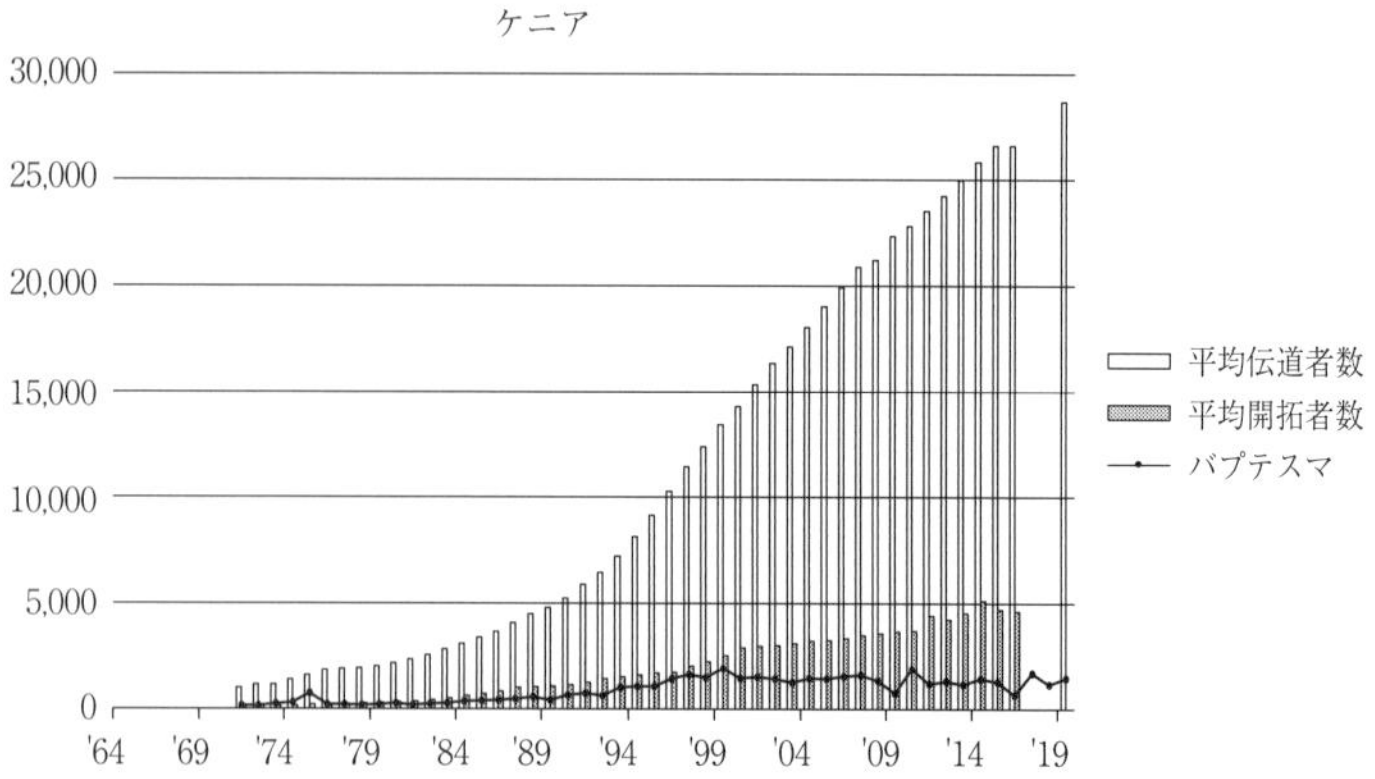
ケニア
30,000
25,000
20,000
15,000
10,000
5,000
0
'64
'69
'74
'79
'84
'89
'94
'99
'04
'09
'14
'19
平均伝道者数
平均開拓者数
バプテスマ

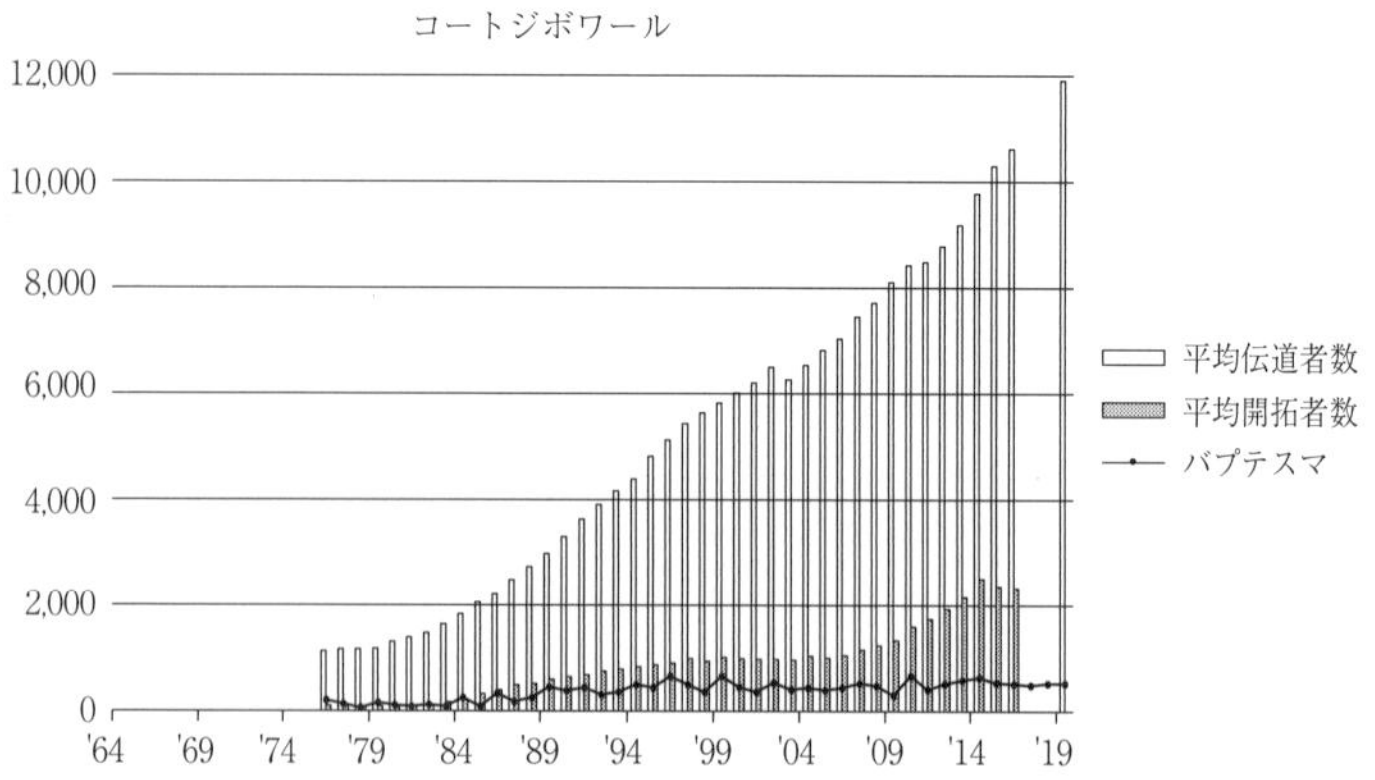
コートジボワール
12,000
10,000
8,000
6,000
4,000
2,000
0
'64
'69
'74
'79
'84
'89
'94
'99
'04
'09
'14
'19
平均伝道者数
平均開拓者数
バプテスマ

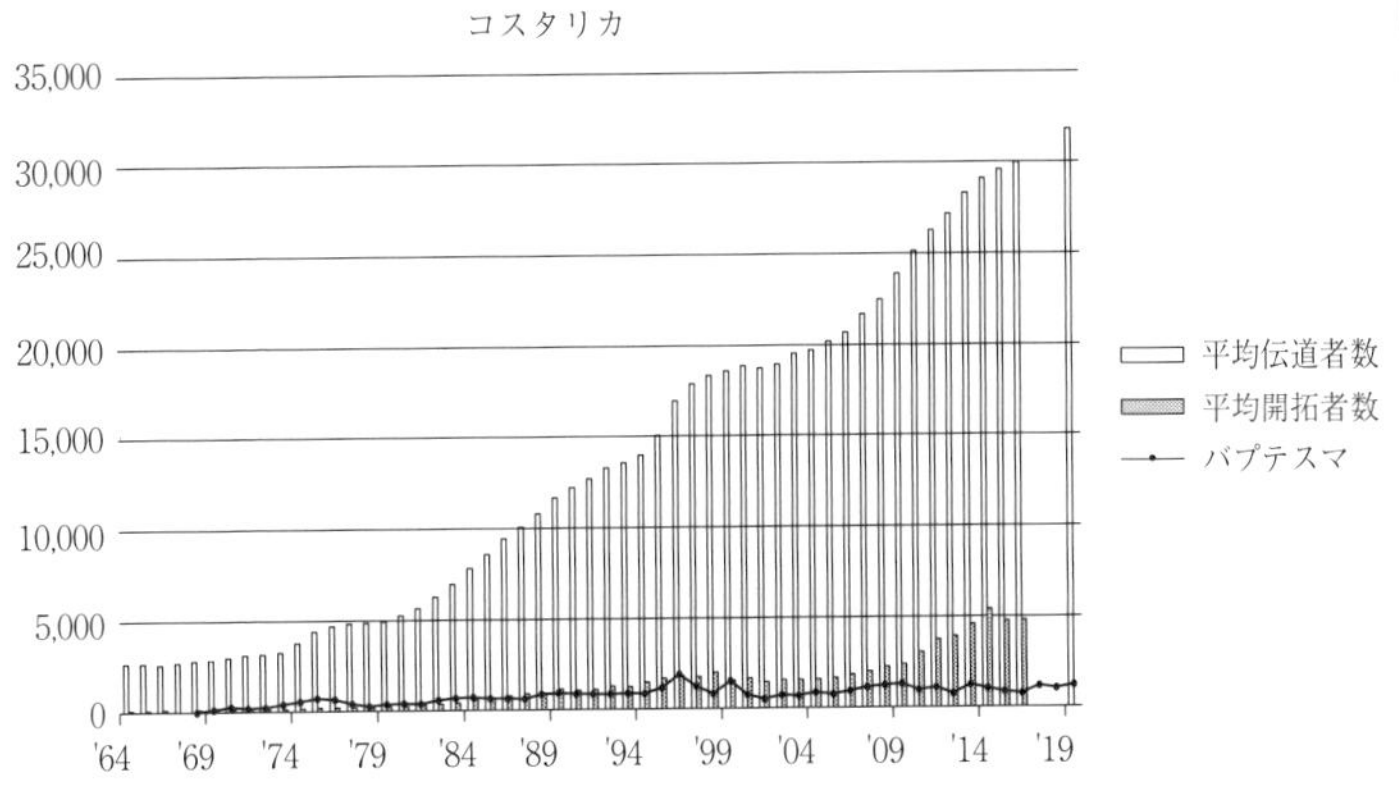

コスタリカ
35,000
30,000
25,000
20,000
15,000
10,000
5,000
0
'64
'69
'74
'79
'84
'89
'94
'99
'04
'09
'14
'19
平均伝道者数
平均開拓者数
バプテスマ

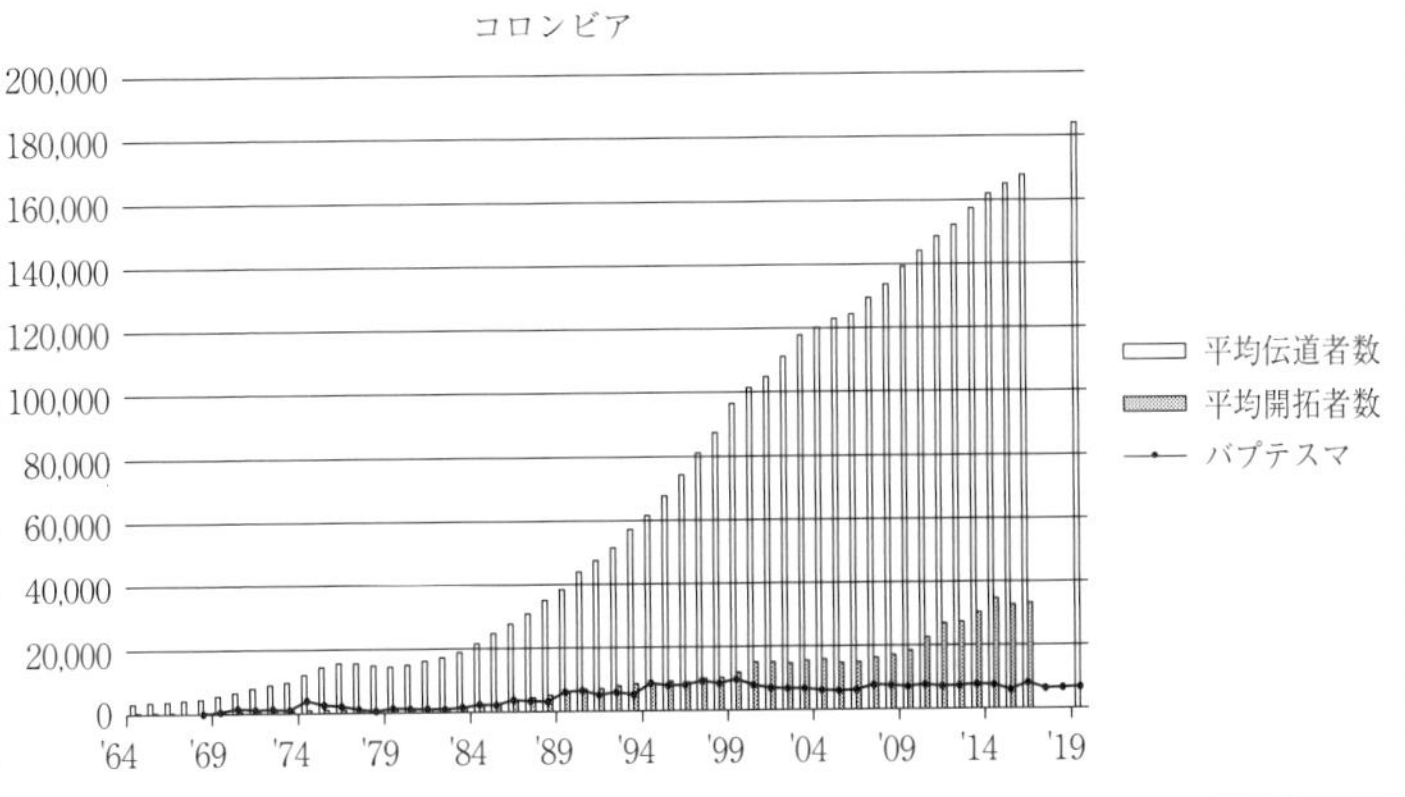

コロンビア
200,000
180,000
160,000
140,000
120,000
100,000
80,000
60,000
40,000
20,000
0
'64
'69
'74
'79
'84
'89
'94
'99
'04
'09
'14
'19
平均伝道者数
平均開拓者数
バプテスマ

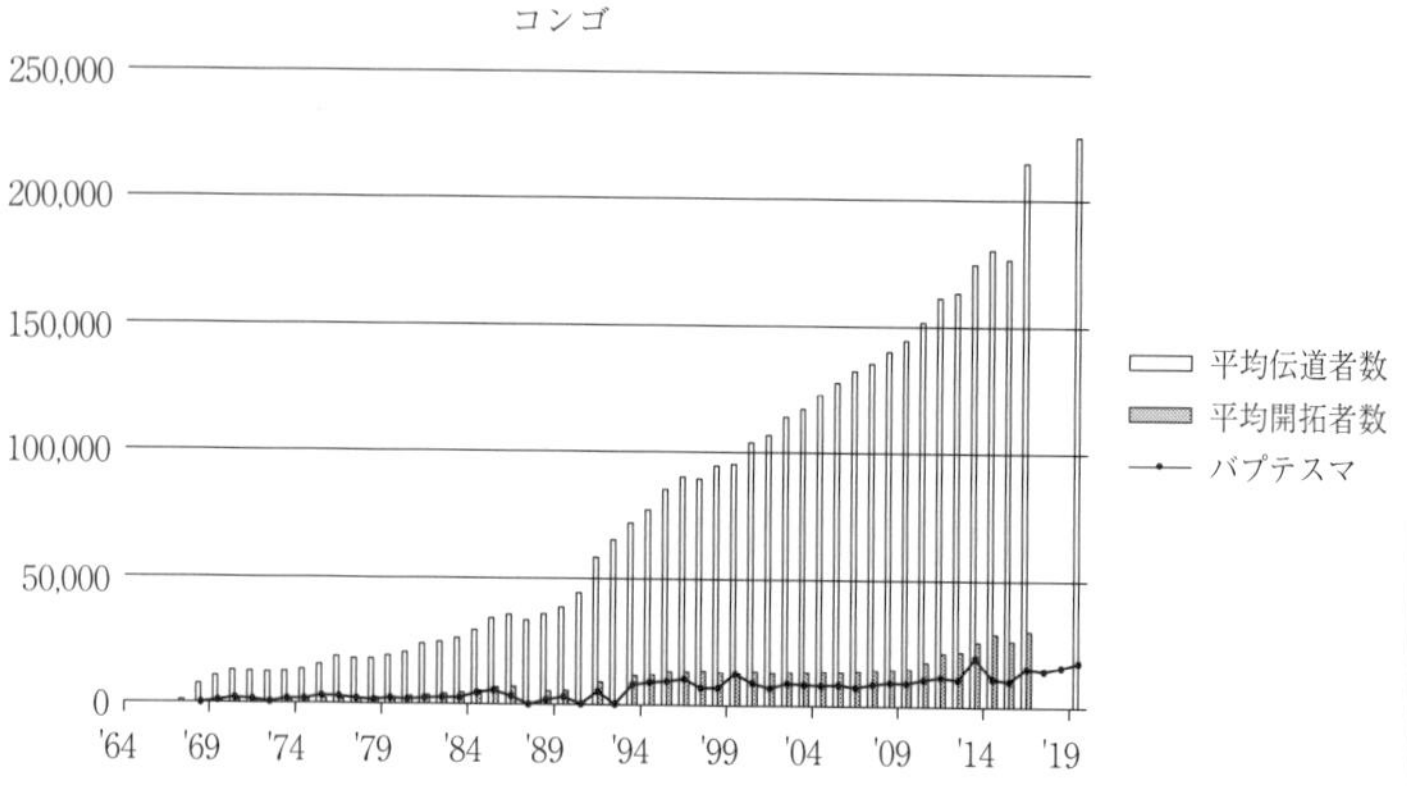
コンゴ
250,000
200,000
150,000
100,000
50,000
0
'64
'69
'74
'79
'84
'89
'94
'99
'04
'09
'14
'19
平均伝道者数
平均開拓者数
バプテスマ

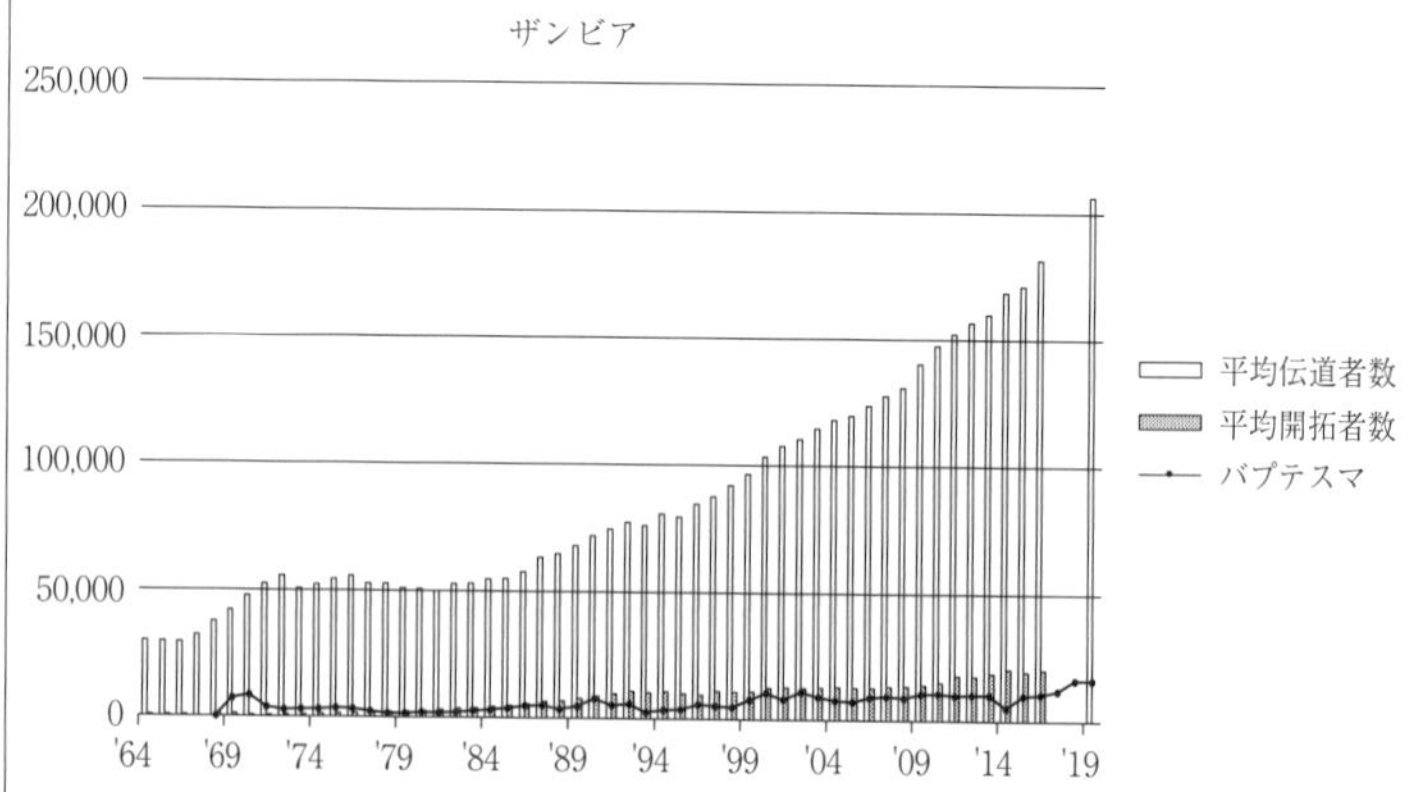
ザンビア
250,000
200,000
150,000
100,000
50,000
0
'64
'69
'74
'79
'84
'89
'94
'99
'04
'09
'14
'19
平均伝道者数
平均開拓者数
バプテスマ

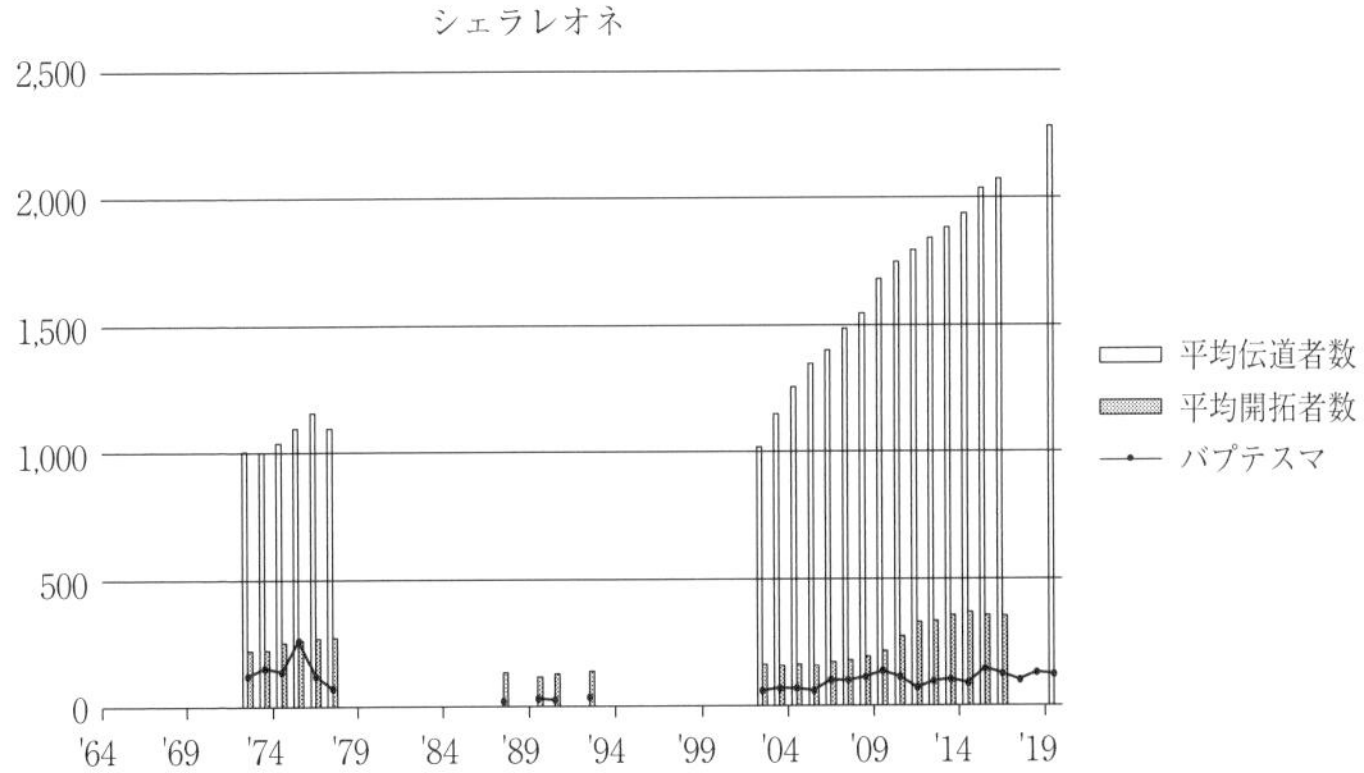

シェラレオネ
2,500
2,000
1,500
1,000
500
0
'64
'69
'74
'79
'84
'89
'94
'99
'04
'09
'14
'19
平均伝道者数
平均開拓者数
バプテスマ

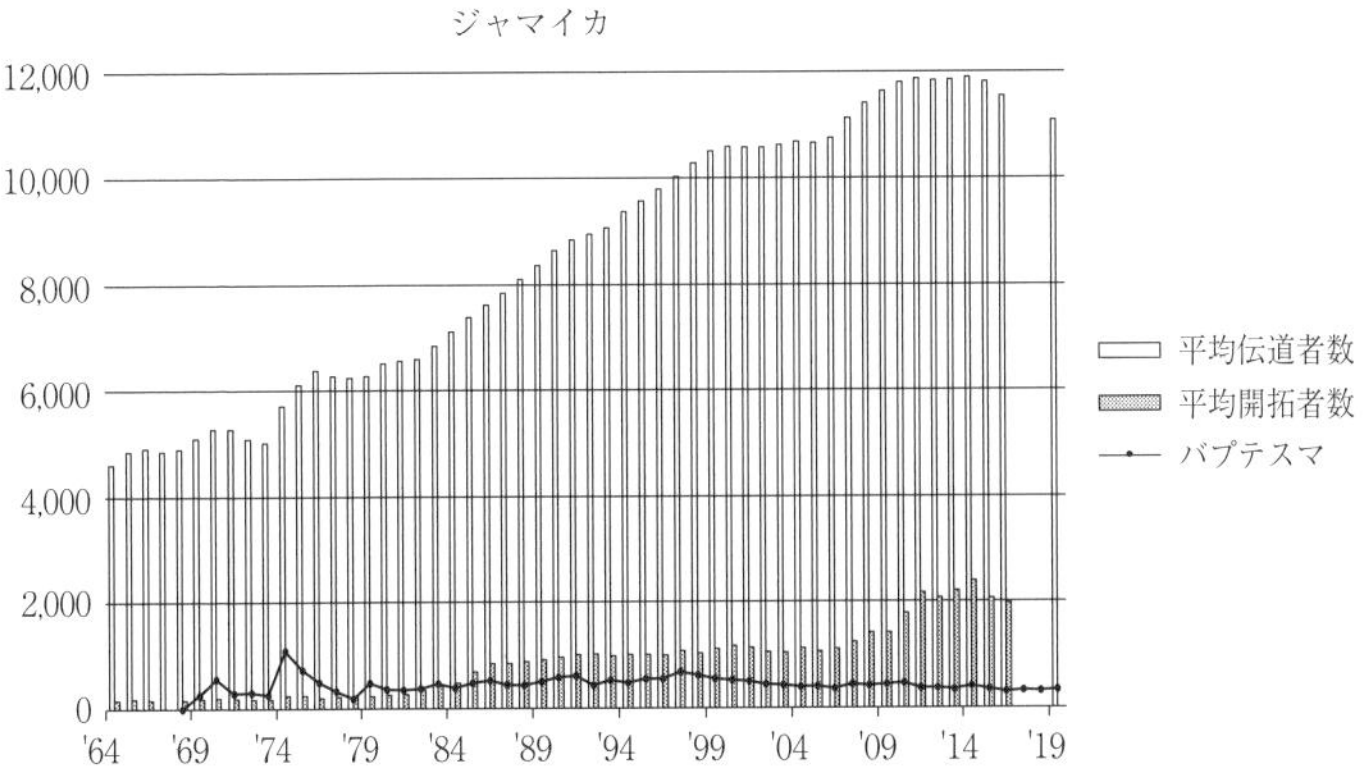

ジャマイカ
12,000
10,000
8,000
6,000
4,000
2,000
0
'64
'69
'74
'79
'84
'89
'94
'99
'04
'09
'14
'19
平均伝道者数
平均開拓者数
バプテスマ

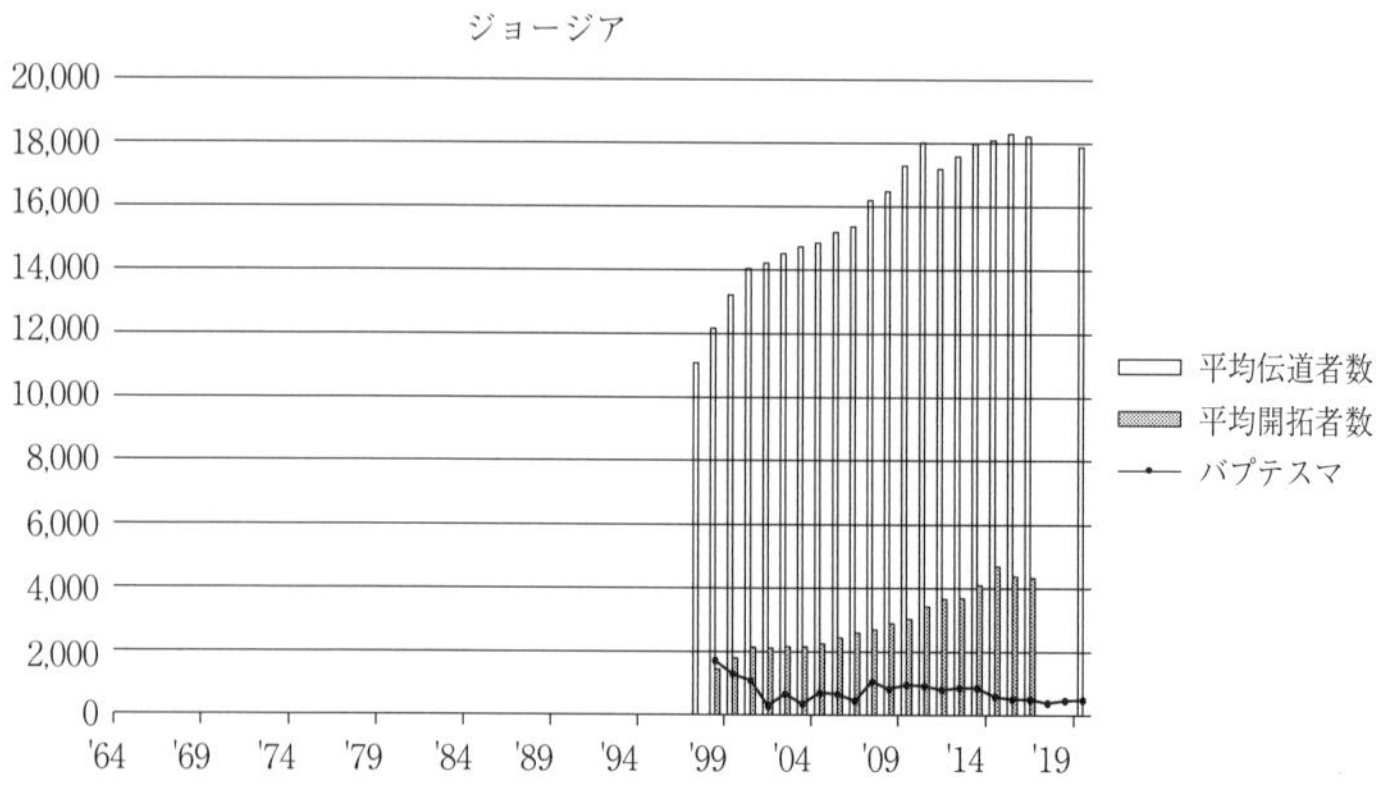
ジョージア
20,000
18,000
16,000
14,000
12,000
10,000
8,000
6,000
4,000
2,000
0
'64
'69
'74
'79
'84
'89
'94
'99
'04
'09
'14
'19
平均伝道者数
平均開拓者数
バプテスマ

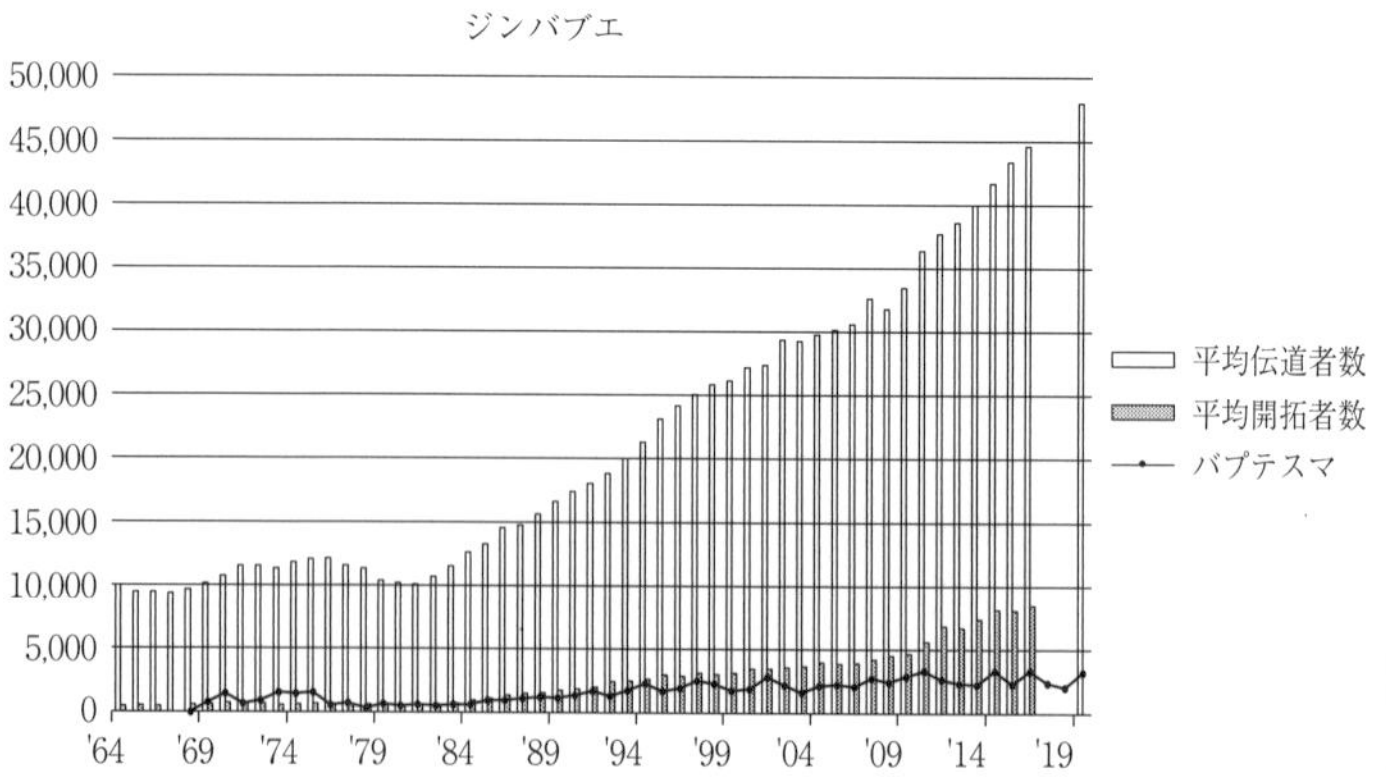
ジンバブエ
50,000
45,000
40,000
35,000
30,000
25,000
20,000
15,000
10,000
5,000
0
'64
'69
'74
'79
'84
'89
'94
'99
'04
'09
'14
'19
平均伝道者数
平均開拓者数
バプテスマ

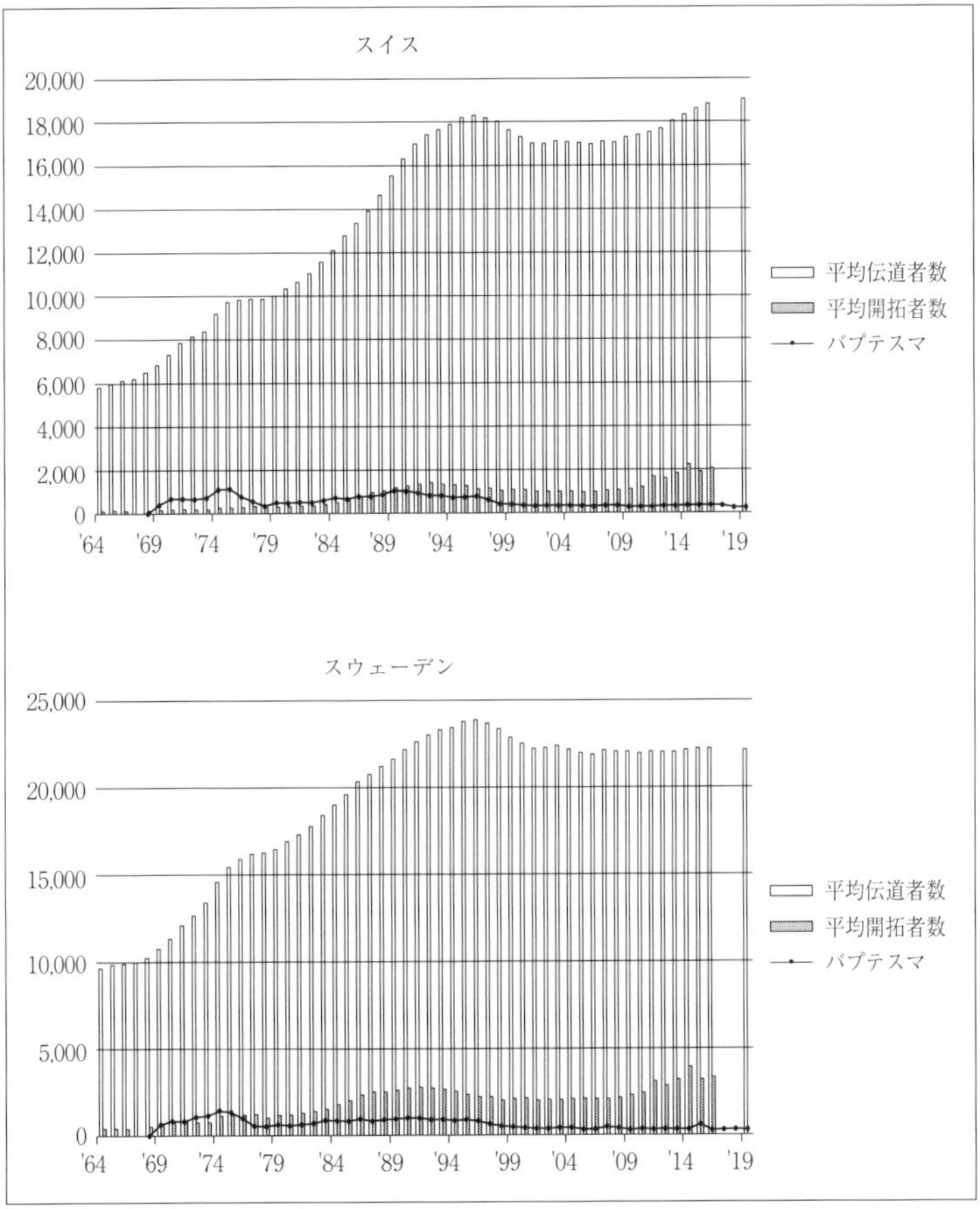
スイス
20,000
18,000
16,000
14,000
12,000
10,000
8,000
6,000
4,000
2,000
0
'64
'69
'74
'79
'84
'89
'94
'99
'04
'09
'14
'19
平均伝道者数
平均開拓者数
バプテスマ
スウェーデン
25,000
20,000
15,000
10,000
5,000
0
'64
'69
'74
'79
'84
'89
'94
'99
'04
'09
'14
'19
平均伝道者数
平均開拓者数
バプテスマ

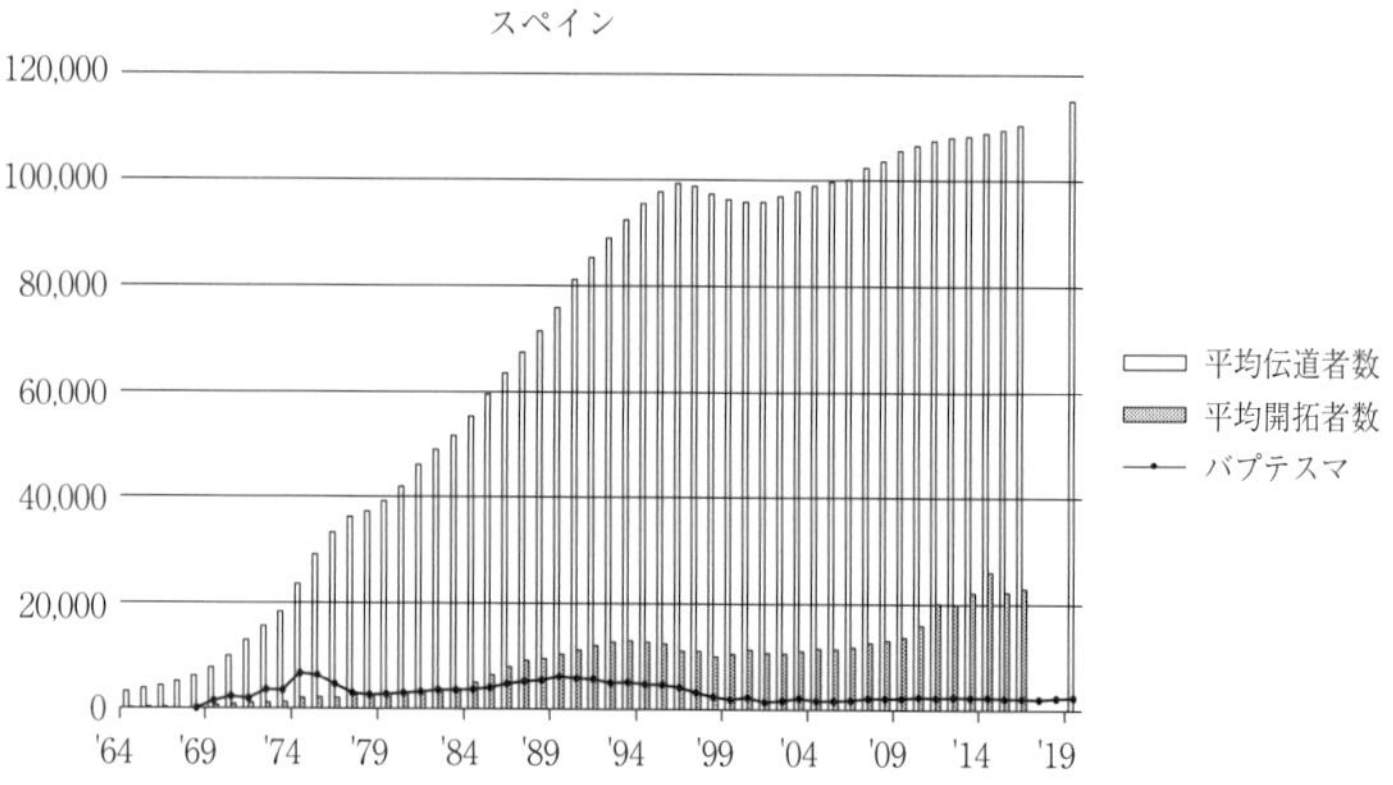

※　1981年以降はカナリア諸島を合算

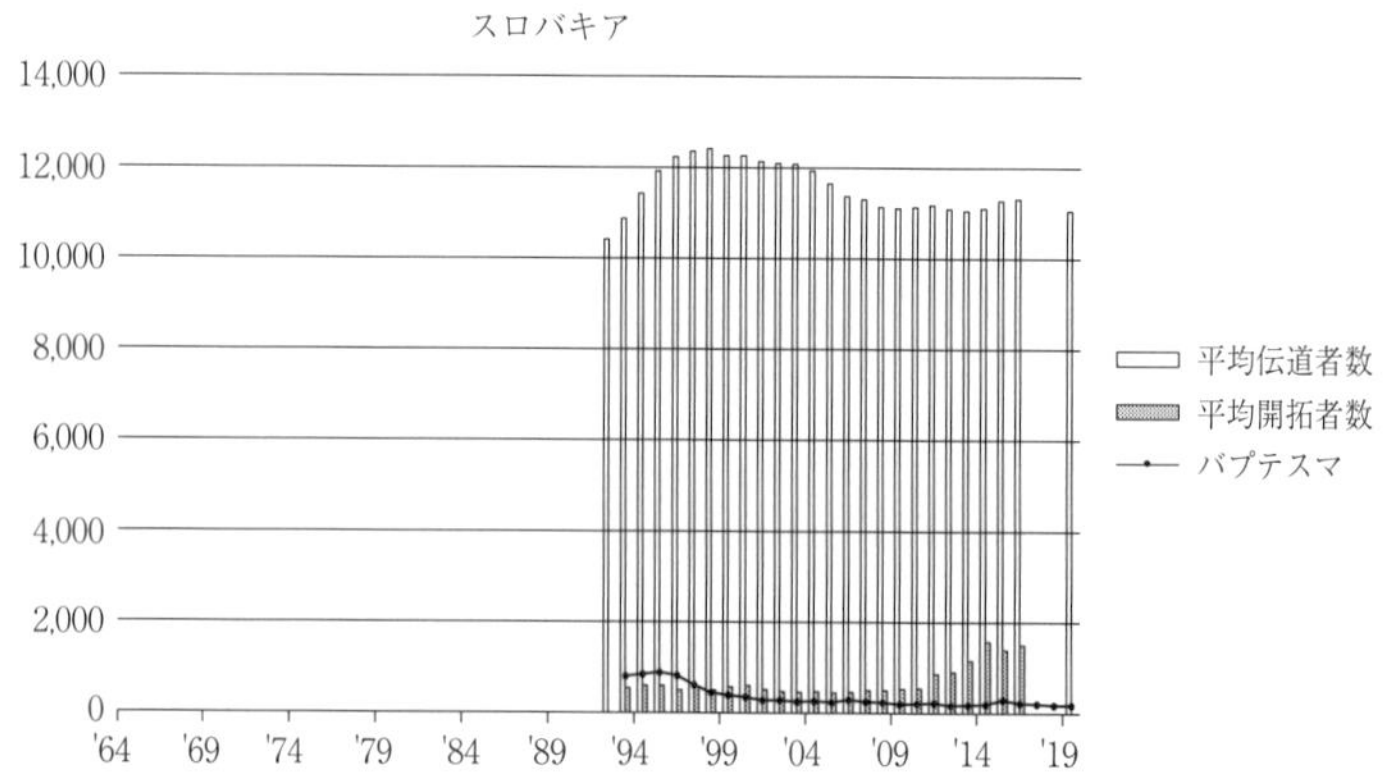

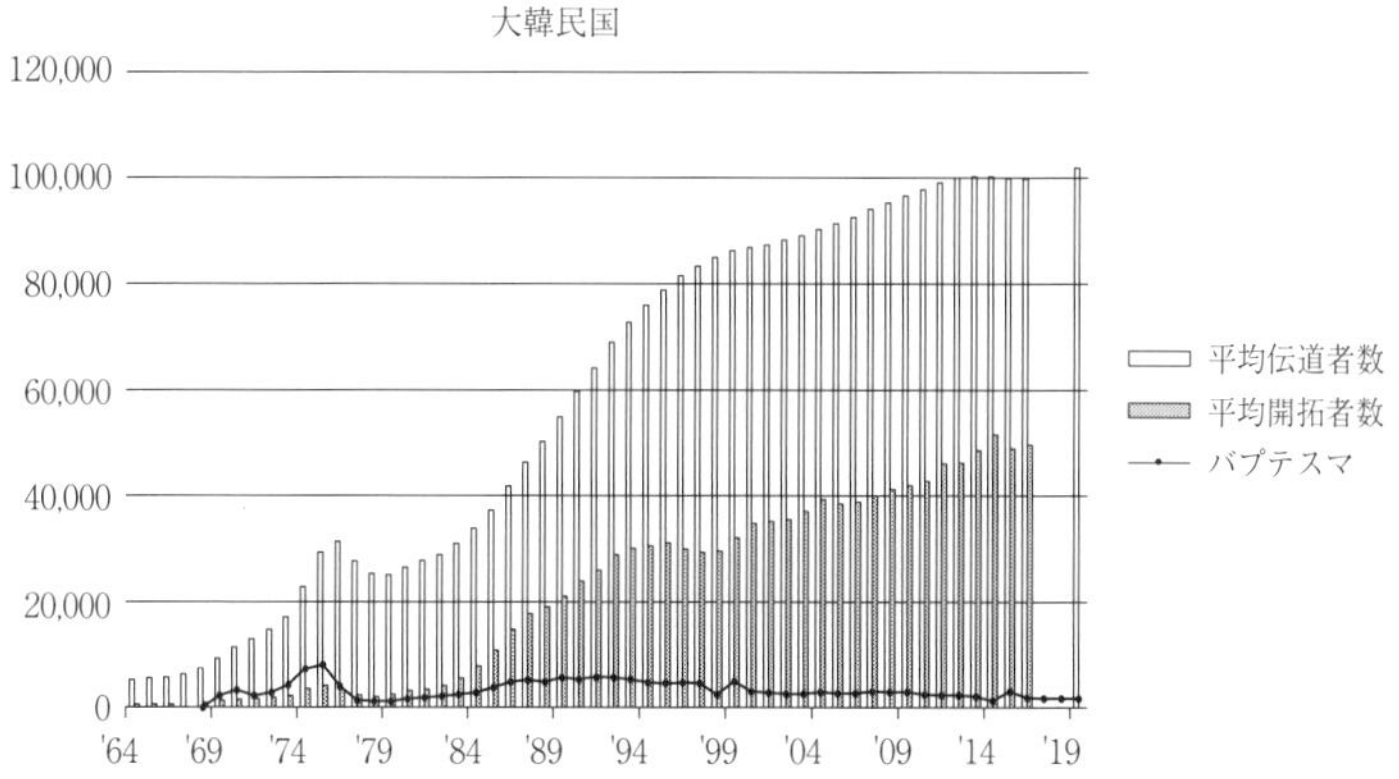
大韓民国
120,000
100,000
80,000
60,000
40,000
20,000
0
'64
'69
'74
'79
'84
'89
'94
'99
'04
'09
'14
'19
平均伝道者数
平均開拓者数
バプテスマ

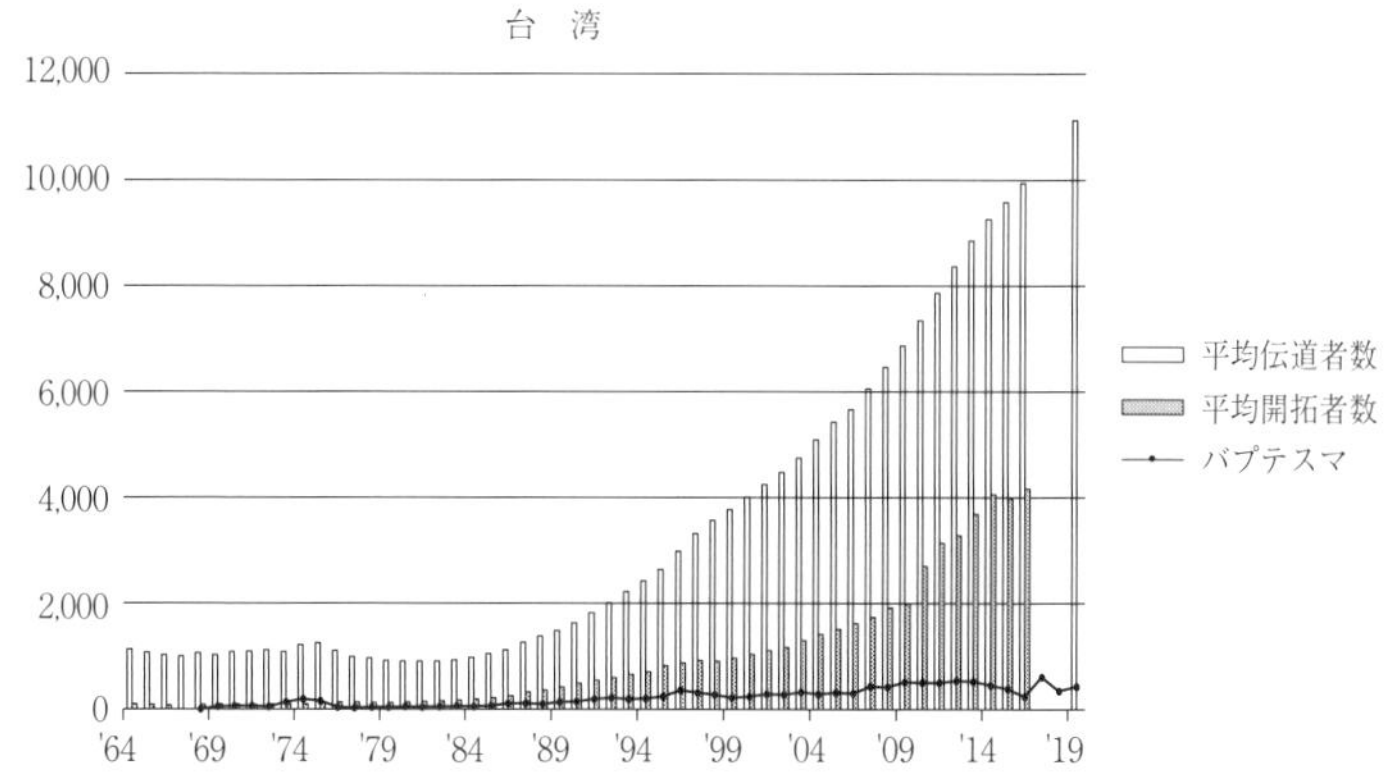
台　湾
12,000
10,000
8,000
6,000
4,000
2,000
0
'64
'69
'74
'79
'84
'89
'94
'99
'04
'09
'14
'19
平均伝道者数
平均開拓者数
バプテスマ

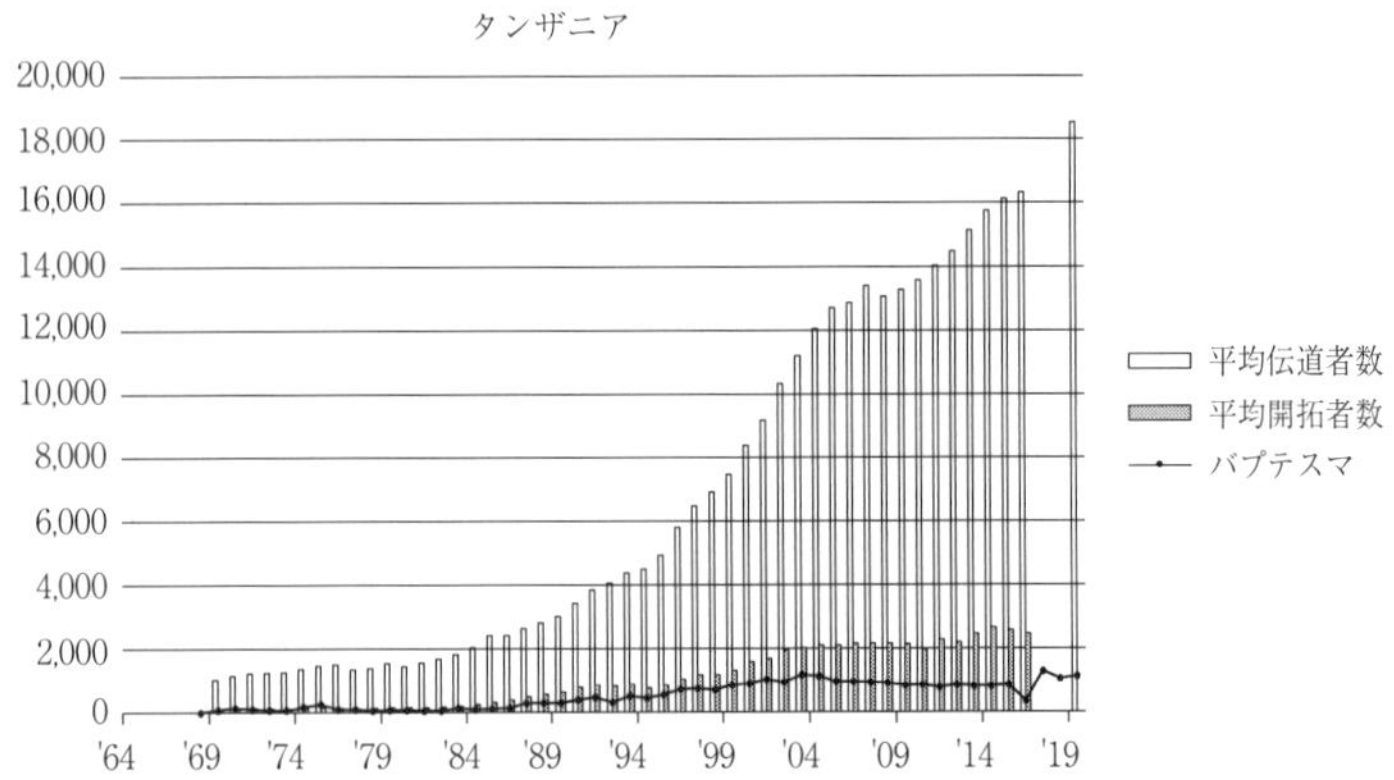
タンザニア
20,000
18,000
16,000
14,000
12,000
10,000
8,000
6,000
4,000
2,000
0
'64
'69
'74
'79
'84
'89
'94
'99
'04
'09
'14
'19
平均伝道者数
平均開拓者数
バプテスマ

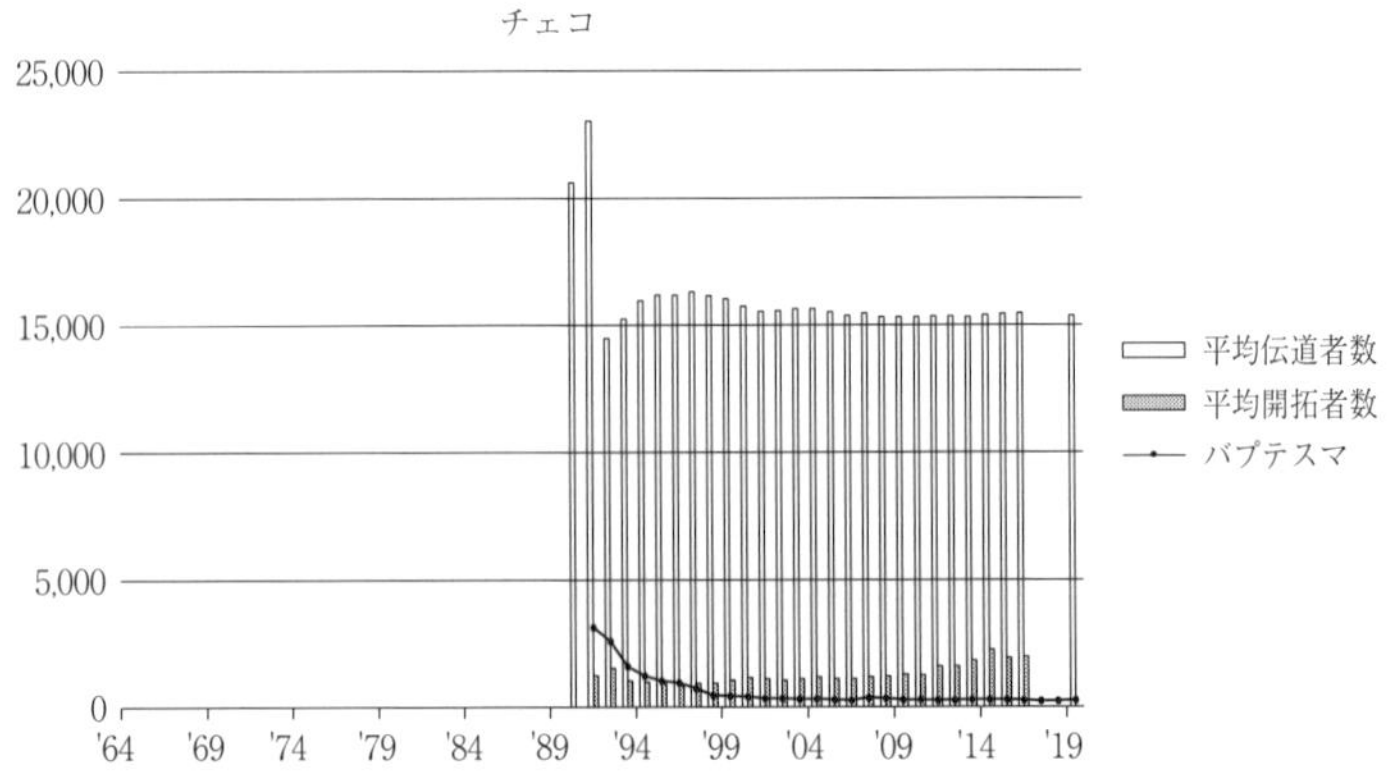
チェコ
25,000
20,000
15,000
10,000
5,000
0
'64
'69
'74
'79
'84
'89
'94
'99
'04
'09
'14
'19
平均伝道者数
平均開拓者数
バプテスマ

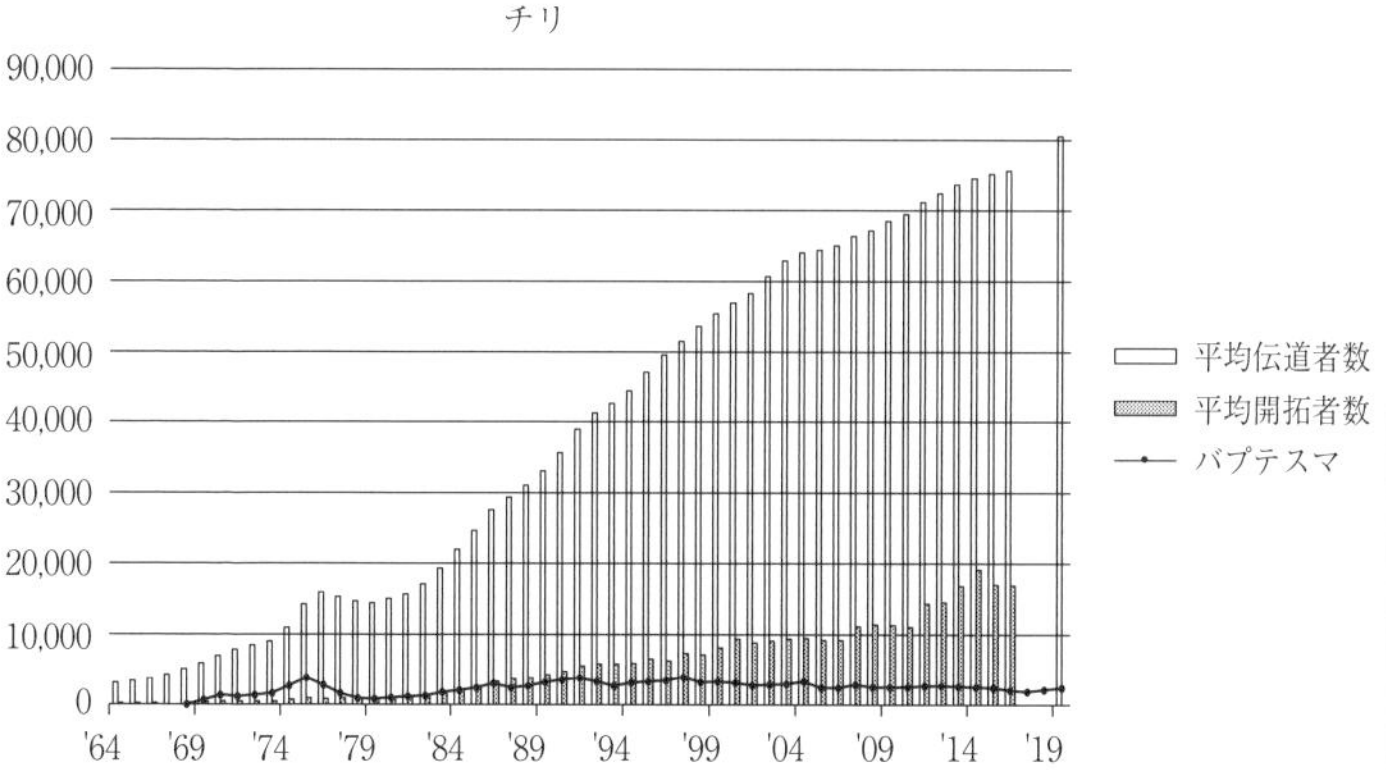
チリ
90,000
80,000
70,000
60,000
50,000
40,000
30,000
20,000
10,000
0
'64
'69
'74
'79
'84
'89
'94
'99
'04
'09
'14
'19
平均伝道者数
平均開拓者数
バプテスマ

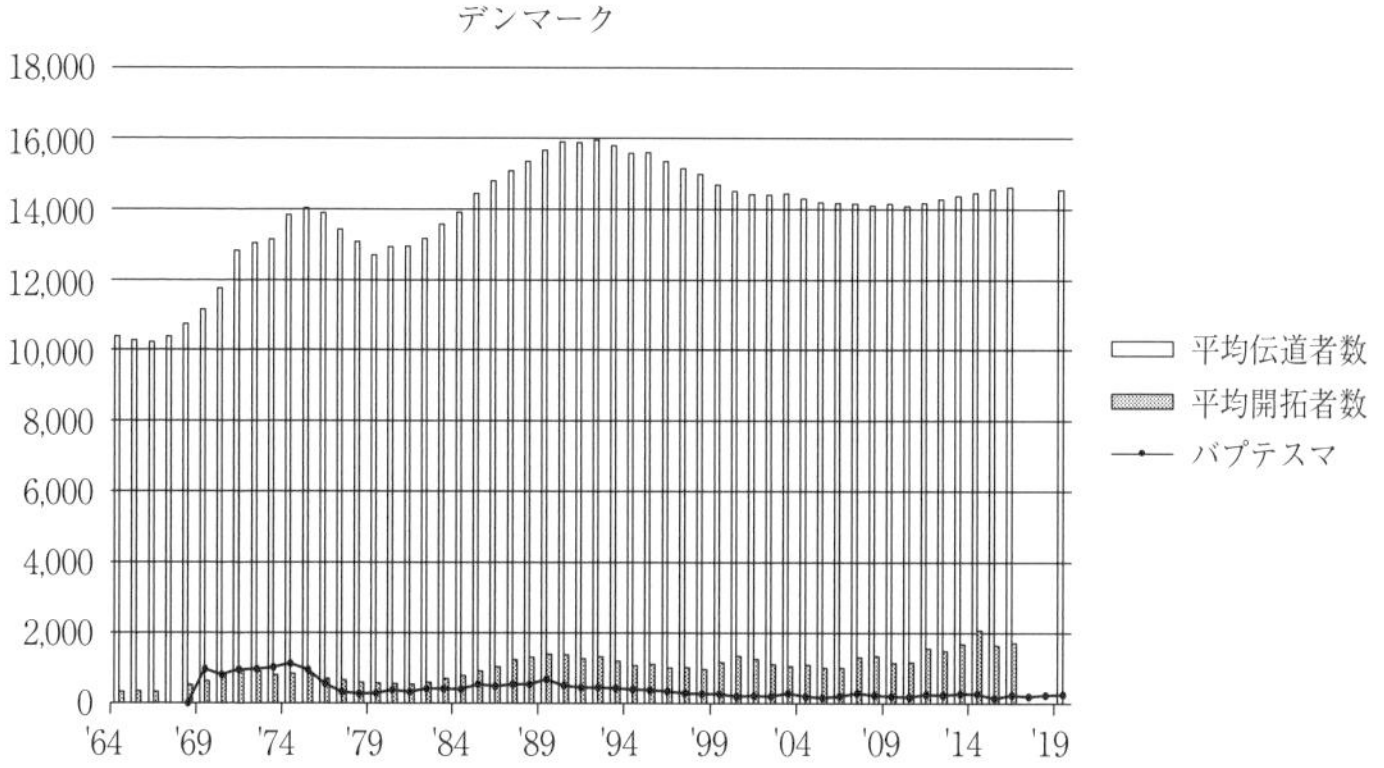
デンマーク
18,000
16,000
14,000
12,000
10,000
8,000
6,000
4,000
2,000
0
'64
'69
'74
'79
'84
'89
'94
'99
'04
'09
'14
'19
平均伝道者数
平均開拓者数
バプテスマ

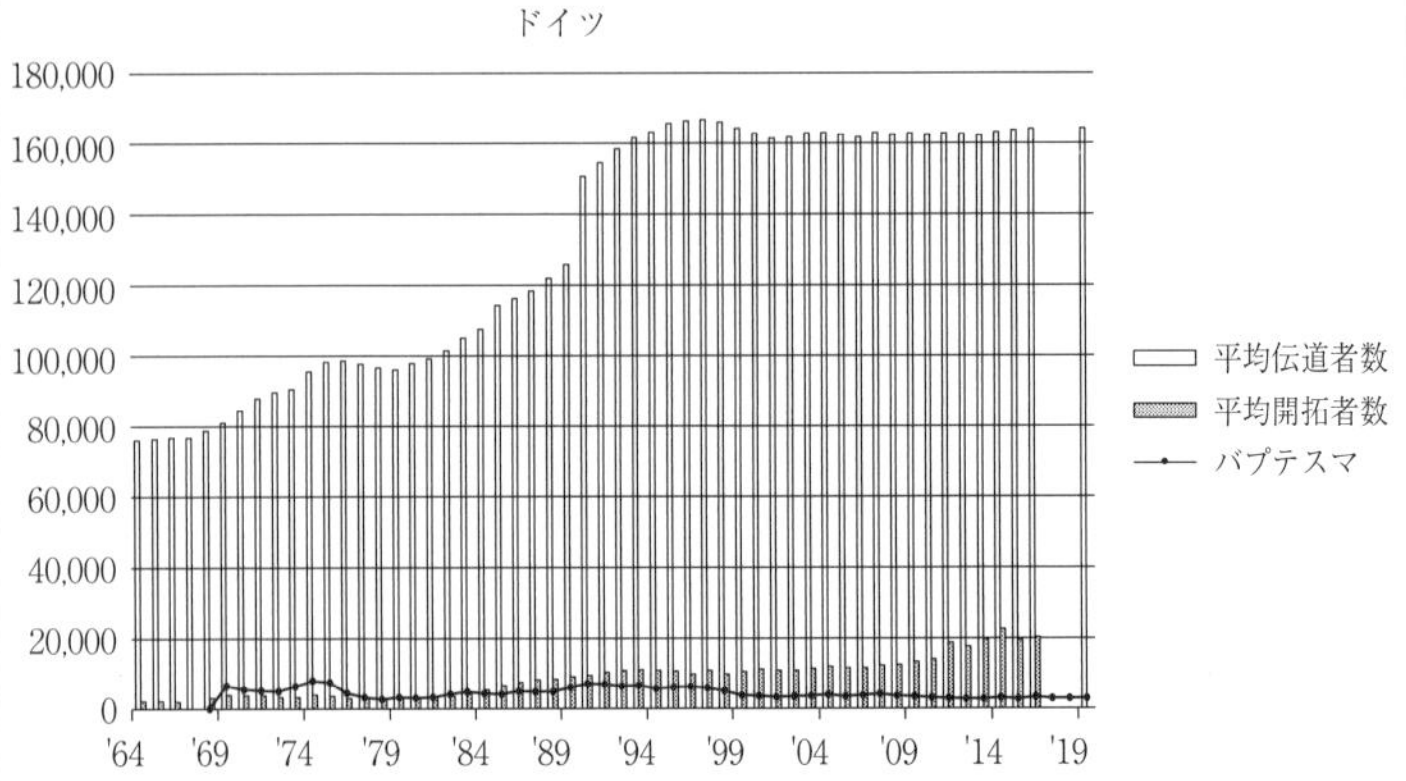

※ 1988年～西ベルリン合算

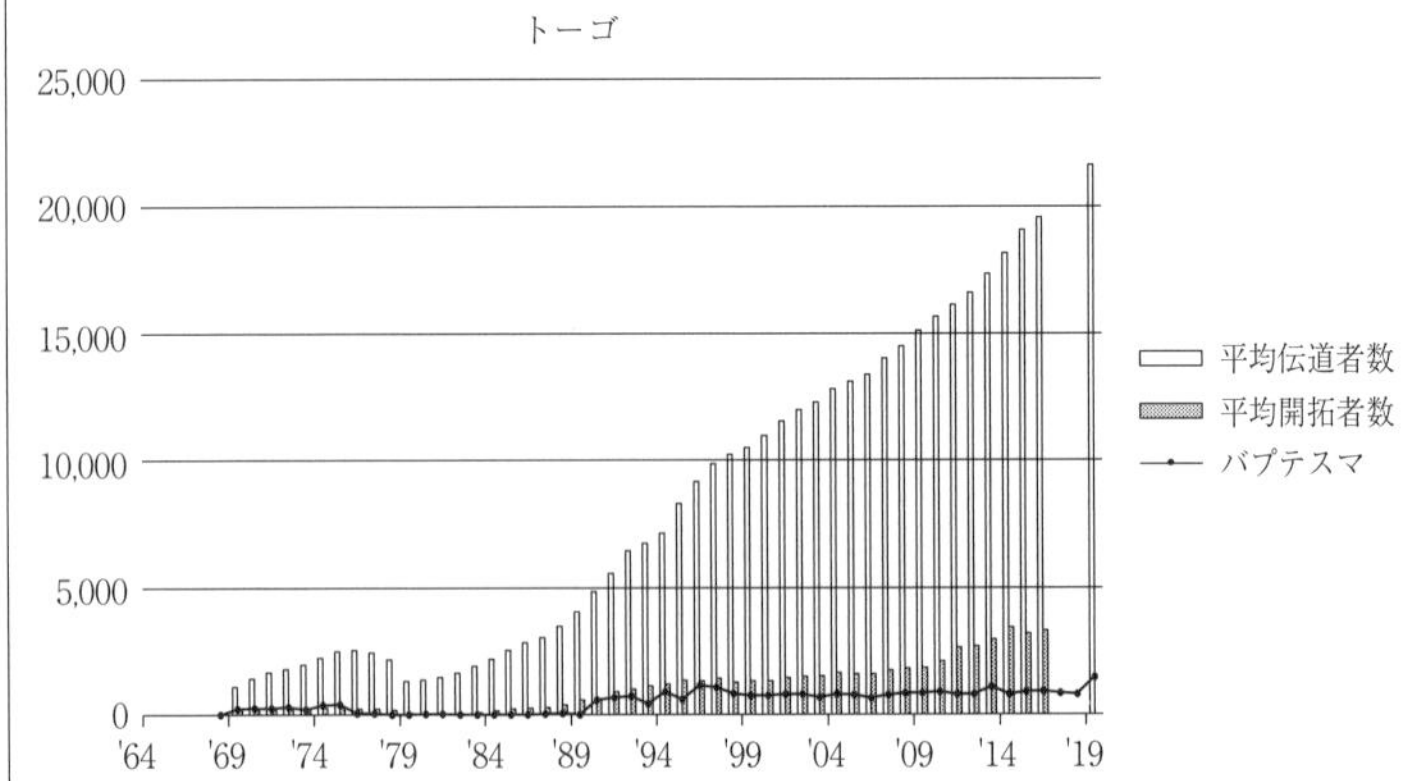

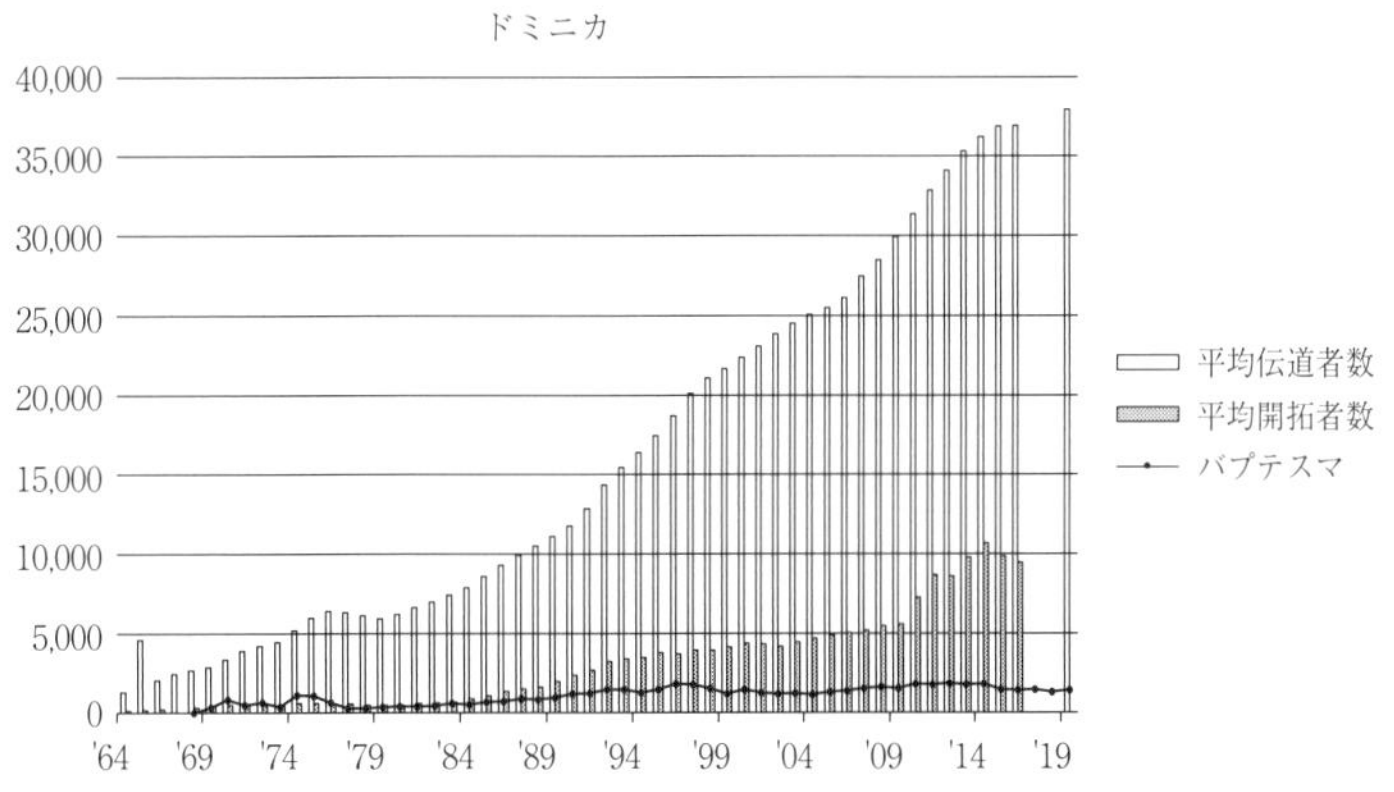
ドミニカ
40,000
35,000
30,000
25,000
20,000
15,000
10,000
5,000
0
'64
'69
'74
'79
'84
'89
'94
'99
'04
'09
'14
'19
平均伝道者数
平均開拓者数
バプテスマ

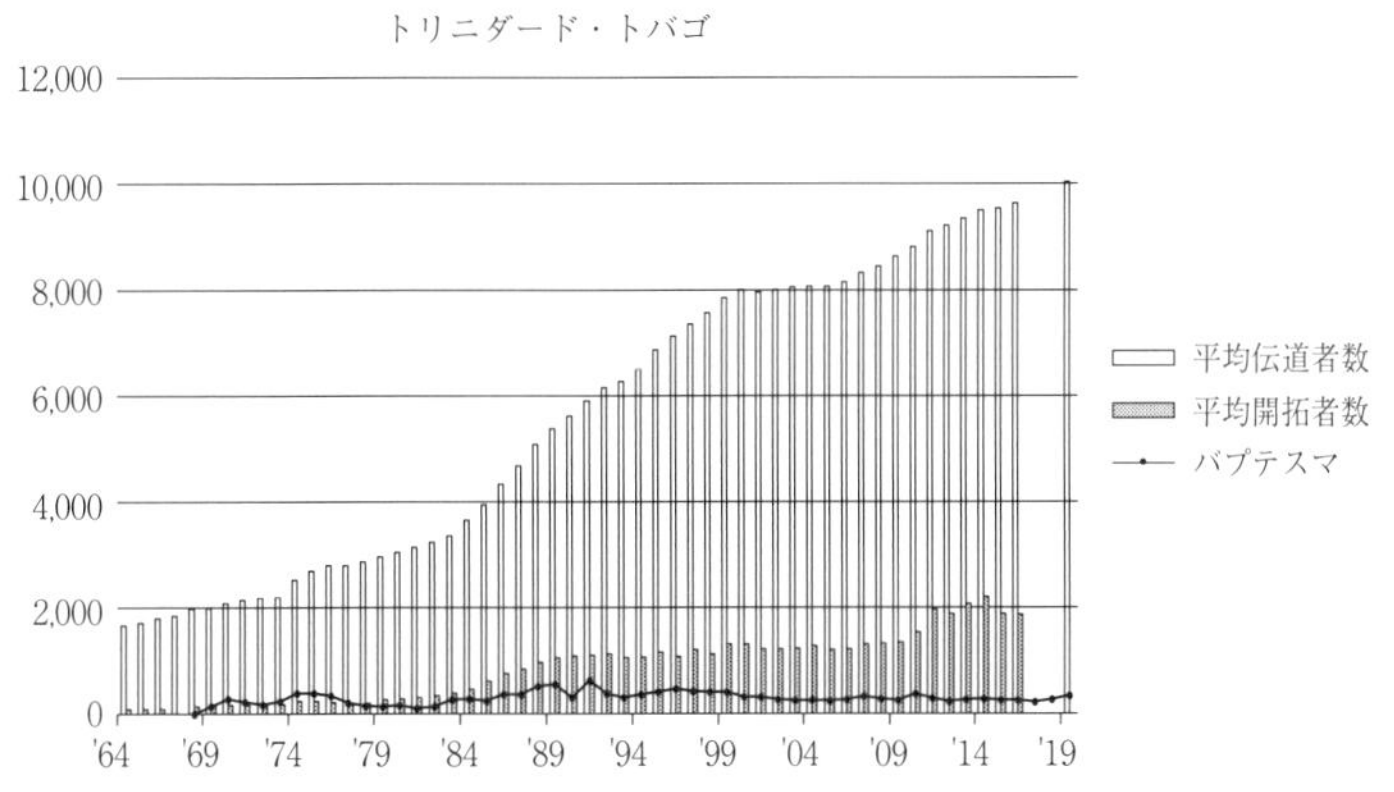
トリニダード・トバゴ
12,000
10,000
8,000
6,000
4,000
2,000
0
'64
'69
'74
'79
'84
'89
'94
'99
'04
'09
'14
'19
平均伝道者数
平均開拓者数
バプテスマ

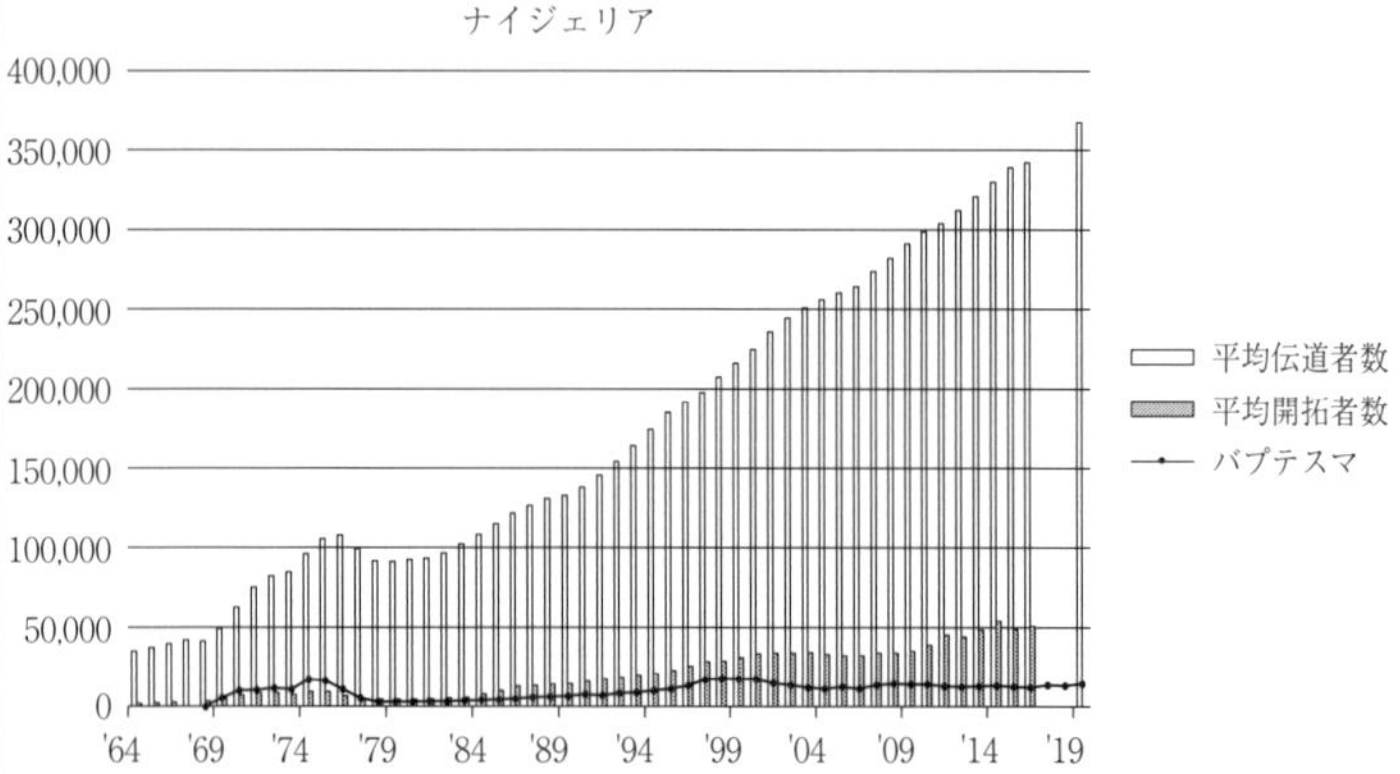
ナイジェリア
400,000
350,000
300,000
250,000
200,000
150,000
100,000
50,000
0
'64
'69
'74
'79
'84
'89
'94
'99
'04
'09
'14
'19
平均伝道者数
平均開拓者数
バプテスマ

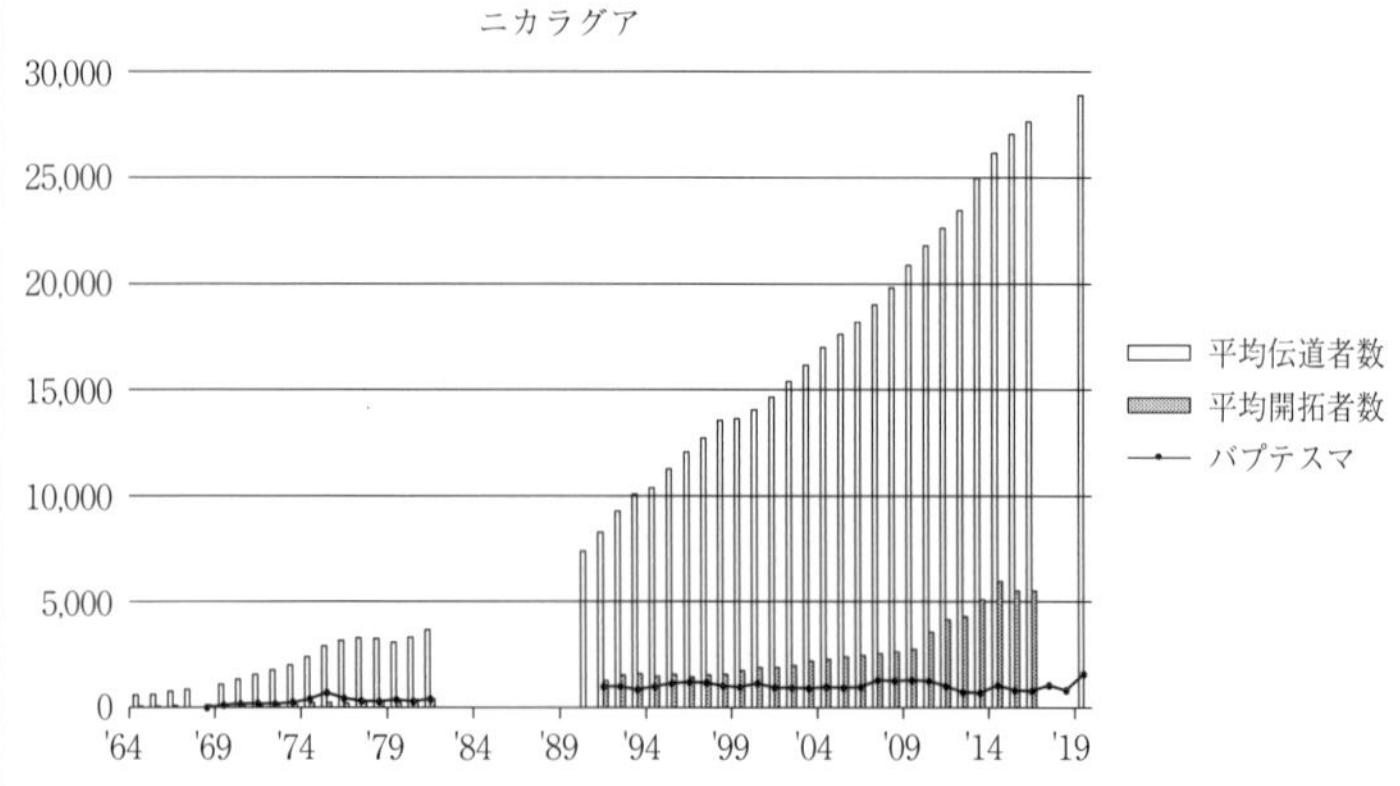
ニカラグア
30,000
25,000
20,000
15,000
10,000
5,000
0
'64
'69
'74
'79
'84
'89
'94
'99
'04
'09
'14
'19
平均伝道者数
平均開拓者数
バプテスマ

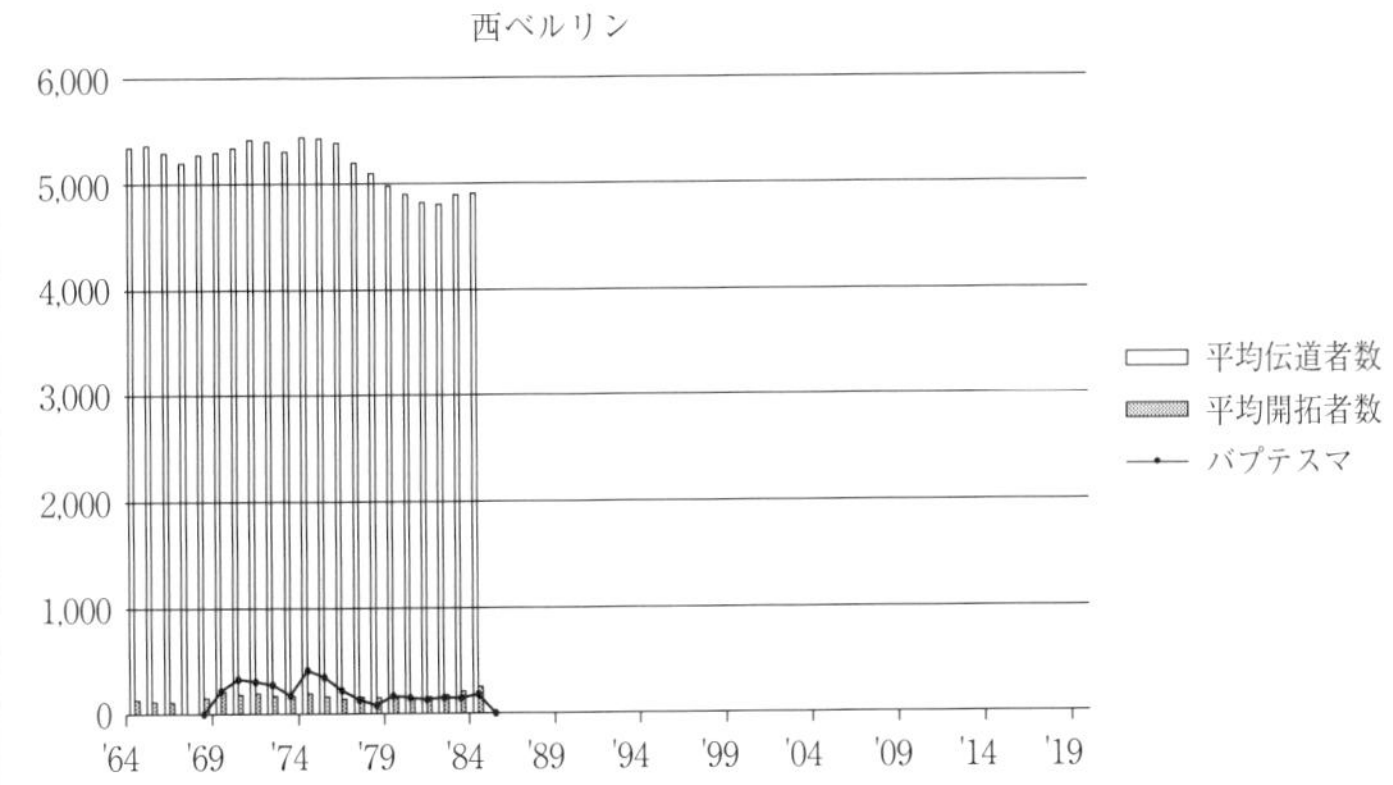

※　1988年以降はドイツに合算

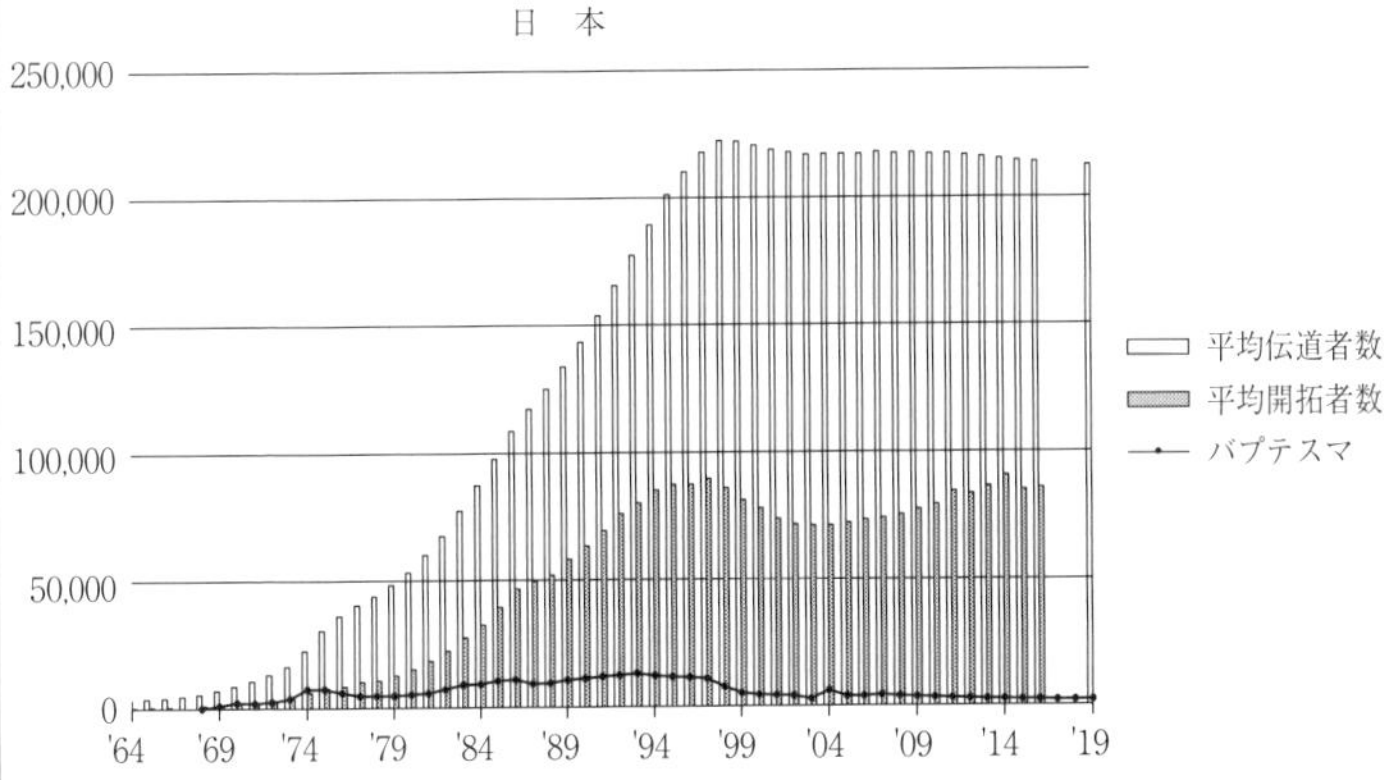

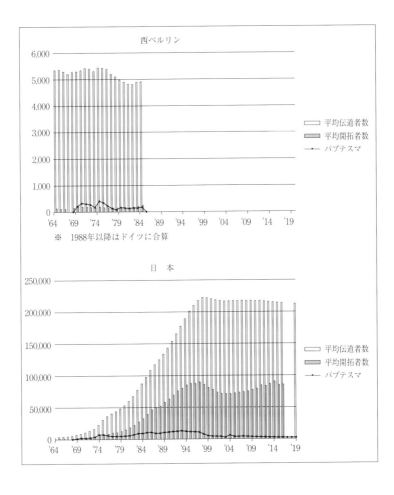

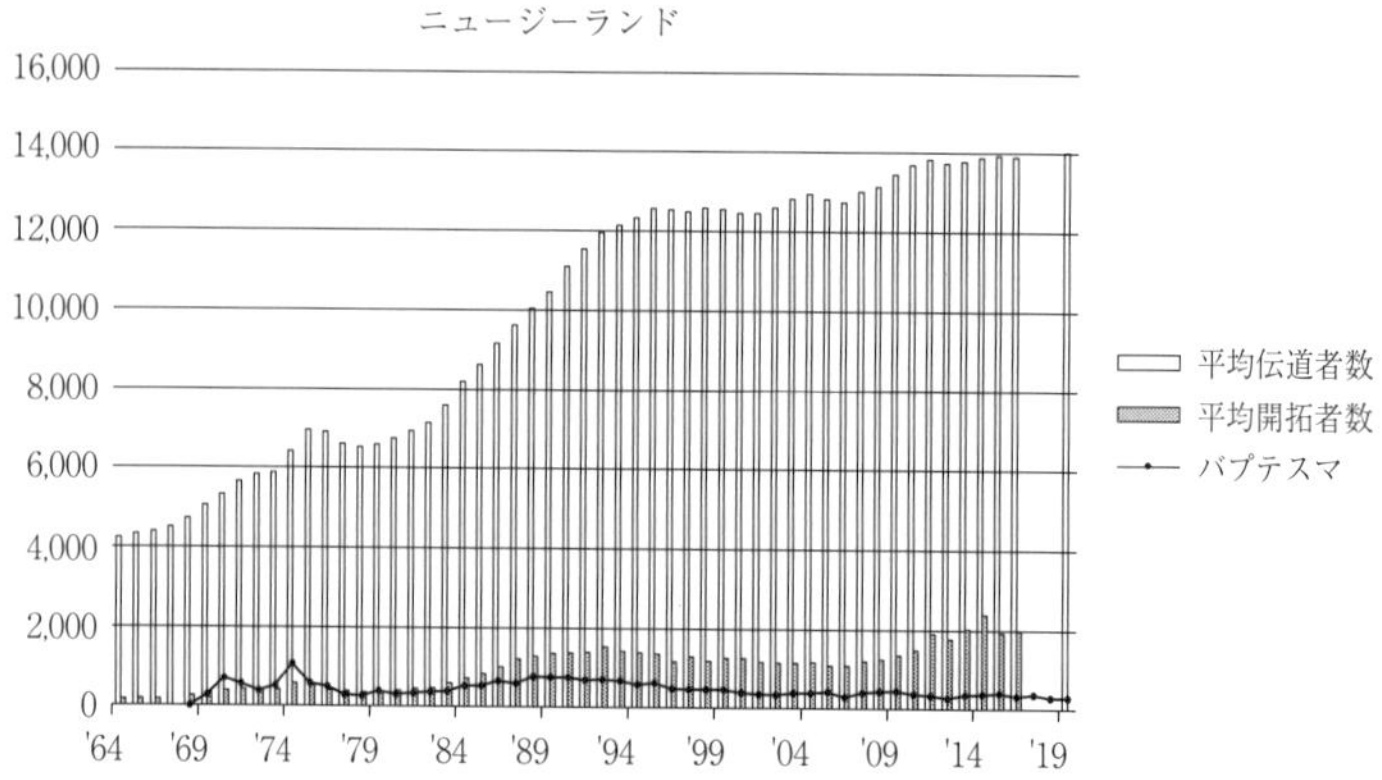

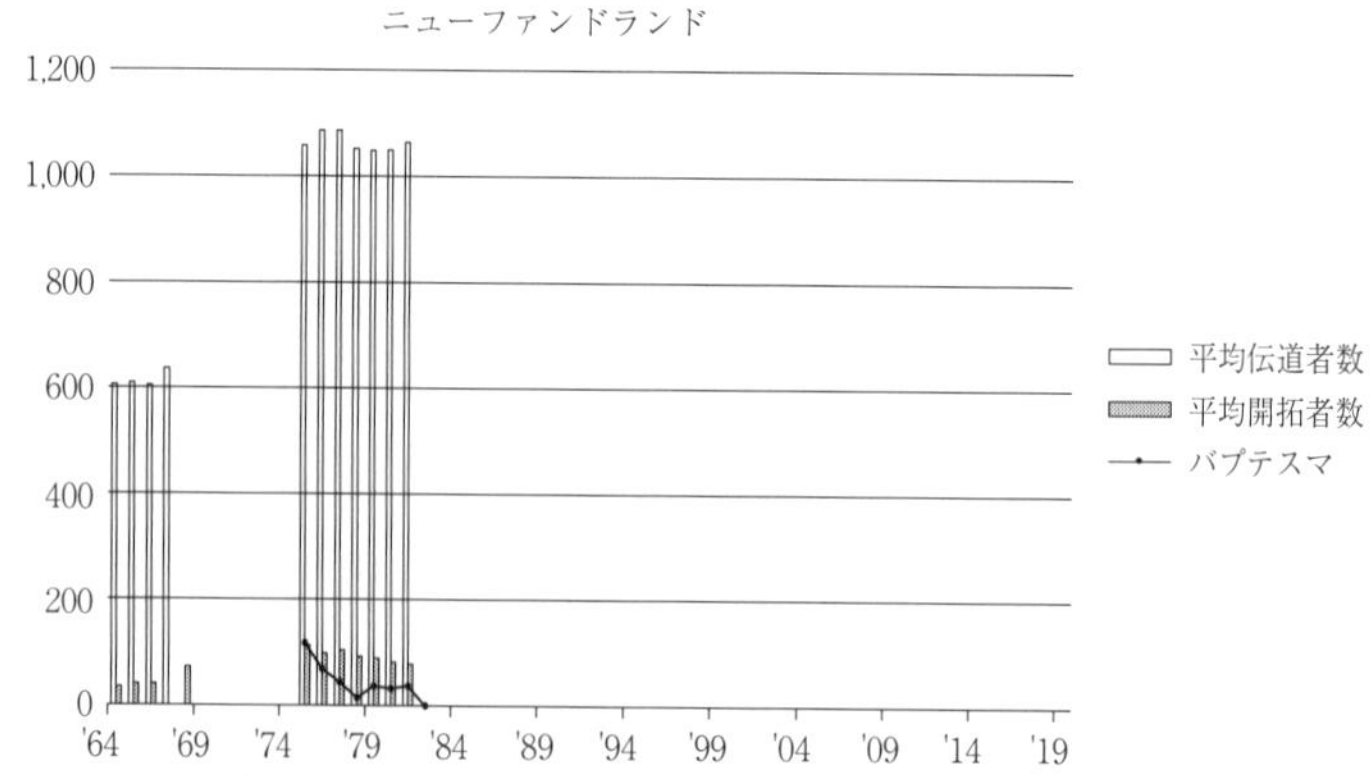

※　1988年以降はカナダに合算

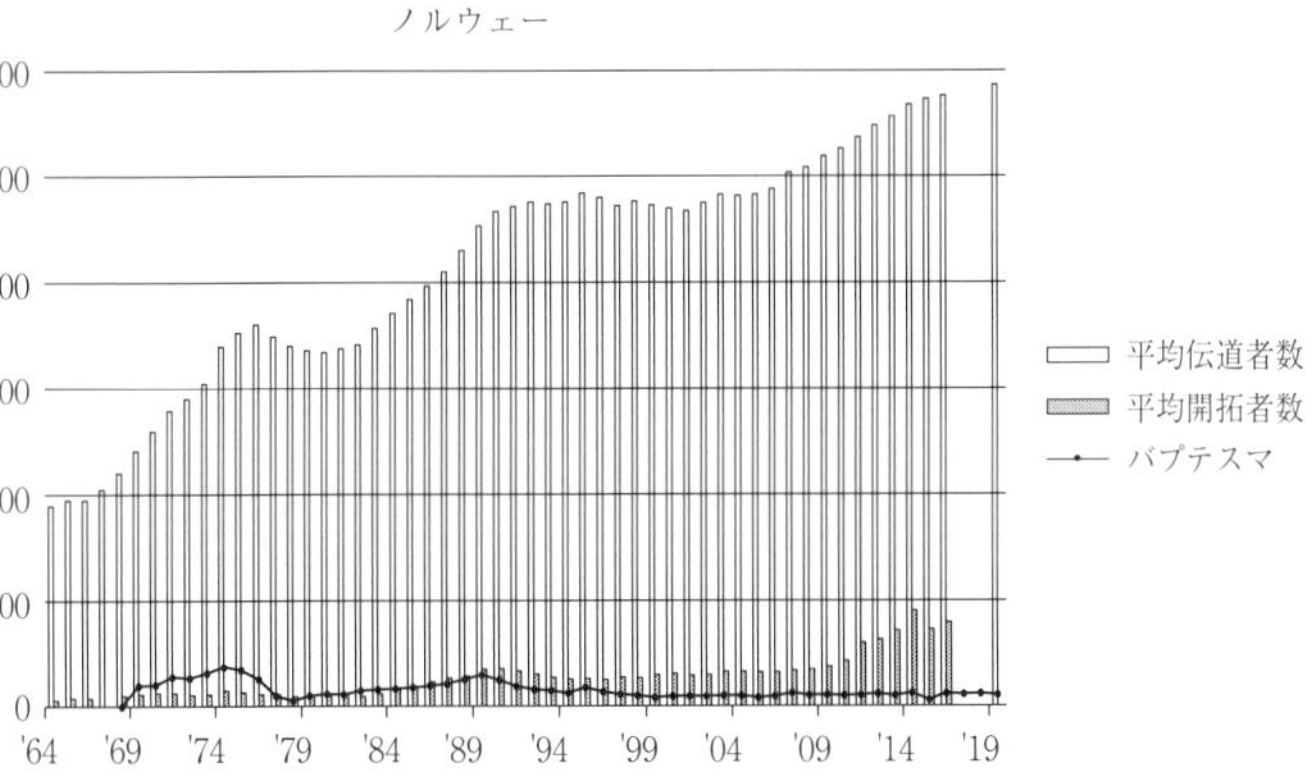
ノルウェー
12,000
10,000
8,000
6,000
4,000
2,000
0
'64
'69
'74
'79
'84
'89
'94
'99
'04
'09
'14
'19
平均伝道者数
平均開拓者数
バプテスマ

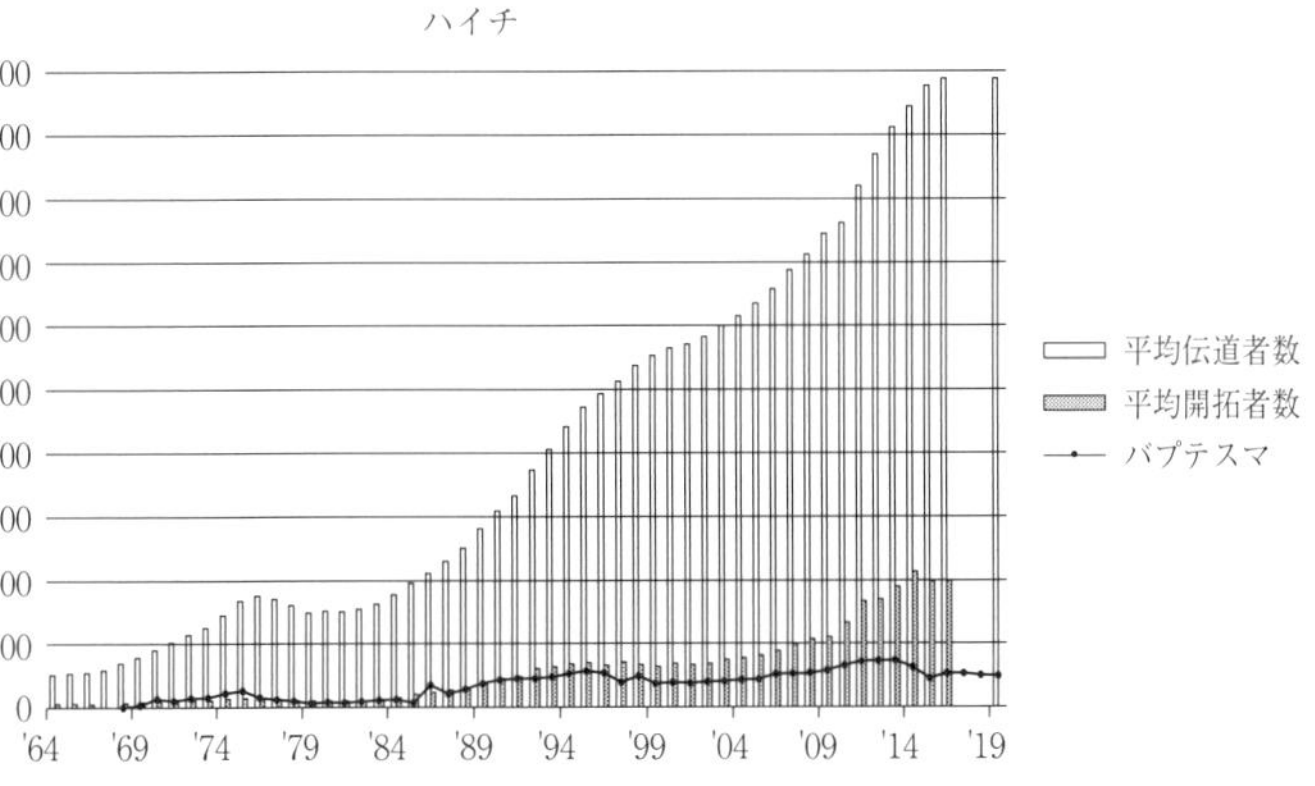
ハイチ
20,000
18,000
16,000
14,000
12,000
10,000
8,000
6,000
4,000
2,000
0
'64
'69
'74
'79
'84
'89
'94
'99
'04
'09
'14
'19
平均伝道者数
平均開拓者数
バプテスマ

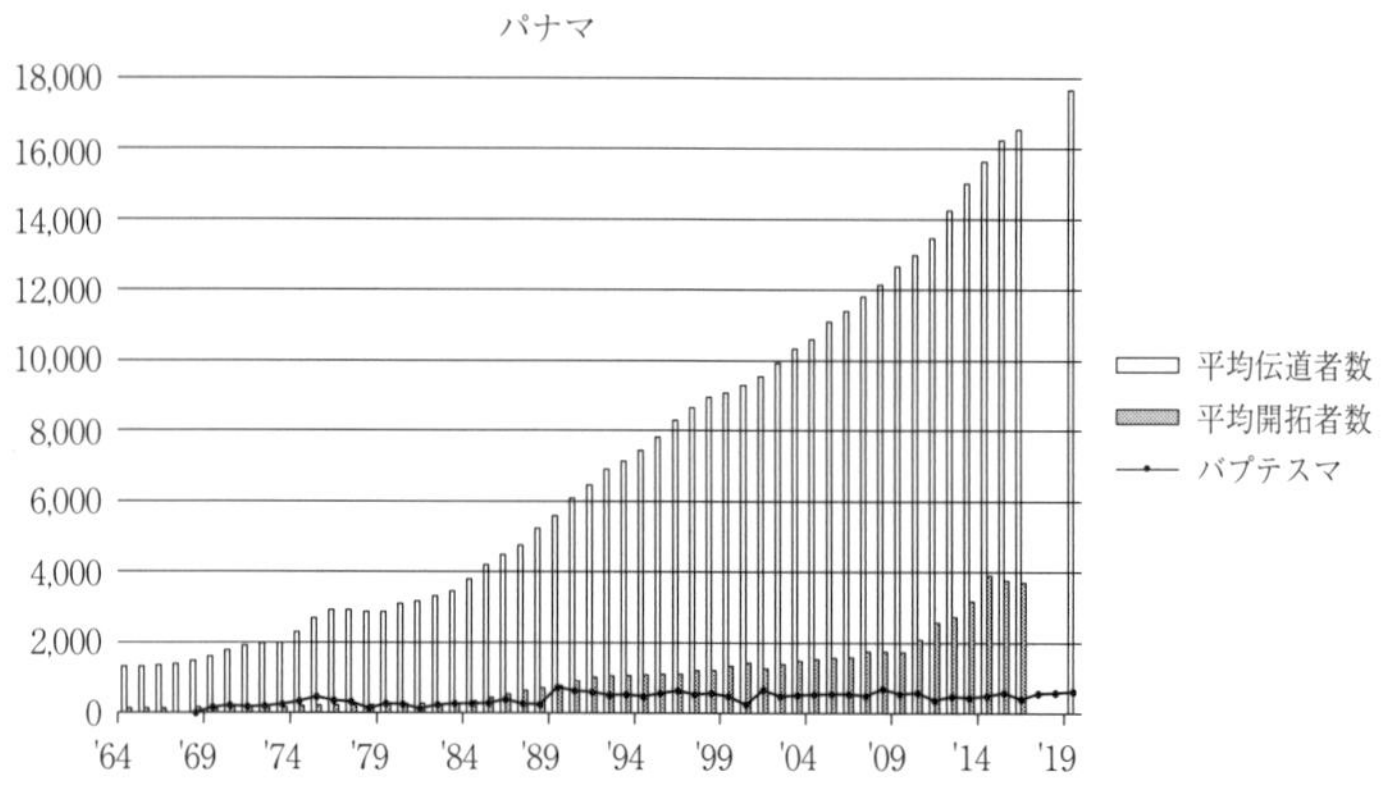
パナマ
18,000
16,000
14,000
12,000
10,000
8,000
6,000
4,000
2,000
0
'64
'69
'74
'79
'84
'89
'94
'99
'04
'09
'14
'19
平均伝道者数
平均開拓者数
バプテスマ

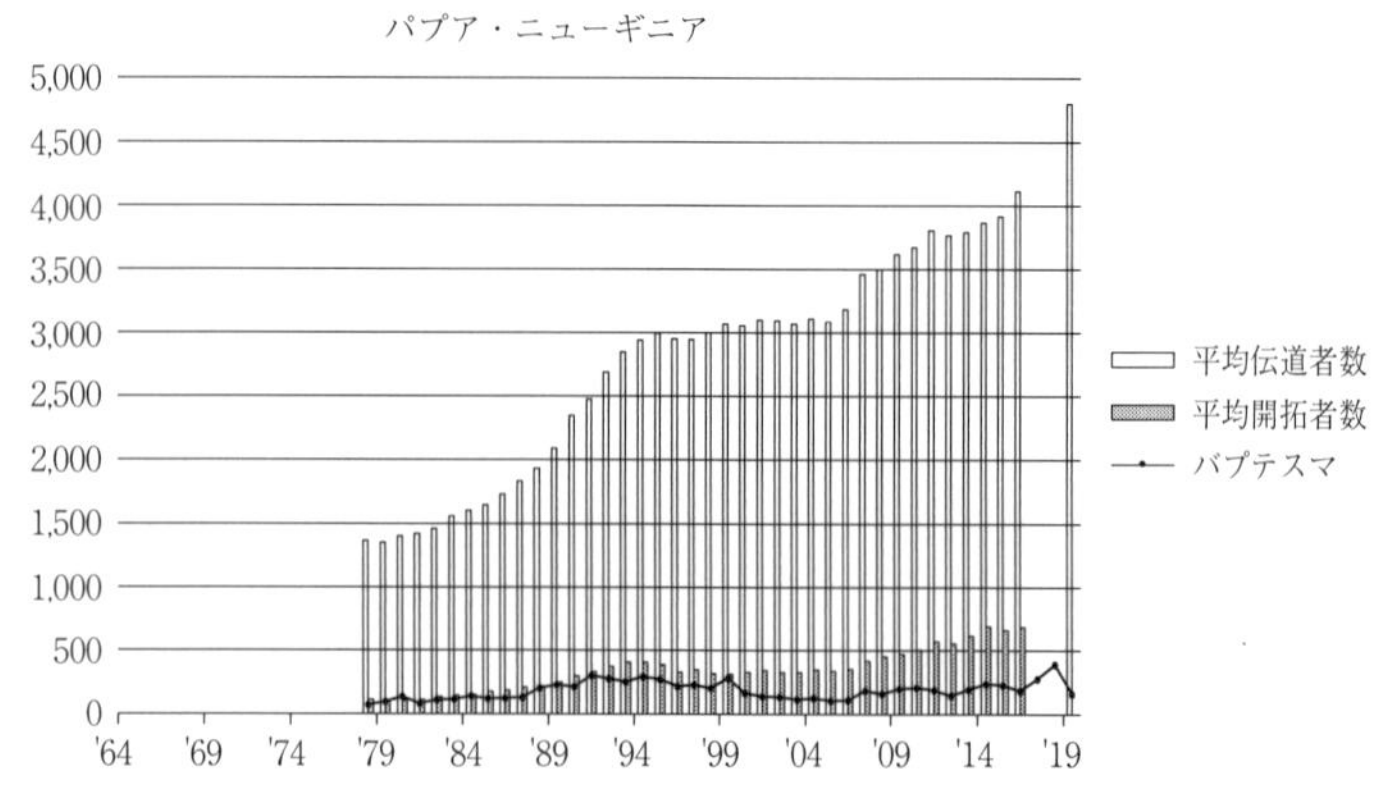
パプア・ニューギニア
5,000
4,500
4,000
3,500
3,000
2,500
2,000
1,500
1,000
500
0
'64
'69
'74
'79
'84
'89
'94
'99
'04
'09
'14
'19
平均伝道者数
平均開拓者数
バプテスマ

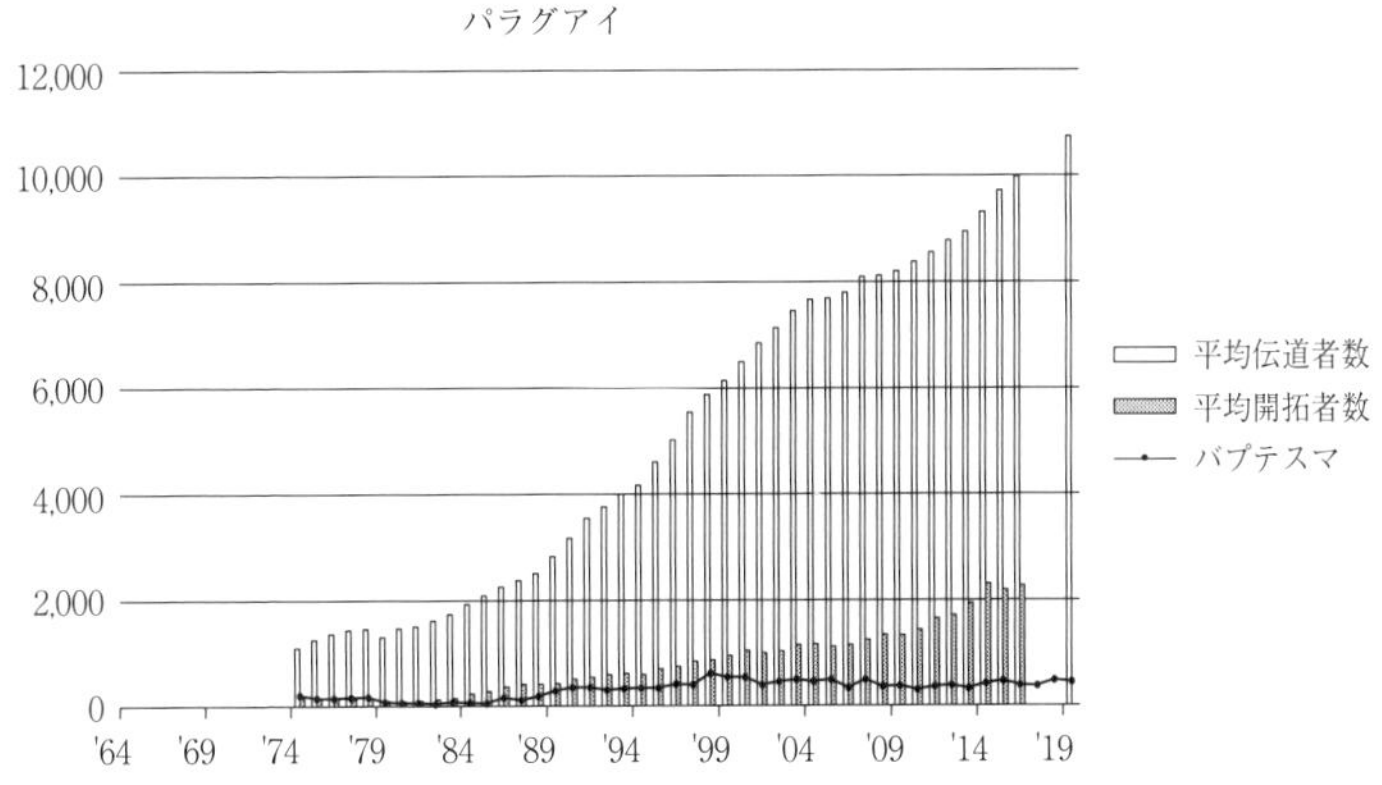
パラグアイ
12,000
10,000
8,000
6,000
4,000
2,000
0
'64
'69
'74
'79
'84
'89
'94
'99
'04
'09
'14
'19
平均伝道者数
平均開拓者数
バプテスマ

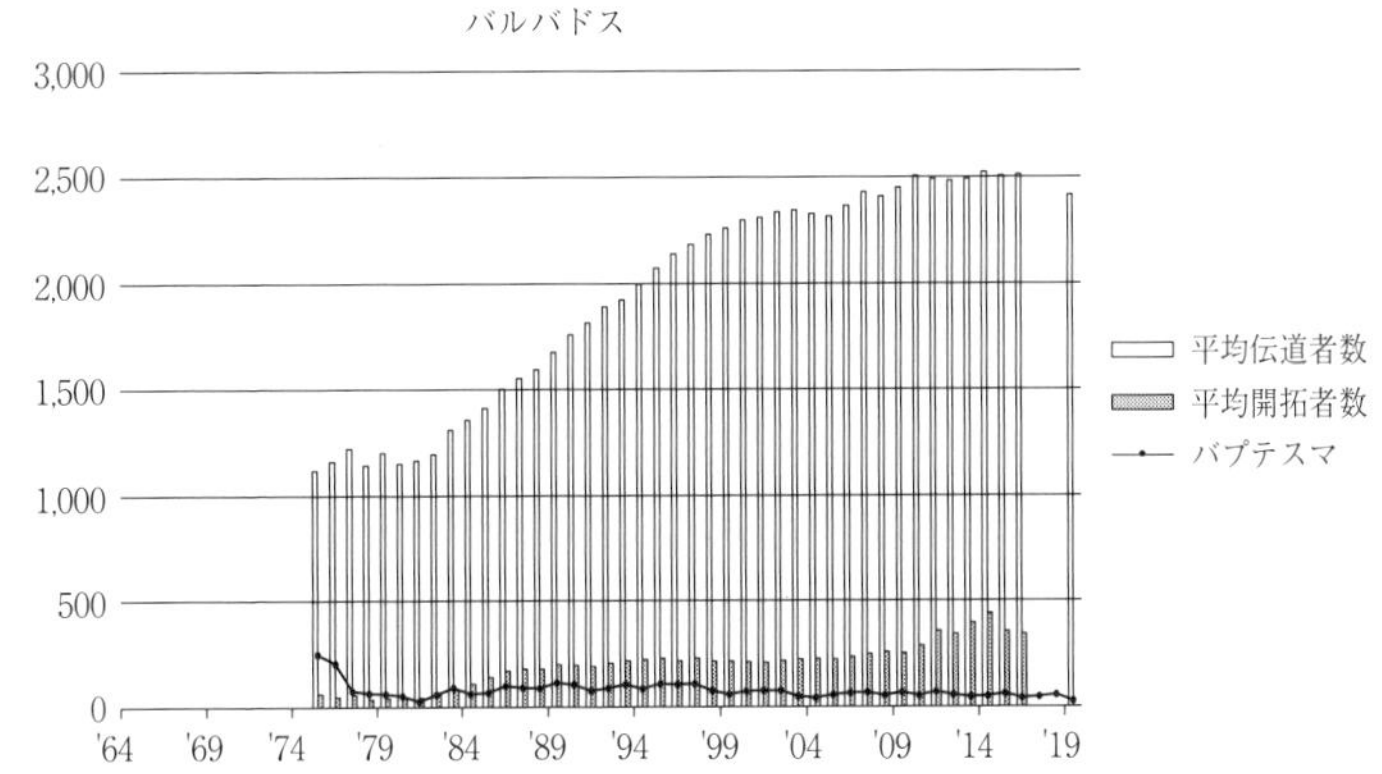
バルバドス
3,000
2,500
2,000
1,500
1,000
500
0
'64
'69
'74
'79
'84
'89
'94
'99
'04
'09
'14
'19
平均伝道者数
平均開拓者数
バプテスマ

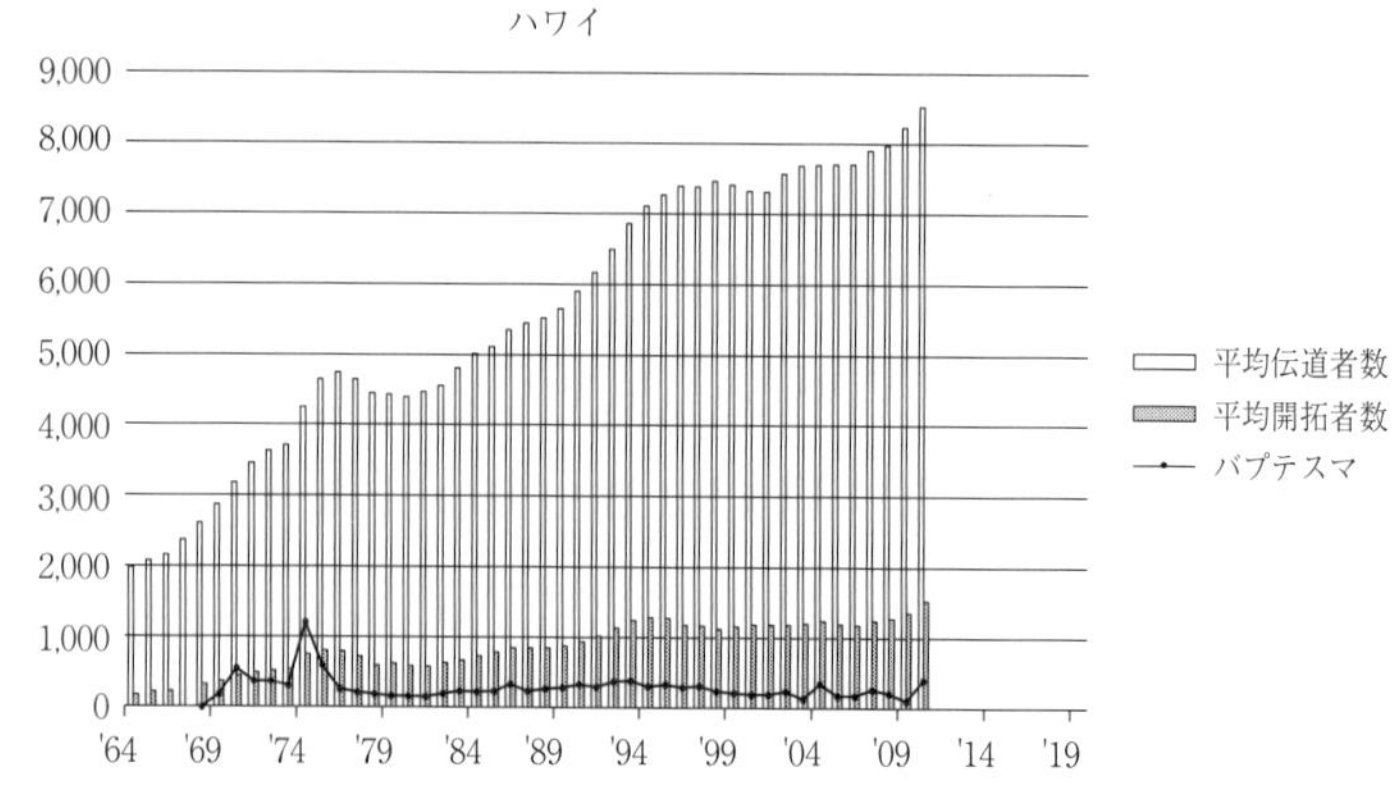
ハワイ
9,000
8,000
7,000
6,000
5,000
4,000
3,000
2,000
1,000
0
'64
'69
'74
'79
'84
'89
'94
'99
'04
'09
'14
'19
平均伝道者数
平均開拓者数
バプテスマ

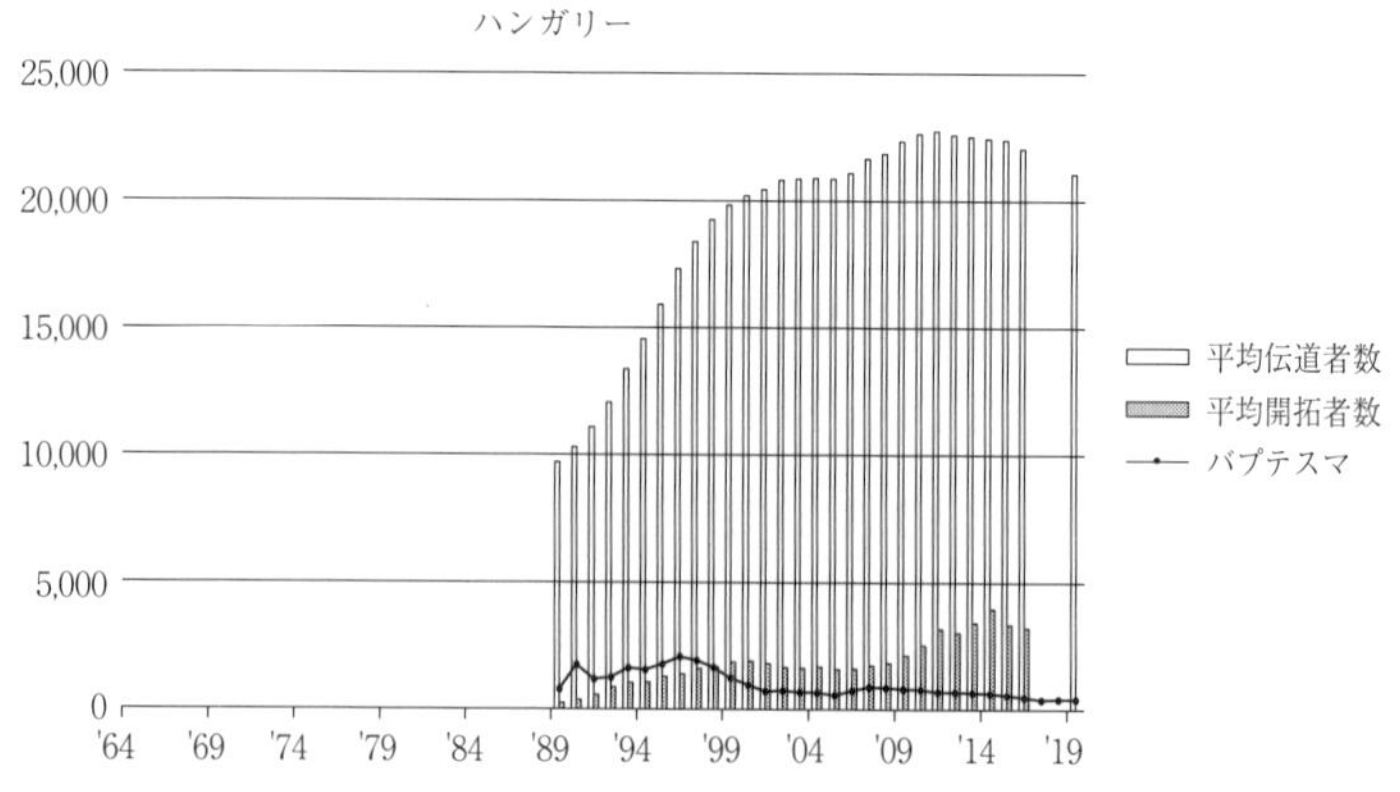
ハンガリー
25,000
20,000
15,000
10,000
5,000
0
'64
'69
'74
'79
'84
'89
'94
'99
'04
'09
'14
'19
平均伝道者数
平均開拓者数
バプテスマ

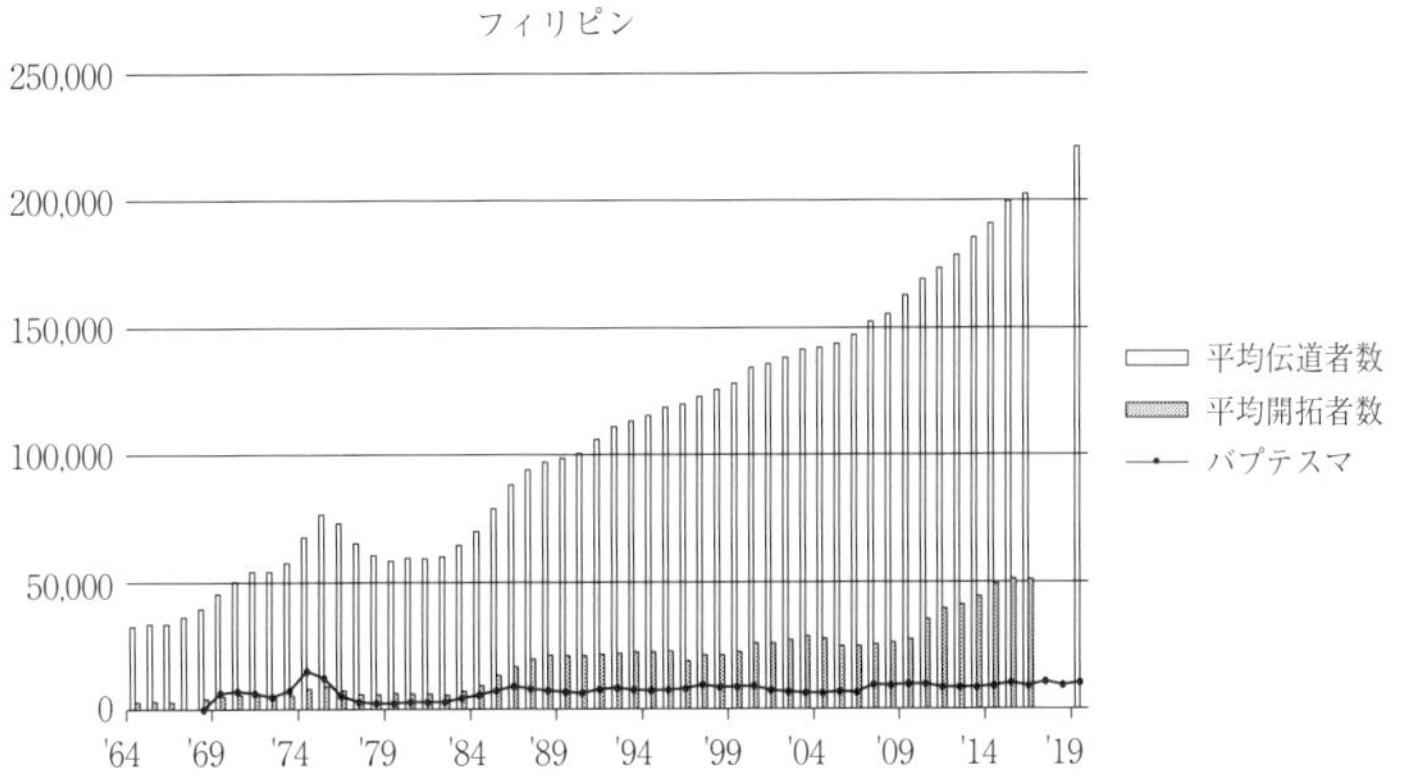
フィリピン
250,000
200,000
150,000
100,000
50,000
0
'64
'69
'74
'79
'84
'89
'94
'99
'04
'09
'14
'19
平均伝道者数
平均開拓者数
バプテスマ

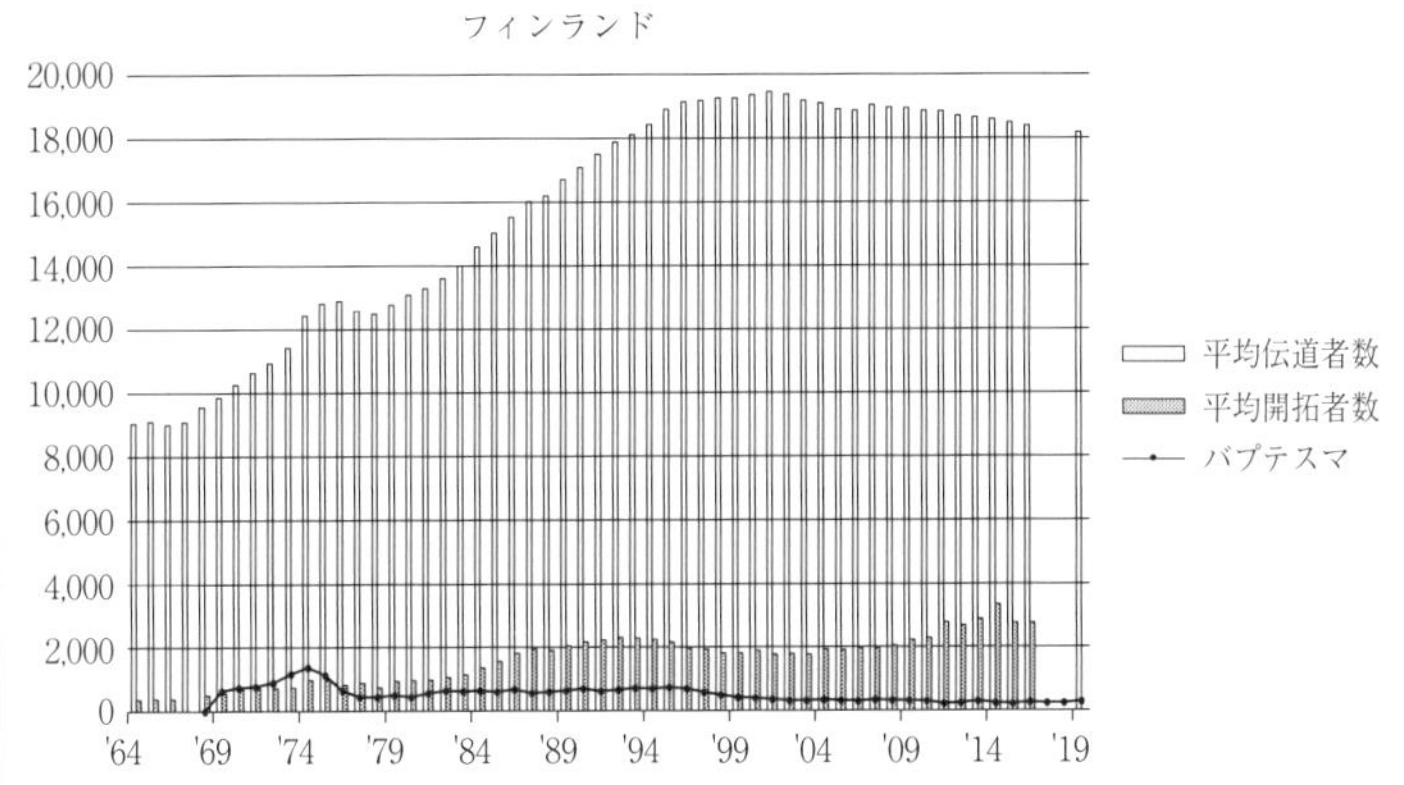
フィンランド
20,000
18,000
16,000
14,000
12,000
10,000
8,000
6,000
4,000
2,000
0
'64
'69
'74
'79
'84
'89
'94
'99
'04
'09
'14
'19
平均伝道者数
平均開拓者数
バプテスマ

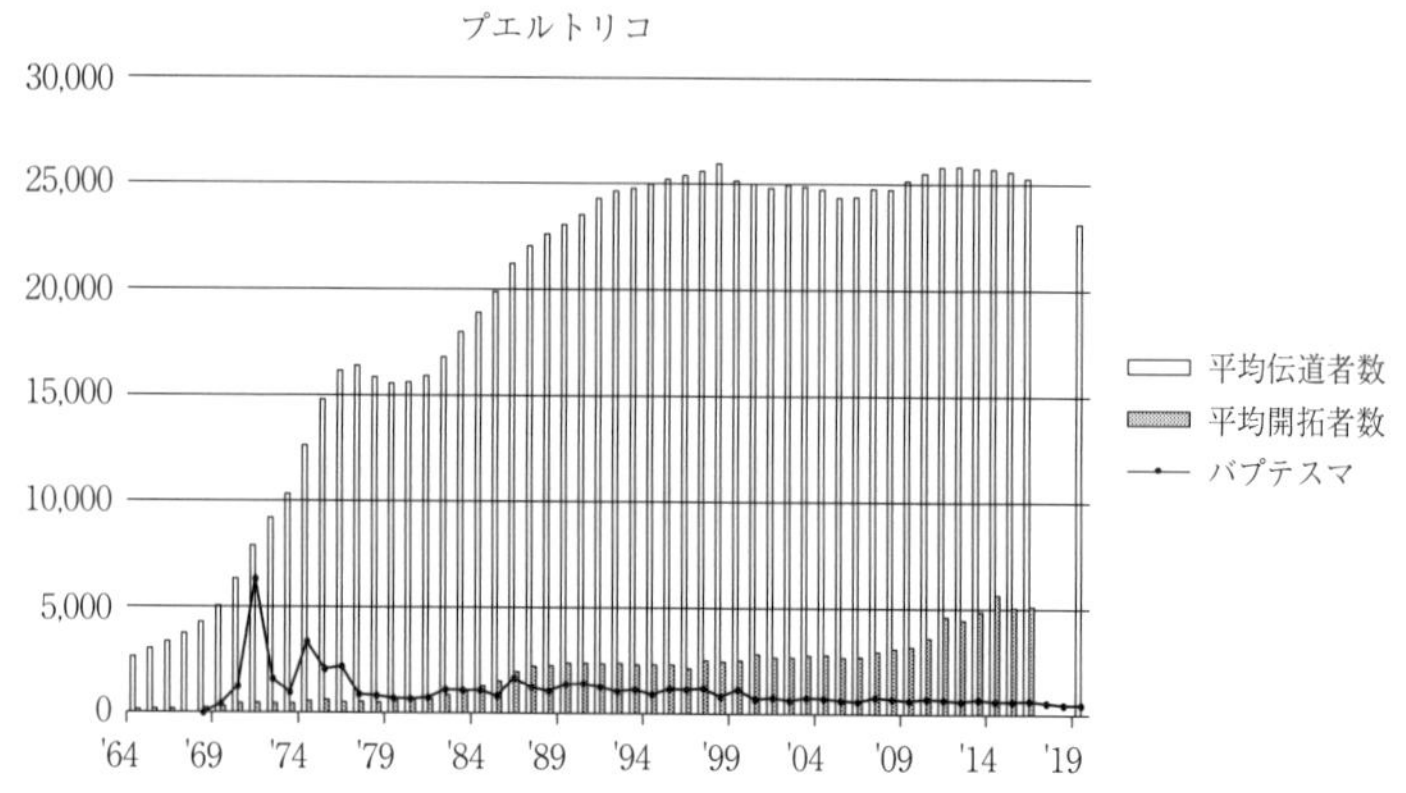
プエルトリコ
30,000
25,000
20,000
15,000
10,000
5,000
0
'64 '69 '74 '79 '84 '89 '94 '99 '04 '09 '14 '19
平均伝道者数
平均開拓者数
バプテスマ

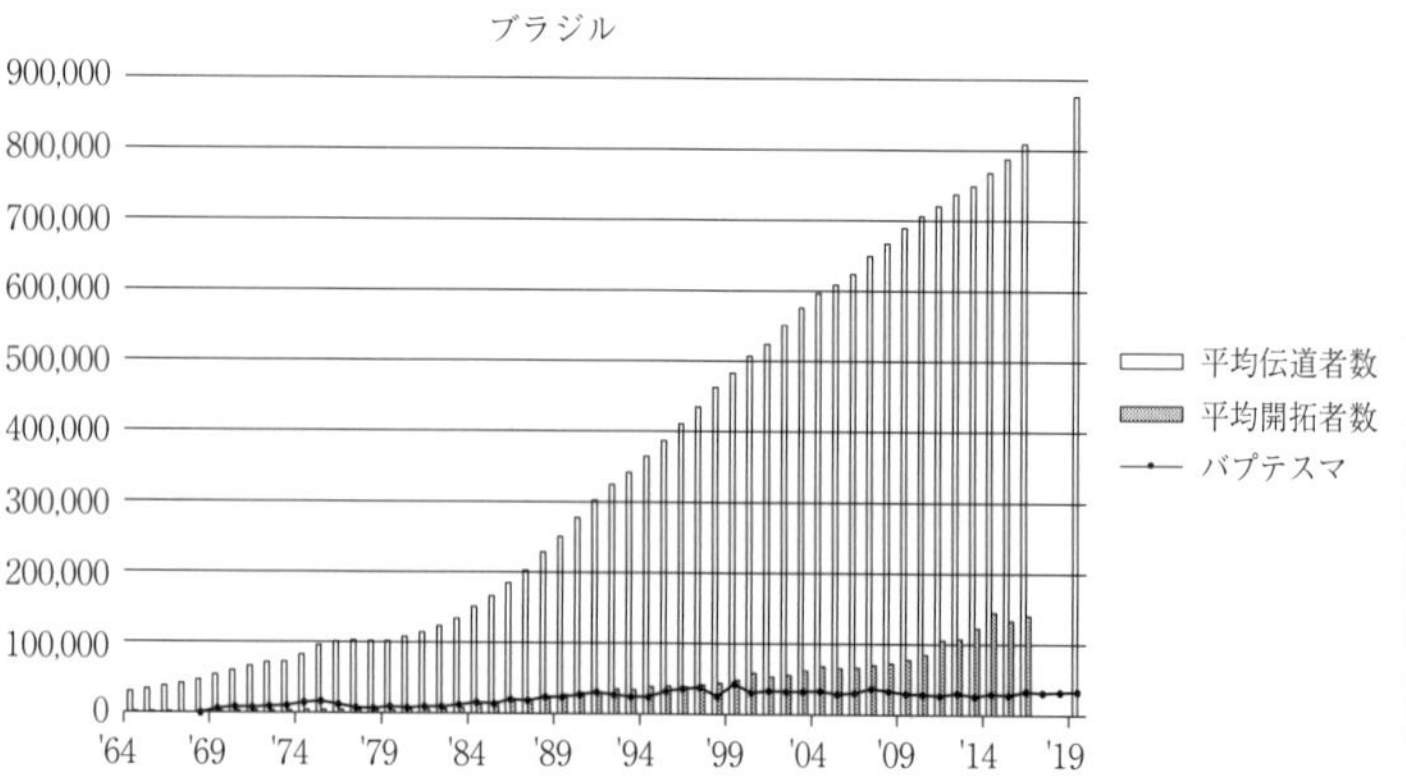
ブラジル
900,000
800,000
700,000
600,000
500,000
400,000
300,000
200,000
100,000
0
'64 '69 '74 '79 '84 '89 '94 '99 '04 '09 '14 '19
平均伝道者数
平均開拓者数
バプテスマ

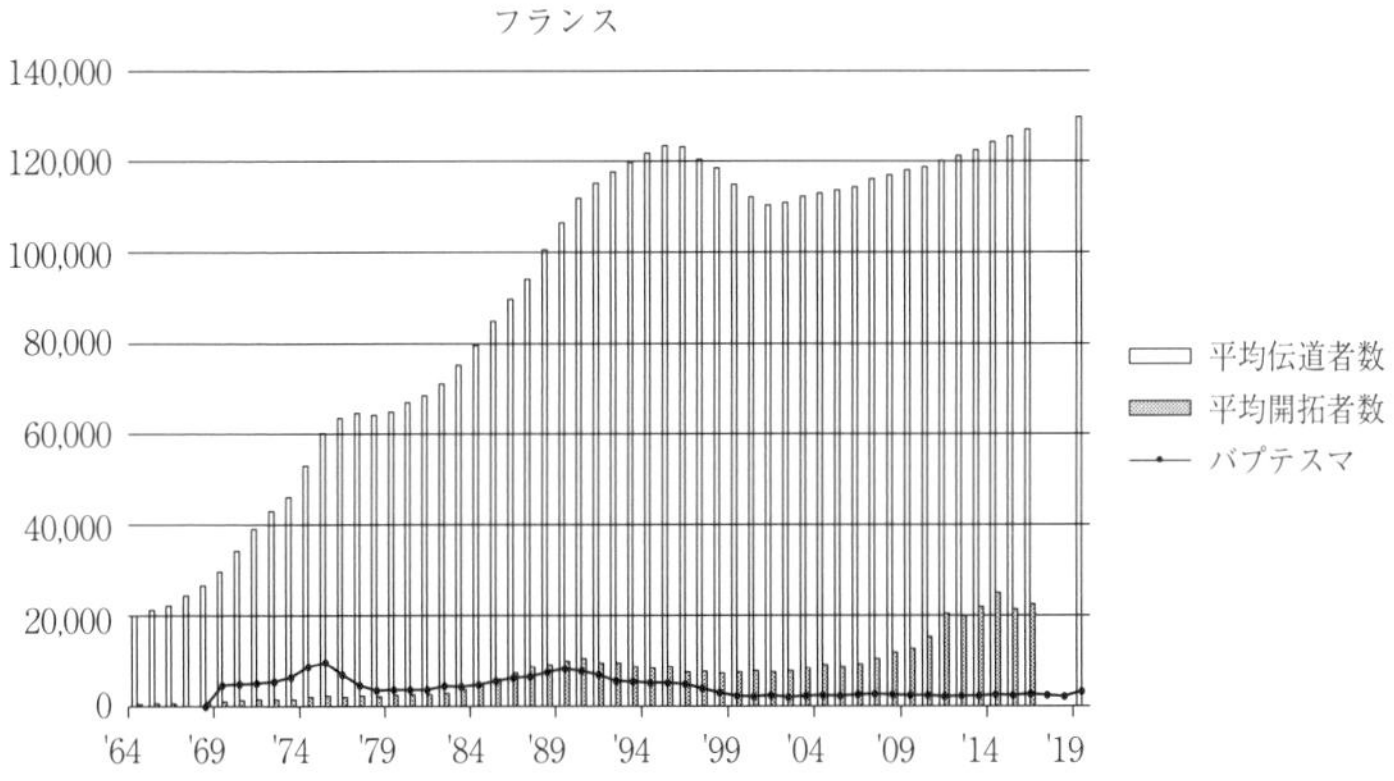
フランス
140,000
120,000
100,000
80,000
60,000
40,000
20,000
0
'64
'69
'74
'79
'84
'89
'94
'99
'04
'09
'14
'19
平均伝道者数
平均開拓者数
バプテスマ

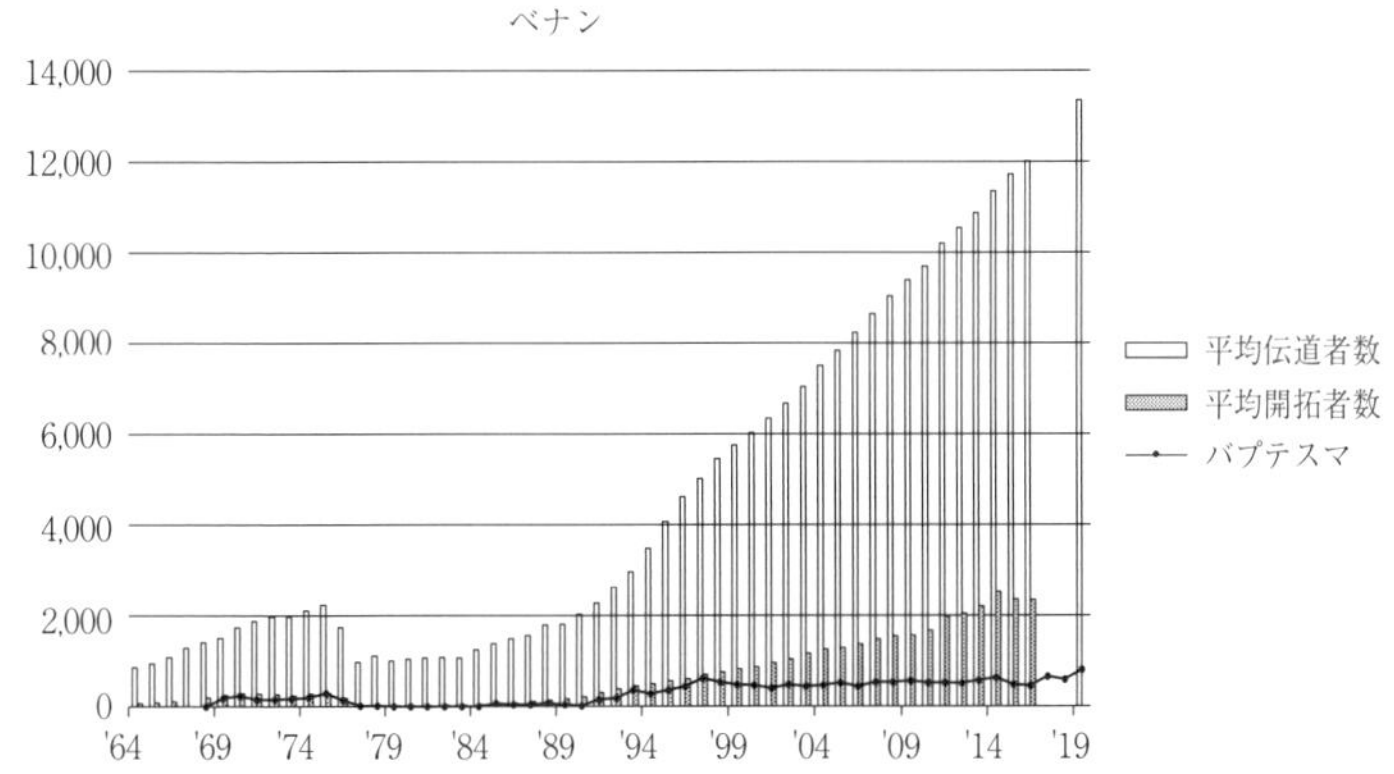
ベナン
14,000
12,000
10,000
8,000
6,000
4,000
2,000
0
'64
'69
'74
'79
'84
'89
'94
'99
'04
'09
'14
'19
平均伝道者数
平均開拓者数
バプテスマ

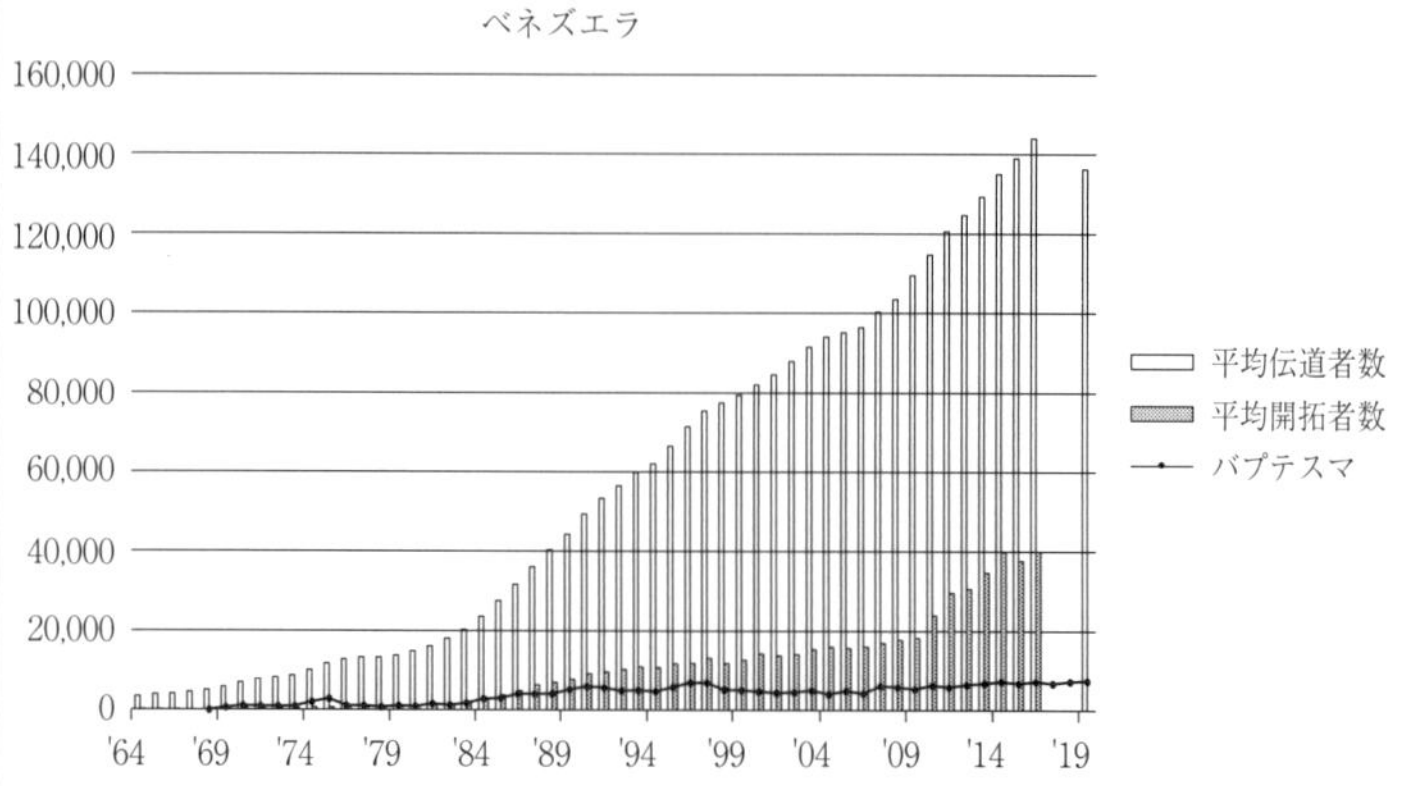
ベネズエラ
160,000
140,000
120,000
100,000
80,000
60,000
40,000
20,000
0
'64
'69
'74
'79
'84
'89
'94
'99
'04
'09
'14
'19
平均伝道者数
平均開拓者数
バプテスマ

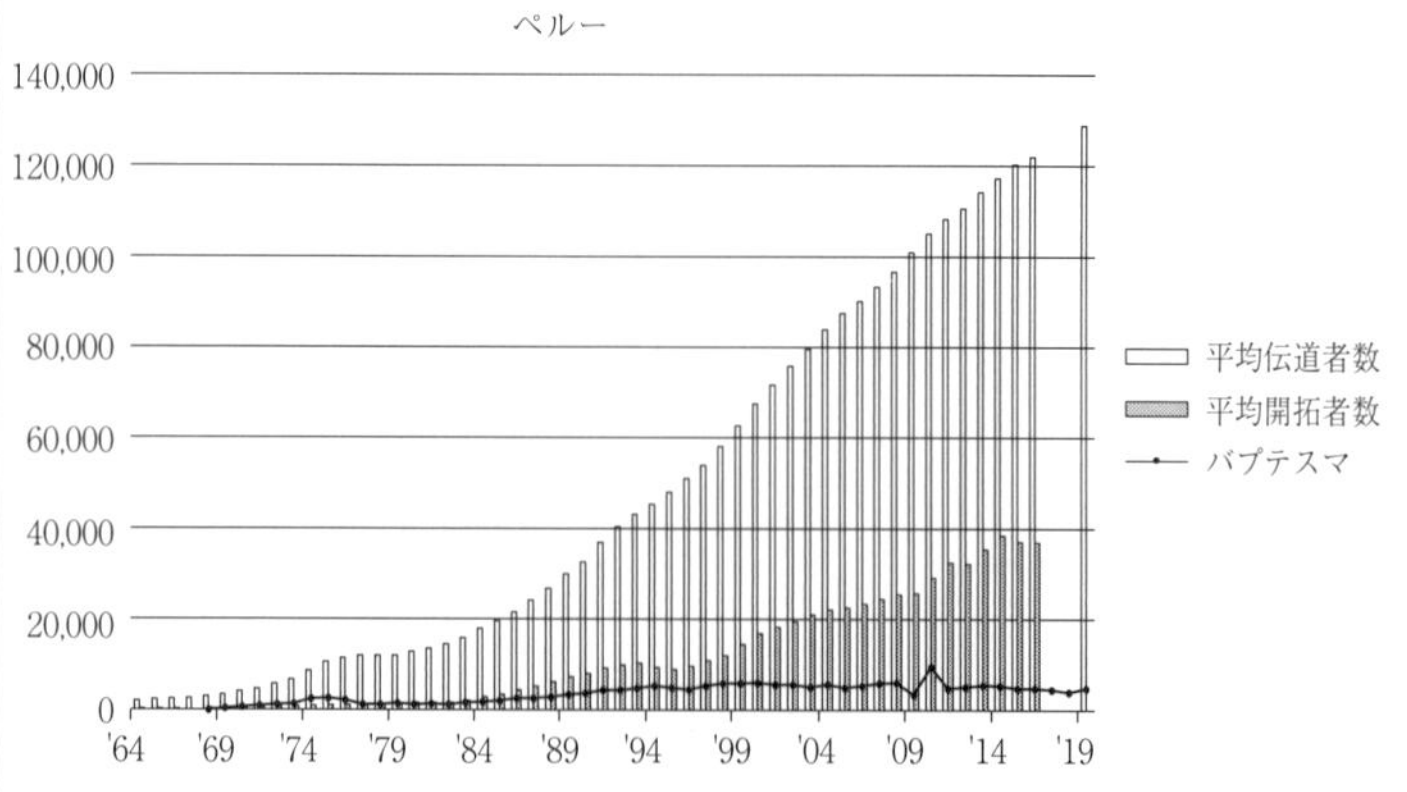
ペルー
140,000
120,000
100,000
80,000
60,000
40,000
20,000
0
'64
'69
'74
'79
'84
'89
'94
'99
'04
'09
'14
'19
平均伝道者数
平均開拓者数
バプテスマ

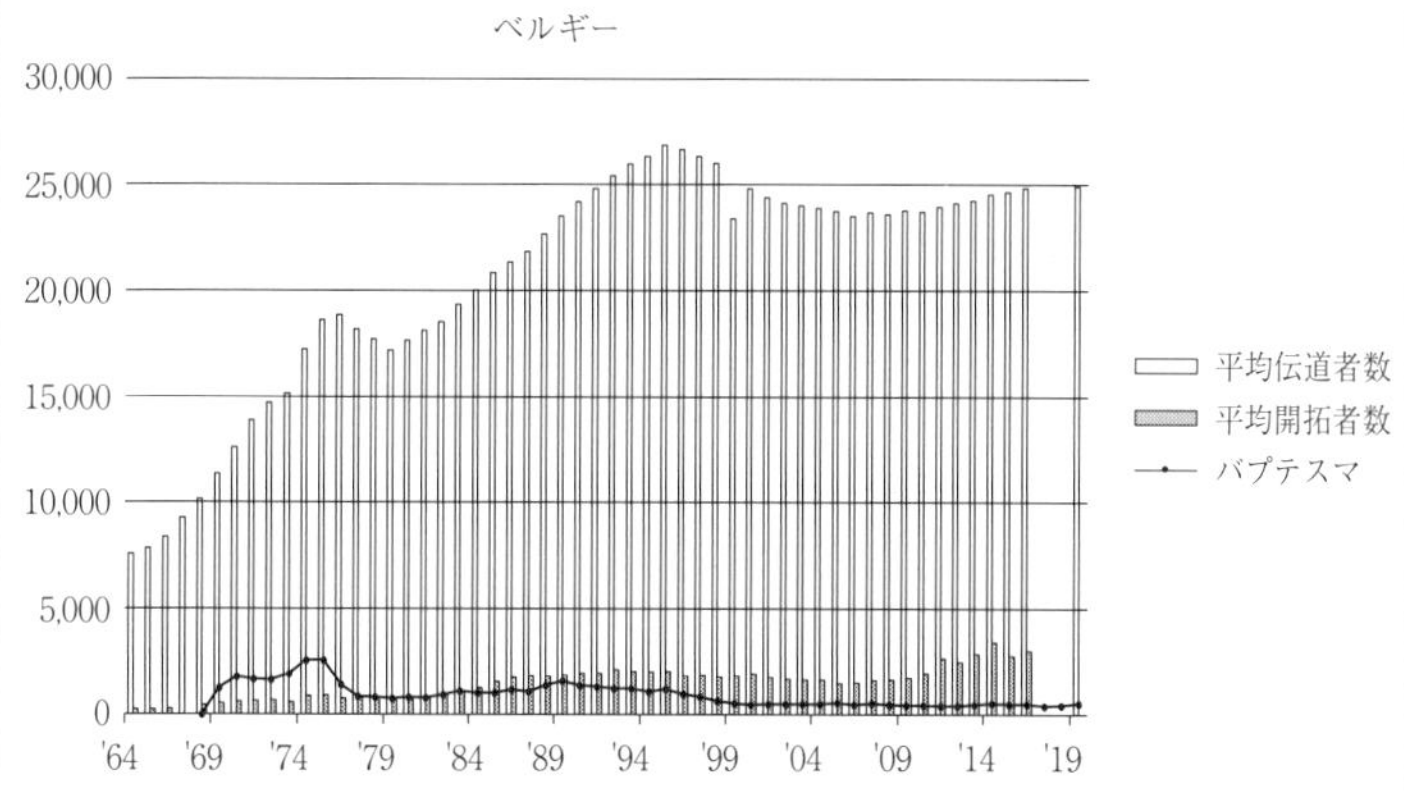
ベルギー
30,000
25,000
20,000
15,000
10,000
5,000
0
'64
'69
'74
'79
'84
'89
'94
'99
'04
'09
'14
'19
平均伝道者数
平均開拓者数
バプテスマ

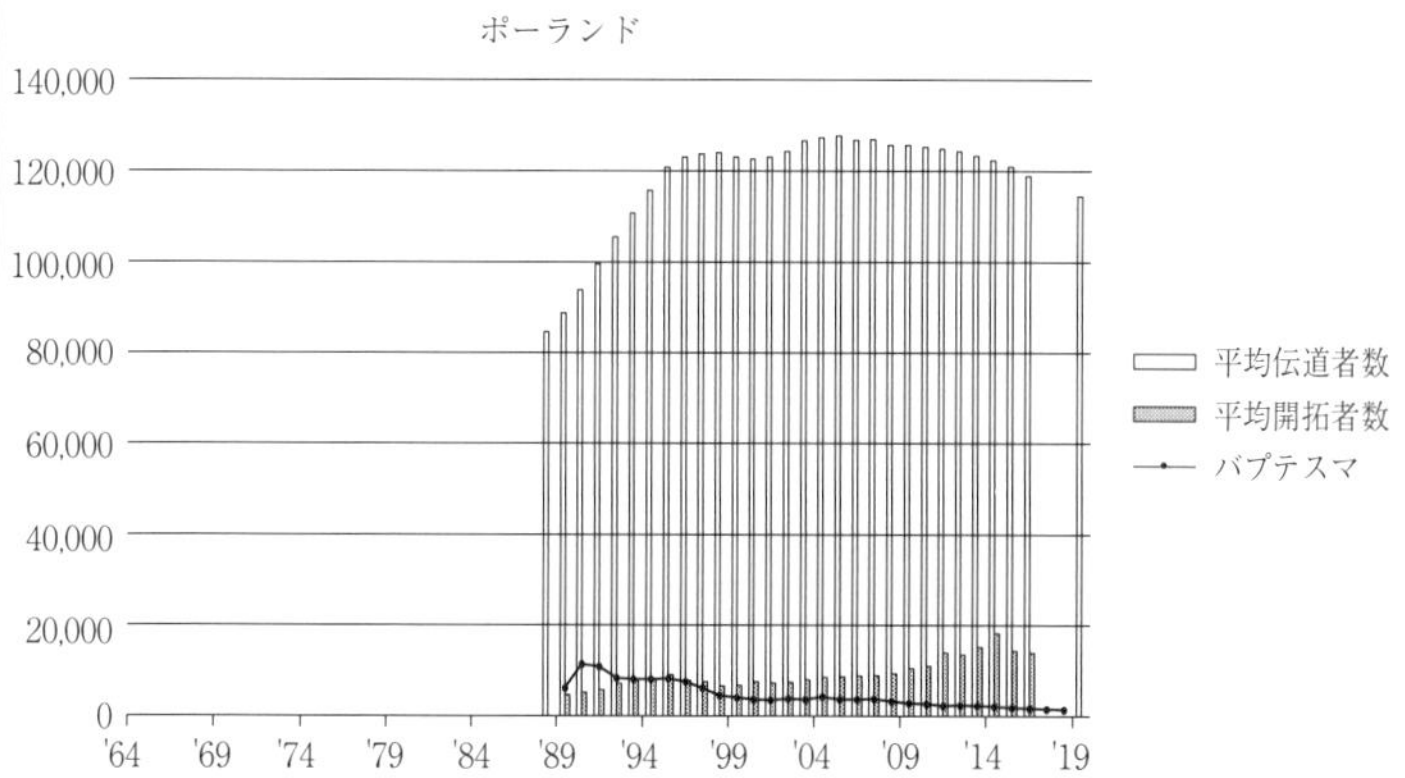
ポーランド
140,000
120,000
100,000
80,000
60,000
40,000
20,000
0
'64
'69
'74
'79
'84
'89
'94
'99
'04
'09
'14
'19
平均伝道者数
平均開拓者数
バプテスマ

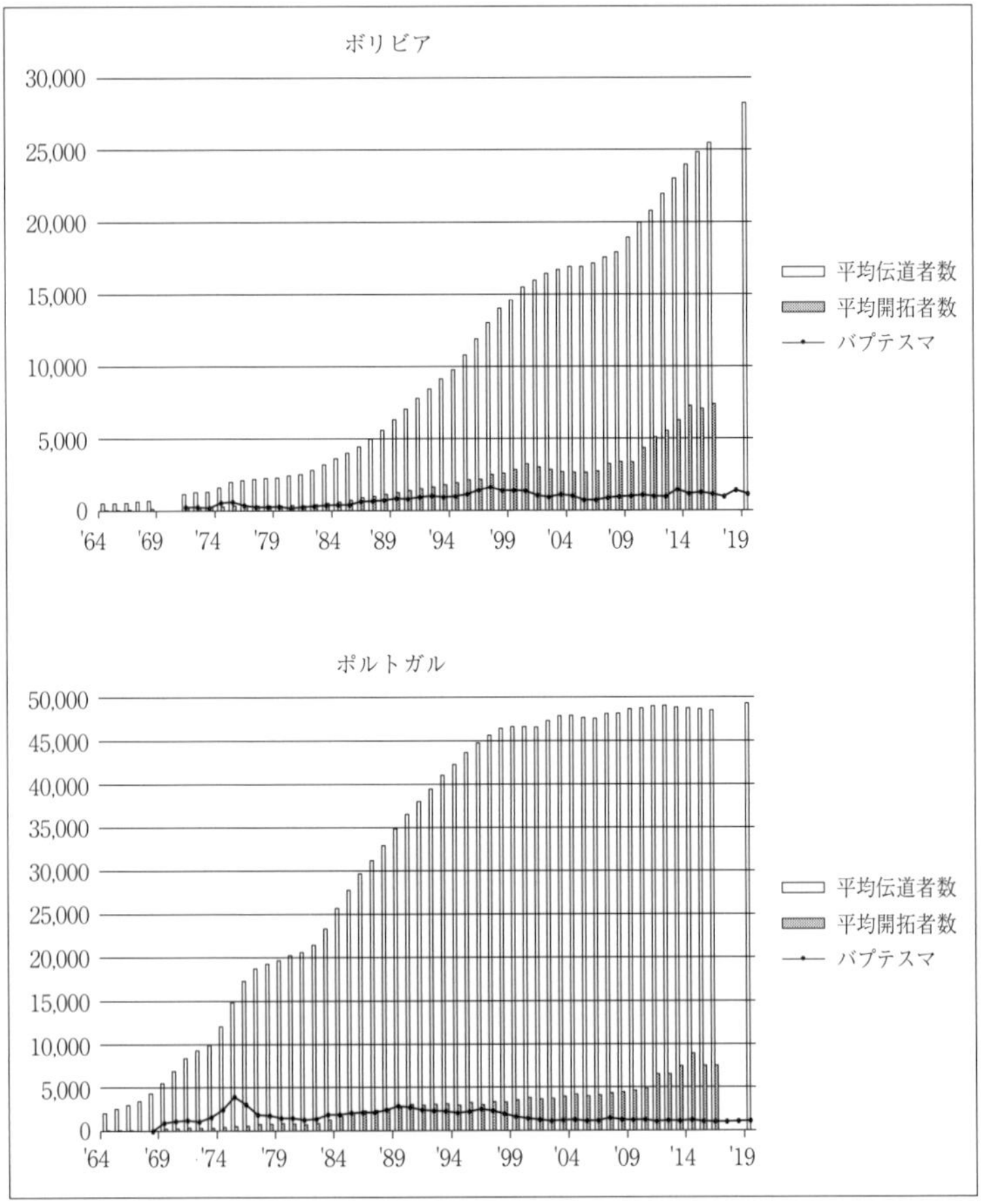
ボリビア
30,000
25,000
20,000
15,000
10,000
5,000
0
'64
'69
'74
'79
'84
'89
'94
'99
'04
'09
'14
'19
平均伝道者数
平均開拓者数
バプテスマ
ポルトガル
50,000
45,000
40,000
35,000
30,000
25,000
20,000
15,000
10,000
5,000
0
'64
'69
'74
'79
'84
'89
'94
'99
'04
'09
'14
'19
平均伝道者数
平均開拓者数
バプテスマ

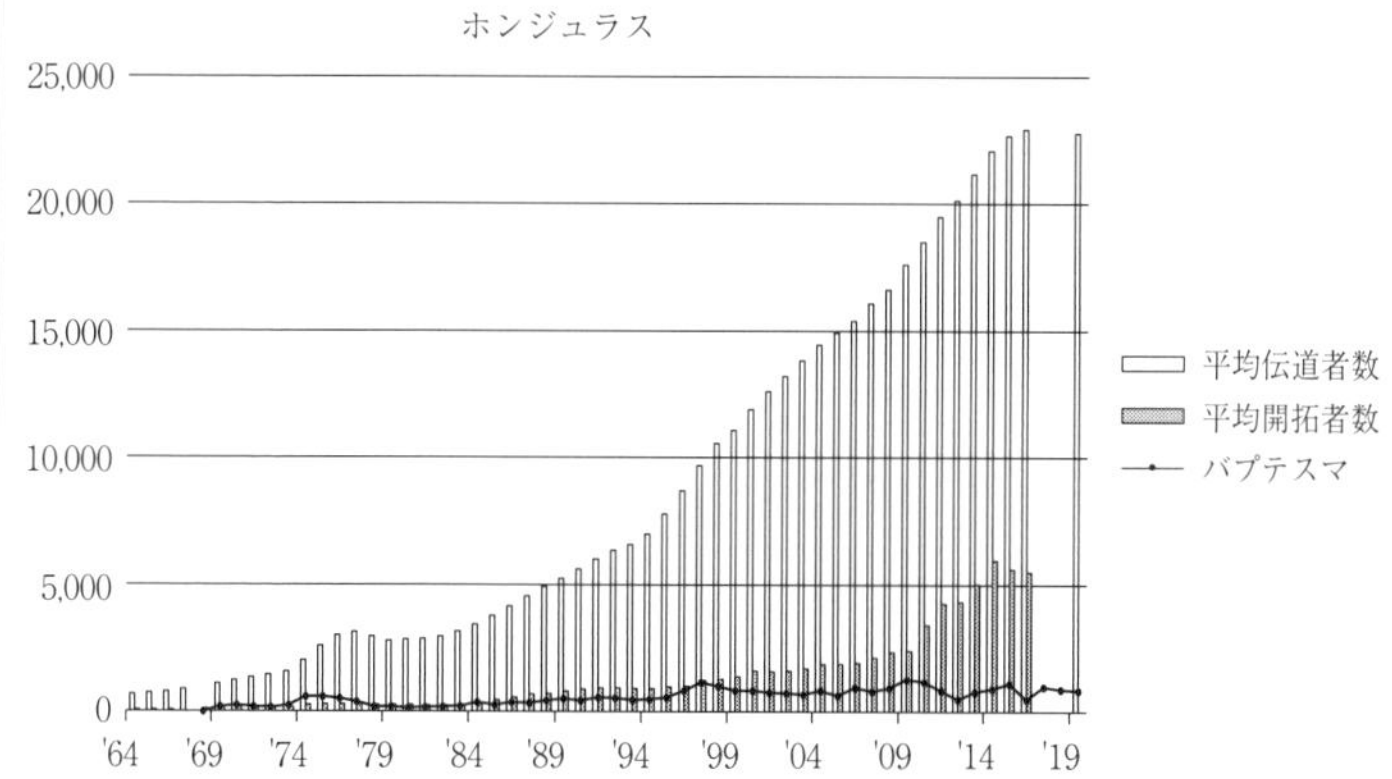
ホンジュラス
25,000
20,000
15,000
10,000
5,000
0
'64 '69 '74 '79 '84 '89 '94 '99 '04 '09 '14 '19
平均伝道者数
平均開拓者数
バプテスマ

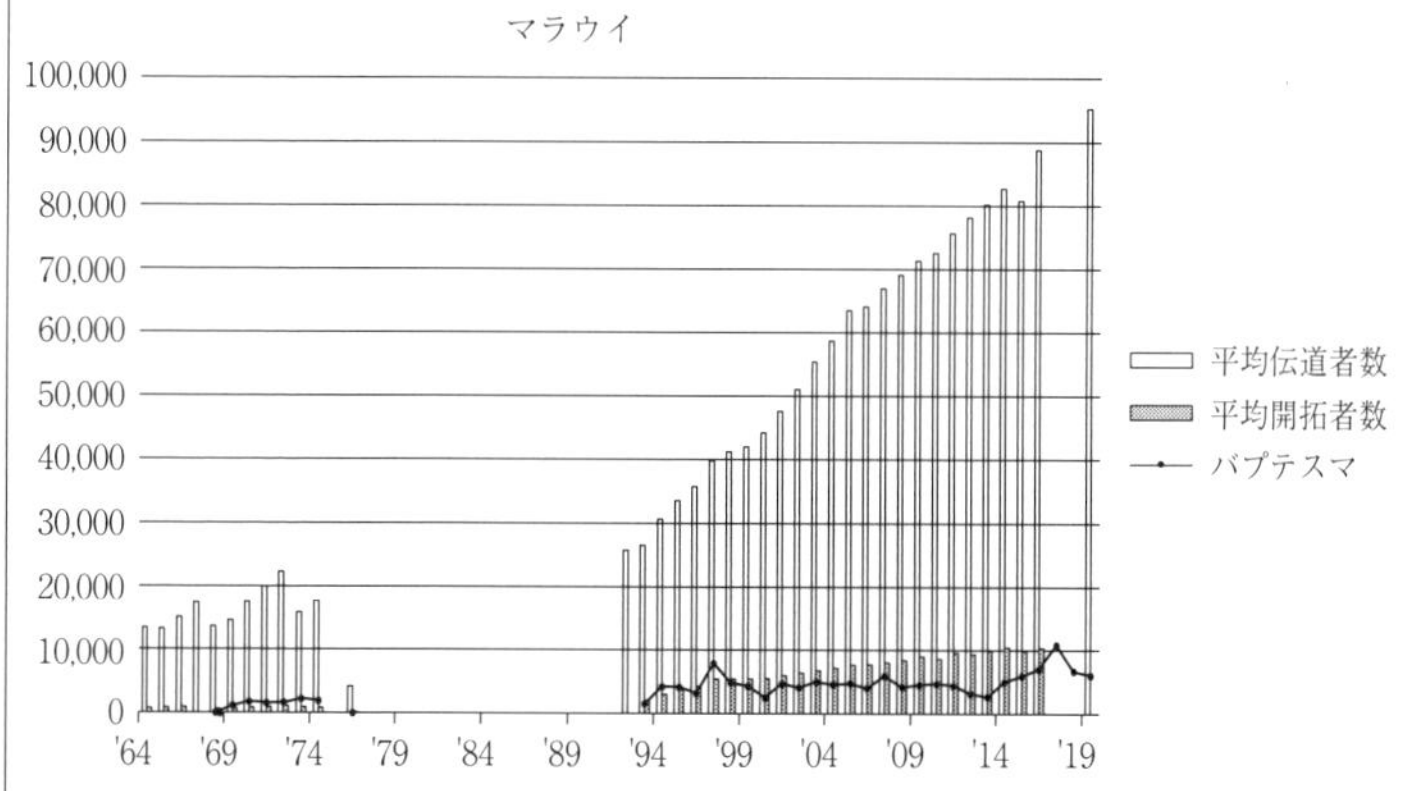
マラウイ
100,000
90,000
80,000
70,000
60,000
50,000
40,000
30,000
20,000
10,000
0
'64 '69 '74 '79 '84 '89 '94 '99 '04 '09 '14 '19
平均伝道者数
平均開拓者数
バプテスマ

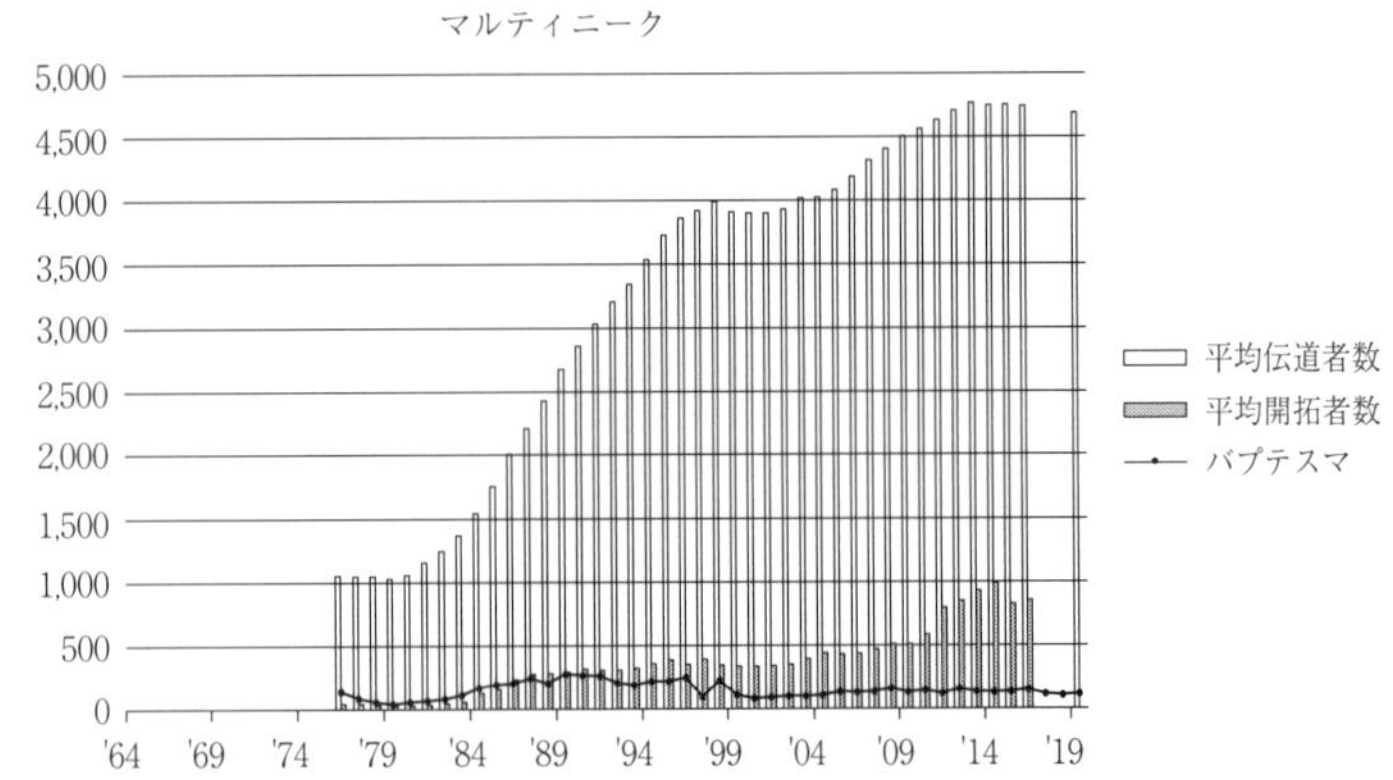

マルティニーク
5,000
4,500
4,000
3,500
3,000
2,500
2,000
1,500
1,000
500
0
'64 '69 '74 '79 '84 '89 '94 '99 '04 '09 '14 '19
平均伝道者数
平均開拓者数
バプテスマ

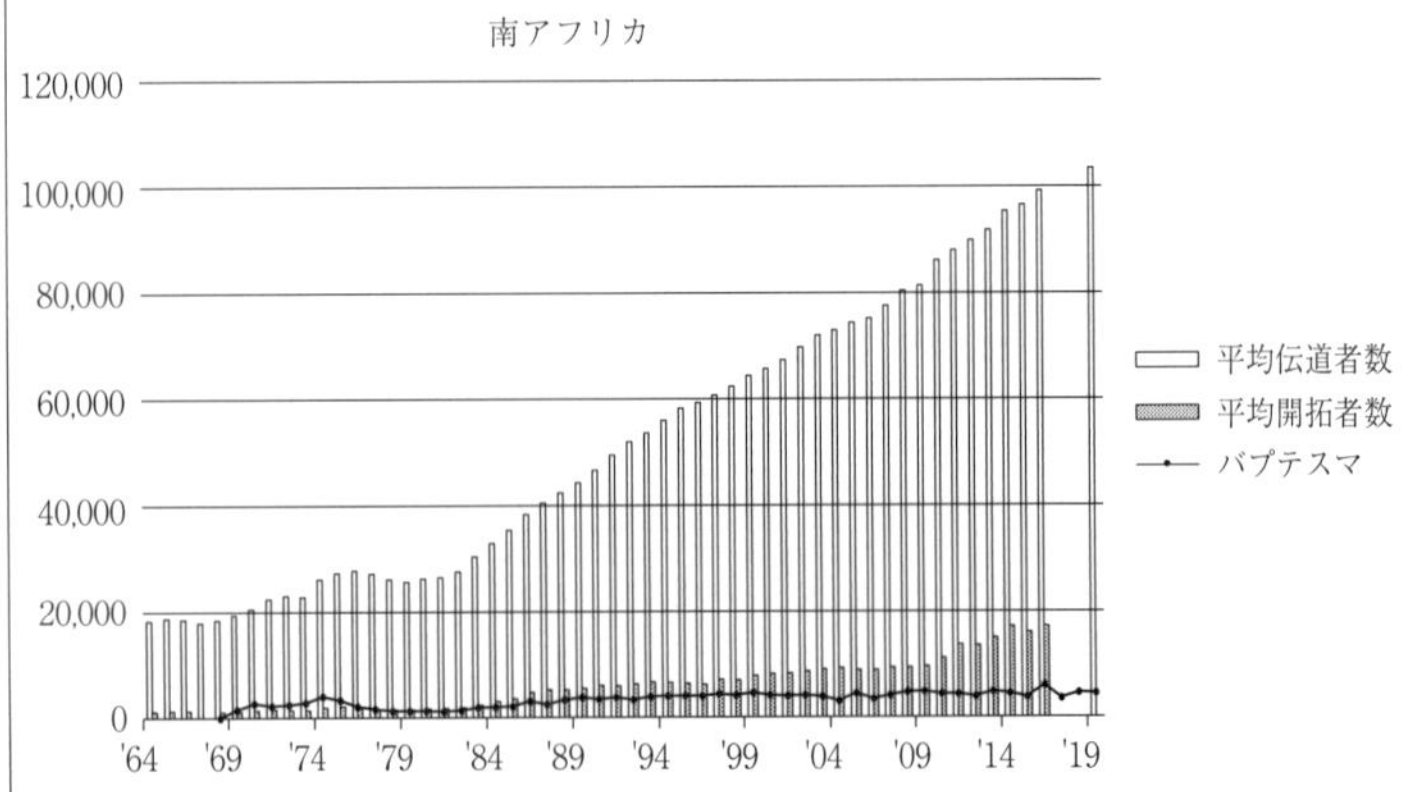

南アフリカ
120,000
100,000
80,000
60,000
40,000
20,000
0
'64 '69 '74 '79 '84 '89 '94 '99 '04 '09 '14 '19
平均伝道者数
平均開拓者数
バプテスマ

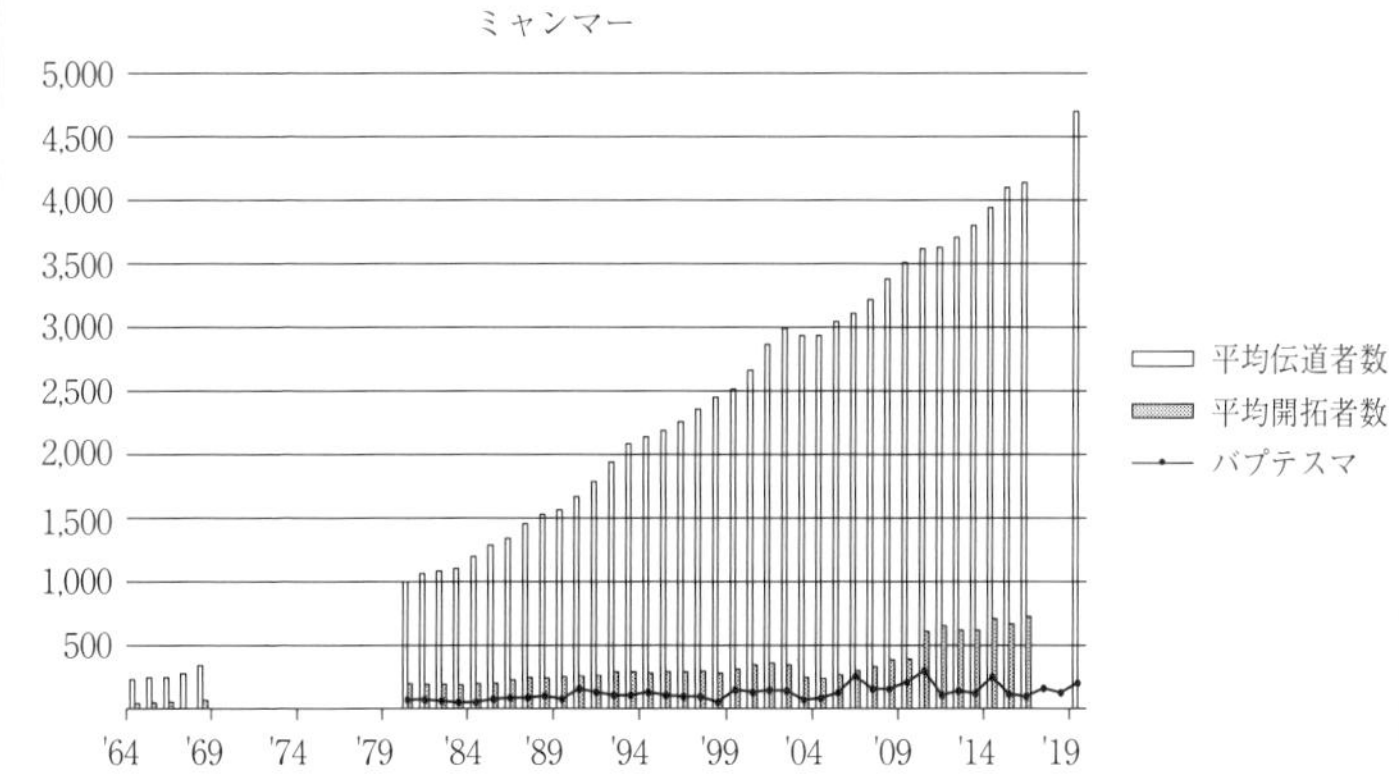
ミャンマー
5,000
4,500
4,000
3,500
3,000
2,500
2,000
1,500
1,000
500
'64
'69
'74
'79
'84
'89
'94
'99
'04
'09
'14
'19
平均伝道者数
平均開拓者数
バプテスマ

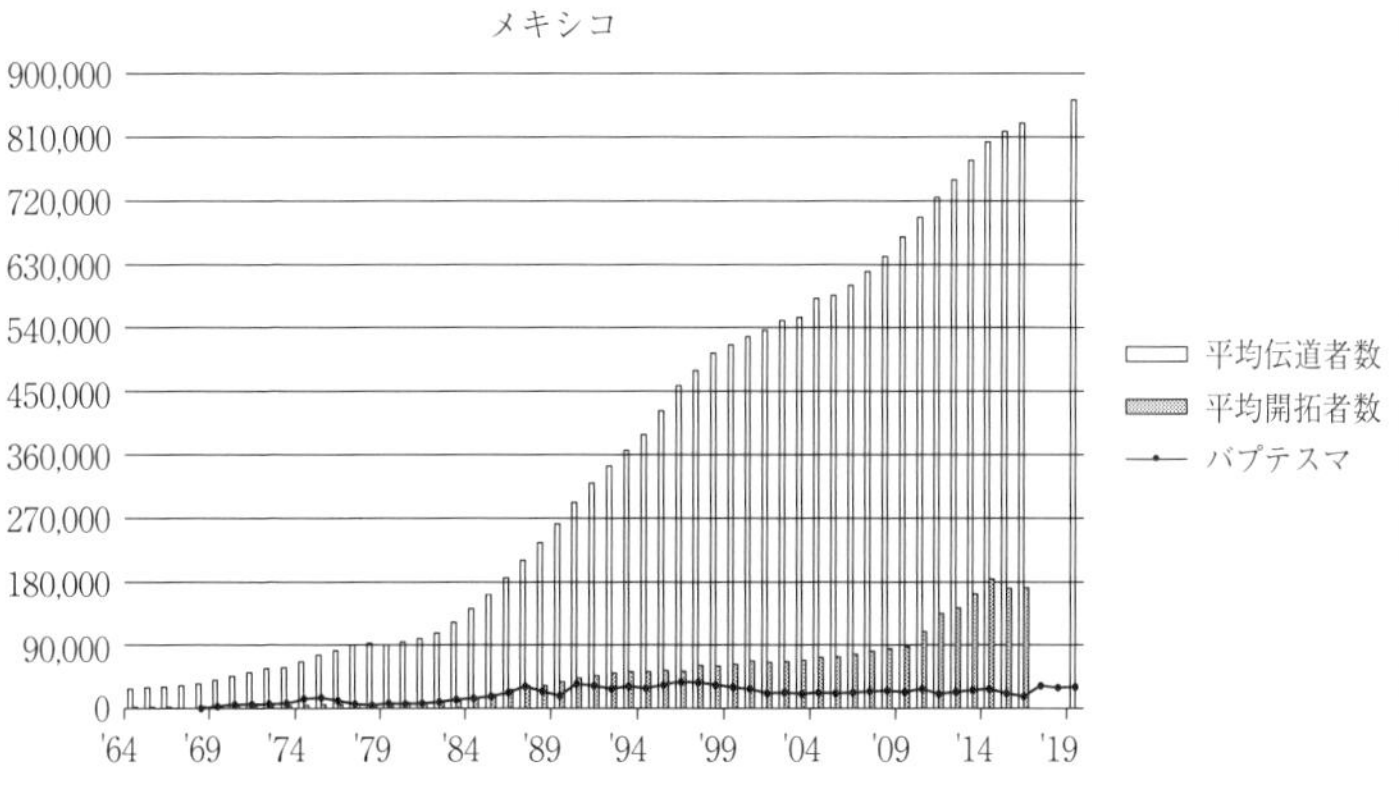
メキシコ
900,000
810,000
720,000
630,000
540,000
450,000
360,000
270,000
180,000
90,000
0
'64
'69
'74
'79
'84
'89
'94
'99
'04
'09
'14
'19
平均伝道者数
平均開拓者数
バプテスマ

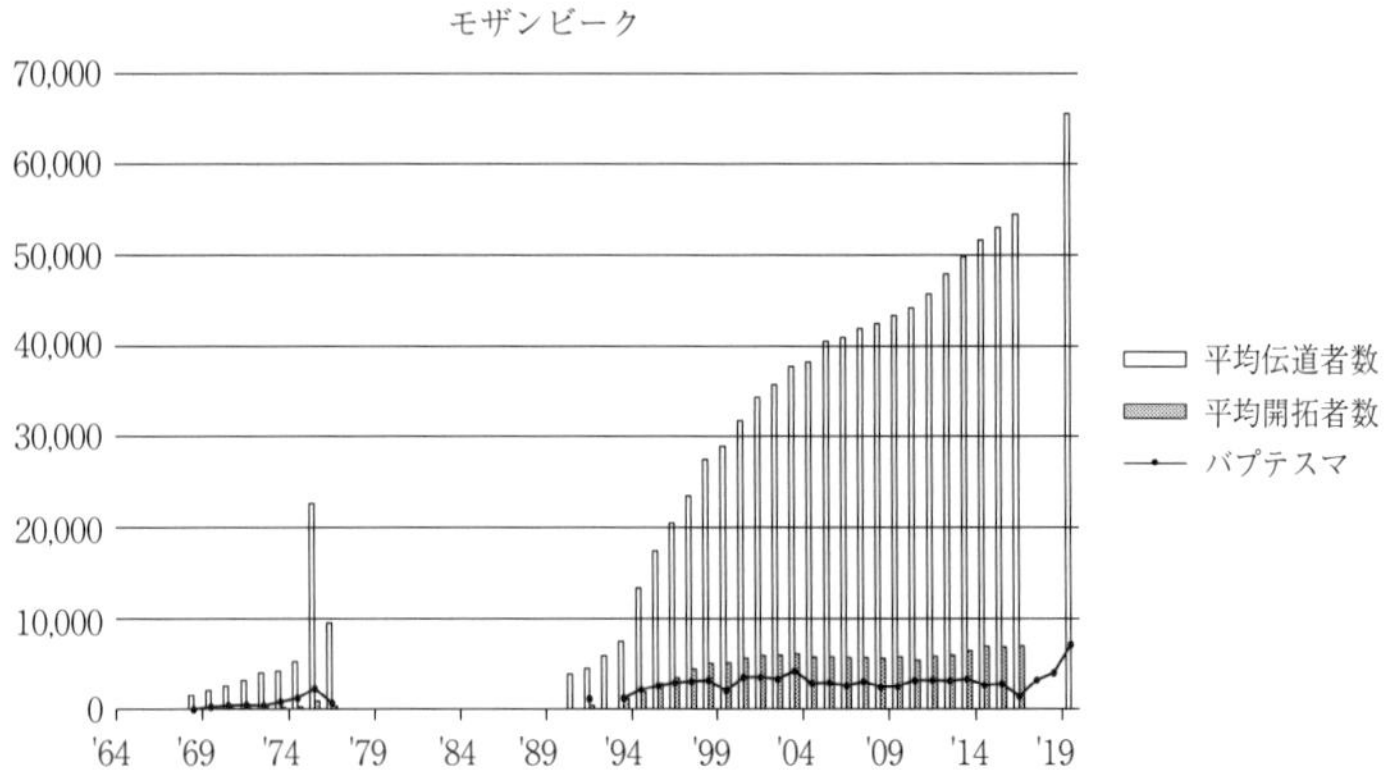
モザンビーク
70,000
60,000
50,000
40,000
30,000
20,000
10,000
0
'64
'69
'74
'79
'84
'89
'94
'99
'04
'09
'14
'19
平均伝道者数
平均開拓者数
バプテスマ

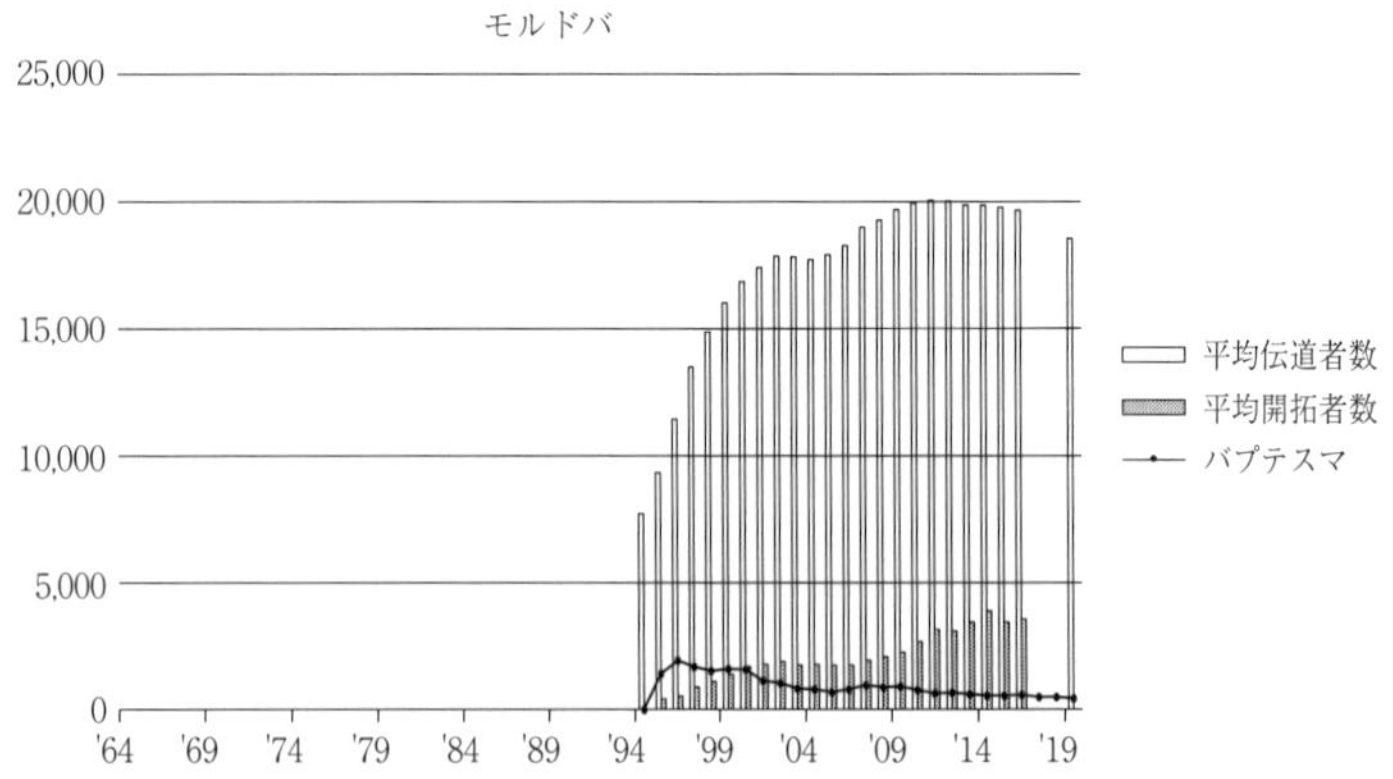
モルドバ
25,000
20,000
15,000
10,000
5,000
0
'64
'69
'74
'79
'84
'89
'94
'99
'04
'09
'14
'19
平均伝道者数
平均開拓者数
バプテスマ

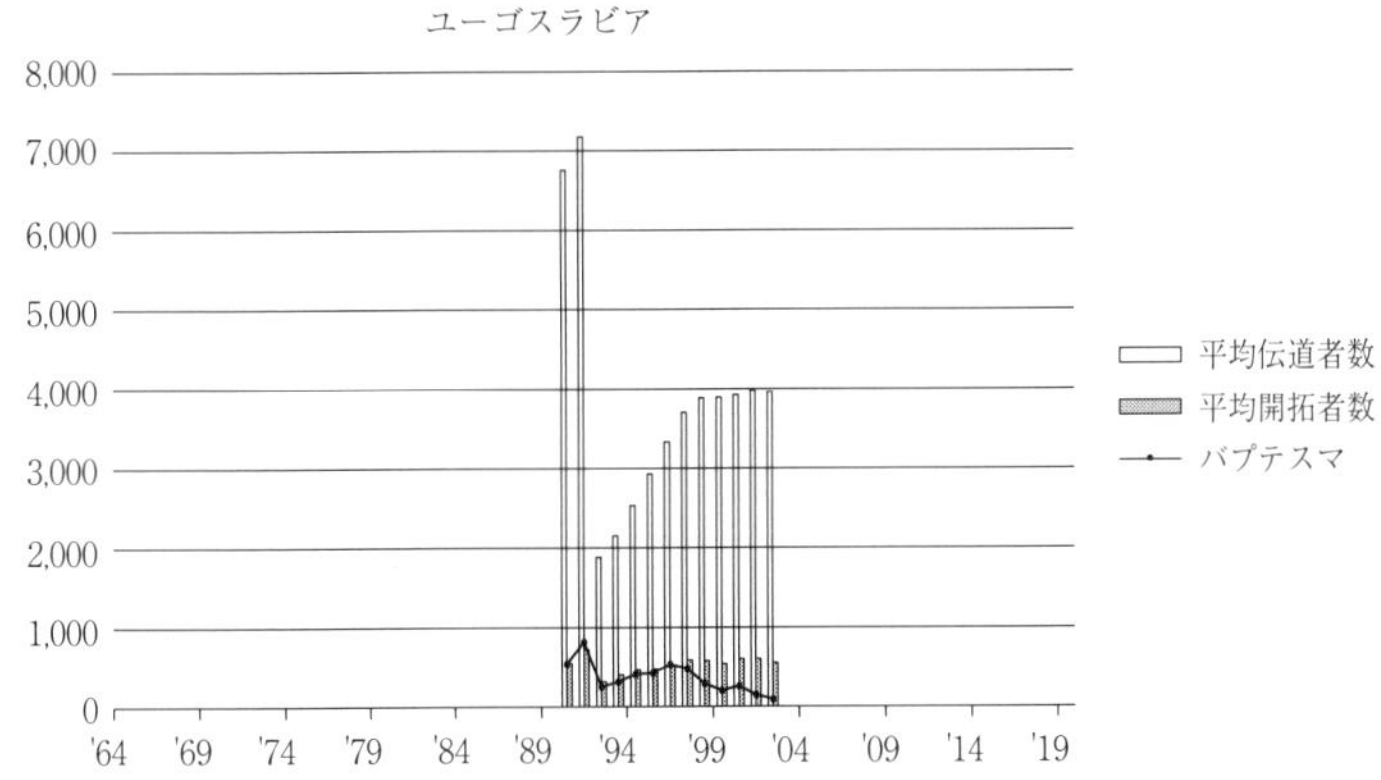
ユーゴスラビア
8,000
7,000
6,000
5,000
4,000
3,000
2,000
1,000
0
'64
'69
'74
'79
'84
'89
'94
'99
'04
'09
'14
'19
平均伝道者数
平均開拓者数
バプテスマ

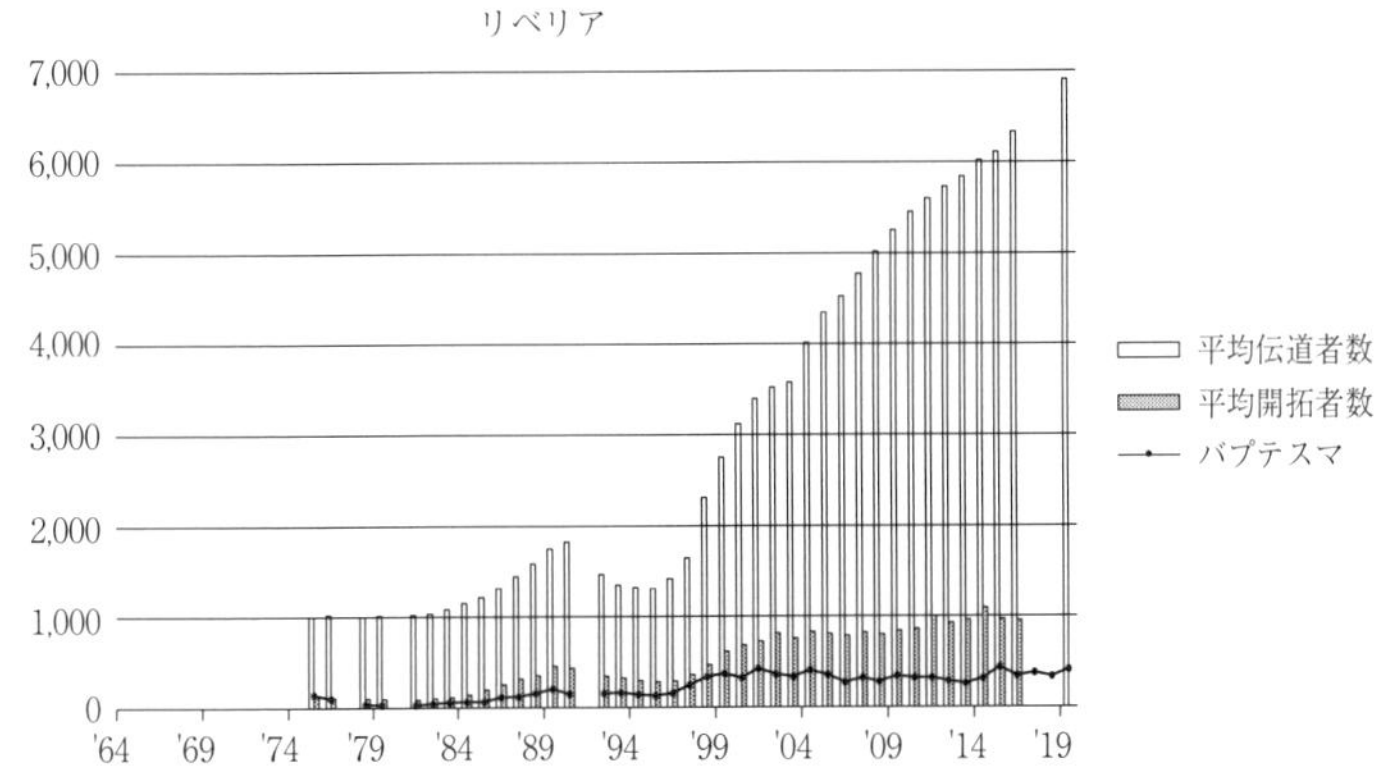
リベリア
7,000
6,000
5,000
4,000
3,000
2,000
1,000
0
'64
'69
'74
'79
'84
'89
'94
'99
'04
'09
'14
'19
平均伝道者数
平均開拓者数
バプテスマ

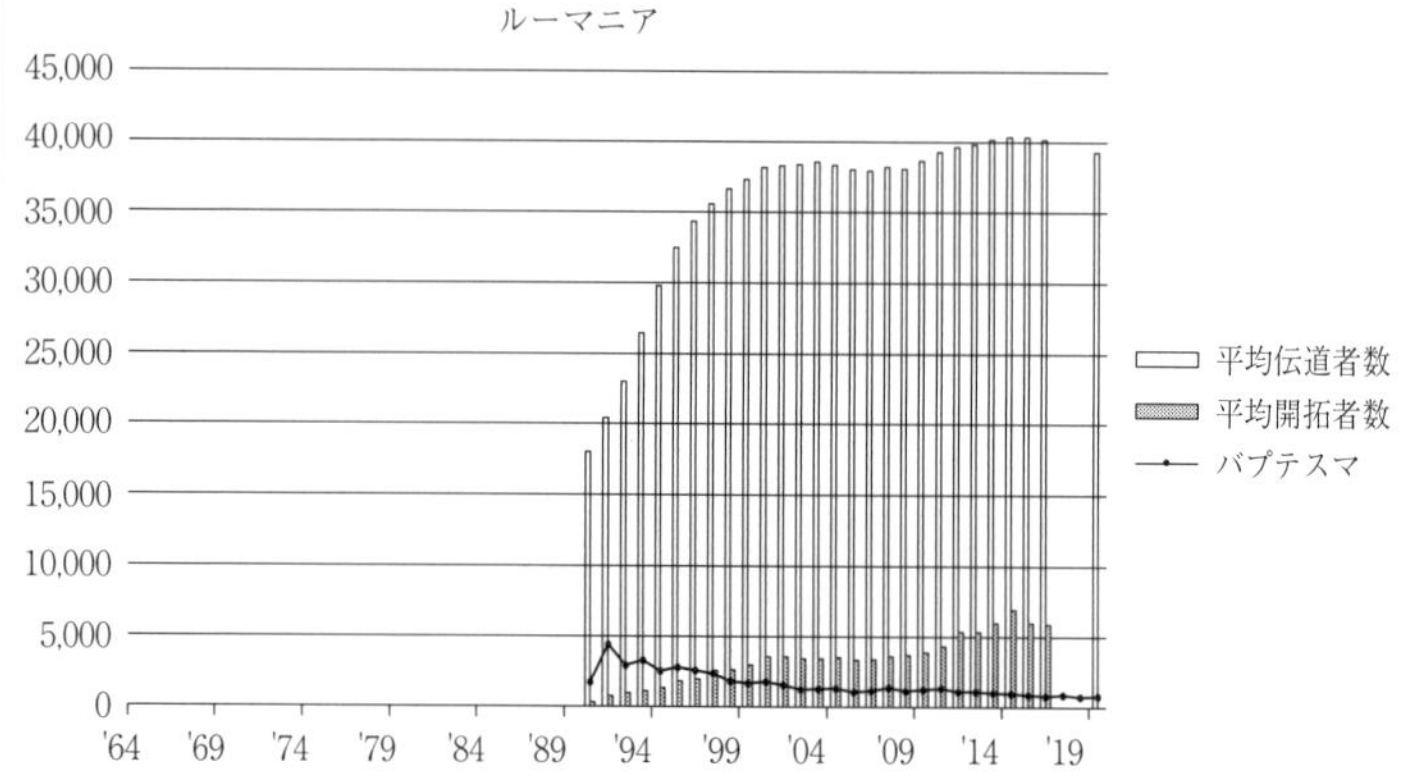

ルーマニア
45,000
40,000
35,000
30,000
25,000
20,000
15,000
10,000
5,000
0
'64
'69
'74
'79
'84
'89
'94
'99
'04
'09
'14
'19
平均伝道者数
平均開拓者数
バプテスマ

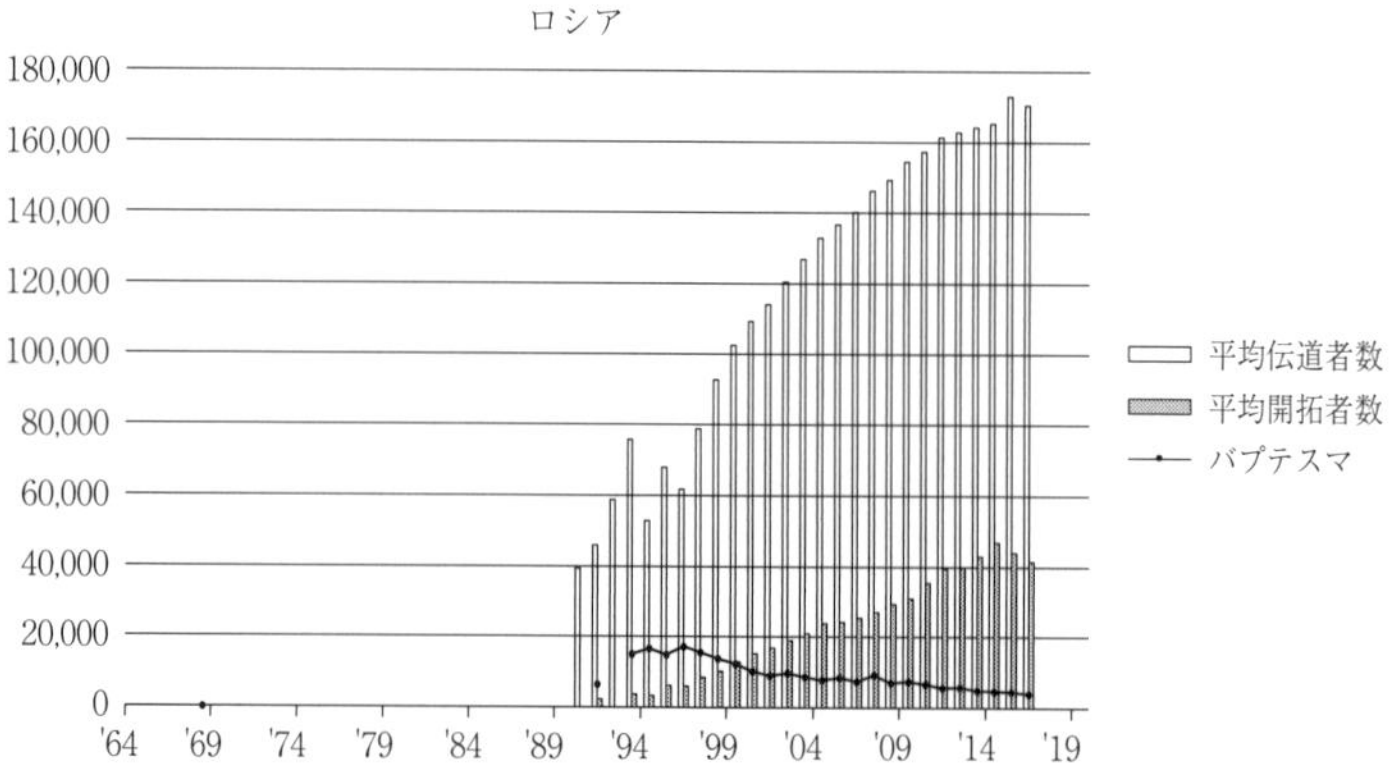

ロシア
180,000
160,000
140,000
120,000
100,000
80,000
60,000
40,000
20,000
0
'64
'69
'74
'79
'84
'89
'94
'99
'04
'09
'14
'19
平均伝道者数
平均開拓者数
バプテスマ

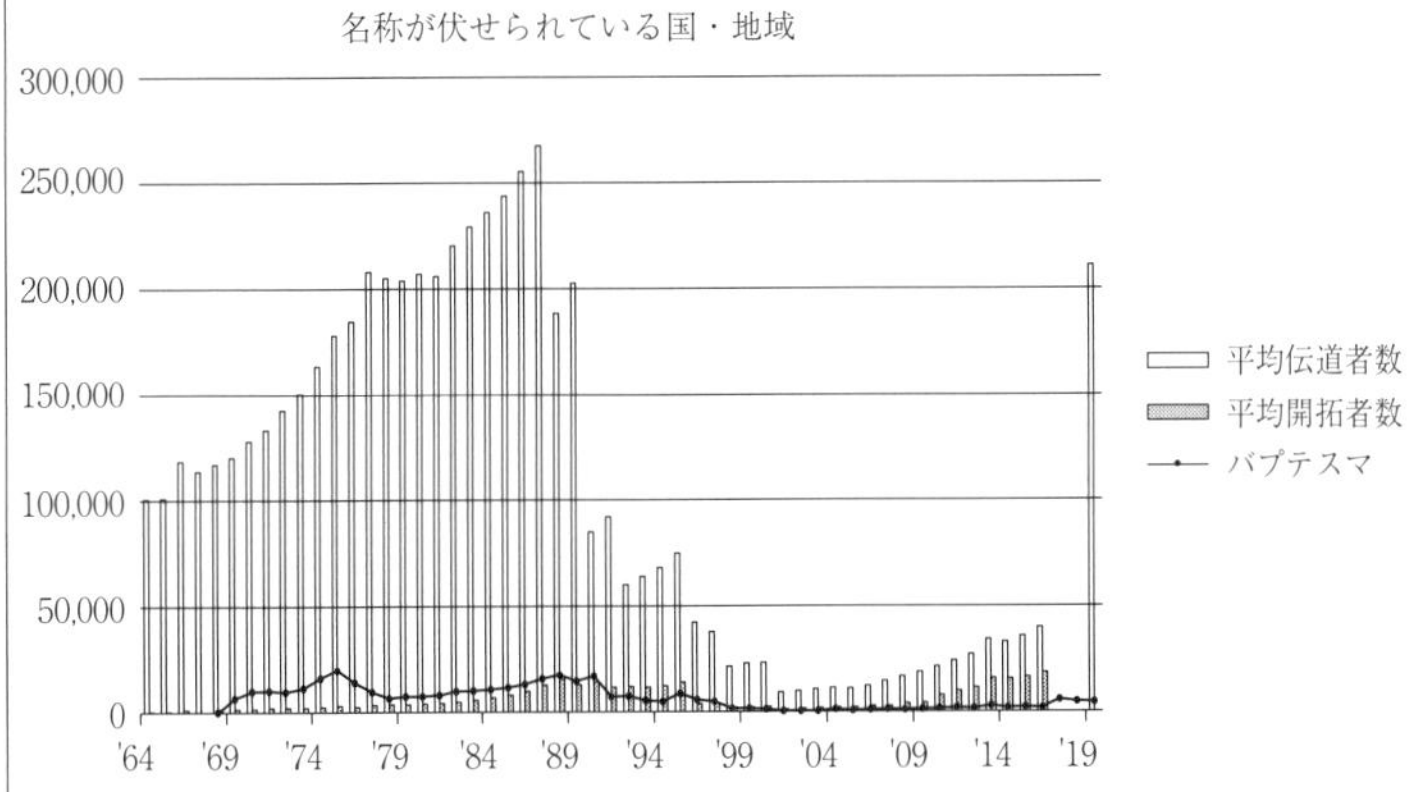
名称が伏せられている国・地域
300,000
250,000
200,000
150,000
100,000
50,000
0
'64
'69
'74
'79
'84
'89
'94
'99
'04
'09
'14
'19
平均伝道者数
平均開拓者数
バプテスマ

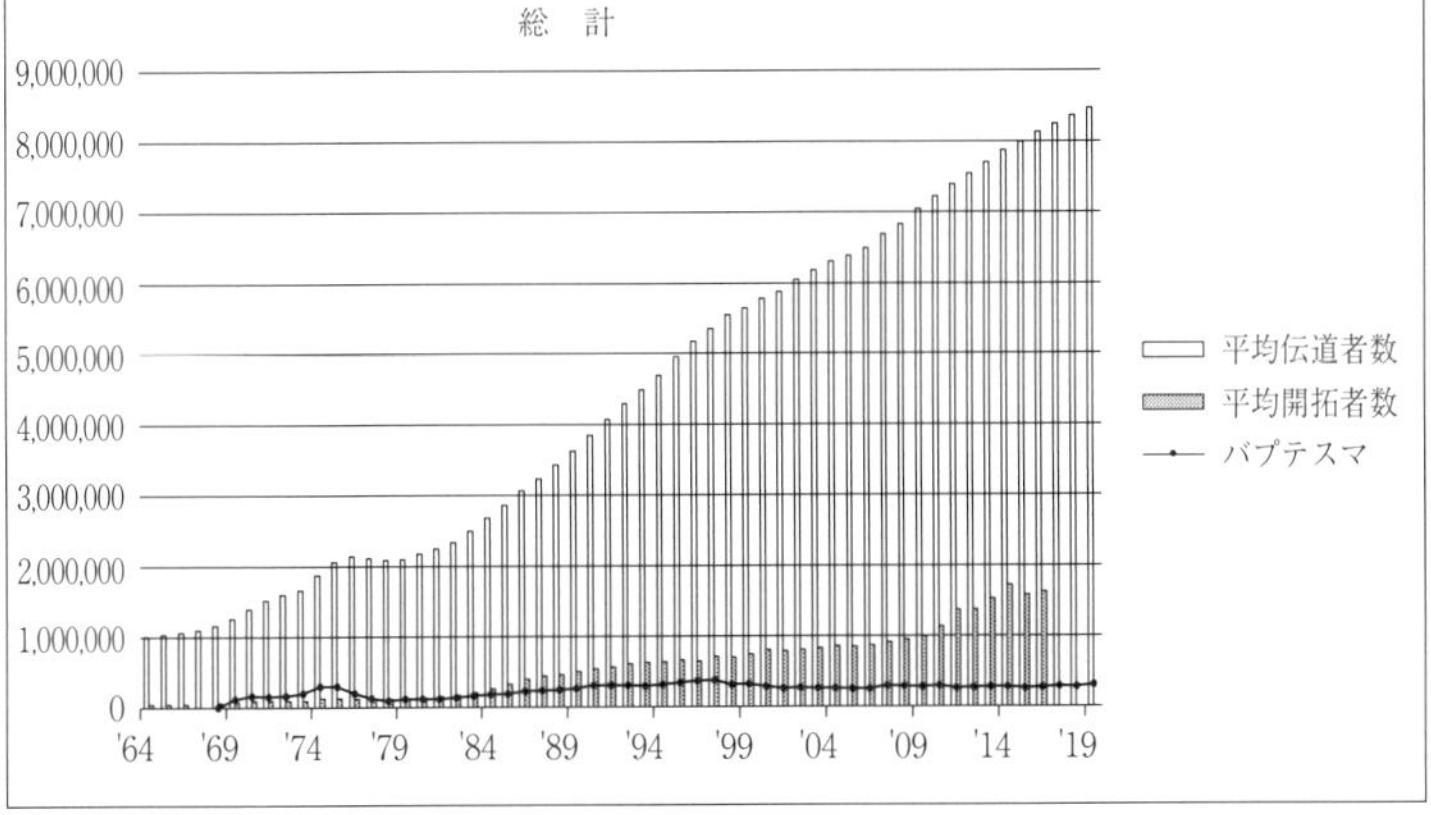
総　計
9,000,000
8,000,000
7,000,000
6,000,000
5,000,000
4,000,000
3,000,000
2,000,000
1,000,000
0
'64
'69
'74
'79
'84
'89
'94
'99
'04
'09
'14
'19
平均伝道者数
平均開拓者数
バプテスマ

参考文献

赤江達也　二〇一三『「紙上の教会」と日本近代――無教会キリスト教の歴史社会学』岩波書店
――　二〇一七『矢内原忠雄――戦争と知識人の使命』岩波書店
明石順三　一九六二「富山の一昼夜」（『高志人』二七巻一号、一三～一七頁）
――　一九九七『公開状』（明石光雄再発行、初出は一九四七年）
秋本弘毅　一九九八『エホバの証人の子どもたち――信仰の子らが語る、本当の姿』わらび書房
――　二〇一七『エホバの証人二世の論考集――エビのしっぽ』ラーテルプロジェクト、電子書籍
安齋　伸　一九八四『南島におけるキリスト教の受容』第一書房
李元範・櫻井義秀編著　二〇一一『越境する日韓宗教文化――韓国の日系新宗教　日本の韓流キリスト教』北海道大学出版会
池上良正　一九九一『悪霊と聖霊の舞台――沖縄の民衆キリスト教に見る救済世界』どうぶつ社
――　二〇〇六『近代日本の民衆キリスト教――初期ホーリネスの宗教学的研究』東北大学出版会
生駒孝彰　一九八一『アメリカ生れのキリスト教』旺史社
石井研士　一九九〇ａ「布教・教化メディア」（井上順孝・孝本貢・對馬路人・中牧弘允・西山茂編『新宗教事典』弘文堂、三二二～三三一頁）
――　一九九〇ｂ「外来の新宗教　アメリカ系」（井上順孝・孝本貢・對馬路人・中牧弘允・西山茂編『新宗教事典』弘文堂、六五七～六五九頁）
――　二〇〇七『データブック現代日本人の宗教　増補改訂版』新曜社
いしいさや　二〇一七『よく宗教勧誘に来る人の家に生まれた子の話』講談社

磯岡哲也　一九八三「日本村落における基督教の変容――千葉県福田聖公会の事例」（『常民文化』六号、一～三四頁）

――　一九九九『宗教的信念体系の伝播と変容』学文社

一色　哲　二〇一八『南島キリスト教史入門――奄美・沖縄・宮古・八重山の近代と福音主義信仰の交流と越境』新教出版社

逸見久美　二〇一六『夢二と久允――二人の渡米とその明暗』風間書房

伊藤雅之　二〇〇四「オウム真理教とそれ以後――現代宗教研究の諸問題」（池上良正ほか編『岩波講座宗教2　宗教への視座』岩波書店、二五三～二七九頁）

稲垣真美　一九七二『兵役を拒否した日本人――灯台社の戦時下抵抗』岩波書店

いのうえせつこ　一九八八『主婦を魅する新宗教』谷沢書房

井上順孝　一九九二「宗教研究と「出会い型調査」」（『宗教研究』二九二号、一四九～一七四頁）

井上順孝・孝本貢・對馬路人・中牧弘允・西山茂編　一九九〇『新宗教事典』弘文堂

猪瀬優理　二〇〇二「脱会プロセスとその後――ものみの塔聖書冊子協会脱会者を事例に」（『宗教と社会』八号、一九～三七頁）

――　二〇〇九「脱会過程の諸相――エホバの証人と脱会カウンセリング」（櫻井義秀編『カルトとスピリチュアリティ――現代日本における「救い」と「癒し」のゆくえ』ミネルヴァ書房、一一三～一四三頁）

李　賢京　二〇一一「韓国キリスト教の日本宣教戦略と「韓流」」（李元範・櫻井義秀編著『越境する日韓宗教文化――韓国の日系新宗教日本の韓流キリスト教』北海道大学出版会）

岩井　淳　一九九五『千年王国を夢みた革命――17世紀英米のピューリタン』講談社

――　二〇一五『ピューリタン革命の世界史――国際関係のなかの千年王国論』ミネルヴァ書房
岩井　洋　二〇一七「宗教と経営――宗教経営学の視点から」（『宗教研究』三八九号、二三七～二五六頁）
ウィルソン、ブライアン（鶴岡賀雄・林淳訳）一九七八「日本における「エホバの証人」の発展と親族関係の諸問題」（『国際宗教ニューズ』一六巻三・四号、四一～六二頁）
――（池田昭訳）一九九一『宗教セクト』恒星社厚生閣
――（田口博子訳）二〇〇七『キリスト教』春秋社
ヴェーバー、マックス（大塚久雄訳）一九八九『プロテスタンティズムの倫理と資本主義の精神』岩波書店
内田芳明　一九七二「大塚史学形成の一つの思想的源泉」（同『ヴェーバーとマルクス――日本社会科学の思想構造』岩波書店、三七七～四〇四頁）
ウッド、ウィリアム　一九九七『エホバの証人――カルト集団の実態』三一書房
――　二〇一五『教会がカルト化するとき』いのちのことば社
浦野東洋一　一九九六「授業拒否と「信教の自由」格技拒否事件をめぐって」（下村哲夫編『学校の中の宗教――教育大国のタブーを解読する』時事通信社、一五〇～一六四頁）
瓜生　崇　二〇二〇『なぜ人はカルトに惹かれるのか――脱会支援の現場から』法藏館
NHK放送文化研究所編　二〇〇四『現代日本人の意識構造〔第六版〕』日本放送出版協会
――　二〇二〇『現代日本人の意識構造〔第九版〕』日本放送出版協会
海老沢有道・大内三郎　一九七〇『日本基督教史』日本基督教団出版局
大泉実成　一九八八『説得――エホバの証人と輸血拒否事件』現代書館

――― 一九九五「エホバの証人（ものみの塔聖書冊子協会）――ハルマゲドンと輸血拒否」（清水雅人編『新宗教時代　4』大蔵出版、七～六五頁）
大木英夫　一九八八「終末論」（日本キリスト教歴史大事典編集委員会『日本キリスト教歴史大事典』教文館、六五七頁）
大下勇治　二〇〇五『昼寝するぶた――ものみの塔を検証する！』総合電子リサーチ
大谷栄一　二〇〇四「スピリチュアリティ研究の最前線――二十世紀の宗教研究から二十一世紀の新しい宗教研究へ」（伊藤雅之・樫尾直樹・弓山達也編『スピリチュアリティの社会学――現代世界の宗教性の探求』世界思想社）
――― 二〇一九『日蓮主義とはなんだったのか――近代日本の思想水脈』講談社
――― 二〇二〇「宗教学・宗教社会学の成立と展開」（佐藤文子・吉田一彦編『日本宗教史6　日本宗教史研究の軌跡』吉川弘文館、三八～六三頁）
大濱徹也　一九七九『明治キリスト教会史の研究』吉川弘文館
荻　翔一　二〇一六「韓国系キリスト教会におけるエスニシティの多様化と組織的変容――新旧のコリアンの関係性を中心に」（『宗教と社会』二二号、一七～三一頁）
柿田睦夫　一九九五『現代こころ模様――エホバの証人、ヤマギシ会に見る』新日本出版社
笠原芳光　一九六七「灯台社の反戦活動」（『思想の科学』五八号、三七～四一頁）
――― 一九七三「灯台社――戦時下抵抗と戦後転向」（『現代の眼』一四巻一号、一六六～一七七頁）
樫尾直樹　一九九三「野性を回復する方法――宗教学調査の黎明と「宗教誌」の可能性」（『早稲田大学人間科学研究』六巻一号、九七～一〇七頁）
金沢　司編　一九八七『事件簿』広島会衆

兼子　一　一九九九「信者が「世代」を語る時――「エホバの証人」の布教活動に現れたカテゴリー化実践の分析」（『宗教と社会』五号、三九～五九頁）
川村邦光　二〇一七『出口なお・王仁三郎――世界を水晶の世に致すぞよ』ミネルヴァ書房
川又俊則　一九九七「宗教調査論・序説――調査者とインフォーマントとの関係を中心に」（『宗教と社会』三号、六三～八六頁）
川又俊則・寺田喜朗・武井順介編著　二〇〇六『ライフヒストリーの宗教社会学――紡がれる信仰と人生』ハーベスト社
カルダローラ、カルロ（田村光三ほか訳）　一九七八『内村鑑三と無教会――宗教社会学的研究』新教出版社
建国講演会編　一九三五『塩田盛道氏述――皇国日本と其使命』建国講演会事務所
孝本　貢　一九七八「キリスト教会の形成・発展とその条件――岡山県高梁教会の事例」（森岡清美編『変動期の人間と宗教』未來社、一六九～一九五頁）
小林昌樹編　二〇一一『雑誌新聞発行部数事典――昭和戦前期　附．発禁本部数総覧』金沢文圃閣
コーン、ノーマン（江河徹訳）　一九七八『千年王国の追求』紀伊国屋書店（原書初出は一九五七年）
坂根真実　二〇一六『解毒――エホバの証人の洗脳から脱出したある女性の手記』角川書店
櫻井義秀　二〇〇六『「カルト」を問い直す――信教の自由というリスク』中央公論新社
――　二〇一一「ある韓国系教会のカルト化」（李元範・櫻井義秀編著『越境する日韓宗教文化――韓国の日系新宗教日本の韓流キリスト教』北海道大学出版会）
――　二〇一四『カルト問題と公共性――裁判・メディア・宗教研究はどう論じたか』北海道大学出版会

――――編　二〇〇九『カルトとスピリチュアリティ――現代日本における「救い」と「癒し」のゆくえ』ミネルヴァ書房
――――編　二〇一五『カルトからの回復――心のレジリアンス』北海道大学出版会
櫻井義秀・中西尋子　二〇一〇『統一教会――日本宣教の戦略と韓日祝福』北海道大学出版会
佐々木敏二　一九六八「灯台社の信仰と抵抗の姿勢――明石順三と『黄金時代』」（同志社大学人文科学研究所編『戦時下抵抗の研究――キリスト者・自由主義者の場合（2）』みすず書房、九三～一三九頁）
佐藤典雅　二〇一三『ドアの向こうのカルト――九歳から三五歳まで過ごしたエホバの証人の記録』河出書房新社
柴田政子　二〇一六「第二次世界大戦とホロコーストの記憶、その継続性と変化――ヨーロッパそしてイギリスにおける歴史教育について」（『国際日本研究』八号、四五～五四頁）
渋谷　浩　一九七四「角筈時代の内村の集会論」（『内村鑑三研究』二号）
司法省刑事局　一九四〇『灯台社事件検事聴取書（明石順三　勝田義雄）』司法省刑事局
島薗　進　一九九〇「新宗教の範囲」（井上順孝・孝本貢・對馬路人・中牧弘允・西山茂編『新宗教事典』弘文堂、五～六頁）
島貫兵太夫　一九一一『力行会とは何ぞや』警醒社
白波瀬達也　二〇一一「韓国キリスト教によるホームレス伝道」（李元範・櫻井義秀編著『越境する日韓宗教文化――韓国の日系新宗教日本の韓流キリスト教』北海道大学出版会）
杉内寛幸　二〇一五「戦前における末日聖徒イエス・キリスト教会の日本布教とキリスト界の反応」（『國學院大學神道研究集録』二九輯、三三～六二頁）

――　二〇一六「明治中期の宗教行政と外来系新宗教――日本伝道開始時のモルモン教への反応を事例として」（『國學院大学研究開発推進センター研究紀要』一〇号、二〇一～二二六頁）
杉山幸子　二〇〇四『新宗教とアイデンティティ――回心と癒しの宗教社会心理学』新曜社
鈴木エイト　二〇一八「「私は親の付属品だった」――エホバの証人、旧統一教会、新宗教元2世信者たちの告白」（『AERA』二〇一八年六月一一日、二七～二九頁）
鈴木範久　一九九三ａ『内村鑑三日録2　1888～1891――一高不敬事件（上）』教文館
――　一九九三ｂ『内村鑑三日録3　1888～1891――一高不敬事件（下）』教文館
――　一九九三ｃ『内村鑑三日録4　1892～1896――後世へ残すもの』教文館
――　一九九四ａ『内村鑑三日録5　1897～1900――ジャーナリスト時代』教文館
――　一九九四ｂ『内村鑑三日録6　1900～1902――天職に生きる』教文館
――　一九九五ａ『内村鑑三日録7　1903～1907――平和の道』教文館
――　一九九五ｂ『内村鑑三日録8　1908～1912――木を植えよ』教文館
――　一九九六『内村鑑三日録9　1913～1917――現世と来世』教文館
――　一九九七ａ『内村鑑三日録10　1918～1919――再臨運動』教文館
――　一九九七ｂ『内村鑑三日録11　1920～1924――うめく宇宙』教文館
――　一九九八『内村鑑三日録1　1861～1888――青年の旅』教文館
――　一九九九『内村鑑三日録12　1925～1930――万物の復興』教文館
――　二〇一七『日本キリスト教史――年表で読む』教文館
隅谷三喜男　一九五〇『近代日本の形成とキリスト教――明治初期プロテスタント教会史論』新教出版社

――――一九八三『日本プロテスタント史論』新教出版社
関根正雄　一九四九『無教会キリスト教』弘文堂
高阪　薫　一九七三「明石順三と須磨浦聖書講堂――灯台社創設前後の謎を探る」（『思想の科学』六次一四号、一一三～一三二頁）
――――一九七八『沖縄――或る戦時下抵抗　当山昌謙と灯台社』麦秋社
高橋信司　一九三三「「燈台社」とは如何なるものか」（『開拓者』二八巻七号、日本基督教青年会同盟、二六・二七頁）
武田清子　一九六七『土着と背教――伝統的エトスとプロテスタント』新教出版社
――――一九七六『正統と異端の〝あいだ〟』東京大学出版会
竹村一男　二〇〇〇「末日聖徒イエス・キリスト教会受容の地域的差異に関する研究――山形・富山地域における事例を中心に」（『地理学評論』七三巻三号、一八二～一九八頁）
田島忠篤　一九九〇「ものみの塔聖書冊子協会」（井上順孝・孝本貢・對馬路人・中牧弘允・西山茂編『新宗教事典』弘文堂、六六三～六六五頁）
たぬきち　二〇二一『宗教2世の過去にけりをつける――エホバの証人の壮絶体験記』つむぎ書房
田村秀夫　一九九〇ａ「千年王国論とイギリス革命――研究史的展望」（田村秀夫編『イギリス革命と千年王国』同文舘、三～三六頁）
――――一九九〇ｂ「近代社会と千年王国論」（田村秀夫編『イギリス革命と千年王国』同文舘、二五四～三〇二頁）
たもさん　二〇一八『カルト宗教信じてました。――「エホバの証人2世」の私が25年間の信仰を捨てた理由』彩図社

――　二〇二〇『カルト宗教やめました。――「エホバの証人2世」の私が信仰を捨てた後の物語』彩図社
趙　景達　二〇〇八「植民地朝鮮におけるキリスト教系終末運動の展開と民衆――燈台社事件を中心に」(『メトロポリタン史学』四号、三三～五八頁)
千代崎秀雄　一九八六『[エホバの証人]はキリスト教か』いのちのことば社
塚田穂高　二〇一七「「カルト問題」にどう向き合うか?――カルト、偽装勧誘、マインド・コントロール」(大谷栄一・川又俊則・猪瀬優理編『基礎ゼミ宗教学』世界思想社、七六～八三頁)
對馬路人　一九八七「信念をともにする集団」(佐々木薫・永田良昭編著『集団行動の心理学』有斐閣、二七三～二九九頁)
對馬路人・西山茂・島薗進・白水寛子　一九七九「新宗教における生命主義的救済観」(『思想』六六五号、九二～一一五頁)
鶴見俊輔　一九七五a「転向の共同研究について」(『鶴見俊輔著作集　第二巻』筑摩書房、三～一九頁、初出は一九五九年)
――　一九七五b「明石順三と灯台社」(『鶴見俊輔著作集　第二巻』筑摩書房、三八七～三九六頁、初出は一九七二年)
寺田喜朗・塚田穂高　二〇〇七「教団類型論再考――新宗教運動の類型論と運動論の架橋のための一試論」(『白山人類学』一〇号、一～二〇頁)
――　二〇一六「教団類型論と宗教運動論の架橋――日本の新宗教の事例から」(寺田喜朗・塚田穂高・川又俊則・小島伸之編著『近現代日本の宗教変動――実証的宗教社会学の視座から』ハーベスト社、二五～五二頁)

土肥昭夫　一九七五『日本プロテスタント教会の成立と展開』日本基督教団出版局
——　一九八〇『日本プロテスタント・キリスト教史』新教出版社
トレルチ、エルンスト（住谷一彦ほか訳）一九八一『キリスト教と社会思想』ヨルダン社（原書初出は一九一一年）
内藤正俊　一九八六『エホバの証人（ものみの塔）——その狂気の構造』青村出版社
内務省警保局保安課編　一九三七『特高月報　昭和十二年九月分』内務省刑保局保安課
——　一九三八『特高月報　昭和十三年一月分』内務省刑保局保安課
——　一九三九a『特高月報　昭和十四年一月分』内務省刑保局保安課
——　一九三九b『特高月報　昭和十四年九月分』内務省刑保局保安課
中澤啓介　一九九九『輸血拒否の謎』いのちのことば社
——　二〇〇〇『ものみの塔の源流を訪ねて——創設者ラッセルの虚像と実像』からし種出版
中澤俊輔　二〇一二『治安維持法——なぜ政党政治は「悪法」を生んだか』中央公論新社
長沼重隆　一九六六「明石順三を悼む」（『高志人』三一巻一号、一八～二一頁）
中野　毅　二〇一〇「民衆宗教としての創価学会——社会層と国家との関係から」（『宗教と社会』一六号、一一一～一四二頁）
中牧弘允　一九九〇「布教と教化・概要」（井上順孝・孝本貢・對馬路人・中牧弘允・西山茂編『新宗教事典』弘文堂、三〇七～三一〇頁）
南山宗教文化研究所編　二〇〇二『宗教と社会問題の〈あいだ〉——カルト問題を考える』青弓社
西松五郎　一九八一「「須磨浦聖書講堂」をめぐる動き——一ノ谷「ベテル山荘」に揺れた内村鑑三・神田繁太郎・明石順三」（『歴史と神戸』二〇巻三号、一七～二九頁）

西山　茂　一九七五ａ「日蓮正宗創価学会における「本門戒壇」論の変遷――政治的宗教運動と社会統制」（中尾堯編『日蓮宗の諸問題』雄山閣、二四一～二七五頁）
――　一九七五ｂ「日本村落における基督教の定着と変容――千葉県下総福田聖公会の事例」（『社会学評論』二六巻一号、五三～七三頁）
――　一九八八「現代の宗教運動――〈霊＝術〉系新宗教の流行と「2つの近代化」」（大村英昭・西山茂編『現代人の宗教』有斐閣、一六九～二一〇頁）
――　一九九五「現世利益から超常体験へ――戦後新宗教の変容過程」（『平和と宗教』一四号、七八～八九頁）
林　俊宏　二〇〇七『「エホバの証人」の悲劇〔増補改訂版〕――ものみの塔教団の素顔に迫る』わらび書房
フェンティンガー・L、リーケン・H・W、シャクター・S（水野博介訳）一九九五『予言が外れるとき――この世の破滅を予知した現代のある集団を解明する』勁草書房
藤田庄市　二〇一七『カルト宗教事件の深層――「スピリチュアル・アビュース」の論理』春秋社
フランズ、レイモンド（樋口久訳）二〇〇一『良心の危機――「エホバの証人」組織中枢での葛藤』せせらぎ出版
古屋登世子　一九六六「明石順三氏の霊に語る」（『高志人』三一巻四号、一九～二一頁）
星野　晋　二〇〇二「文化摩擦としての輸血拒否――日本におけるエホバの証人の輸血拒否をめぐる医療環境の変化について」（『民族学研究』六六巻四号、四六〇～四八一頁）
星野靖二　二〇〇九「キリスト教史と〈宗教〉史の〝あいだ〟――近代・日本・宗教史」（市川裕・松村一男・渡辺和子編『宗教史とは何か　下巻』リトン）

マリンズ、マーク・R（高崎恵訳）二〇〇五『メイド・イン・ジャパンのキリスト教』トランスビュー
三木　英　二〇一四『宗教集団の社会学――その類型と変動の理論』北海道大学出版会
峯岸英雄　二〇一五「「福音印刷」創業者　村岡平吉の軌跡」（『郷土神奈川』五三号、一～一六頁）
森岡清美　一九五三「日本農村における基督教の受容」（『民族學研究』一七巻二号、一〇一～一一四頁）
――　一九七〇『日本の近代社会とキリスト教』評論社
――　一九七二「「外来宗教の土着化」をめぐる概念的整理」（『史潮』一〇九号、五二～五七頁）
――　一九八一「宗教組織――現代日本における土着宗教の組織形態」（『組織科学』一五巻一号、一九～二七頁）
――　二〇〇五『明治キリスト教会形成の社会史』東京大学出版会
安丸良夫　二〇一三『出口なお――女性教祖と救済思想』岩波書店
山口和孝　一九九三「「エホバの証人」高校生進級拒否処分取消請求事件について」（『宗教法』一二号、九七～一二四頁）
山口広・滝本太郎・紀藤正樹　二〇一五『Q&A――宗教トラブル110番［第三版］』民事法研究会
山口瑞穂　二〇一三「日本のエホバの証人の研究――外来の新宗教の土着化の視点から」佛教大学修士学位論文
――　二〇一四「「キリスト教系外来新宗教」研究の新たな研究視座」（社会学研究科篇『佛教大学大学院紀要』四二号、一九～三六頁）
――　二〇一五「第二次世界大戦期の日本におけるエホバの証人の運動展開――アメリカ本部との関係性を中心に」（社会学研究科篇『佛教大学大学院紀要』四三号、三五～五三頁）
――　二〇一七「日本におけるエホバの証人の展開過程――終戦から一九七〇年代半ばまで」（『宗

教研究』三九〇号、四九～七一頁）
―――二〇一九「日本におけるエホバの証人の発展要因――一九七〇年代半ばから一九九〇年代半ばまで」（『宗教と社会』二五号、六五～七九頁）
弓山達也　二〇一六「「カルト問題」研究」（井上順孝編『宗教社会学を学ぶ人のために』世界思想社、一一三～一二三頁）
吉見俊哉　二〇一二『アメリカの越え方――和子・俊輔・良行の抵抗と越境』弘文堂
―――二〇一九『アフター・カルチュラル・スタディーズ』青土社
米本和広　二〇〇四『カルトの子――心を盗まれた家族』文藝春秋
若槻泰雄　一九七二『排日の歴史――アメリカにおける日本人移民』中央公論社
渡邉　学　二〇〇三「脱会者の研究をめぐって」（『宗教哲学研究』二〇号、一～一四頁）
―――二〇〇九「過程としての回心――エホバの証人、福音派からカトリックへ」（櫻井義秀編『カルトとスピリチュアリティ――現代日本における「救い」と「癒し」のゆくえ』ミネルヴァ書房、七五～一一一頁）
渡辺雅子　二〇一六「立正佼成会における女性の位置と女性幹部会員のジレンマ――とくに仕事をもつ主任に焦点をあてて」（『中央学術研究所紀要』四五号、六二～九七頁）

Baran, Emily., *Dissent on the Margins: How Soviet Jehovah's Witnesses Defied Communism and Lived to Preach about It*, Oxford: Oxford University Press, 2014.
Beckford, J. A., *The Trumpet of Prophecy*, Oxford Blackwell, 1975.
Besier, Gerhard. and Stoklosa Katarzyna., *Jehovah's Witnesses in Europe: Past and Present*, Newcastle upon Tyne, England: Cambridge Scholars Publishing, 2018.

Chryssides, George D., *Historical Dictionary of Jehovah's Witnesses*, London: Rowman & Littlefield Publishing, 2019a.

——— "Jehovah's Witnesses in Britain A Historical Survey," *Alternative Spirituality and Religion Review*, 2019b, pp.225-253.

Gray, James M., "*The Errors of Millennial Dawnism*"（Pamphlet）, Chicago: Bible Institute Colportage Association, 1910.

Festinger, Leon. Riecken, Henry, W. and Schachter, Stanley., *When Prophecy Fails: A Social and Psychological Study of a Modern Group that Predicted the Destruction of the World*, New York: Harper & Row Publishers, Inc., 1964（初出は一九五六年）.

Franz, Raymond., *Crisis of Conscience: The struggle between Loyalty to God and Loyalty to One's Religion*, Atlanta, Georgia: Commentary Press, 2002（初出は一九八三年）.

Kienle, Petra. and Staemmler, Birgit., "Self-representation of two new religions on the Japanese Internet: Jehovah's Witnesses and Seicho no Ie." Gottlieb, Nanette and McLelland, Mark., *Japanese Cybercultures*, Routledge, 2003, pp.222-252.

Knox, Zoe., *Jehovah's Witnesses and the Secular World: From the 1870s to the Present*, London: Palgrave Macmillan, 2018.

Holden, Andrew., *Jehovah's Witnesses: Portrait of a Contemporary Religious Movement*, London: Routledge, 2002.

Liebster, Max., *Crucible of Terror: A Story of Survival through the Nazi Storm*, New Orleans, La.: Grammaton Press, 2003.

Mullins, Mark R., *Christianity Made in Japan: A Study of Indigenous Movements*, Honolulu: University of Hawaii Press, 1998.
Penton, James M., *Apocalypse Delayed: The Story of Jehovah's Witnesses*, Toronto: University of Toronto Press, 2015（初出は一九八五年）.
Reynaud, Michel. and Sybvie Graffard., *The Jehovah's Witnesses and the Nazis: Persecution, Deportation and Murder, 1933-1945*. New York: Cooper Square Press, 2001.
Schnell, W. J., *Thirty Years a Watch Tower Slave: The Confessions of a Converted Jehovah's Witness*. Grand Rapids, Michigan: Baker Book House, 1959.
Wha, Carolyn R., "Jehovah's Witnesses and the Empire of the Sun: A Clash of Faith and Religion during World War Ⅱ." *Journal of Church and State* 44, no.1（Winter 2002）: pp.45–72, 2002.
Wilson, Bryan., "Aspects of Kinship and the Rise of Jehovah's Witnesses in Japan." *Social Compass*. Volume 24, No.1, 1977, pp. 97–120.
Wright, Stuart A. and Ebaugh, Helen Rose., "Leaving new Religions." *Religion and Social Order*, Vol 3B（1993）, pp.117–138.

教団刊行物

明石順三　一九三三a『黄金時代』六八号（『黄金時代』〈合本〉第一輯所収）
――――　一九三三b『黄金時代』六九号（『黄金時代』〈合本〉第一輯所収）
――――　一九三三c『黄金時代』七一号（『黄金時代』〈合本〉第二輯所収）
――――　一九三四『黄金時代』八〇号（『黄金時代』〈合本〉第二輯所収）

――一九三五『黄金時代』八四号（『黄金時代』〈合本〉第二輯所収）
――一九三六a『黄金時代』九七号（『黄金時代』〈合本〉第二輯所収）
――一九三六b『黄金時代』九九号（『黄金時代』〈合本〉第三輯所収）
――一九三六c『黄金時代』一〇〇号（『黄金時代』〈合本〉第三輯所収）
――一九三六d『黄金時代』一〇二号（『黄金時代』〈合本〉第三輯所収）
――一九三七『黄金時代』一一六号（『黄金時代』〈合本〉第五輯所収）
――一九三八『なぐさめ』一二四号（改訂）（『なぐさめ』〈合本〉第五輯所収）
万国聖書研究団　一九一三『世々に渉る神の経綸』
ものみの塔聖書冊子協会　一九六四「世界を一周――永遠の福音大会と共に」（『ものみの塔』一月一日号、二〇〜二九頁）
――一九六五「全世界にわたるエホバの証人の1964奉仕年度の報告」（『ものみの塔』四月一日号、二一四〜二一八頁）
――一九六七「輝かしい奉仕の宝」（『ものみの塔』一月一日号、二一一〜二一六頁）
――一九六八「お子さんのためにどんな将来を開くことができますか」（『ものみの塔』六月一五日号、三五五〜三五八頁）
――一九七〇「全世界にわたるエホバの証人の1969奉仕年度の報告」（『ものみの塔』四月一日号、二一〇〜二一三頁）
――一九七二a「民主主義政体と共産主義のまっただ中における神権組織」（『ものみの塔』二月一五日号、一〇五〜一一二頁）
――一九七二b「神権組織内の任命された役員たち」（『ものみの塔』二月一五日号、一一二〜一

一九頁）
――一九七二c「神権統治下の新秩序を目ざして前進！」（『ものみの塔』三月一五日号、一六五～一七二頁）
――一九七二d「神権組織とともに今前進する」（『ものみの塔』三月一五日号、一七二～一七九頁）
――一九七二e「法人団体と異なる統治体」（『ものみの塔』三月一五日号、一八〇～一八六頁）
――一九七二f「全世界にわたるエホバの証人の1971奉仕年度の報告」（『ものみの塔』四月一日号、二〇四～二一七頁）
――一九七四「全世界にわたるエホバの証人の1973奉仕年度の報告」（『ものみの塔』四月一日号、二〇九～二二二頁）
――一九七五「全世界にわたるエホバの証人の1974奉仕年度の報告」（『ものみの塔』四月一日号、二〇六～二一九頁）
――一九七六a「全世界にわたるエホバの証人の1975奉仕年度の報告」（『ものみの塔』四月一日号、二〇二～二一五頁）
――一九七六b「6か月の研究はどうなっていますか」（『わたしたちの王国宣教』六月号、一～七頁）
――一九七七「全世界にわたるエホバの証人の1976奉仕年度の報告」（『ものみの塔』四月一日号、二〇二～二一五頁）
――一九七八『1978　エホバの証人の年鑑』
――一九七九a「全世界にわたるエホバの証人の1978奉仕年度の報告」（『ものみの塔』四月一日

号、一八～二一頁）
――一九七九b「エホバの勝利の組織に対する信仰」（『ものみの塔』六月一日号、一二～一八頁）
――一九七九c「不法の世にあって宣べ伝える」（『ものみの塔』一〇月一五日号、一三～一九頁）
――一九八〇「最善の生き方を選ぶ」（『ものみの塔』六月一五日号、一六～二一頁）
――一九八二「健やかにお過ごしください」（『ものみの塔』九月一五日号、二二一～二四頁）
――一九八三『1983　エホバの証人の年鑑』
――一九八五a『1985　エホバの証人の年鑑』
――一九八五b「ハルマゲドン――何を意味するものではないか」（『ものみの塔』一月一日号、四～七頁）
――一九八五c「日本において『天幕の綱を長くする』」（『ものみの塔』六月一五日号、二〇～二三頁）
――一九八八a『1988　エホバの証人の年鑑』
――一九八八b「エホバはご自分のしもべを見捨てられない」（『ものみの塔』五月一日号、二一～二五頁）
――一九九一a『1991　エホバの証人の年鑑』
――一九九一b「すべての人のための対応する贖い」（『ものみの塔』二月一五日号、一〇～一五頁）
――一九九一c「あなた方は代価をもって買われた」（『ものみの塔』二月一五日号、一五～二〇頁）
――一九九二「呼びかけられたら、応じますか」（『ものみの塔』一一月一日号、二七～三一頁）

――一九九三a『1993　エホバの証人の年鑑』
――一九九三b『エホバの証人――神の王国をふれ告げる人々』
――一九九四『聖書に対する洞察』第一巻
――一九九五『1995　エホバの証人の年鑑』
――一九九六a『1996　エホバの証人の年鑑』
――一九九六b「日本で信教の自由が擁護される」（『ものみの塔』一一月一日号、一九～二一頁）
――一九九八a『1998　エホバの証人の年鑑』
――一九九八b「良いたいよりを法的に守る」（『ものみの塔』一二月一日号、一九～二二頁）
――一九九八c「天皇崇拝から真の崇拝へ」（『ものみの塔』一二月一日号、二七～三一頁）
――一九九九a『1999　エホバの証人の年鑑』
――一九九九b『わたしたちの王国宣教』一月号
――一九九九c『わたしたちの王国宣教』一一月号
――二〇〇〇a『2000　エホバの証人の年鑑』
――二〇〇〇b「最初の人間夫婦から得られる教訓」（『ものみの塔』一一月一五日号、二四～二七頁）
――二〇〇一a「霊的パラダイスとは何ですか」（『ものみの塔』三月一日号、八～一一頁）
――二〇〇一b「神が許しておられる苦しみは間もなく終わる」（『ものみの塔』五月一五日号、四～八頁）
――二〇〇三a『2003　エホバの証人の年鑑』
――二〇〇三b「復活の希望の力」（『唯一まことの神を崇拝する』七九～八九頁）

――二〇〇四「忠誠の道を歩む」（『ものみの塔』一二月一日号、一三〜一八頁）
――二〇〇五『エホバのご意志を行うための組織』
――二〇〇六「紫色の三角形にはどんな意味があるのですか」（『ものみの塔』二月一五日号、三二頁）
――二〇一〇「贖いによって救われる」（『ものみの塔（研究用）』八月一五日号、一二〜一六頁）
――二〇一一「邪悪な世では『一時的居留者』」（『ものみの塔（研究用）』一一月一五日号、一六〜二〇頁）
――二〇一四a「苦難に遭ったなら――どうしたらよいか」（『目ざめよ！』七月号、四〜七頁）
――二〇一四b「『日出ずる処』と呼ばれた国の夜明け」（『ものみの塔（研究用）』二〇一四年一一月一五日号、三一〜三二頁）
――二〇一五a『2015　エホバの証人の年鑑』
――二〇一五b「喜んで自分を差し出した人たち――ロシア」（『ものみの塔（研究用）』七月一五日号、三〜六頁）
――二〇一五c「エホバの寛大さに感謝する」（『ものみの塔（研究用）』一一月一五日号、一四・一五頁）
――二〇一六『2016　エホバの証人の年鑑』
――二〇一七「喜んで自分を差し出した人たち――トルコ」（『ものみの塔（研究用）』七月号、三〜六頁）
――二〇一八「喜んで自分を差し出した人たち――ミャンマー」（『ものみの塔（研究用）』七月号、三〜六頁）

ルサフォード・J・F（明石順三訳）一九三〇a『神の立琴』万国聖書研究団
――一九三〇b『政府』万国聖書研究会
The Plan of the Ages, Brooklyn, N. Y., U. S. A.: Watch Tower Bible & Tract Society, 1886.
The Watchtower, Brooklyn, N. Y., U. S. A.: Watch Tower Bible & Tract Society, 1950.
Jehovah's Witnesses in the Divine Purpose, Watch Tower Bible and Tract Society of New York, Inc. 1959.

初出一覧

序　章　「「キリスト教系外来新宗教」研究の新たな研究視座」（社会学研究科篇『佛教大学大学院紀要』四二号、二〇一四年）
第一章　新稿
第二章　「第二次世界大戦期の日本におけるエホバの証人の運動展開――アメリカ本部との関係性を中心に」（社会学研究科篇『佛教大学大学院紀要』四三号、二〇一五年）
第三章　「日本におけるエホバの証人の展開過程――終戦から一九七〇年代半ばまで」（『宗教研究』三九〇号、二〇一七年）
第四章　「日本におけるエホバの証人の発展要因――一九七〇年代半ばから一九九〇年代半ばまで」（『宗教と社会』二五号、二〇一九年）
第五章　新稿
結　章　新稿

あとがき

本書の内容は二〇二〇年一一月に佛教大学に提出した博士学位請求論文が元になっているが、審査時に指摘された概念定義の甘さを中心に加筆修正している。そのため、初出一覧に記した既刊の拙論や博士論文とは概念定義と分析枠組などに異同があることを、まず最初にお断りしておきたい。

私が日本のエホバの証人について研究し始めたのは修士課程に進んだ二〇〇七年のことである。もともと社会運動に関心があり、学部生時代の卒業論文のテーマは、ある公害の村に生きる農業者のライフヒストリーだった。根底にある問題関心は維持しつつ、修士課程からは宗教運動にテーマを移した。勉強不足も甚だしく、問題設定がうまくできない状態だったところへ、大谷栄一先生が佛教大学に着任され、指導教員になっていただいた。

研究の方向性や課題、できること、できないこと、なすべきことなど、現実的な問題を熟慮した結果、未だ研究の蓄積が少ない日本のエホバの証人を通史的に研究することにし、ひとまず客観的に把握可能な教勢を調べ始めたのが研究の始まりである。教団資料を収集し、信者数、入信者数などをエクセルで入力し、アメリカは？　世界は？　人口比は？　と深追いするうちに数カ月が経過し、その間に教義や日本支部に関する記述を読み込み、ようやくみえてきたのが、日本の運動におけるコミットメントの強さと「一九七五年」に対する国ごとの反応の違い、そして「世界本部」という存在の大きさとそのみえづらさだった。紙媒体の資料検討に徹底した修士論文の課題として残ったのは、実際に宗教運動に携わった人たちが教義や指導をどのように受け止めていたのか、その現実的な側面を知ることであった。それ以降、博士後期課程までの研究においては、脱会者や信者の親族とお会いし、また、いわゆる脱会支援者の方々や宗教者が集う会合なども見学させていただき、多くのことを教わった。

ここで捕捉しておくと、本書に記述した四名の方々のエピソードは、あくまで歴史展開の研究であること（ただし教団擁護的な研究ではないこと）を明確にし、ご理解をいただいた上で、いわば語り部としてお話しいただいたものである。本書には聞き手である私の具体的な発話は記していないが、お話し下さった方々の意図や文脈から逸脱した引用になっていないかを、それぞれみていただき、私の誤読があった箇所や教団用語に関するご指摘とご教示を受け、修正を施した。脱会後については、本書の検討範囲を越えるものであるため、信者時代のお話以外は取り上げることができなかったが、序章で挙げた「出会い型調査」論（井上　一九九二）で指摘されているように、それぞれの方のこれまでの歩みは、聞き手である私の人生観にも少なからぬ影響を与えるものであった。ただし、インタビュー調査は搾取的な（奪う）行為となり得るものでもあり、その重さを痛感している。本書の記述内容に関する責任は全て筆者である私にあり、ご批判は全て私に向けていただきたいと思う。

教団レベルでのエホバの証人に対し、学術的な意味での批判的視点を有するのもたしかであるが、念のために述べると、本書には、エホバの証人と比べて「われわれの宗教」がいかに優れているか、あるいは、「特定の宗教集団に所属しなかったわれわれ」がいかに賢明であるか、といったことを語る材料や事例を提示する意図はない。むしろ本書の意図は、異端／正統、新宗教／エスタブリッシュメント、マイノリティ／マジョリティなど、語弊を恐れずにいうと、さまざまな利害関心によって教団内外から境界線が引かれ、そのたびに対岸に置かれたり、「われわれ」サイドに置かれたりするこの宗教運動の歴史を、世界本部との関係という視点から並べ直してみることにあった。宗教運動や信仰に関わることを布教戦略とそれへの応答として記述する本書の営みは、宗教集団のいずれを問わず信仰をもつ人びとからみると、きわめて不遜なものと映るかもしれないし、反対に、エホバの証人の営為を信仰と呼ぶべきではないという批判もあるかもしれない。しかし、エホバの証人の信者たちが、どのような教団内的な論理によって、何を目指し布教活動をおこなってきたのかを、まずは明らかにする必要があると思った。そのため本書においては、元信者の方々にとっては至極あたり前な記述しかなされていない（むしろ当たり前なことすら未だ十分には書けていないというべきかもしれないが）。

近年はエホバの証人の状況だけでなく、社会からの関心や認知も変化しつつある。本書の問題設定上、検討においては社会的還元から距離をとったが、特に一九九〇年代半ば以降の停滞は、新宗教全般にみられ、エホバの証人に特有の現象ではない。通史的な研究とはいうものの、とりわけ一九九〇年代後半以降については歴史展開として対象化するには未だ早く、本書の記述も批判的に検討されるべき性質のものであると思う。不十分な点については、読者の皆様からの叱正を仰ぎたい。

さて、本書の完成にいたるまでのあいだには、本当にたくさんの方々にお世話になった。この場を借りて謝辞を述べさせていただきたい。

まず佛教大学社会学部教授の大谷栄一先生には、修士課程に引き続き博士後期課程の指導教員をお引き受けいただいた。先生の辛抱強いご指導と励ましがなければ本書の刊行に至ることもなかっただろう。指導者としてだけでなく、研究者のあり方という点においても多くのお手本をお示しいただいている。大谷先生にはお返ししきれないほどの学恩があるが、繰り返し頂戴した「地味でも手堅い研究を」という姿勢の大切さと難しさ、そして「研究は未来の誰かへの贈与」というお言葉をかみ締めつつ、これまでのご指導に心からお礼を申し上げたいと思います。ありがとうございました。

同じく佛教大学社会学部教授の近藤敏夫先生には、博士論文の副査をお引き受けいただいた。学部生時代の卒業論文、修士課程の初期の頃の指導教員もお務めくださり、その後も、迷走しがちな私の歩みをいつもあたたかく応援していただいている。ある懇親会の際、私の研究内容について（私以上に）熱意をもってほかの先生方にお話しされているのを目にし、研究という営みの意義と怖さ（責任）を初めて感じた。そうした私の緊張感も近藤先生の笑顔によって幾度も救われました。近藤先生、本当にありがとうございました。

また、関西学院大学社会学部教授の赤江達也先生には、博士論文の外部副査をお務めいただいた。二〇一九年一二月に、「キリスト教系「新宗教」研究の新展開」ワークショップにお誘いくださり、キリスト教の「翻訳」という共通テーマのもと、先生はご専門でもある内村鑑三と無教会、そして私は灯台社と明石順三についての発表を、ご一緒させていただいた。このワークショップは新たな視界が開かれるとても貴重な経験となった。私の研究は未だ多くの課題を抱えたままではあるが、その際の学びは本書の第二章に反映されていると思う。この場を借りてお礼申し上げたい。赤江先生、誠にありがとうございました。

二〇一九年には、the UKRI ESRC-AHRC UK-Japan SSH Connections Grant Scheme, 助成、'Religion and Minority: lived religion, migration and marginalities in secular societies'（宗教とマイノリティ　世俗社会における生きられた宗教、移民、マージナリティ）研究プロジェクトの研究代表者であるマンチェスター大学のErica Baffelli（エリカ・バッフェッリ）先生と東洋大学の高橋典史先生、そして研究チームの皆様に、多くのことを教わった。二〇二〇年二月には、イギリスにてヨーク・セント・ジョン大学のGeorge D. Chryssides（ジョージ・D・クリサイディス）先生との面談の機会も与えられ、ヨーロッパにおけるエホバの証人の研究動向を親切にご教授いただいた。その際、Erica先生からは過分のサポートをいただいている。ここに記し、皆様への感謝の意を表したい。ありがとうございました。

本書における灯台社の時代に関する資料の一部は、吉永進一先生ご所有のものをご厚意で貸与していただいたものである。宗教雑誌全般に関する先生の造詣の深さ、そして古書資料の読み方や味わい方という点でも多くのことを学ばせていただいている。新宗教研究という点では、對馬路人先生、三木英先生、櫻井義秀先生から、折に触れ研究の改善点のご教授や励ましのお言葉をいただいた。また、中西尋子先生、岡尾将秀先生、寺田喜朗先生、猪瀬優理先生、塚田穂高先生、そして写真家の藤田庄市さんから、率直かつ適切なコメントや励ましの言葉を幾度もいただいた。

諸先生・諸先輩の堅実な研究や取材を継続するご姿勢にいつも学ばせていただいていることをここに記し、感謝を述べたい。さらに、日本宗教学会、「宗教と社会」学会、西日本宗教学会の学術大会で、私の拙い発表にコメントやご質問をお寄せくださった全ての方々にもお礼を述べたい。皆様、誠にありがとうございました。

そして、聞き取り調査にご協力をくださった方々と情報をご提供くださった方々へ。貴重なご経験をお話しくださり、誠にありがとうございました。全ての方からお話をうかがうことはできませんでしたが、本書で紹介した四名の方以外にも多くの方が調査への協力を快く申し出てくださいました。お一人お一人のお名前を挙げることができず、心苦しいばかりですが、エホバの証人について実存を通じ多くをご教示くださった、さまざまな立場（種々の事情から教団内に留まっている方も含め）の皆さまに、深い敬意と感謝を申し上げたいと思います。本当にありがとうございました。

最後になりましたが、杜撰脱漏な原稿に校正をくわえて下さった法藏館の皆様ならびに編集部の丸山貴久さんに、この場を借りてお礼を申し上げたいと思います。いろいろとお世話をかけ通しでしたが誠にありがとうございました。

二〇二一年一二月

山口瑞穂

索　引

・本文中に現れる主要な人名・語句を50音順で配列した。
・外国人の氏名については、ファミリーネームを先に記載し、それにもとづく位置に配列した。

あ行――

か行――

さ行——

た行――

な行――

は行――

ま行――

や行・ら行・わ行——

英字——

山口　瑞穂（やまぐち　みずほ）
2021年３月、佛教大学大学院社会学研究科社会学専攻博士後期課程修了、博士（社会学）
現在、佛教大学総合研究所特別研究員
論文に「日本におけるエホバの証人の展開過程――終戦から1970年代半ばまで」（『宗教研究』390号、2017年）など

近現代日本とエホバの証人
――その歴史的展開――

二〇二二年四月一五日　初版第一刷発行

著　者　山口瑞穂
発行者　西村明高
発行所　株式会社　法藏館
京都市下京区正面通烏丸東入
郵便番号　六〇〇-八一五三
電話　〇七五-三四三-〇〇三〇（編集）
〇七五-三四三-五六五六（営業）

装幀者　濱崎実幸
印刷・製本　亜細亜印刷株式会社

ISBN 978-4-8318-5724-8 C1014